한국어 정서법

개정4판

한국어 정서법

2015년 7월 6일 초판 1쇄 펴냄
2017년 9월 15일 개정2판 1쇄 펴냄
2020년 8월 5일 개정3판 1쇄 펴냄
2025년 4월 1일 개정4판 1쇄 펴냄

지은이 이선웅 · 이승희 · 정희창

편집 엄귀영 · 정용준 · 김찬호 · 박훈 · 정지현
디자인 김진운
본문조판 아바 프레이즈
마케팅 유명원

펴낸이 윤철호
펴낸곳 (주)사회평론아카데미
등록번호 2013-000247(2013년 8월 23일)
전화 02-326-1545
팩스 02-326-1626
주소 03993 서울특별시 마포구 월드컵북로6길 56
이메일 academy@sapyoung.com
홈페이지 www.sapyoung.com

ISBN 979-11-6707-183-5 93710

개정4판

한국어 정서법

이선웅 · 이승희 · 정희창 지음

사회평론아카데미

개정4판 머리말

지난번에 이 책의 수정 · 보완이 언제나 진행형이기를 바란다고 한 적이 있다. 다행스럽게도 그러한 기회를 독자들이 만들어 주셔서 그동안 마음에 걸렸던 부분들을 다듬고 제3판 출간 이후에 국립국어원에서 미세하게 개정한 내용들을 반영할 수 있었다. 이 책이 처음 선보일 때부터 함께 읽고, 공부하며, 많은 의견을 주었던 독자들의 성원과 질책이 책이 앞으로 나아가는 계기가 되었다. 책이 세상에 나오는 순간, 더 이상 저자들의 책이 아니라 함께 공부하는 모든 사람의 책이 된 셈이다.

우리가 말하는 정서법은 배우고 외워야 하는 지식이 아니라 사람들과 소통하기 위해 지켜야 하는 약속이다. 그 약속은 말을 처음 배울 때부터 소통하며 활동하는 삶의 모든 순간에 존재한다. 세상의 모든 생각이 살아 숨 쉬는 한국어로 소통하는 지금, 그러한 약속이 늘 현재형으로 함께하기를 기원한다.

2025년 3월 17일

저자 일동 씀.

개정3판 머리말

이 책의 개정2판을 낸 지도 3년이 지났다. 국립국어원에서 2018년 발간한 한글 맞춤법과 표준어 규정의 새 해설서에 맞추어 이 책을 전체적으로 미세하게 수정하였다. 그리고 일반 독자가 읽기에 지나치게 학문적이거나 의문이 생길 수 있는 설명을 다듬었다.

정부 기관 발간물이라는 성격상 국립국어원의 해설서에는 규정의 미비점이나 결점이 언급되어 있지 않지만, 이 책은 그러한 점들을 드러내는 미덕을 지녔다고 생각한다. 또한 개정3판에서는 새로운 서술형 연습 문제를 대폭 추가하여, 대학교나 대학원에서 시험을 앞둔 학생이나 중등교사 임용고시를 준비하는 수험생에게 도움을 주고자 했다. 그리고 개정2판의 어색한 문장 표현과 오탈자를 바로잡았다. 이 책의 수정·보완은 언제나 진행형이며, 완료형이 되지 않기를 바란다.

2020년 6월 15일

저자 일동 씀.

개정2판 머리말

이 책의 초판이 나온 지 2년이 지났다. 그동안 많은 독자들의 성원에 힘입어 개정판을 내게 되었다. 2015년과 2016년에 국립국어원에서 새로운 표준어를 추가로 발표하였고 외래어 표기법의 지명 표기에서도 일부 개정이 있었을 뿐 아니라 한글 맞춤법의 예에도 미세한 수정이 가해졌기 때문에 이 개정판에서는 그러한 제반 사항들을 반영하였다. 또 연습 문제가 없던 2장에 새로이 연습 문제를 만들었고, 다른 장에서도 새로운 문제를 추가하였다. 그리고 초판의 오탈자 혹은 어색한 문장 표현을 바로잡았다.

2017년 9월 4일

저자 일동 씀.

초판 머리말

누군가 내게 물어 왔다. 한글 맞춤법이 왜 필요하냐고. 나는 인간에게 언어란 모래바람 속에서 숨을 쉬게 해 주는 공기와 같고, 목마름 속에 사막을 건네주는 물과 같은 것이고, 맞춤법은 그 언어를 사용하는 방법이라고 말해 주었다.

인간은 언어를 통해 서로의 생각을, 지적인 사유를, 역사와 삶의 경험을 서로 전달하고 공유한다. 이러한 소통은 인간이 영위하는 활동의 바탕이 되고 사고와 행동의 길잡이가 되어 왔다. 할머니, 할아버지께 듣던 옛날이야기, 인류의 위대한 영혼이 담긴 고전, 장엄한 역사의 기록, 우주와 시간의 신비에 대한 철학과 사유는 언어로 표현되고 전달되고 또 기록되어, 오늘날 우리가 그러한 생각들을 만나고 대화하고 공감하는 길을 열어 준다.

이 책에는 언어로 소통하는 방법이 담겨 있다. 그중에서도 소통의 준거가 되는 표현 방법을 설명한다. 크게 한글 맞춤법을 중심으로 표준어 규정, 외래어 표기법, 로마자 표기법, 문장 부호를 다루고 있다. 다루는 분야는 기존의 책과 비슷하지만 저자들이 오랫동안 어문 규정을 읽고 가르쳐 가면서 빠져 있거나 아쉽다고 생각했던 부분을 보충하고 현실성 있는 용례를 들어 자세하게 설명했다는 점에 차이가 있다. 또한 전문 용어의 해설과 단어의 뜻풀이를 제시하여 어문 규정에 낯선 학습자도 쉽게 다가갈 수 있도록 하였다. 어문 규정은 도서관의 고서가에 꽂힌 낡고 오래된 법전이 아니라 현재 살아 움직이는 우리말의 사용 설명서라고 할 수 있다. 올해 초에 개정된 최신 문장 부호 규정의 해설을 제시하고 실제 언어에서 널리 쓰이는 표준 발음법과 일상생활에서 흔히 틀리기 쉬운 말을 부록에 실어 놓은 것도 이러한 생각의 결과이다.

우리에게 이러한 '우리말 사용 설명서'가 필요한 것은 언어가 인간의 모든 활동의 시작과 끝이 되기 때문이다. 어린 아이가 걸음마를 배우듯 우리말 사용 방법을 알아 가는 것은 자라면서 걷고 뛰는 방법을 알게 되는 과정이다. 대학의 강의실에서, 책상 앞에서, 출퇴근 지하철에서 이 책을 읽고 스스로 생각하고 질문하며, 모두 자유롭게 걷고 달리듯 상대와 소통하는 방법을 알게 되기를 기대한다.

이 책은 몇 년 전 공동 저자인 이승희 선생이 갑작스럽게 책의 공동 집필을 제안하면서 시작되었다. 계획대로라면 벌써 세상에 빛을 보아야 했는데 바쁘고 게으르고 까다로운 저자들 탓에 이제야 세상에 내놓게 되었다. 더불어 책이 미루어지는 동안에 놀라운 인내심으로 책과 저자들을 기다려 준 사회평론아카데미의 여러분에게는 미안한 마음과 감사의 말씀을 함께 전해 드린다. 더디고 느린 걸음이었지만 그동안 서로 토론하고 독려하던 경험과 시간은 의미 있는 기억이었다.

이 책을 읽고 사막을 건너는 법을 알게 되었다면 그다음은 어디로 갈지 두려워할 필요가 없다. 이미 모래바람 속에서 숨 쉬고 한 줌의 물로 목을 축이며 달릴 줄 아는 사람에게 사막은 뛰놀기 좋은 모래 언덕에 불과할 테니까.

2015년 5월 7일

저자를 대표하여 정희창 씀.

차례

I

총론

어문 규범이란 무엇인가?

어문 규범은 보통 '한글 맞춤법, 표준어 규정, 외래어 표기법, 국어의 로마자 표기법'을 말한다. 이들은 언어생활의 준거로서 우리가 말을 하거나 글을 쓸 때 기준이 된다고 할 수 있다.

먼저 한글 맞춤법이란 무엇일까? 이 질문에 대한 답은 쉽고도 어렵다. '닭'을 '닥'이라고 쓰는 사람에게 한글 맞춤법을 모른다고 말할 수 있지만, '흙이'를 [흐기]라고 발음하는 사람에게 한글 맞춤법을 모른다고 할 수 있는지는 쉽게 답하기 어렵다.

한글 맞춤법이 무엇인지는 「한글 맞춤법」 조항에 나와 있다.

> 한글 맞춤법은 표준어를 소리대로 적되 어법에 맞도록 함을 원칙으로 한다.
> (「한글 맞춤법」 제1항)

이 조항에 따르면 한글 맞춤법은 표준어를 적는 방식이다. 이는 '한글'이라는 문자로 '표준어'라는 말을 적는 방식이라고 이해할 수 있다. 즉 [밥], [꿈], [사람]이라는 말을 한글로 '밥', '꿈', '사람'이라고 적는다.

[밥]　　밥
[꿈]　　꿈
[사람]　　사람

여기서 오해하기 쉬운 것은 '표준어'를 문자로 적힌 언어라고 생각하는 것이다. 표준어는 물론 문자로 적힌 언어일 수도 있지만, 그것에 앞서 '음성으로 표현되는 언어'가 표준어라고 할 수 있다. [밥]이라는 소리는 한글이 창제되어 '밥'이라고 적기 전부터 존재하던 말이다. 이러한 말 가운데 공식적인 의사소통의 기준이 되는 언어가 표준어이다. 우리가 사용하는 말은 지역에 따라 다른 경우가 적지 않다. 예를 들어, 국어사전을 보면 표준어 '달팽이'는 지역에 따라 '골뱅이, 달팡구리, 달패니, 틀팽이, 하늘염소' 등으로 나타난다. 이 가운데 서울을 중심으로 한 지역에서 널리 사용하는 '달팽이'를 표준어로 선정한 것이다.

표준어는, 지역에 따라 말이 다르면 원활한 의사소통이 어렵기 때문에 공식적인 언어로 정한 말이다. 따라서 공식적인 말하기 상황이나 대화라면 표준어를 사용하는 것이 바람직하다. 물론, 고향 친구 모임이나 가족 모임에서 고향 말을 쓰는 것은 아무 문제가 없다. 표준어는 공식적인 언어생활의 기준이 되는 언어일 뿐 아니라 한국어의 정보화, 한국어 교육에서 기준이 되는 언어로 널리 사용되고 있다.

한글 맞춤법은 이 표준어를 문자로 적는 방식이라고 할 수 있다. 그런데 여기에는 두 가지 원칙이 있다. 하나는 소리 나는 대로 적는 것이고, 다른 하나는 눈에 잘 읽히도록 적는 것이다. 위의 한글 맞춤법 조항에서 '소리 나는 대로'는 전자를 말한 것이고, '어법에 맞도록'은 후자를 말한 것으로 이해할 수 있다.

소리대로 적는 것은 우리가 발음하는 대로 적는다는 의미이다. 위에서 말했듯이, [밥], [꿈], [사람]이라고 소리 나는 말은 '밥, 꿈, 사람'으로 적으면 된다. 이에 따라 [밥]이라고 소리 나는 말을 '방'이나 '밭'으로 적지 않는다. [아름다워]를 '아름답어'로 적지 않는 것도 '아름답어'로 적으면 [아름다버]로 소리가 나기 때문이다.

그런데 소리 나는 대로만 적으면 잘 읽히지 않는 경우가 존재한다. 예를 들어 [꼬치], [꼳또], [꼰만]을 소리 나는 대로 적으면 '꼬치, 꼳또, 꼰만'이 되어서 '꽃'이라는 공통점이 눈에 얼른 들어오지 않는다. 따라서 눈에 잘 읽히도록 의미가 있는 부분을 고정해서 일관되게 적을 필요가 있다. '꽃'을 고정해서 적으면 '꽃이, 꽃도, 꽃만'이 되어 '꽃'

이라는 것을 쉽게 알 수 있다.

표준어	소리 나는 대로	어법에 맞게
[꼬치]	꼬치	꽃이
[꼳또]	꼳또	꽃도
[꼰만]	꼰만	꽃만

이처럼 '꽃'을 고정해서 적는 방식을 '기본형을 밝혀 적는다' 또는 '원형을 밝혀 적는다'라고 한다. 다만, 여기에는 한 가지 주의할 점이 있다. '아름답다'는 '아름답고, 아름답지'처럼 '아름답-'이 공통되는 말이지만 '아름답어'와 같이 적지는 않는다. 위에서 설명한 것처럼 '아름답어'로 적을 경우, 표준어 [아름다워]를 적은 것이 아니라 표준어가 아닌 [아름다버]를 적게 되기 때문이다. '꽃이, 꽃도, 꽃만'이라고 적는 것은 이들이 표준어 [꼬치], [꼳또], [꼰만]으로 소리가 나기 때문에 가능하다.

「한글 맞춤법」에는 띄어쓰기에 대한 규정도 들어 있다.

문장의 각 단어는 띄어 씀을 원칙으로 한다. (「한글 맞춤법」 제2항)

띄어쓰기 또한 글을 쉽게 읽을 수 있도록 한 것이다. 예를 들어 '생선한마리만오천원'이라고 썼을 경우 생선 한 마리만이 오천 원인지, 한 마리가 만 오천 원인지 구별하기가 쉽지 않다. 그렇지만 '생선 한 마리 만 오천 원'과 같이 띄어쓰기를 하면 어떤 의미인지 분명하게 알 수 있다. 이처럼 띄어쓰기는 글을 읽는 독자를 위해 의미 전달을 분명하게 해 준다는 의미가 있다.

생선 한 마리만 오천 원 - 생선 한 마리만 오천 원이라는 뜻
생선 한 마리 만 오천 원 - 생선 한 마리에 만 오천 원이라는 뜻

요즘 젊은이들 가운데 '내가'와 '네가'의 발음을 구분하지 못해서 '네가' 대신에 '니가'라는 말을 사용하는 경우가 있다. 이 경우에는 한글 맞춤법을 모르는 것일까? 표준어를 모르는 것일까? 정답은 표준어를 모르는 것이다. 한글 맞춤법에서 [네가]라고 소리가 나는 표준어를 '니가'로 쓰는 경우는 없다. [네가]라고 소리 나면 '네가'로 쓰면 그만이다. 따라서 '니가'를 쓰는 것은 '네가'라는 표준어 대신에 비표준어 '니가'를 쓰는

것이므로 표준어를 모르는 것이라고 할 수 있다.

'책을 읽어라', '책을 읽고', '책을 읽자'에서 '읽어라, 읽고, 읽자'는 어떻게 발음해야 할까? 이러한 발음을 규정하고 있는 것이 '표준 발음법'이다. 표준 발음법에서는 '읽어라[일거라], 읽고[일꼬], 읽자[익짜]'와 같이 발음의 기준을 제시하고 있다. 언어 현실에서는 '꽃이'를 [꼬시]로, '흙이'를 [흐기]로 발음하는 일이 적지 않지만 표준 발음법에 따라 [꼬치], [흘기]라고 발음해야 한다. 이 책에서는 한국어의 표기법을 다루는 것이 목표이므로 표준 발음을 자세히 설명하지는 않는다. 표준 발음법은 이 책의 부록에 실어 두었다.

한글 맞춤법과 표준어 규정, 표준 발음법이 우리말 가운데 어떤 말을 쓰고, 어떻게 적고, 어떻게 말하는지에 관한 것이라면 외국어에서 들어와 우리말로 굳어진 말을 어떻게 적어야 하는지를 규정한 것이 「외래어 표기법」이다. 외래어 표기법에서는 원어의 발음을 기준으로 적되, 관용으로 굳어진 것은 관용에 따라 적는 것을 원칙으로 하고 있다. 외국과의 문물 교류를 통해 들어온 수많은 말들을 외래어 표기법에 따라 적고 있다.

컴퓨터	인터넷	노트북	마라톤	커피
아이스크림	홈런	주스	스케이트	로봇
케이크	버터	버스	가스	나일론
알코올	신시사이저	……		

외래어는 보통 외국어와 구분하지만 실제로는 구분이 잘 되지 않는 경우가 많다. 우리말로 들어가 완전하게 자리를 잡은 말은 '외래어'이고, 그렇지 않은 것을 '외국어'라고 한다. 예를 들어 우리말로 대체하기 어려운 '인터넷'은 외래어이지만 'beautiful'의 발음을 적은 '뷰티풀'과 같은 말은 외국어일 가능성이 높다. 국어사전에 실려 있는 말은 외래어이고, 그렇지 않은 말은 외국어라고 구분하기도 한다. 외국어의 한글 표기도 외래어 표기법에 따른다.

외래어 표기법이 외국의 말을 한글로 적는 방법이라면 반대로 우리말을 외국인에게 알릴 필요가 있을 때 로마자로 우리말을 표기하는데, 이를 「로마자 표기법」이라고 한다. 이를 영문 표기법이라고 하는 것은 잘못이다. 로마자 표기법은 영어권 화자만을 위한 것이 아니라 외국인 전체를 대상으로 우리말을 알려 주는 데 목적이 있기 때문이다. 따라서 로마자 표기법은 원칙적으로 우리말의 표준 발음을 기준으로 표기한다. '신라'를 표기할 경우 표기인 '신라'가 기준이 되는 것이 아니라 발음인 [실라]를 기준으로 'Silla'로 표기한다.

낙동강	Nakdonggang
압록강	Amnokgang
설악산	Seoraksan
한라산	Hallasan

요즘에는 우리말을 외국에 소개할 기회도 많고 한국어를 배우려는 학습자들도 적지 않으므로 정확한 로마자 표기법을 익혀 두는 것도 무척 중요하다.

1. 차자 표기법

2. 훈민정음 창제 이후의 표기법

II

한국어 표기법의 역사

1. 차자 표기법

전 세계에는 현재 약 6,000여 개의 언어가 있는 것으로 알려져 있다. 그런데 언어를 갖지 않은 민족은 없지만 문자를 갖지 못한 민족은 매우 많다. 대부분의 민족이 '자기 고유'의 문자를 갖지 못하고, 다른 민족이 만든 문자를 '빌려서' 쓰고 있다. 혹은 한 민족에게서 기원한 문자를 주변의 여러 민족들이 공유하면서 진화하여 결과적으로는 그 문자가 어느 한 민족에게서 기원했다고 보기 어려운 경우도 많다. 흔히 로마 알파벳이라고 부르는 문자가 바로 그러한 예라 할 수 있다. 이 문자는 고대 가나안부터 페니키아, 그리스, 로마를 거쳐 오늘날과 같은 형태로 정착하였다. 많은 경우, 다른 민족이 만든 문자를 자신들의 언어를 표기하는 데 적합하도록 다소 변형하여 사용하곤 한다.

우리나라의 경우도 예외는 아니어서 1446년 훈민정음이 반포되기 전까지는 주변 민족의 문자이며 고대 동아시아에서 큰 영향력을 지니고 있던 문자인 한자를 빌려 사용하였다. 한자가 정확히 언제, 어떠한 경로로 우리나라에 들어와 정착되었는지는 분명히 밝히기 어렵다. 다만, 고구려가 건국 초에 『유기(留記)』를, 백제가 375년에 『서기(書記)』를, 신라가 545년에 『국사(國史)』를 편찬하였다는 기록으로 보아 이미 고대 삼국에서는 한문이 정착되었음을 알 수 있다. 그런데 문제는 본래 중국어를 표기하기 위한 문자인 한자가, 중국어와는 너무나 다른 성격을 지닌 한국어를 표기하는 데에는 몹시 불편하였다는 것이다. 중국어, 특히 고대 중국어는 모든 단어가 단음절(單音節)이라는 특징을 지니고 있었는데, 한자는 이러한 특징을 반영하여 각 단음절 단어를 하나의 문자로 표시하였다. 즉, 하나의 한자가 곧 한 단어의 의미와 음절을 나타냈던 것이다(예: 하늘-天[tian], 사람-人[ren]). 따라서 한자는 중국어를 표기하는 데는 편리하지만 한국어나 일본어 등 중국어와는 다른 언어들을 표기하는 데는 적합하지 않았다. 그럼에도 불구하고 한자 문화권에 속해 있던 우리나라는 한자를 통해 문자 생활을 영위하기로 하였는데, 그 결과 한글을 대대적으로 사용하게 되기 전까지는 말하는 언어(구어)와 글로 쓰는 언어(문어)가 일치하지 않는 이중적인 언어생활을 하게 되었다.

1) 차자 표기법의 원리

한자를 이용하여 말하는 언어와 글로 쓰는 언어를 일치시키려는 노력의 결과로 나타난 표기법이 바로 '차자 표기법(借字表記法)'이다. 한자를 빌려 우리말을 표기하고자 한 차자 표기법의 원리로는 크게 음독(音讀)의 원리와 석독(釋讀)의 원리가 있다.

(1) 음독의 원리

각각의 한자는 하나의 단어를 나타낸다. 즉, 단어의 의미와 음을 동시에 나타내는 것이다. 그런데 이때 그 한자가 지니는 의미와는 관계없이 그 음만을 취하여 표기에 이용하는 것이 음독의 원리이다. 예를 들어 '古'는 '옛'이란 의미와 '고'란 음을 지니는데, 이 의미와는 상관없이 음만을 취하여 연결어미 '-고'를 표기할 때 사용하기도 하였다.

(2) 석독의 원리

석독은 훈독(訓讀)이라고도 한다. 음독의 원리와는 반대로 한자의 음과는 관계없이 그 의미만을 취하는 것이다. 예를 들어 '水'는 '물'이란 의미와 '수'란 음을 지니고 있는데, 이 한자를 써 놓고 '물'이라고 읽는 것이 바로 석독의 원리를 이용한 것이다.

오늘날 우리나라에서는 한자를 그 음으로만 읽고, 뜻으로 읽는 경우란 없다. 그에 비해 우리와 같이 한자를 빌려 사용하는 전통을 지니고 있는 일본의 경우는 여전히 한

자를 음으로 읽기도 하고 뜻으로 읽기도 한다. 예를 들어 '水'를 지금 우리는 그 음인 '수'로만 읽고 그 뜻인 '물'이라고 읽지 않지만, 일본에서는 '水' 자를 그 음인 'すい[스이]'로 읽기도 하고 그 뜻인 'みず[미즈]'로 읽기도 한다.(일본어 책을 보면 한자 옆에 작은 크기의 히라가나를 적어 놓은 경우를 발견할 수 있다. 한자를 '음'으로도 '뜻'으로도 읽는 일본의 경우는 그 한자를 어떻게 읽어야 하는지 별도의 표시가 없으면 혼란스러울 수 있기 때문이다.) 그런데 사실 우리나라도 예전에는 한자를 음으로 읽기도 하고, 뜻으로 읽기도 하였다. 즉, 지금의 일본어와 마찬가지로 '水'라는 한자를 '수'로 읽기도 하고 '물'로 읽기도 하였던 것이다. 전자를 '음독(音讀)', 후자를 '석독(釋讀)'이라고 하는데, 고대 한국어에서는 이 두 가지 표기 방식이 공존하다가 중세 한국어 시기에 들어서서 석독의 전통이 점차 사라진 것으로 생각된다.

2) 차자 표기법의 여러 유형

(1) 고유 명사 표기

앞서 살펴본 음독의 원리나 석독의 원리를 이용하여 우리말을 표기하려는 최초의 시도는 아마도 사람의 이름이나 지명 등의 고유 명사를 표시하고자 하는 데서 시작되었을 것이다. 고대 삼국에 대한 기록인 『삼국유사(三國遺事)』나 『삼국사기(三國史記)』에는 고구려, 백제, 신라의 어떤 지명이나 인명을 여러 가지로 표기한 예를 보여주고 있다. 다음의 예를 통해 이를 좀 더 자세히 살펴보도록 하자.

> 素那(或云 金川) 白城郡蛇山人也 (『삼국사기』, 권47)
> 소나(혹은 금천이라고도 한다)는 백성군(白城郡) 사산(蛇山) 땅 사람이다.

이 예에서 '素那'와 '金川'은 동일한 인명을 표기한 것이다. 이들의 새김과 음(현대 한자음 기준)을 보이면 다음과 같다.

素	那	金	川
새김: 희다	새김: 어찌	**새김: 쇠[소이]**	**새김: 내[나이]**
음: 소	**음: 나**	음: 금	음: 천

즉, 동일한 이름 '소나'를 한자로 표기함에 있어서 '素那'는 한자의 음만을 빌려 표기한 것이고, '金川'은 한자의 새김만을 빌려 표기한 것이다.

(2) 이두

한자를 이용하여 우리말을 표기하려는 노력은 고유 명사의 표기에서 만족하지 않고 문장까지도 표기하려는 시도로 이어졌다. 이두(吏讀)는 그 일환으로, 우리말과는 언어 유형이 다른 중국어를 반영하고 있는 한문을 변형하여, 한자를 우리말의 어순에 따라 배열했다. 또한 중국어에는 없는 조사나 어미 등의 문법 형태소를 한자를 빌려 표기하여 보충함으로써 한자를 통해 우리말 문장을 표기하고자 하였다. 초기 이두의 예로는 552년 혹은 612년에 쓰인 신라의 임신서기석(壬申誓記石)이나 591년의 경주 남산 신성비(新城碑) 등이 있다.[1] 임신서기석의 경우 문장을 우리말 어순에 따라 적은 것이 눈에 띄지만 문법 형태소의 예는 특별히 드러나지 않는다. 그에 비해 경주 남산 신성비의 경우는 여기에서 좀 더 나아간 양상을 보여 준다.

> 辛亥年 二月廿六日 南山新城作節 如法以作 後三年崩破者 罪教事 爲聞教令誓事之
> (『慶州南山新城碑』, 591년)
> 신해년 2월 26일 남산 신성을 지을 제, 법대로 짓고 후에 3년 안에 붕파하면 죄 주실 일로 삼아 듣게 하시고 맹세하게 하였다.

위의 예에서 '南山新城作'과 같은 구절은 본래 한문의 어순대로라면 '作南山新城'이 되어야 할 것인데 우리말 어순에 따라 '목적어-서술어'의 순서로 제시하였음을 볼 수 있다. 또한 '如法以作'과 같은 구절에서 '以'는 도구, 수단을 나타내는 부사격 조사 '로'에 해당한다.

고려 시대 이후로 이두에서 조사와 어미의 표기는 더 분명히 드러나고 특정 문법 형태소를 나타낼 때 쓰이는 한자가 일정하게 정해지는 등, 이두 특유의 형식이 고착화되었다. 조선 초기에 간행된 『대명률직해(大明律直解)』의 예를 들어 보면 다음과 같다.

---

1 5세기 중엽으로 추정되는 신라 서봉총의 은합명(銀盒銘)에는 부사격 조사로 '中'을 사용한 예가 보이는데, 이 은합은 고구려에서 신라에 보낸 것이므로 고구려에도 이미 신라 자료의 '이두'와 같은 차자 표기법이 존재하였으리라 추정할 수 있다.

本國乙 背叛爲遣 彼國乙 潛通謀叛行臥乎事 (『大明律直解』, 1395년)

본국을 배반하고 다른 나라를 내통하여 모반하는 일

고유 명사 표기법이나 뒤에 살펴볼 구결, 향찰 등과는 달리 이두는 19세기 말까지도 계속 사용되었다. 이는 이두가 한문의 후광을 업고 있는 데다가, 관리들 사이에서 공문서나 사문서 작성을 위한 그들 전용의 특수한 문어로 정착하였기 때문이다.

(3) 구결

'고립어'에 속하는 중국어와는 달리 '교착어'에 속하는 한국어는 문법적 관계를 표시하는 형태소, 즉 조사나 어미, 접사가 발달하였다(물론 중국어에도 문법적 의미를 전달하는 '어조사(語助辭)'가 존재하기는 하지만 이는 극히 일부에 제한되어 있다). 따라서 한문을 읽을 때 그 내용을 좀 더 명확히 이해하기 위해서, 혹은 번역하기 위해서 한문의 중간중간에 '토(吐)'를 달아 읽는 방식이 발달하였다. 이러한 문법적 요소를 '입겿, 입겾' 혹은 '구결(口訣)'이라고 한다. 또한 '구결'은 이처럼 토를 달아 읽는 방식 전체를 가리키는 용어로 사용되기도 한다. 조사나 어미 등의 문법 형태소를 한자로 표기할 때에는 앞서 살펴본 음독과 석독의 원리를 이용하여 이들 문법 형태소와 음이 같거나 혹은 뜻을 보여주는 한자를 이용하였다. 그리고 구결을 다는 데 사용되는 한자는 어느 정도 고정되어 있었다. 예를 들어, 보조사 '은/는'을 표기하는 데에는 '은'이라는 음을 지닌 한자 '隱'이나 그것의 약체자(略體字)인 'ㄱ'이 사용되었다. 또한 용언 어간 'ᄒᆞ-'를 표시할 때에는 '하다'의 의미를 지닌 '爲'나 그 약체자 'ソ'를 사용하였다.

구결에는 '석독 구결(釋讀口訣)'과 '음독 구결(音讀口訣)'의 두 가지 방식이 존재한다. 석독 구결은 한문을 우리말로 풀어 읽는 것으로, 음독 구결과는 달리 원문의 오른쪽뿐만 아니라 왼쪽에도 구결 토가 달리고 '역독점(逆讀點)'도 찍혀 있다. 이를 읽는 방식은, 한문을 오른쪽에 달린 토를 이용하여 우리말로 해석하면서 읽어 내려가다가 역독점이 있는 부분을 만나면 위로 거슬러 올라가 왼쪽에 토가 달린 한자를 해석하는 것이다.

善男子阝 如支ソㄱ是、 十種乙 菩薩摩訶薩尸 菩提心 因亠ノ禾ナㄱリ丨

(『金光明經 3,2:19-20』)[2]

善男子아 이다히 ᄒᆞᆫ 十種을 菩薩摩訶薩 菩提心 因여 호리견이다

이에 비해 음독 구결은, 지금도 사용되고 있듯이 한문을 그대로 읽으면서 조사나 어미만을 덧붙여 읽는다.

天地之間萬物之中厓 唯人伊 最貴爲尼 所貴乎人者隱 以其有五倫也羅 (『童蒙先習』)
천지지간 만물지중애 유인이 최귀ᄒᆞ니 소귀호인자는 이기유오륜야라

석독 구결은 음독 구결에 비해 비교적 최근에 그 존재가 알려졌는데, 1970년대에 『구역인왕경(舊譯仁王經)』이 발견되면서 기존의 음독 구결과는 다른 방식의 구결도 존재함을 알게 되었다. 그 이후로도 석독 구결 자료가 여럿 발견되면서 석독 구결의 독법에 대한 연구가 진행되었고, 이를 통해 전기 중세 한국어, 더 나아가 고대 한국어의 실체에 좀 더 가깝게 다가갈 수 있었다.

2000년 이후 '각필 구결(角筆口訣)'의 존재도 알려졌는데, 이는 붓이 아니라 나무나 뿔 등 단단한 도구로 한문 원문의 글자 주변에 점을 찍거나 획을 그어 이를 통해 문법 형태소를 표시하는 방법이다.

(4) 향찰

신라의 향가를 표기한 방식을 '향찰(鄕札)'이라고 하는데, 이는 사실상 새로운 표기법은 아니고 앞서 살펴본 고유 명사 표기법과 이두를 종합, 확대하여 우리말을 온전히 적은 것이다. 향찰이 정착하여 일반화된 것은 아마도 통일 신라 시기가 아닐까 추측된다. 향찰은, 실질적인 의미를 지닌 부분(실질 형태소)은 석독 표기로, 문법적 요소(형식 형태소)는 음독 표기로 하는 것을 원리로 하였다(물론 예외도 존재하며, 혼합 표기도 나타난다). 「서동요」의 예를 통해 이를 자세히 살펴보면 다음과 같다.

원문	해독	해석
善花公主主隱	善花公主-님-은	선화공주님은
他密只嫁良置古	남 그스-기 얼-어 두-고	남 몰래 정을 통해 두고
薯童房乙	薯童房-을	서동방을
夜矣卯乙抱遣去如	밤-의 몰 안-고 가-다	밤에 몰래 안고 갔다

2 위 첨자로 적은 것이 오른쪽에 달린 토를 표시한 것이다.

위의 예에서 밑줄 친 글자들은 모두 조사, 어미 또는 접미사로 문법 형태소인데, 종결 어미인 '如(다: 여)'만 석독의 원리를 따른 것이고 나머지는 모두 한자의 음을 빌린, 음독의 원리를 따르고 있다. 그에 비해 '他, 密, 嫁, 置, 夜, 抱, 去'와 같은 실질 형태소들은 석독의 원리를 따랐다.

향찰 방식은 매우 복잡하면서도 한국어를 만족스럽게 표기하지 못하였으므로(한국어는 음절 구조가 매우 복잡하여 한자로 이를 만족스럽게 표기할 수 없다), 고려 초기까지 쓰이다가 사라지게 되었다.

2. 훈민정음 창제 이후의 표기법

1443년 훈민정음이 창제되고 1446년에 반포되면서 비로소 우리는 우리말을 있는 그대로 표기할 수 있는 문자를 갖게 되었고, 말과 글이 일치하는 언어생활이 가능해졌다. 이 시기에는 현대의 '한글 맞춤법'과 같은 공식적인 규정이 명시되지는 않았지만, 『훈민정음(訓民正音)』 해례본에는 종성의 표기에 대한 언급이 있고, 훈민정음 창제 직후의 한글 문헌인 『용비어천가』와 『석보상절』 등을 통해 이 시기 이미 '음소적 원리'에 따른 표기와 '형태음소적 원리'를 둘러싼 의견 차이가 있었음을 알 수 있다.

1) 종성 표기: 종성부용초성과 팔종성법

『훈민정음』에서는 '종성부용초성(終聲復用初聲)'이라 하여 종성 글자를 별도로 만들지 않고 초성 글자를 그대로 사용한다고 설명하였다. 한 음절을 초성과 중성, 종성으로 나누되 적을 때에는 이 셋을 합하여(合字) 쓰는 방식이야말로 '훈민정음'의 독특한 표기법이라 할 수 있는데, 이는 종성이 발달하여 유독 음절 수가 많은 한국어에 알맞은 표기 방식이기도 하다. 특히 종성을 위한 글자를 따로 만들지 않고 초성 글자를 다시 쓰도록 한 것은 불과 27개의 기본 글자로 3,000개가 넘는 음절을 표기할 수 있도록 만든 탁월한 경제성의 핵심이다.

그런데 본래 고대 한국어 단계에서는 음절 말의 모든 자음이 서로 구별되었을 것으로 추정되나 15세기 당시에는 이미 음절 말에서 'ㅋ'은 'ㄱ'으로, 'ㅌ'은 'ㄷ'으로, 'ㅍ'은 'ㅂ'으로, 'ㅈ, ㅊ, ㅎ'은 'ㅅ'으로 중화(中和)되어 음절 말에서 실제 발음될 수 있는 것은 'ㄱ, ㄴ, ㄷ, ㄹ, ㅁ, ㅂ, ㅅ, ㆁ'의 8개뿐이었다. 이에 따라 모음으로 시작하는 조사나 어미 앞에서는 '곶+-이→고지', '깊-+-은→기픈'과 같이 '곶', '깊'으로 나타나던 것이 단독으로 쓰이거나 자음으로 시작하는 조사, 어미 앞에서는 '곶+-도→곳도', '깊-+-고→깁고'와 같이 어간의 종성이 'ㅅ, ㅂ'으로 나타나는 교체를 보였다. 현대 한국어의 경우는 단어의 원형을 밝혀 적는 것을 기본 원칙으로 하고 있으나, 중세 한국어 시기에는 소리 나는 대로 표기하는 음소적 원리에 좀 더 충실하여 형태음소적 교체를 표기에 반영하였는데, 이를 단적으로 보여 주는 것이 이른바 '팔종성법(八終聲法)'이다. 『훈민정음』 해례에서는, 원칙적으로는 '終聲復用初聲(종성은 다시 초성 글자를 쓴다)'이지만, 실제로는 'ㄱ, ㄴ, ㄷ, ㄹ, ㅁ, ㅂ, ㅅ, ㆁ'의 8개 글자만으로 모든 종성을 표기할 수 있음을 '八字可足用(여덟 개 글자만으로 쓸 수 있다)'라고 규정하였다. 15, 16세기 문헌 중 대부분은 팔종성법에 따른 표기를 보여 주나, 『용비어천가』와 『월인천강지곡』과 같은 일부 문헌에서는 다음에 제시된 것과 같이 종성에 'ㅈ, ㅊ, ㅍ' 등을 표기하여 팔종성법에 따르지 않고 있는데, 이는 이 시기에도 형태음소적 표기를 할 것인지 음소적 표기를 할 것인지에 대한 견해가 엇갈렸음을 보여 준다.

가. 불휘 기픈 남ᄀᆞᆫ ᄇᆞᄅᆞ매 아니 뮐ᄊᆡ 곶 됴코 여름 하ᄂᆞ니
(『용비어천가』, 2장)

나. 兄이 디여 뵈니 衆賊이 좇거늘 재 ᄂᆞ려 티샤 두 갈히 것그니
(『용비어천가』, 36장)

다. 제 간ᄋᆞᆯ 뎌리 모ᄅᆞᆯᄊᆡ 둘희 쏜 살이 세 낱 붚샏 ᄢᅦ여디니
(『월인천강지곡』, 40장)

라. 각시 ᄢᅬ노라 곶 고ᄫᅵ 빛여 드라 末利花鬘ᄋᆞᆯ 몸애 ᄆᆡᅀᆞᄫᆞ나
(『월인천강지곡』, 49장)

그러나 이 두 문헌을 제외하면 그 이후의 문헌들은 대개 팔종성법을 따르고 있어서 1933년 「한글 맞춤법 통일안」[3]이 나오기 전까지는 이러한 음소적 표기가 우세하였다.

그런데 중세 한국어 이래로 음소적 원리에 따른 표기가 우세하였다고는 하지만 그

렇다고 모든 표기가 '소리대로' 이루어진 것은 아니어서 된소리화라든가 자음 동화 등은 대개 표기에 반영되지 않았다. 즉 '짚+-이→지피', '짚+-도→집또'에서 '짚, 집'의 형태음소적 교체는 표기에 반영되었으나, '짚+-만→짐만'에서 '짚'이 '짐'으로 교체된 것이나 '도'가 '또'로 된소리가 된 것 등은 대체로 표기에 반영되지 않았다. 다만, '잇ᄂᆞ니라→인ᄂᆞ니라' 등과 같은 용언의 활용형이나 '걷-+나-→걷나→건나-'와 같이 합성어 내부에서 일어난 자음 동화는 종종 표기에 반영되었다. 또한 종성이 겹자음인 경우도 형태음소적 교체를 반영하여 '없-+-어'는 '업서', '없-+-다'는 '업다'로 표기되었으나, 'ᄇᆞᆰ더니, ᄉᆞᆲ고져' 등과 같이 ㄹ로 시작하는 겹자음의 경우는 자음으로 시작하는 어미 앞에서도 그대로 쓰였다는 점이 특이하다.

한편 16세기에 종성의 ㅅ이 ㄷ으로 중화되는 변화가 일어났으나[4] 표기법상으로는 변화가 없어서 여전히 ㅅ이 쓰였다. 더 나아가 17세기 이후에는 종성 표기에서 'ㅅ'과 'ㄷ'이 혼란을 보이는 예들이 종종 나타났다. 그리고 근대 한국어 후기로 갈수록 실제 발음과는 달리 종성의 'ㄷ'을 'ㅅ'으로 적은 경향도 나타났다(예: 묻고→뭇고, 미더→밋어 등).

2) 연철, 분철, 중철

연철 표기는 실제 발음 나는 음절을 표기에 충실히 반영하여 이어 적는 방식으로 중세 한국어 표기법의 두드러진 특징 중 하나이다. 즉 '말ᄊᆞᆷ+-이', '먹-+-으니'의 경우 각각 [말ᄊᆞ미], [머그니]로 발음되는데, 이처럼 실제 발음되는 음절을 표기에 반영하여 '말ᄊᆞ미', '머그니'로 연철 표기하는 것이다.

그에 비해 분철 표기는 체언과 조사, 용언과 어미 등이 결합할 때 실제 소리 나는 음절과는 상관없이 형태소 경계에서 끊어 적는 방식이다. 즉 '말ᄊᆞᆷ+-이', '먹-+-으니'가 [말ᄊᆞ미], [머그니]로 발음되는 것과는 별개로 그 형태소 경계를 표기에 반영하여

3 1933년 제정 당시 표기는 '한글 마춤법 통일안'이나 이 책에서는 '한글 맞춤법 통일안'으로 표기한다.

4 종성의 ㅅ이 ㄷ으로 중화되었음은 '잇ᄂᆞ니라>인ᄂᆞ니라, 이틄날>이틋날>이튼날' 등과 같은 예를 통해 확인할 수 있는데, 종성의 ㅅ이 ㄷ으로 중화된 이후라야 비로소 뒤에 오는 ㄴ의 영향으로 자음 동화를 거쳐 'ㄷ>ㄴ'으로 변화할 수 있기 때문이다.

'말쏨이', '먹으니'로 적는 것이다. 15세기에는 『월인천강지곡』과 같은 일부 문헌에 예외적으로 분철의 예가 나타난다.

가. 世尊ㅅ 일 ᄉᆞᆯᄫᅩ리니 萬里外ㅅ 일이시나 눈에 보논가 너기ᅀᆞᄫᆞ쇼셔 (『월인천강지곡』, 2장)

나. 長生인 不肖ᄒᆞᆯᄊᆡ ᄂᆞᆷ이 나아간ᄃᆞᆯ 百姓ᄃᆞᆯ히 ᄂᆞᆷᄋᆞᆯ 다 조ᄎᆞ니 (『월인천강지곡』, 11장)

중철 표기는 연철과 분철의 과도기적 형태라 할 수 있는데, 예를 들면 '말쏨+-이'를 '말쏨미'와 같은 식으로 적는 것이다.

중세 한국어 시기에는 연철 표기가 일반적이었으나 16세기 이래로는 차츰 분철 표기와 중철 표기의 출현 빈도가 높아지기 시작하였다. 다음은 16세기 초 문헌인 『번역소학』(1517년)에서 동일한 어휘에 대해 연철 표기와 분철 표기, 그리고 중철 표기가 함께 나타난 예이다.

가. 제 ᄆᆞᅀᆞ매 너규ᄃᆡ 나ᄂᆞᆫ 아ᄒᆡ어니 엇데 감히 顔孟ᄋᆞᆯ ᄇᆡ호료 (『번역소학』, 6:11ㄴ)

나. 져믄 아ᄒᆡ ᄇᆡ호ᄆᆞᆫ ᄆᆞᅀᆞᆷ애 다마 두며 외올 ᄯᆞᄅᆞ미 아니라 (『번역소학』, 6:4ㄴ)

다. 그 어버싀 거긔도 ᄒᆞ마 ᄂᆞ미며 내라 ᄒᆞᄂᆞᆫ ᄆᆞᅀᆞᆷ미 이셔 (『번역소학』, 6:3ㄱ)

근대 한국어 시기에도 연철 표기, 중철 표기, 분철 표기가 모두 나타났는데, 분철 표기가 점점 더 많이 나타나게 되었고, 이러한 경향은 용언 어간과 어미가 결합할 때보다는 체언과 조사가 결합하는 경우에 좀 더 뚜렷이 나타났다. 또한 근대 한국어 문헌에는 종성이 'ㅋ, ㅌ, ㅍ'일 때 이를 'ㄱ, ㄷ(또는 ㅅ), ㅂ'과 'ㅎ'으로 나누어 적은 예도 많이 보인다(이를 '재음소화 표기'라고도 함).

가. 앗기ᄂᆞᆫ ᄠᅳᆺ이 기픈 즉 원망ᄒᆞ고 ᄉᆞ짓ᄂᆞᆫ ᄉᆡᆼ각이 니러나고 (『중외윤음』, 12ㄱ)

나. 놉픈 臺와 깁픈 모ᄉᆞᆯ ᄆᆡᆼᄀᆞᆯ며 (『어제내훈』, 2:107ㄱ)

다. 여튼 ᄃᆡ로 말ᄆᆡ암아 깁흔 ᄃᆡ 드ᄂᆞ니 (『어제자성편』, 내:1ㄱ)

3) 된소리 표기

『훈민정음』 예의에는 'ㄱ, ㄷ, ㅂ, ㅅ, ㅈ, ㅎ'을 나란히 써서 전탁음(全濁音), 즉 된소리를 표기하는 'ㄲ, ㄸ, ㅃ, ㅆ, ㅉ, ㆅ'을 만드는 이른바 '병서법(竝書法)'이 제시되어 있다. 이러한 '병서(竝書)'에는 동일한 글자를 나란히 쓰는 '각자 병서(各字竝書)' 외에도 서로 다른 글자를 나란히 쓰는 '합용 병서(合用竝書)'가 있었는데, 크게 ㅅ계 합용 병서(ㅺ, ㅼ, ㅽ)와 ㅂ계 합용 병서(ㅲ, ㅄ, ㅶ, ㅷ), ㅄ계 합용 병서(ㅴ, ㅵ)가 있었다. ㅂ계 합용 병서와 ㅄ계 합용 병서의 경우는 'ㅂ'이 실제로 발음되는, 즉 [p]음을 지닌 어두 자음군이었다는 점에 의문의 여지가 없는데(이는 '좁쌀, 볍씨, 입때' 등과 같은 현대 한국어 어휘를 통해 그 흔적을 찾을 수 있다), ㅅ계 합용 병서의 음가에 대해서는 여전히 논란이 있다.[5]

ㄲ, ㄸ, ㅃ, ㅆ, ㅉ, ㆅ과 같은 각자 병서 표기를 통해 이 시기에 된소리가 존재하였음은 알 수 있으나, 이들은 대부분 동국정운식 한자음을 표기하는 데 사용되었다. 이들이 순우리말 어휘에 쓰인 경우는 '갈 낄, 마쯧비' 등과 같이 어중에서 쓰인 경우가 대부분이고, 어두에 쓰인 예는 '쏘다, 쓰다, ᅘᅧ다' 등과 같이 매우 소수에 불과하였다.[6] 'ㅎ'의 된소리인 'ㆅ'의 경우, 현대 한국어에서는 이러한 자음의 존재를 상상하기 어렵지만 중세 한국어에서는 'ᅘᅧ다(>켜다)'와 같은 단어가 존재하고 있고 근대 한국어 시기에도 된시옷을 사용한 'ᄻᅧ다'가 존재하는 것으로 보아 근대 한국어 전반까지는 'ㅎ'의 된소리가 존재하였음을 알 수 있다. 다만 'ㆅ'이라는 문자 자체는 15세기 후반부터 문헌에 등장하지 않게 되었는데, 이는 (그 이유는 알 수 없으나) 『원각경언해』(1465년) 이후로 각자 병

5 ㅅ계 합용 병서의 경우는 'ㅅ'이 실제로 발음되었다는 견해와 'ㅅ'이 단순히 된소리 기호였을 것이라는 견해로 나뉜다. 근대 한국어 문헌에 등장하는 ㅅ계 합용 병서는 분명 된소리를 표기하는 것으로서 이때의 'ㅅ'은 된소리 기호, 즉 '된시옷'이라 불렸는데, 이것이 중세 한국어 시기에도 그러했는지는 여전히 논란의 여지가 있다. 다만 중세 한국어 시기에 한자음이 아닌 순우리말 표기에서 단어 첫머리에 사용된 각자 병서가 '쓰다, 쏘다'의 'ㅆ'과 'ᅘᅧ다'의 'ㆅ'뿐이었다는 사실은 시사하는 바가 있는데, 이에 대해 중세 한국어 시기에는 된소리를 초성으로 지닌 어휘가 극히 적었다고 해석할 수도 있지만, 'ㅺ, ㅼ, ㅽ'이 곧 된소리를 표기한 것이었다고 보면 이 시기에도 'ㄱ, ㄷ, ㅂ'의 된소리로 시작되는 어휘가 존재하였던 것으로 볼 수도 있다.

6 다만 ㅅ계 합용 병서인 'ㅺ, ㅼ, ㅽ'이 된소리를 표기한 것이라는 견해도 있으므로, 이에 따른다면 중세 한국어에도 된소리로 시작되는 어휘가 좀 더 많았을 것으로 추정할 수 있다. 한편 중세 한국어 문헌에서 'ㅉ'은 보이지 않는데, 이 때문에 이 시기에는 ㅈ의 된소리로 시작되는 단어가 없었을 것으로 추정하기도 한다.

서를 쓰지 않게 되었기 때문이다. 이에 따라 '쓰다'를 '스다'로, 'ᅘᅧ다'를 '혀다'로 표기하게 되었고, 16세기에 들어와서 '스다'는 다시 '쓰다'로 복귀하였으나 'ᅘᅧ다'의 경우는 계속 '혀다'로 표기되었다.

근대 한국어 시기에 들어서서 어두 된소리화 현상에 따라 예사소리로 시작되거나 어두 자음군으로 시작되던 많은 어휘들이 된소리화를 겪게 되었다. 이를 표기하는 방식으로는 각자 병서 글자가 사용되기도 하였지만, 대개는 ㅅ계 합용 병서인 'ㅺ, ㅼ, ㅽ, ㅾ, ᄉᄒ'이 쓰였다.('ㅾ'은 17세기 이후에 비로소 등장한다. 한편, 근대 한국어 시기에 ㅅ의 된소리를 표기할 때 ㅆ보다 ㅄ이 더 많이 쓰였다는 점은 특이하다.) 그리고 간혹 소리와는 별개로 ㅂ계 합용 병서가 된소리 표기에 이용되기도 하였다. 이처럼 근대 한국어 시기 된소리의 표기는 ㅅ계 합용 병서와 ㅂ계 합용 병서, 그리고 간혹 각자 병서가 사용되어 상당히 혼란한 양상을 보였는데, 예를 들어 ㄷ의 된소리는 ㄸ으로 표기되기도 하였고 ㅼ이나 ㅳ으로 표기되기도 하였다. 다음의 예를 보면 중세 한국어 시기 초성이 어두 자음군이었던 'ᄣᅢ'가 근대 한국어 문헌에는 '때, ᄯᅢ, ᄠᅢ'로 나타나고 있음을 볼 수 있는데, 'ㄸ, ㅼ, ㅳ'은 모두 동일하게 ㄷ의 된소리를 표기하고 있는 것이다.

가. 使民以時ᄂᆞᆫ 百姓 부리기ᄅᆞᆯ 때로써 호미라 (『어제훈서』, 25ㄱ)
나. 새 믈를 ᄯᅢᄯᅢ로 먹교ᄃᆡ 밤 디날 제ᄂᆞᆫ 먹키디 말며 (『마경초집언해』, 상:39ㄱ)
다. ᄇᆡ 갈 ᄠᅢ예 아므 ᄇᆡ라 ᄒᆞ여 ᄌᆞ셰 뎌거 보내ᄋᆞᆸ소 (『첩해신어』, 4:9ㄱ-ㄴ)

이러한 혼란은 근대 한국어 후기로 갈수록 된소리 표기에 ㅅ계 합용 병서를 사용하는 방향으로 정리되어 갔다. 이처럼 된소리를 표기하는 ㅅ계 합용 병서의 'ㅅ'을 '된시옷'이라고 부르는데, 된시옷을 사용한 표기는 1933년 「한글 맞춤법 통일안」에서 된소리를 각자 병서(ㄲ, ㄸ, ㅃ, ㅆ, ㅉ)로 표기하기로 결정할 때까지 지속되었다.

4) 성조와 방점

『훈민정음』 예의에서는 당시 한국어에 '평성(平聲), 거성(去聲), 상성(上聲), 입성(入聲)'의 네 성조(聲調)가 있다고 기술하고 있는데, 이 중에서 실제로 존재한 것은 '평성(낮은 소리), 거성(높은 소리), 상성(낮다가 높아지는 소리)'의 세 성조였다. 현대 한국어의 장단(長短)이 그러하듯이, 중세 한국어에서 성조는 단어들 간의 의미를 구별해 주는 중요한 한 수단이었다. 예를 들어 나무의 이름인 '솔'은 거성의 성조를, 먼지를 터는 기구인 '솔'은 상성의 성조를 지니고 있는 등이 그것이다. 이처럼 중세 한국어에서 성조는 중요한 자질이었으므로 문헌에 이를 표시하기 위해 해당 음절의 왼쪽에 '방점(傍點)'을 표기하였다. 평성에는 방점을 찍지 않고, 거성에는 점 하나, 상성에는 점 두 개를 찍어 성조를 표시하였다. 16세기 후기 문헌에는 방점의 표기가 상당한 혼란을 보이는데, 이는 당시 한국어에서 성조가 사라지게 된 것과 관련된다. 근대 한국어 시기에 성조가 완전히 사라지면서 방점도 표기에서 사라지게 되었다.

한국어 표기법의 역사 연습 문제

01 다음 사례에서 드러난 차자 표기법의 원리를 설명해 보시오.

우리말 이름인 '시내'를 한자로 표기할 때, '是奈'로 적거나, '溪'로 적거나, '溪奈'로 적었다.
〈참고〉 是(옳을 시), 奈(어찌 내), 溪(시내 계)

02 다음에 제시된 향가 『처용가』의 일부를 보고 물음에 답하시오.

東京明期月良 夜入伊遊行如可	동경 ᄇᆞᆯ기 ᄃᆞ라라 밤드리 노니다가	(김완진 해독)

(1) 제시된 해독을 참고로 하여 밑줄 친 부분에서 음독 글자와 석독 글자를 구별해 보시오.

(2) 이를 토대로 향찰 표기 방법에 대해 설명하시오.

03 다음 15세기 문헌을 보고 물음에 답하시오.

(1) 아래 제시된 문헌에서 찾아볼 수 있는 중세 한국어 표기법의 특징을 정리해 보시오.

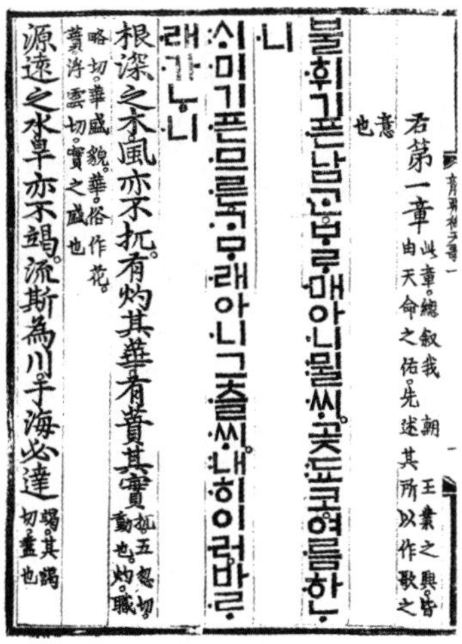
『용비어천가』 제1장

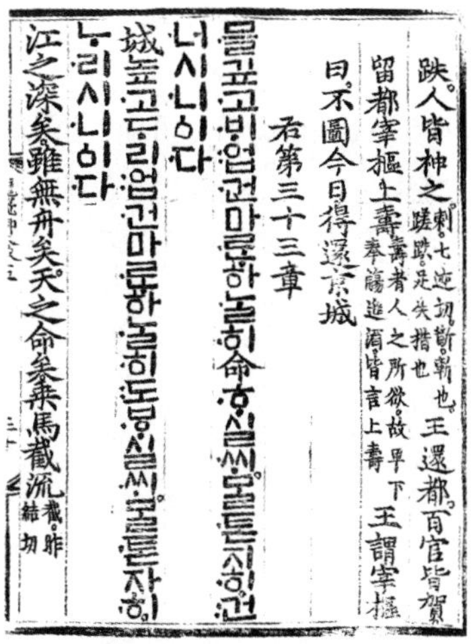
『용비어천가』 제33장

(2) 3-(1)에서 정리한 중세 한국어 표기법이 아래에 제시한 문헌의 표기법과 어떠한 차이를 보이는지 설명해 보시오.

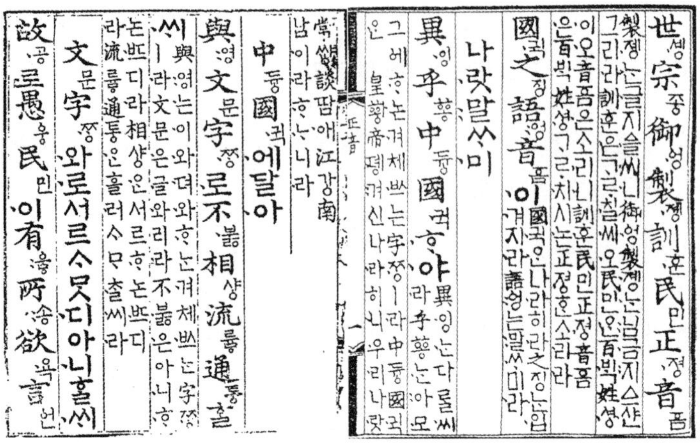

『훈민정음』 언해본

04 다음은 학생과 교사 간의 수업 중 대화이다. ㉠, ㉡에 해당하는 말을 순서대로 쓰시오.

> 교사: 지금 나누어 준 자료는 16세기 〈소학언해〉 중의 일부인데요, 현대어 해석이 있으니 내용을 이해하는 데 어렵지 않지요?
>
> 학생: 선생님, 이 부분이 잘 이해가 안 되는데요. '말솜을 順히 홈애 인ᄂᆞ니'가 '말씀을 온순하게 함에 있으니'로 해석되어 있는데, 아까 '있다'의 옛말은 '잇다'라고 하셨잖아요. '인ᄂᆞ니'는 어떻게 된 표기인가요?
>
> 교사: 좋은 질문이네요. 이 시기에 'ㅅ'이 음절 말에서 ㉠______으로 발음이 바뀐 후에 'ㄴ' 앞에서 ㉡______을/를 거친 형태가 표기에 반영된 것이에요.

㉠: ____________

㉡: ____________

05 〈보기 1〉은 근대 국어의 특징을 확인할 수 있는 17세기 자료이고, 〈보기 2〉는 이에 대한 학생의 탐구 학습 결과이다. 〈보기 1〉과 〈보기 2〉를 바탕으로 〈작성 방법〉에 따라 근대 국어 표기법의 특징을 서술하시오.

〈 보 기 1 〉

손슌은 신나 흥덕왕 시 사ᄅᆞᆷ이라 경쥐 ᄯᅡ히 사라 어미 치기 지회러니 죠고만 아ᄒᆡ 이셔 ᄆᆡ양 어ᄆᆡ 밥블 앋거늘 슌이 그 안해ᄃᆞ려 닐러 ᄀᆞ로ᄃᆡ 아ᄒᆡ 어ᄆᆡ 바블 아ᄋᆞ니 아ᄒᆡᄂᆞᆫ 가히 어ᄃᆞ려니와 어미ᄂᆞᆫ 두 번 구ᄒᆞ기 어려온디라 ᄒᆞ고 아ᄒᆡ 업고 도라가 ᄯᅡᇰ을 ᄑᆞ고 묻고져 ᄒᆞ더니 ᄆᆞᆫ득 돌붑을 어ᄃᆞ니 심히 긔특ᄒᆞ더라 안해 닐오ᄃᆡ 득믈호미 ᄌᆞ몬 아ᄒᆡ 복이라 가히 묻디 몯ᄒᆞ리라

〈 보 기 2 〉

학생들의 탐구 결과	예시
㉠	손슌은, 사ᄅᆞᆷ이라, 밥블 등
㉡ 근대 국어에는 '앋-~아-'와 같은 ㄷ불규칙 용언이 존재하였음.	앋거늘, 아ᄋᆞ니

〈 작 성 방 법 〉

○ 〈보기 2〉-㉠에는 예시를 통해 확인할 수 있는, 15세기 국어의 표기법과 다른 근대 국어 표기법의 특징을 서술할 것.
○ 잘못된 탐구 결과인 〈보기 2〉-㉡을 바로잡아 예시를 통해 확인할 수 있는 근대 국어 표기법의 특징을 서술할 것.

㉠: ______________________________

㉡: ______________________________

III

한글 맞춤법

제1장 총칙

제1항 한글 맞춤법은 표준어를 소리대로 적되, 어법에 맞도록 함을 원칙으로 한다.

한글 맞춤법의 대원칙이다. 한글 맞춤법은 표준어*를 그 대상으로 한다. 즉, 말(음성 언어)에서 결정되는 표준어를 글(문자 언어)로 올바르게 적는 방법이 맞춤법이다. 예를 들어 '가려고'를 [갈라구]라고 하면, 그 소리부터 표준어가 아니므로 '갈라구'가 맞춤법에 맞게 적혔다고 말하기 어렵다.

표준어를 대상으로 '소리대로' 적는 것이 하나의 원칙이라면 '어법에 맞도록' 하는 것은 또 하나의 원칙이라고 할 수 있다. 앞엣것을 음소적 원리, 뒤엣것을 형태적 또는 형태음소적 원리라고 한다. 이처럼 한글 맞춤법은 음소적 원리와 형태적 원리 중 어느 쪽으로도 치우치지 않고 조화를 추구하고 있다.

▸ 용어 및 어휘 풀이

표준어(標準語): 한 나라에서 공용어로 쓰는 규범으로서의 언어. 의사소통의 불편을 덜기 위하여 전 국민이 공통적으로 쓸 공용어의 자격을 부여한 말로서 우리나라에서는 '교양 있는 사람들이 두루 쓰는 현대 서울말'로 정함을 원칙으로 한다. 1988년 새 표준어 규정이 공표되기 이전에는 '표준말'이라고 하였다.

(1) 소리대로 적는다.

(2) 어법에 맞도록 적는다.

(1)은 표준어의 발음대로 한글로 적는다는 뜻이다. [감자]라고 소리 나는 표준어는 '감자'로 적고, [베다]라고 소리 나는 표준어는 '베다'로 적는다.

그런데 표준어의 소리대로 적는다는 원칙만으로 충분하지 않은 경우가 있다. 예를 들어 '흙[土]'이란 단어는 하나로만 소리 나지 않고 경우에 따라 소리가 달라진다.

(3) 흙이[흘기] …… 흘ㄱ
흙도[흑또] …… 흑
흙만[흥만] …… 흥

'흙이'를 말할 때의 소리 [흘ㄱ]과 '흙도'를 말할 때의 소리 [흑], 그리고 '흙만'을 말할 때의 소리 [흥]은 모두 같은 '흙'을 뜻하지만 소리가 서로 다르다. 만약 원칙 (1)만 적용한다면 '흙이'는 '흘기'로, '흙도'는 '흑또'로, '흙만'은 '흥만'으로 적게 된다.

그러나 이처럼 똑같은 뜻의 말을 여러 형태로 적는 것은 글을 읽을 때의 능률을 떨어뜨린다는 점에서 바람직하지 않다. 하나의 개념을 나타내는 말은 형태*를 하나로 고정하여 적는 것이 뜻을 파악하기가 쉽다. 이것이 어법에 맞도록 적는다는 원칙 (2)이다.

「한글 맞춤법」에서 어법에 맞도록 한다는 것은 뜻을 파악하기 쉽도록 각 형태소*의 기본형을 밝혀 끊어 적는다는 말이다. 예를 들어 [늘거], [늘꼬], [늑찌], [능는]으로 소리 나는 말은 (4)와 같이 적지 않고 (5)와 같이 적는다.

▸ **용어 및 어휘 풀이**

형태(形態): 하나의 뜻을 가진 형태소는 하나의 소리로 실현되는 경우도 있지만 주위 환경에 따라 여러 개의 다른 소리로 실현되는 경우도 있다. 예컨대 '하늘'은 언제나 [하늘]로만 소리가 나지만 '흙'은 앞에서 보았듯이 [흘ㄱ], [흑], [흥]의 세 가지로 소리가 난다. [하늘], [흘ㄱ], [흑], [흥]과 같이 형태소가 구체적으로 실현되어 나온 소리를 '형태'라고 하고, 특히 '흘ㄱ(흙), 흑, 흥'과 같이 동일한 형태소의 여러 다른 형태들을 '이형태'라고 부른다. 형태소 '하늘'은 '하늘'이라는 하나의 형태로만 실현되고 형태소 '흙'은 '흘ㄱ, 흑, 흥'의 세 (이)형태로 실현된다.

형태소(形態素): 형태소란 뜻을 가지고 있는 가장 작은 단위를 말한다. 한국어에서 'ㅂ'이나 'ㅣ' 등은 뜻을 가지고 있지 않기 때문에 형태소가 될 수 없지만 '비'가 되면 뜻을 이루는 최소 단위인 형태소가 된다. '책가방'은 '책'과 '가방'이라는 두 가지 의미로 쪼개지기 때문에 형태소는 '책가방'이 아니라 '책'과 '가방'이다. 더 작은 단위로 쪼개진다고 해도 쪼갰을 때 의미가 없어지거나 쪼개기 전의 의미와 관련되는 의미가 없어지면 안 된다. '나비'는 '나'와 '비'로 쪼개어지지만, 이때 '나'와 '비'는 '나비'의 의미와는 전혀 관계가 없어지므로 '나비'는 더 이상 쪼갤 수 없는 의미 단위, 즉 형태소가 된다.

(4) 늘거, 늘꼬, 늑찌, 능는

(5) 늙어, 늙고, 늙지, 늙는

'늙-'이라는 형태소와 거기에 결합하는 형태소의 형태를 고정하여 적게 되면 각 형태소가 지닌 뜻을 분명하게 파악할 수 있다.

그러나 어법에 따라 언제나 형태소를 고정하여 적을 수 있는 것은 아니다. 형태소를 고정하여 적는 것은 '소리대로'의 원칙에 어긋나지 않는 경우만이다. 소리가 다른 경우 형태소를 하나로 고정할 수 없다.

(6) 돕고, 돕지 / 도우며, 도울까

(7) 막고, 먹고 / 막아, 먹어

(6)의 '돕고, 돕지'에서의 '돕-'과 '도우며, 도울까'의 '도우-'는 같은 형태소의 이형태이다. 어법에 따라 적으려면 '돕-'으로 형태소를 고정하여 '돕아, 돕으며, 돕을까'로 적어야 할 것이다. 그렇지만 '돕아, 돕으며, 돕을까'는 [도바], [도브며], [도블까]로 소리 나므로 표준어 [도와], [도우며], [도울까]를 소리 나는 대로 적은 것이 아니다. 이는 표준어를 소리 나는 대로 적는다는 원칙 (1)에 어긋난다. 그래서 '돕고, 도와, 도우며'는 한 형태소의 활용형이지만 형태소를 하나로 고정할 수가 없다. (7)의 '막고, 먹고'에서는 '-고'로 형태가 고정되지만 '막아, 먹어'에서 '-아'와 '-어'는 소리가 다르지만 같은 형태소인데도 소리 나는 대로 '-아'와 '-어'를 나누어 적는다. 표준어의 소리가 [마가], [머거]이므로 형태를 하나로 고정할 수가 없다.

(8) 국민[궁민]

(8)의 '국민(國民)'은 한자어이다. 즉, '국'은 '나라'라는 뜻이고 '민'은 '백성'이라는 뜻으로서 각각의 독립적인 뜻을 지닌다. 그 뜻이 나타나도록 어법에 맞게 적은 것이 '국민'이다. '국민'의 소리는 [궁민]이므로 '국민'으로 적는 것은 일단 원칙 (1)에 어긋나는 것처럼 보인다. 하지만 한국어에서 [ㄱ] 소리는 [ㅁ] 앞에 오면 [ㅇ]으로 바뀌는 것이므로 원칙 (2)에 따라 '국민'으로 적는다.

(9) 접시[접씨]

(9)에서 '접시'의 '시'는 [씨]로 소리가 난다. 그러나 한국어에서는 앞말의 끝소리가 [ㄱ, ㄷ, ㅂ] 소리이고 뒷말의 첫소리가 'ㄱ, ㄷ, ㅂ, ㅅ, ㅈ'일 때, 'ㄱ, ㄷ, ㅂ, ㅅ, ㅈ'은 각각 [ㄲ, ㄸ, ㅃ, ㅆ, ㅉ]으로 소리가 바뀐다. 이러한 음운 현상으로 이해할 수 있기 때문에 '접시'는 '접씨'로 적지 않는 것이다.

제2항 문장의 각 단어는 띄어 씀을 원칙으로 한다.

단어는 자립적으로 쓰이는 말의 단위이기 때문에, 글은 단어를 단위로 하여 띄어 쓰는 것이 가장 합리적인 방식이라 할 수 있다. 그런데 이에는 예외가 있다. 한국어의 조사(助詞)* 는 학교 문법* 에서 하나의 단어로 다루어지고 있으나, 문법 형태소* 이고 의존 형태소* 이므로 그 앞의 단어에 붙여 쓰는 것이다.

보충 설명

띄어쓰기의 대원칙을 밝힌 조항이다. 띄어쓰기는 의미 파악을 쉽고 빠르고 분명하게 하기 위한 것이다.

(1) 아버지가 오리를 잡수신다.

▸ **용어 및 어휘 풀이**

조사(助詞): 체언(명사, 대명사, 수사)에 붙어 그 격을 나타내거나 특수한 의미를 덧붙이거나 체언과 체언을 이어 주는 구실을 하는 품사이다. 주격, 목적격과 같은 격을 나타내 주는 조사를 격 조사(格助詞), 특수한 의미를 덧붙이는 조사를 보조사(補助詞), 체언과 체언을 이어 주는 조사를 접속 조사(接續助詞)라 한다.

학교 문법(學校文法): 교육을 목적으로 하여 기술된 문법으로서 교육 문법(敎育文法)이라고도 한다.

문법 형태소(文法形態素): 문법적 의미를 나타내는 형태소를 문법 형태소 혹은 형식 형태소라고 한다. 이와는 반대로 실질적 의미를 나타내는 형태소는 실질 형태소라고 한다. 예컨대 '-었-'은 '과거'라는 문법적 개념을 나타내고 '이/가'는 '주격'이라는 문법적 개념을 나타내는 문법 형태소이다. 반면에 '얼굴'은 '눈, 코, 입 등이 있는 머리의 앞면'이라는 실질적 의미를 나타내고 '더욱'은 '정도나 수준 따위가 한층 심하거나 높게'라는 실질적 의미를 나타낸다.

의존 형태소(依存形態素): 자립적으로 쓰일 수 없고, 항상 다른 형태소와 결합하여서만 나타날 수 있는 형태소를 뜻한다. 이와는 반대로 다른 형태소와 결합하지 않고 단독으로 문장에 나타날 수 있는 형태소는 자립 형태소라고 한다. 예컨대 '뛰는, 뛰어라, 춥겠다, 가신다, 덧버선, 털보' 등에서 '뛰-, -는, -어라, 춥-, -겠-, -다, 가-, -시-, -ㄴ-, -다, 덧-, -보' 등은 모두 다른 형태소와 결합하여서만 나타날 수 있으므로 의존 형태소이다. 의존 형태소에는 '뛰-, 춥-, 가-'와 같은 동사나 형용사의 어간(語幹), '-는, -어라, -시-, -ㄴ-, -겠-, -다'와 같은 어미(語尾), '덧-'과 같은 접두사(接頭辭), '-보'

(2) 아버지가오리를잡수신다.

(3) 아버지 가오리를 잡수신다.

(1)과 같은 문장을 (2)처럼 띄어쓰기를 하지 않고 적으면 의미 파악이 쉽지 않을 뿐 아니라 (3)과 같이 잘못 읽는 경우도 발생할 수 있다. 문맥상 의미를 파악할 수는 있겠으나 시간이 더 걸린다.

맞춤법 제2항에 따라 띄어쓰기를 올바르게 하려면 '단어'를 판별하여야 한다. 단어를 판별하는 것은 매우 어려운 일이고 판별하기 모호한 경우가 종종 발생하지만, 일상 언어생활에서는 국어사전에서 품사(명사, 대명사, 수사, 동사, 형용사, 관형사, 부사, 감탄사, 조사)가 명시되어 있는 말을 단어로 보면 된다. 단, 조사는 단어라도 앞말과 띄어 쓰지 않고 예외적으로 앞말에 붙여 쓴다.(「한글 맞춤법」 제41항 참조)

제3항 외래어는 외래어 표기법에 따라 적는다.

외래어 및 외국어를 표기할 때에는 그 원어가 지닌 특질을 고려하여야 하므로, 외래어 표기법을 따로 정하여(1986년 1월 7일 문교부 고시) 그에 따라 적도록 하였다.

보충 설명

한국어의 어휘 체계는 크게 고유어, 한자어, 외래어로 나뉜다. 이 세 어휘 부류는 모두 한국어로 인정된다. 그런데 자연스러운 한국어의 일부인 '외래어'는 온전한 외국의 말인 '외국어'와 구분된다. 가령 '버스(bus), 컴퓨터(computer), 빌딩(building)'은 외래어이고 '핸드(hand), 도그(dog), 머더(mother)'는 외국어이다. 원칙적으로 외래어는 국어사전에 등재하고 외국어는 등재하지 않는다.

현행 외래어 표기법은 외국어 표기에도 동일하게 적용되고 있다. 그러나 세계 모든 언어의 발음을 충분히 알기 어려우므로 외래어 표기법의 규정만으로는 세계의 모든 외국어를 적기 어렵다. 그리하여 국립국어원에서는 적절한 심의를 거쳐 외래어 표기 용례집을 꾸준히 발간하고 있다.

와 같은 접미사(接尾辭) 등이 있다. 이 예에서는 '버선'과 '털'이 자립 형태소이다. 의존 형태소에는 의존적인 부분에 붙임표(-)를 써 주는 것이 원칙이다.

제2장 자모

제4항 한글 자모의 수는 스물넉 자로 하고, 그 순서와 이름은 다음과 같이 정한다.

ㄱ(기역) ㄴ(니은) ㄷ(디귿) ㄹ(리을) ㅁ(미음)
ㅂ(비읍) ㅅ(시옷) ㅇ(이응) ㅈ(지읒) ㅊ(치읓)
ㅋ(키읔) ㅌ(티읕) ㅍ(피읖) ㅎ(히읗)
ㅏ(아) ㅑ(야) ㅓ(어) ㅕ(여) ㅗ(오)
ㅛ(요) ㅜ(우) ㅠ(유) ㅡ(으) ㅣ(이)

[붙임 1] 위의 자모로써 적을 수 없는 소리는 두 개 이상의 자모를 어울러서 적되, 그 순서와 이름은 다음과 같이 정한다.

ㄲ(쌍기역) ㄸ(쌍디귿) ㅃ(쌍비읍) ㅆ(쌍시옷) ㅉ(쌍지읒)
ㅐ(애) ㅒ(얘) ㅔ(에) ㅖ(예) ㅘ(와) ㅙ(왜)
ㅚ(외) ㅝ(워) ㅞ(웨) ㅟ(위) ㅢ(의)

[붙임 2] 사전에 올릴 적의 자모 순서는 다음과 같이 정한다.

자음: ㄱ ㄲ ㄴ ㄷ ㄸ ㄹ ㅁ ㅂ ㅃ ㅅ ㅆ ㅇ ㅈ ㅉ ㅊ ㅋ ㅌ ㅍ ㅎ

모음: ㅏ ㅐ ㅑ ㅒ ㅓ ㅔ ㅕ ㅖ ㅗ ㅘ ㅙ ㅚ ㅛ ㅜ ㅝ ㅞ ㅟ ㅠ ㅡ ㅢ ㅣ

한글 자모(字母)* 의 수와 차례 및 이름은 1933년의 「한글 맞춤법 통일안」에서 정한 것을 그대로 유지하였다. 'ㄱ, ㄷ, ㅅ'의 글자 이름도 나머지 글자의 경우처럼 '기윽, 디읃, 시읏'으로 정할 수 있겠으나, '낫 놓고 기역 자도 모른다.'와 같이 전통적으로 쓰이고 있으므로 관용(慣用)대로 '기역, 디귿, 시옷'으로 정하였다.

[붙임 1]에서는 한글 자모 24자만으로 적을 수 없는 소리들을 적기 위하여, 두 개 자모를 어우른 글자인 'ㄲ, ㄸ, ㅃ, ㅆ, ㅉ', 'ㅐ, ㅒ, ㅔ, ㅖ, ㅘ, ㅚ, ㅝ, ㅟ, ㅢ'와, 세 개 자모를 어우른 글자인 'ㅙ, ㅞ'를 쓰고 있는 점을 명시하고 있다.

[붙임 2]는 사전에 올릴 적의 차례를 정할 때, 글자(특히 겹글자)의 차례가 일정하지 않은 데 따른 혼란을 막기 위한 것이다.

보충 설명

한글 맞춤법 통일안: 1933년 조선어학회에서 제정한 것으로서 현재의 한글 맞춤법 규정과 표준어 규정을 포괄하는 내용으로 구성되어 있다. 일제 강점기에 공표되었기 때문에 '안(案)'으로서만 인정되어 왔지만, 현행 한글 맞춤법 규정과 표준어 규정이 1988년에 고시되어 1989년부터 공식적으로 시행되기 전까지 실질적으로 우리나라의 맞춤법과 표준어의 준거가 되었다. 1988년의 규정은 1933년의 통일안의 내용을 거의 그대로 수용하면서 다소 발전적으로 수정한 것이라 할 수 있다.

받침 글자의 순서: 제4항에 받침 글자의 차례를 언급하지는 않았다. 그것은 일반적 자음 순서로 유추할 수 있기 때문인 것으로 풀이된다. 그 순서는 다음과 같다.

ㄱ ㄲ ㄴ ㄵ ㄶ ㄷ ㄹ ㄺ ㄻ ㄼ ㄽ ㄾ ㅁ ㅂ ㅄ ㅅ ㅆ ㅇ ㅈ ㅊ ㅋ ㅌ ㅍ ㅎ

▸ 용어 및 어휘 풀이

자모(字母): 한 개의 음절을 자음과 모음으로 갈라서 적을 수 있는 낱낱의 글자.

더 알아보기

한글 자모 명칭의 유래: 한글 자모 명칭은 16세기 최세진(崔世珍)의 『훈몽자회(訓蒙字會)』라는 책에서 유래한다. 모음의 명칭은 모음 소리 그대로 정하였으나, 자음의 명칭은 대체로 이두(吏讀)의 음독(音讀) 원리에 따라 정하였다. 가령 'ㄴ'은 '尼隱'을 읽은 결과인 '니은'과 같이 명명되었던 것이다. 이렇게 하여 'ㄹ(리을)', 'ㅂ(비읍)', 'ㆁ(이응)'의 명칭이 정해졌다. 이를 보면 자음의 명칭은 '미음'의 형태로서 'ㅁ' 부분에는 해당 자음이 들어가는 원칙으로 지어졌음을 알 수 있다.

그런데 그런 명칭을 만들 때 문제가 있었다. 가령 '기윽'은 '윽'이라는 소리를 가진 한자가 없는 것이었다. 그리하여 어쩔 수 없이 '역(役)'이라는 유사 음으로 '윽'을 대치한 것이다. 심지어 '디귿', '시읏'의 '귿', '읏'은 유사 음조차 없어 석독(釋讀) 글자를 사용하였다. 그리하여 '옷 의(衣)'에서 한자 '衣'의 소리인 '의'를 따지 않고 뜻인 '옷'을 따 '시옷(時衣)'으로 썼다. '디귿(池末)'의 경우는 좀 더 복잡하다. '연못 지(池)'는 당시 소리가 '디'였고 '말(末)'의 뜻인 '끝'은 당시 소리가 '귿'이었기 때문에 '디귿'이 된다. 즉, '디귿'에서 '디'는 음독한 것이고 '귿'은 석독한 것이다.

자모 배열 순서의 적용 단위: 규정에는 언급되어 있지 않지만, 국어사전 표제어에서의 자모 배열 순서의 적용 단위는 한 글자(문자로서의 한 음절*)를 단위로 한다는 점을 기억해 둘 필요가 있다. 예를 들어 '가엽'과 '감자'의 경우 앞의 것은 'ㄱ-ㅏ-ㅇ-ㅓ-ㅂ'의 자모로 이루어져 있고, 뒤의 것은 'ㄱ-ㅏ-ㅁ-ㅈ-ㅏ'의 자모로 이루어져 있는데, 자모 배열 순서를 그대로 적용하자면 'ㅁ'이 'ㅇ' 앞에 나오므로 '감자'가 '가엽'보다 앞에 나와야 한다. 그러나 음절 단위 '가'와 '감'을 비교하여 앞의 것이 뒤의 것보다 먼저 나오므로 실제로는 '가엽'이 '감자'보다 먼저 나오게 되는 것이다.

옛말을 고려한 사전의 자모 배열 순서: 국어사전에는 현대어뿐 아니라 옛말[古語]도 실린다. 옛말까지 모두 고려한 자모 배열 순서는 다음과 같다.

① 초성

ㄱ ㄲ ㄴ ㅥ ㅦ ㄷ ㄸ ㄹ ᄛ ㅁ ㅱ ㅂ ㅲ ㅃ ㅄ ㅴ ㅵ ㅶ ㅷ ㅸ ㅅ ㅺ ㅼ ㅽ ㅆ ㅾ ᄻ ㅿ

ㅇ ㆀ ㆁ ㅈ ㅉ ㅊ ㅋ ㅌ ㅍ ㆄ ㅎ ㆅ ㆆ

▸ 용어 및 어휘 풀이

음절(音節): 최소의 발음 가능한 단위로 보통 하나의 모음을 포함한다. 예를 들어 '기린'은 하나의 단어이지만 '기', '린'의 두 발음 단위로 분석된다. 그런데 음절은 언어에 따라서 차이를 가진다는 특징이 있다. 영어의 'strike'는 모음이 하나만 있으므로 한 음절이지만, 한국어에서는 이를 '스', '트', '라', '이', '크'의 5음절로 분석하여 발음하는 것이다.

② 중성

ㅏ ㅐ ㅑ ㅒ ㅓ ㅔ ㅕ ㅖ ㅗ ㅘ ㅙ ㅚ ㅛ ㆉ ㅜ ㅝ ㅞ ㅟ ㅠ ㆊ ㆋ ㆌ ㅡ ㅢ ㅣ ㆍ ㆎ

③ 종성

ㄱ ㄲ ㄳ ㄱㅅㄱ ㄴ ㄴㄱ ㅥ ㅧ ㅨ ㄵ ㄶ ㄷ ㄹ ㄺ ㅩ ㅪ ㄹㄹ ㄻ ㄻㄱ ㄼ ㄽ ㄾ ㄿ ㅀ ㅭ ㄹㅇ ㅁ ㅁㄱ ㅯ

ㅱ ㅂ ㅄ ㅶ ㅂㅎ ㅸ ㅅ ㅺ ㅼ ㅆ ㅿ ㅇ ㆁㄱ ㆀ ㆁ ㆁㅅ ㅈ ㅊ ㅋ ㅌ ㅍ ㆄ ㅎ

북한에서의 자모 명칭: 북한에서는 '기윽, 시읏'으로 부른다. 그리고 자모의 이름을 'ㄱ(그), ㄴ(느), ……, ㅇ(응), ……, ㅉ(쯔)'처럼 부르기도 한다.

한글 자모에 없는 글자에 대한 해석: 이 제4항의 규정과 해설을 통해 현대 한국어에 쓰이는 모든 자모를 알 수 있다. 이를 거꾸로 말하면 이 자모 외에는 다른 자모를 쓰지 않는다는 뜻도 된다. 이에 따라 통상적으로 '사귀었다, 바뀌었다'와 같은 말을 줄여 발음하더라도 '*사귰다, *바뀄다'처럼 적지 않는 것이다.[1] 현대 한국어에서 'ㆋ'라는 모음은 쓰이지 않는 글자이기 때문이다. 물론 흔히 쓰이는 '*사겼다, *바꼈다'도 현실 발음을 왜곡하므로 틀린 표기이다. 그러므로 본말 '사귀었다, 바뀌었다'는 한글 맞춤법에 따라 적을 수 있지만 준말은 적을 수 없다. 이와 마찬가지로 '봄비'가 [봄삐]로 발음되더라도 '*봆비'처럼 사이시옷을 적지 않는 것(「한글 맞춤법」 제30항 참조) 역시 현대 한국어에서는 받침에 'ㅯ'을 적지 않기 때문이다.

1 *는 잘못된 어형이나 문장에 붙이는 기호임.

제3장 소리에 관한 것

제1절 된소리

제5항 한 단어 안에서 뚜렷한 까닭 없이 나는 된소리는 다음 음절의 첫소리를 된소리로 적는다.

1. 두 모음 사이에서 나는 된소리

소쩍새	어깨	오빠	으뜸	아끼다
기쁘다	깨끗하다	어떠하다	해쓱하다*	가끔
거꾸로	부썩*	어찌	이따금	

2. 'ㄴ, ㄹ, ㅁ, ㅇ' 받침 뒤에서 나는 된소리

산뜻하다	잔뜩	살짝	훨씬	담뿍
움찔	몽땅	엉뚱하다		

▸ **용어 및 어휘 풀이**

해쓱하다: 얼굴에 핏기나 생기가 없어 파리하다.

부썩: 세차게 우기거나 행동하는 모양(예: 그때 딸애가 대학을 안 가고 유학을 가겠다고 부썩 우겼다). 갑자기 나아가거나 늘거나 주는 모양(예: 요즈음 할머니의 잔소리가 부썩 늘었다).

다만, 'ㄱ, ㅂ' 받침 뒤에서 나는 된소리는, 같은 음절이나 비슷한 음절이 겹쳐 나는 경우가 아니면 된소리로 적지 아니한다.

국수 깍두기 딱지 색시 싹둑(~싹둑)

법석 갑자기 몹시

이 조항에서 '한 단어'는 '한 형태소로 이루어진 단어'를 의미하는 것으로 풀이할 수 있다. 따라서 '눈곱[눈꼽], 발바닥[발빠닥], 잠자리[잠짜리]'와 같은 복합어의 표기나 '믿고[믿꼬]'와 같은 '어간+어미'의 표기는 이 조항의 적용을 받지 않는다.

1. 한 형태소 안의 두 모음 사이에서 나는 된소리는 소리 나는 대로 적는다. 예를 들어 새의 울음을 나타내는 형태소 '소쩍'은 '솟적'으로 적을 이유가 없다. 왜냐하면 '솟'과 '적'이 의미가 있는 형태소가 아니기 때문이다.

어깨 오빠 새끼 토끼

가꾸다 기쁘다 아끼다

이와 마찬가지로 위의 '어깨, 오빠, 새끼, 토끼, 가꾸다, 기쁘다, 아끼다'를 '엇개, 옵바, 샛기, 톳기, 갓구다, 깃브다, 앗기다'로 적을 근거는 없다.

2. 또한 한 형태소에서 'ㄴ, ㄹ, ㅁ, ㅇ' 뒤에서 나는 된소리도 소리대로 적는다. 받침 'ㄴ, ㄹ, ㅁ, ㅇ'은 뒤에 오는 예사소리를 된소리로 바꾸어 주는 필연적인 조건이 아니기 때문이다.

건들 번개 딸기 절벙

듬성(하다) 함지 껑둥(하다) 뭉실

따라서 'ㄴ, ㄹ, ㅁ, ㅇ' 뒤에서는 된소리가 되는 뚜렷한 까닭이 있다고 할 수 없으므로 소리 나는 대로 표기한다.

건뜻	번쩍	딸꾹	절뚝(거리다)
듬뿍	함빡	껑뚱(하다)	뭉뚱(그리다)

그렇지만 한 형태소 안에서 'ㄱ, ㅂ' 받침 뒤에 연결되는 'ㄱ, ㄷ, ㅂ, ㅅ, ㅈ'은 언제나 된소리로 소리 나므로 이러한 경우에는 된소리로 표기하지 않는다.

늑대[늑때]　　낙지[낙찌]　　접시[접씨]　　갑자기[갑짜기]

'다만' 조항의 예외가 있다. 한 단어 내부에서라도 '똑똑(하다), 쓱싹(쓱싹), 쌉쌀(하다)' 따위처럼 같은 음절이나 비슷한 음절이 거듭되는 경우에는 같은 글자로 적는다.(「한글 맞춤법」 제13항 참조)

보충 설명

단어의 구조: 단어는 하나 혹은 둘 이상의 형태소로 이루어져 있다. 하나의 형태소로 이루어진 단어를 '단일어'라고 한다. '꽃, 나비, 예쁘-(다), 먹-(다)' 등은 단일어가 된다. 두 개 이상의 형태소로 이루어진 '책가방, 덧신' 등은 '복합어'라고 한다. 즉, 단어는 구성 요소가 형태소 하나인가 둘 이상인가에 따라 나누어지는 것이다. 그리고 복합어는 그 구성 요소에 따라 합성어와 파생어로 나뉜다. 합성어는 구성 요소 모두가 어근인 것으로 '책가방, 돌다리' 등의 예가 있고, 파생어는 구성 요소 중 하나가 접사인 복합어이다. '덧신, 덮개' 등에서 '덧-', '-개'등은 접사이므로 이들은 파생어의 예가 된다. 단, '어간+어미'는 단어의 활용과 관련된 것이므로 합성어나 파생어로 판별하는 것과는 무관하다.

▸ 용어 및 어휘 풀이

음소: 더 이상 작게 나눌 수 없는 최소의 음의 단위를 말한다. 하나 이상의 음소가 모여서 음절을 이루며, '달'이라는 하나의 발음 단위에서 'ㄷ', 'ㅏ', 'ㄹ'이 '달'을 이루는 음소이다.

단일어: 하나의 형태소로 구성된 단어.

복합어: 두 개 이상의 형태소로 구성된 단어.

합성어: 어근과 어근의 결합으로 구성된 복합어.

파생어: 어근과 접사의 결합으로 구성된 복합어.

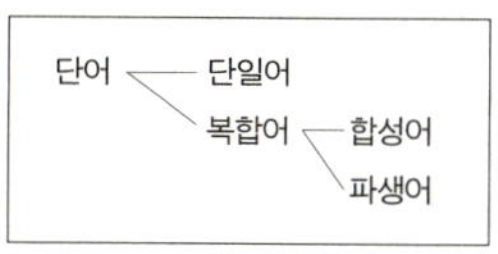

어근: 단어를 분석했을 때, 핵심적이고 실질적인 의미를 나타내는 부분. '덮개'의 '덮-', '어른스럽다'의 '어른' 따위이다.

접사: 단어를 분석했을 때, 주변적이거나 문법적인 의미를 나타내는 부분. 어근의 앞에 붙는 것을 접두사, 뒤에 붙는 것을 접미사라 한다. '덧신'의 '덧-'은 '두 개가 겹친'의 뜻을 더하는 접두사이고 '덮개'의 '-개'는 '도구'의 뜻을 더하는 접미사이다.

더 알아보기

제5항의 허점: 위의 해설에도 불구하고 규정에서 분명히 '한 단어 안'이라고 명시된 것을 '한 형태소로 이루어진 단어 안'으로 해석하기에는 주저되는 면이 있다. 조항은 정확성이 생명이기 때문이다. 어차피 언중들이 이 조항에서의 '한 단어'를 '한 형태소로 이루어진 단어'로 이해해야 한다면, 조항의 문구를 그렇게 표현하는 것이 좋았을 것이다.

그런데 이러한 방식으로 '한 단어 안'이라는 구절을 정당화하면 '다만' 조항에서 문제가 발생한다. 왜냐하면 가령 두 개의 형태소로 이루어진 한 단어 '옷장[옫짱]'에서는 'ㄱ, ㅂ'이 아닌 'ㅅ[ㄷ]' 뒤에서도 된소리화가 일어나기 때문이다. 그리하여 이 제5항은 진퇴양난의 문제에 직면하게 된다. 즉, 현재의 규정 표현을 그대로 놔둔다면 모순적 예를 설명할 수 없게 되는 것이다. 결론적으로 위 해설처럼 '한 단어 안'이라는 구절을 '한 형태소 안'이라고 해석하여 받아들이든지 '다만' 규정을 '[ㄱ], [ㄷ], [ㅂ]으로 발음되는 받침 뒤에서 나는 된소리는 …'으로 수정하든지 해야 결점 없는 규정이 된다.

한자어의 경우: 한자어는 일반적으로 낱낱의 글자가 하나의 형태소이다. 따라서 '조건(條件)[조껀], 갈등(葛藤)[갈뜽], 문법(文法)[문뻡], 발사(發捨)[발싸], 실제(實際)[실쩨]' 등에서 뚜렷한 까닭 없이 된소리가 나는 경우가 있더라도 그것은 두 형태소가 결합하면서 일어난 현상이므로 그 된소리를 'ㄲ, ㄸ, ㅃ, ㅆ, ㅉ'로 적지 않는다.

제2절 구개음화

제6항 'ㄷ, ㅌ' 받침 뒤에 종속적 관계를 가진 '-이(-)'나 '-히-'가 올 적에는, 그 'ㄷ, ㅌ'이 'ㅈ, ㅊ'으로 소리 나더라도 'ㄷ, ㅌ'으로 적는다.(ㄱ을 취하고, ㄴ을 버림.)

ㄱ	ㄴ	ㄱ	ㄴ
맏이*	마지	핥이다*	할치다
해돋이	해도지	걷히다	거치다
굳이	구지	닫히다	다치다
같이	가치	묻히다	무치다
끝이	끄치		

이 규정에서는 구개음화*의 조건을 밝히면서 '종속적(從屬的) 관계'라는 말을 쓰고 있다. 종속적 관계란, 실질 형태소인 체언, 어근 등에 문법 형태소인 조사, 접미사, 어미 등이 결합하는 관계를 말한다.

(1) 물받이[물바지]: 물+받-(실질 형태소)+-이(문법 형태소)
(2) 샅샅이[삳싸치]: 샅샅(실질 형태소)+-이(문법 형태소)
(3) 핥이다[할치다]: 핥-(실질 형태소)+-이-(문법 형태소)+-다

▸ **용어 및 어휘 풀이**

맏이: 여러 형제자매 가운데서 제일 손위인 사람.

핥이다: '핥다'의 피동사 또는 사동사.

구개음화: 구개음이 아닌 소리가 구개음으로 변하는 현상으로서 '입천장소리되기'라고도 한다. 입천장을 '구개'라고 하며 그 중에서도 단단한 부분을 '경구개', 입천장 뒤쪽의 좀 더 부드러운 부분을 '연구개'라고 한다. 보통 '구개'라고 하면 '경구개'를 가리킨다. 혓바닥과 경구개 사이에서 나는 음을 '구개음(경구개음)'이라고 하고, 'ㅈ, ㅉ, ㅊ'가 이에 속한다. 'ㄱ, ㄲ, ㅋ, ㅇ'은 연구개음이다. '구개음'을 '센입천장소리', '연구개음'을 '여린입천장소리'라고도 한다.

위 예에서 보듯이 구개음화는 받침 'ㄷ, ㅌ, ㄾ'이 조사나 접미사의 모음 'ㅣ'와 결합하는 경우에 적용된다. 이때 'ㄷ, ㅌ'이 구개음화하여 각각 [ㅈ], [ㅊ]으로 발음되더라도, 그 기본 형태를 밝히어 'ㄷ, ㅌ'으로 적는 것이다.

(4) 굳히다 → [구티다] → [구치다]: 굳-(실질 형태소)+-히-(문법 형태소)+-다

(4)는 'ㄷ'이 'ㅎ'과 만나 'ㅌ'으로 바뀐 다음에 'ㅌ'이 'ㅣ'와 결합하여 [치]로 발음되는 경우를 보인 것이다. 이러한 구개음화가 일어나더라도 최초의 기본 형태인 '굳-'('굳다'의 어간)과 접미사 '-히-'를 밝혀 적는다.

보충 설명

구개음화가 일어나는 모음: '이'는 명사 파생 접미사(맏이, 해돋이), 부사 파생 접미사(굳이, 같이), 주격 조사(끝이), 서술격 조사(끝이다), 피동• 접미사(핥이다)가 있고 '히'는 피동 접미사(걷히다, 닫히다, 묻히다)가 있다.

더 알아보기

표준어에서 구개음화는 형태소와 형태소가 만나면서 일어나는 현상이다. 그러므로 '잔디', '버티다'와 같은 하나의 형태소 속에서는 'ㄷ, ㅌ'이 'ㅣ'와 만나더라도 구개음화가 일어나지 않는다.

▸ **용어 및 어휘 풀이**

피동: 주체가 다른 힘에 의하여 움직이는 동사의 성질. 한국어에서 피동사는 능동사에 접미사 '-이-, -히-, -기-, -리-'가 붙어 만들어지거나 '-어지다'가 붙어 만들어진다.

제3절 'ㄷ' 소리 받침

제7항 'ㄷ' 소리로 나는 받침 중에서 'ㄷ'으로 적을 근거가 없는 것은 'ㅅ'으로 적는다.

덧저고리	돗자리	엇셈*	웃어른	핫옷*	무릇	사뭇
얼핏	자칫하면	뭇[衆]	옛	첫	헛	

'ㄷ' 소리로 나는 받침이란, 음절 끝에서 [ㄷ]으로 소리 나는 'ㄷ, ㅅ, ㅆ, ㅈ, ㅊ, ㅌ' 등을 말한다. 이 받침들은, 뒤에 모음으로 시작하는 형식 형태소가 결합할 경우에는 뒤 음절 첫소리로 이어져 제 원래 소리대로 발음되지만, 단어의 끝이나 자음 앞에서는 모두 [ㄷ]으로 발음된다.

'ㄷ'으로 적을 근거가 없는 것이란, 그 형태소가 'ㄷ' 받침을 가지지 않은 것을 말한다. 받침을 'ㄷ'으로 적는 경우는 세 가지가 있다. 첫째는 '곧장(똑바로 곧게), 낟가리*' 등과 같이 복합어의 앞 요소에 'ㄷ' 받침이 원래부터 있는 경우이다. 둘째는 '걷잡다*, 돋보다*'와 같이 준말로 만들어지면서 'ㄷ' 받침을 가지게 된 경우이다. 셋째는 '반짇고리,* 사흗날, 숟가락' 등과 같이 'ㄷ' 받침의 유래가 분명한 경우이다.(「한글 맞춤법」 제29항 참조)

위와 같은 경우는 'ㄷ'으로 적을 근거가 있는 것이지만,

걸핏하면　　그까짓　　기껏　　덧셈　　빗장

▸ **용어 및 어휘 풀이**

엇셈: 서로 주고받을 것을 비겨 없애는 셈.

핫옷: 솜옷.

낟가리: 낟알이 붙은 곡식을 그대로 쌓은 더미. 나무, 풀, 짚 따위를 쌓은 더미.

걷잡다: 한 방향으로 치우쳐 흘러가는 형세 따위를 붙들어 잡다(예: 걷잡을 수 없는 사태). 마음을 진정하거나 억제하다(예: 걷잡을 수 없이 흐르는 눈물).

돋보다: 실상보다 좋게 보다.

반짇고리: 바늘, 실, 골무, 헝겊 따위의 바느질 도구를 담는 그릇.

샂대　　　자칫　　짓다　　　풋고추　　햇곡식

따위는 'ㄷ'으로 적을 근거가 없는 것이다.

표준어를 소리대로 적는다는 원칙을 적용하면 '덛저고리, 돋자리, 얻셈' 등과 같이 받침을 'ㄷ'으로 적어야 하겠지만, 역사적 관습에 따라 'ㅅ'으로 적는다.

제4절 모음

제8항 '계, 례, 몌, 폐, 혜'의 'ㅖ'는 'ㅔ'로 소리 나는 경우가 있더라도 'ㅖ'로 적는다.(ㄱ을 취하고, ㄴ을 버림.)

ㄱ	ㄴ	ㄱ	ㄴ
계수(桂樹)*	게수	혜택(惠澤)	헤택
사례(謝禮)	사레	계집	게집
연몌(連袂)*	연메	핑계	핑게
폐품(廢品)	페품	계시다	게시다

다만, 다음 말은 본음대로 적는다.

게송(偈頌)　　게시판(揭示板)　　휴게실(休憩室)

'계, 례, 몌, 폐, 혜'는 현실에서 [게, 레, 메, 페, 헤]로 발음되고 있다. 곧 '예'를 제외하고, 음절에 쓰이는 이중 모음* 'ㅖ'는 단모음*으로 바뀌어 [ㅔ]로 발음되고 있는 것이다.

▸ **용어 및 어휘 풀이**

계수(桂樹): 계수나무.

연몌(連袂): 나란히 서서 함께 가거나 옴. 행동을 같이함을 뜻한다.

이중 모음(二重母音): 모음은 단모음과 이중 모음으로 구분할 수 있다. 이중 모음은 소리를 내는 도중에 입술 모양이나 혀의 위치가 처음과 나중이 달라지는 모음을 말한다. 'ㅑ', 'ㅕ', 'ㅛ', 'ㅠ', 'ㅒ', 'ㅖ', 'ㅘ', 'ㅙ', 'ㅝ', 'ㅞ', 'ㅢ' 따위가 있다.

그러나 언어 현실에서는 철자와 달리 발음은 변화하는 경우가 많아서 [ㅔ]로 발음되더라도 사람들의 표기 인식은 'ㅖ'로 굳어져 있다는 점에서 'ㅖ'로 적는다.

다만, 한자 '偈, 揭, 憩'는 본음이 [게]이므로 모음을 'ㅔ'로 적는다. 따라서 '게양(揭揚), 게재(揭載)' 등도 '게'로 적는다.

한편, '으레'와 '케케묵다'는 「표준어 규정」 제10항에서 단모음화한 형태를 취하였으므로 '으레', '케케묵다'로 적어야 한다.

더 알아보기

'례(禮)'의 모음이 '표준 발음법' 제5항에서는 [ㅔ]로 발음할 수 없다고 명시되어 있으나 이 규정에서는 [ㅔ]로 발음할 수 있는 것처럼 기술되어 언뜻 혼란스럽게 보인다. 그러나 이 규정에서 반드시 '례(禮)'의 'ㅖ'가 [ㅔ]로 소리 나는 것을 허용했다고 볼 수는 없다. 이 조항에서 '소리 나는 경우가 있더라도'는 언어 현실에서 그렇게 발음하는 경우가 있다는 것으로 한정해서 해석해야 한다. 이 경우, 발음으로는 '표준 발음법' 제5항에 따라 [ㅔ]로 발음할 수 없고 [ㅖ]로만 발음하는 것이고, 표기로는 「한글 맞춤법」의 이 조항에 따라 'ㅖ'로 적어야 한다. 제9항의 '소리 나는 경우가 있더라도'와는 의미가 다르다는 것에 주의할 필요가 있다.

제9항 '의'나, 자음을 첫소리로 가지고 있는 음절의 'ㅢ'는 'ㅣ'로 소리 나는 경우가 있더라도 'ㅢ'로 적는다.(ㄱ을 취하고, ㄴ을 버림.)

ㄱ	ㄴ	ㄱ	ㄴ
의의(意義)	의이	늴리리*	닐리리
본의(本義)	본이	띄어쓰기	띠어쓰기
무늬[紋]	무니	씌어	씨어
보늬*	보니	틔어	티어

▸ **용어 및 어휘 풀이**

단모음(單母音): 소리를 내는 도중에 입의 모양이나 혀의 위치를 바꾸지 않는 모음을 단모음이라고 하며, 현대 한국어의 단모음은 'ㅏ, ㅐ, ㅓ, ㅔ, ㅗ, ㅚ, ㅜ, ㅟ, ㅡ, ㅣ'이다(이 중 'ㅚ, ㅟ'는 이중 모음으로도 소리 낼 수 있다).

늴리리: 머뭇거리지 않고 단번에 빨리.

보늬: 밤이나 도토리 따위의 속껍질.

ㄱ	ㄴ	ㄱ	ㄴ
오늬*	오니	희망(希望)	히망
하늬바람*	하니바람	희다	히다
늴리리	닐리리	유희(遊戲)	유히

'표준 발음법' 제5항에 따르면 'ㅢ'는 다음과 같이 발음한다.

① 자음을 첫소리로 가지고 있는 음절의 'ㅢ'는 [ㅣ]로 발음하고,

늴리리[닐리리] 띄어[띠어] 유희[유히]

② 단어의 첫 음절 이외의 '의'는 [이]로, 조사 '의'는 [에]로 발음할 수 있다.

주의[주의/주이] 우리의[우리의/우리에]

그러나 '주의'를 [주이]로 발음하더라도 '주이'로 적는 것을 옳다고 생각하는 한국어 언중은 거의 없기 때문에 'ㅢ'가 [ㅣ]나 [ㅔ]로 발음되더라도 'ㅢ'로 적는다.

'띄어(← 뜨이어), 씌어(← 쓰이어), 틔어(← 트이어)' 등은 'ㅡ+ㅣ'가 줄어든 형태이므로 'ㅢ'로 적는다. 또 '희다, 희떱다, 희뜩거리다' 등은 관용에 따라 'ㅢ'로 적는다.

'늴리리, 닁큼, 무늬, 보늬, 하늬바람' 등의 경우는, '닐리리, 닝큼, 무니, 보니, 하니바람'처럼 발음을 하기도 하지만 아직까지 남아 있는 표기의 전통에 따라 'ㅢ'로 적는 것이다.

▸ **용어 및 어휘 풀이**

오늬: 화살의 머리를 활시위에 끼도록 에어 낸 부분.

하늬바람: 서쪽에서 부는 바람.

제5절 두음 법칙

제10항 한자음 '녀, 뇨, 뉴, 니'가 단어 첫머리에 올 적에는 두음 법칙에 따라 '여, 요, 유, 이'로 적는다.

ㄱ	ㄴ	ㄱ	ㄴ
여자(女子)	녀자	유대(紐帶)	뉴대
연세(年歲)	년세	이토(泥土)*	니토
요소(尿素)	뇨소	익명(匿名)	닉명

다만, 다음과 같은 의존 명사에서는 '냐, 녀' 음을 인정한다.

냥(兩)* 냥쭝(兩-)* 년(年) (몇 년)

[붙임 1] 단어의 첫머리 이외의 경우에는 본음대로 적는다.

남녀(男女) 당뇨(糖尿) 결뉴(結紐)* 은닉(隱匿)

[붙임 2] 접두사처럼 쓰이는 한자가 붙어서 된 말이나 합성어에서, 뒷말의 첫소리가 'ㄴ' 소리로 나더라도 두음 법칙에 따라 적는다.

신여성(新女性) 공염불(空念佛) 남존여비(男尊女卑)

[붙임 3] 둘 이상의 단어로 이루어진 고유 명사를 붙여 쓰는 경우에도 [붙임 2]에 준하여 적는다.

한국여자대학 대한요소비료회사

두음 법칙*이란 어두(단어 첫머리)에 특정 음소가 오는 것이 제약되는 현상을 뜻한

▸ **용어 및 어휘 풀이**

이토(泥土): 진흙.

냥(兩): 예전에 엽전을 세던 단위. 현재는 귀금속이나 한약재 따위의 무게를 잴 때 쓴다.

냥쭝(兩-): 무게의 단위. 귀금속이나 한약재 따위의 무게를 잴 때 쓴다. 한 냥쭝은 한 냥쯤 되는 무게이다.

결뉴(結紐): 끈을 맴. 또는 얽어 맺음. 서약(誓約)을 함.

다. '녀, 뇨, 뉴, 니'를 포함하는 한자어 음절이 단어 첫머리에 올 때는 'ㄴ'이 탈락하므로 '여, 요, 유, 이'로 적는다.

연도(年度) 열반(涅槃) 요도(尿道)
이승(尼僧)* 이토(泥土) 익사(溺死)

다만, 의존 명사*인 '냥(←兩), 냥쭝(←兩), 년(年)' 등은 그 앞의 말과 연결되어 하나의 단위를 구성하는 것이므로, 두음 법칙을 적용하지 않고 소리 나는 대로 적는다.

금 한 냥 은 두 냥쭝 십 년

그러나 '년(年)'이 '해'의 수량이나 순서를 나타내는 경우가 아닐 때에는 의존 명사가 아니므로, 두음 법칙이 적용된다. '연도'와 '년도'도 이와 같이 구분한다.

연 강수량(명사) 일 년(의존 명사)
연 3회(명사) 1970년(의존 명사)
제작 연도(명사) 2015년도(의존 명사)

두음 법칙은 대부분 한자어에 해당하는 규칙이다. 따라서 고유어의 경우, 단어 첫머리에 '녀, 뇨, 뉴, 니'가 올 때 소리 나는 대로 적는다. 또한 '다만' 규정에서와 같이 의존 명사에서도 소리 나는 대로 적는다.

▸ 용어 및 어휘 풀이

두음 법칙: 두음 법칙에는 크게 두 종류가 있다. 첫째, 단어 첫머리에서 'ㄹ, ㄴ' 등의 소리가 'ㅣ, ㅑ, ㅕ, ㅛ, ㅠ'와 어울릴 때 탈락하는 현상이다. 예를 들어 한국어의 '녀(女)' 자는 '미녀'와 같이 단어의 첫소리가 아닐 때에는 '녀'로 발음되지만, '여자' 등 단어의 첫머리에 올 때는 '여'로 발음된다. '료(料)'는 '재료'라고 할 때에는 '료'로 발음되지만, '요리'라고 할 때는 '요'로 발음된다. 둘째, 'ㅏ, ㅓ, ㅗ, ㅜ, ㅡ, ㅐ, ㅔ, ㅚ' 앞의 'ㄹ'은 'ㄴ'으로 변하는 현상이다. '경로(敬老)'에서의 '로'는 '노인(老人)'에서는 '노'가 된다. 그러나 외래어, 외국어에서는 두음 법칙이 적용되지 않는 것이 원칙이어서 '라디오, 뉴스, 니켈'과 같이 쓴다.

이승(尼僧): 여자 승려.

의존 명사: 반드시 앞말에 기대어 쓰이는 명사. '것', '따름', '뿐', '데' 따위가 있다. 예컨대 '남은 음식이 많다'에서는 '남은'을 생략할 수 있으나 '남은 것이 많다'에서는 '남은'을 생략할 수 없다. '음식'은 자신이 홀로 쓰일 수 있는 자립 명사이나 '것'은 반드시 앞말에 기대어 쓰이는 의존 명사이기 때문이다. 또한 '큰 것, 먹을 따름, 갔던 곳'처럼 항상 그 앞에는 관형어가 와야 한다는 특징이 있다.

니은	니글거리다	
녀석(고얀 녀석)	년(괘씸한 년)	녘(해질 녘)
님(바느질 실 한 님)	닢(엽전 한 닢, 가마니 두 닢)	

[붙임 1]에서 단어 첫머리가 아닌 경우에는 두음 법칙이 적용되지 않으므로 본음대로 적는다.

소녀(少女)	만년(晚年)	배뇨(排尿)*	결뉴(結紐)
비구니(比丘尼)	운니(雲泥)*	은닉(隱匿)	탐닉(耽溺)

[붙임 2]처럼 독립성이 있는 단어에 접두사처럼 쓰이는 한자어 형태소가 결합하여 된 단어나, 두 개 단어가 결합하여 된 합성어(혹은 이에 준하는 구조)의 경우, 뒤의 단어에도 두음 법칙이 적용된다. '신여성, 구여성, 공염불'은 독립성이 있는 단어 '여성, 염불'에 접두사적 성격의 한자어 형태소 '신, 구, 공'이 결합된 구조이므로 '신녀성, 구녀성, 공념불'로 적지 않는다. 그리고 '남존여비(男尊女卑), 남부여대(男負女戴)' 등은 각각 단어 성격인 '남존, 남부'와 '여비, 여대'가 결합한 구조이므로 '남존녀비, 남부녀대'로 적지 않는다.

한편, '신년도, 구년도' 등은 '연도'에 '신, 구'가 결합된 구조가 아니라 '신년-도, 구년-도'로 분석되는 구조이므로 이 규정이 적용되지 않는다. 이와 유사한 예로 '1989년도'를 들 수 있다. '1989년도' 역시 '1989년'에 '도'가 붙은 구성이다.

[붙임 3]처럼 둘 이상의 단어로 이루어진 고유 명사를 붙여 쓰는 경우에도, '한국 여자 약사회→한국여자약사회'처럼 결합된 각 단어를 두음 법칙에 따라 적는다. 이는 전문 용어에도 똑같이 적용된다. 예컨대 '회계 연도'를 '회계연도'로 붙여 쓰는 경우에도 '연도'에 두음 법칙을 적용한 채로 둔다.

보충 설명

[붙임 2]에서는 '접두사' 대신 '접두사처럼 쓰이는 한자'라는 표현을 쓰고 있다. '접두사처

▸ **용어 및 어휘 풀이**

배뇨(排尿): 오줌을 눔.

운니(雲泥): 구름과 진흙이라는 뜻으로, 차이가 매우 심함을 이르는 말.

럼 쓰이는 한자'란 그 성격상 접두사로 보기가 어려운 한자어이지만 국어사전에서 대개 접두사로 다루어지는 형태소를 말한다. 예컨대 국어사전에서는 '신세계, 신여성'의 '신(新)'을 접두사로 처리하고 있는데, '신인(新人), 신생(新生)'에서 보듯이 독립성이 없는 한자와 함께 쓰이면 접두사로 보기 어렵다는 점에서 문제가 있다. '신세계, 신여성'처럼 독립성이 있는 단어와 결합한 경우에만 접사로 분석하는 것은 합리적인 처리라고 보기 어려우므로 '접두사'가 아닌 '접두사처럼 쓰이는 한자'라고 표현한 것이다. 이러한 문제는 접미사에서도 똑같이 발생한다.

제11항 한자음 '랴, 려, 례, 료, 류, 리'가 단어의 첫머리에 올 적에는 두음 법칙에 따라 '야, 여, 예, 요, 유, 이'로 적는다.(ㄱ을 취하고, ㄴ을 버림.)

ㄱ	ㄴ	ㄱ	ㄴ
양심(良心)	량심	용궁(龍宮)	룡궁
역사(歷史)	력사	유행(流行)	류행
예의(禮儀)	례의	이발(理髮)	리발

다만, 다음과 같은 의존 명사는 본음대로 적는다.

리(里) : 몇 리냐?

리(理) : 그럴 리가 없다.

[붙임 1] 단어의 첫머리 이외의 경우에는 본음대로 적는다.

개량(改良) 선량(善良) 수력(水力)

협력(協力) 사례(謝禮) 혼례(婚禮)

와룡(臥龍)* 쌍룡(雙龍) 하류(下流)

급류(急流) 도리(道理) 진리(眞理)

다만, 모음이나 'ㄴ' 받침 뒤에 이어지는 '렬, 률'은 '열, 율'로 적는다.(ㄱ을 취하고, ㄴ을 버림.)

▶ **용어 및 어휘 풀이**

와룡(臥龍): 누워 있는 용. 앞으로 큰일을 할, 초야(草野)에 묻혀 있는 큰 인물을 비유적으로 이르는 말.

ㄱ	ㄴ	ㄱ	ㄴ
나열(羅列)	나렬	규율(規律)	규률
치열(齒列)	치렬	비율(比率)	비률
비열(卑劣)	비렬	실패율(失敗率)	실패률
분열(分裂)	분렬	선율(旋律)	선률
선열(先烈)	선렬	전율(戰慄)	전률
진열(陳列)	진렬	백분율(百分率)	백분률

[붙임 2] 외자로 된 이름을 성에 붙여 쓸 경우에도 본음대로 적을 수 있다.

신립(申砬)　　최린(崔麟)　채륜(蔡倫)　하륜(河崙)

[붙임 3] 준말에서 본음으로 소리 나는 것은 본음대로 적는다.

국련(국제연합)　　대한교련(대한교육연합회)

[붙임 4] 접두사처럼 쓰이는 한자가 붙어서 된 말이나 합성어에서 뒷말의 첫소리가 'ㄴ' 또는 'ㄹ' 소리로 나더라도 두음 법칙에 따라 적는다.

역이용(逆利用)　　연이율(年利率)

열역학(熱力學)　　해외여행(海外旅行)

[붙임 5] 둘 이상의 단어로 이루어진 고유 명사를 붙여 쓰는 경우나 십진법에 따라 쓰는 수(數)도 [붙임 4]에 준하여 적는다.

서울여관　　신흥이발관　　육천육백육십육(六千六百六十六)

이 규정 역시 제10항과 마찬가지로 두음 법칙의 경우를 보인 것이다. 한자어 음절 '랴, 려, 례, 료, 류, 리'가 단어 첫머리에 올 때는 'ㄹ'이 탈락하므로 '야, 여, 예, 요, 유, 이'로 적는다.

양식(糧食)　　여관(旅館)　　예절(禮節)　　요금(料金)

유속(流速)　　이론(理論)

다만, 의존 명사 '량(輛), 리(理, 里, 厘)' 등은 그 앞의 말과 연결되어 하나의 단위를 구성하므로 두음 법칙을 적용하지 않고 본음대로 적는다.

객차(客車) 오십 량(輛)　　2푼 5리(厘)

[붙임 1]처럼 단어 첫머리 이외의 경우는 두음 법칙이 적용되지 않으므로, 본음대로 적는다. 예시어 중 '쌍룡(雙龍)'은 각기 하나의 명사로 다루어지는 '쌍(한 쌍, 두 쌍, …)'과 '용'이 결합한 구조이므로 '쌍용'으로 적어야 한다는 견해도 있지만, '삼룡(三龍), 수룡(水龍), 황룡(黃龍)' 등에서 '수룡(水龍)[수룡]'과 같은 예를 설명하기 어렵다. 따라서 '쌍룡'으로 적는다.

다만, 모음이나 'ㄴ' 받침 뒤에 결합되는 '렬(列, 烈, 裂, 劣), 률(律, 率, 栗, 慄)'은 '나열, 서열, 운율' 등에서 [나ː열], [서ː열], [우ː뉼] 등으로 소리 나므로 관용에 따라 '열, 율'로 적는다.

나열(羅列)	서열(序列)	분열(分列)	전열(戰列)
치열(熾烈)	선열(先烈)	균열(龜裂)	분열(分裂)
사분오열(四分五裂)	비열(卑劣)	우열(優劣)	규율(規律)
자율(自律)	운율(韻律)	선율(旋律)	비율(比率)
이율(利率)	실패율(失敗率)	백분율(百分率)	조율(調律)
전율(戰慄)			

'율(率)'을 독립적인 단어로 다루어 '명중율(命中率), 합격율(合格率)'로 적기도 하나, '율'을 쓰는 환경을 모음이나 'ㄴ' 받침 뒤로 한정하였으므로 '명중률, 합격률'로 적어야 한다.

[붙임 2]에서 한 글자(음절)로 된 이름을 성에 붙여 쓰는 경우, 본음대로 적는 것을 허용하였다. 역사적인 인물의 성명은 사람들의 발음이 '申砬[실립], 崔麟[최린]'처럼 익어져 있어 '신입, 최인'으로 적으면 발음과 표기가 동떨어지기 때문이다.

그러나 이것은 한 글자 이름의 경우에 국한되는 허용 규정이므로 두 글자 이름의

▸ **용어 및 어휘 풀이**

ː: 긴 소리를 표시하기 위해 쓴 기호.

경우에는 '박린수(朴麟洙), 김륜식(金倫植)'처럼 적는 것이 허용되지 않고 '박인수, 김윤식'으로 적는다. 이름의 둘째 음절 이하 역시 두음 법칙을 적용하지 않는다. 가령 '김미라(金美羅), 문경렬(文敬烈)'을 '김미나, 문경열'로 표기하는 것 역시 옳지 않다.

[붙임 3]처럼 둘 이상의 단어로 이루어진 말이 줄어들어 두 개 단어로 인식되지 않는 것은 뒤 한자의 음을 본음대로 적는다. 이 경우 뒤의 한자 '련(聯)'은 하나의 단어가 아니기 때문에 두음 법칙이 적용되지 않는다.

경제 정의 실천 시민 연합→경실련(經實聯)
전국 경제인 연합회→전경련(全經聯)

[붙임 4]는 전항 [붙임 2]의 규정과 마찬가지로, 독립성이 있는 단어에 접두사처럼 쓰이는 한자어 형태소가 결합하여 된 단어나 두 개 단어가 결합하여 된 합성어(또는 이에 준하는 구조)의 경우는 뒤의 단어에도 두음 법칙이 적용된다.

몰이해(沒理解)　등용문(登龍門)　불이행(不履行)　사육신(死六臣)
생육신(生六臣)　선이자(先利子)　청요리(淸料理)　수학여행(修學旅行)
낙화유수(落花流水)

위의 예에서 알 수 있듯이 '이해'에 접두사처럼 쓰이는 한자어 '몰-'이 붙어 이루어진 '몰이해'나 '수학'과 '여행'이 결합하여 이루어진 '수학여행' 등은 '몰리해', '수학려행' 등으로 적지 않는다.

그러나 사람들의 발음 습관이 본음의 형태로 굳어져 있는 것은 예외로 인정한다.

미립자(微粒子)　소립자(素粒子)　수류탄(手榴彈)　파렴치(破廉恥)
[참고]　총유탄(銃榴彈)　몰염치(沒廉恥)

위 예에서 보듯이 '몰염치[모렴치]'는 [몰렴치]로 소리 나지 않으므로 '몰렴치'로 적지 않지만 '파렴치'는 발음이 [파:염치]가 아니라 [파:렴치]이므로 '파렴치'로 적는 것이다.

다만, 고유어나 외래어 뒤에 한자어가 결합한 경우는 뒤의 한자어 형태소가 하나의 단어로 인식되므로 두음 법칙을 적용하여 적는다.

개연(蓮)[*]　　　　　구름양(量) [雲量]
허파숨양(量) [肺活量]　에너지(energy)양(量)

[붙임 5]의 '육육삼십육(6×6=36)' 같은 형식도 이에 준하여 적는다.

다만, '오륙도(五六島), 육륙봉(六六峰)' 등은 '오/육, 육/육'처럼 두 단어로 갈라지는 구조가 아니므로 본음대로 적는다.

보충 설명

'ㄴ' 뒤의 '렬, 률'을 각각 '열, 율'로 적는 것은 위에서 해설한 바와 같이 '선열[서녈]', '선율[서뉼]'과 같이 'ㄴ' 뒤에서 'ㄹ' 발음이 나지 않기 때문이다. 그런데 '백분율[백분뉼], 생산율[생산뉼]'을 각각 '백분률, 생산률'로 써야 한다고 생각할 수 있다. 그러나 이 예들은 'ㄴ' 뒤에서 'ㄹ' 소리가 나는 예가 아니라 복합어에서의 'ㄴ' 첨가 현상이 일어난 예로 이해할 수 있다. 즉, '백분'과 '생산'에 '율'이 붙으면서 'ㄴ'이 첨가되는 현상이라는 것이다. 복합어에서의 'ㄴ' 첨가 현상도 표기에 반영하지 않는 음운 현상이므로 '백분율, 생산율'과 같이 적는 것이다.

더 알아보기

[붙임 2]의 현대적 적용 여부: 현대의 외자 이름에서 '방열(方烈)'과 같은 이름을 '방렬'로 적는 경우가 있다. 그러나 이 규정에서도 과거 인물들의 예만 제시한 것으로 보아 현대의 인물에 대해서는 그 이름에 두음 법칙을 적용하여 '방열'처럼 쓰는 것이 옳다고 판단된다.

성씨의 표기: '버들 류(柳)'와 같이 성씨로 쓰는 인명의 경우, 개인의 행복 추구권에 관해 헌법 소원이 이루어진 바 있었는데 이에 대해 두음 법칙을 적용한 표기와 그렇지 않은 표기를 모두 쓸 수 있다는 판결이 나온 바 있다. 이를 확대 적용하면 위에서 잘못된 표기로 설명한 '박린수, 김륜식, 김미나, 문경열' 역시 당사자가 그렇게 표기하기를 원한다면 '박인수, 김윤식, 김미라, 문경렬'로 표기하기를 강제할 수는 없다고 판단된다.

▸ 용어 및 어휘 풀이

개연(-蓮): 가시연꽃. 늪이나 물속에서 자라는 수련과의 여러해살이풀.

제12항 한자음 '라, 래, 로, 뢰, 루, 르'가 단어의 첫머리에 올 적에는 두음 법칙에 따라 '나, 내, 노, 뇌, 누, 느'로 적는다.(ㄱ을 취하고, ㄴ을 버림.)

ㄱ	ㄴ	ㄱ	ㄴ
낙원(樂園)	락원	뇌성(雷聲)*	뢰성
내일(來日)	래일	누각(樓閣)	루각
노인(老人)	로인	능묘(陵墓)*	릉묘

[붙임 1] 단어의 첫머리 이외의 경우에는 본음대로 적는다.

쾌락(快樂) 극락(極樂) 거래(去來)
왕래(往來) 부로(父老)* 연로(年老)
지뢰(地雷) 낙뢰(落雷) 고루(高樓)*
광한루(廣寒樓) 동구릉(東九陵)* 가정란(家庭欄)

[붙임 2] 접두사처럼 쓰이는 한자가 붙어서 된 단어는 뒷말을 두음 법칙에 따라 적는다.

내내월(來來月)* 상노인(上老人)*
중노동(重勞動) 비논리적(非論理的)

'라, 래, 로, 뢰, 루, 르'를 포함하는 한자어 음절이 첫머리에 놓일 때는 '나, 내, 노, 뇌, 누, 느'로 적는다. 이 역시 두음 법칙에 따른 것이다.

[붙임 1]처럼 단어 첫머리 이외의 경우는 두음 법칙이 적용되지 않으므로 본음대로 적는다. '릉(陵)'과 '란(欄)'은 독립적으로 사용되기도 하므로 '능, 난'으로 적어야 한

▸ **용어 및 어휘 풀이**

뇌성(雷聲): 천둥소리.
능묘(陵墓): 능과 묘를 아울러 이르는 말.
부로(父老): 한 동네에서 나이가 많은 남자 어른을 높여 이르는 말.
고루(高樓): 높이 지은 누각.
동구릉(東九陵): 경기도 구리시(서울의 동쪽)에 있는 조선 시대의 아홉 능.
내내월(來來月): 내달의 다음달.
상노인(上老人): 여러 노인 가운데 가장 나이가 많은 사람.

다고 볼 수도 있으나, '왕릉(王陵), 정릉(貞陵)°, 동구릉(東九陵)'에 쓰이는 '릉'이나 '독자란(讀者欄), 비고란(備考欄)'에 쓰이는 '란'은 한 음절로 된 한자어 형태소로서 한자어 뒤에 결합할 때에 보통 독립적인 하나의 단어로 인식되지 않으므로 본음대로 적는다.

강릉(江陵)　　태릉(泰陵)°　　투고란(投稿欄)
공란(空欄)　　답란(答欄)

다만, '어린이난, 어머니난, 가십(gossip)난'과 같이 고유어나 외래어 뒤에 결합하는 경우에는 한자어 형태소가 하나의 단어로 인식되므로, 제11항 [붙임 4]에서 보인 '개연(蓮), 구름양(量)'과 마찬가지로 두음 법칙을 적용하여 적는다.

[붙임 2]처럼 접두사처럼 쓰이는 한자어 형태소가 결합하여 된 단어나 두 개 단어가 결합하여 된 합성어(또는 이에 준하는 구조)의 경우는 뒤의 단어도 두음 법칙에 따라 적는다.

반나체(半裸體)　　실낙원(失樂園)　　중노인(中老人)°
육체노동(肉體勞動)　부화뇌동(附和雷同)°　사상누각(砂上樓閣)°

한편, '고랭지(高冷地)'는 '표고(標高)°가 높고 찬 지방'이란 뜻을 나타내는 단어이므로 '고랭-지'로 분석하여 '고랭지'로 적는다.

제5절의 두음 법칙 관련 사항을 정리하면 다음과 같다.

		녀, 뇨, 뉴, 니	랴, 려, 례, 료, 류, 리	라, 래, 로, 뢰, 루, 르
한자어	어두	여자	양심	낙원
	비어두	남녀	개량	극락

▸ **용어 및 어휘 풀이**

정릉(貞陵): 서울시 성북구에 있는, 조선 태조의 계비 신덕 왕후(神德王后)의 능.

태릉(泰陵): 서울시 노원구에 있는, 조선 중종의 계비 문정 왕후(文定王后)의 능.

중노인(中老人): 젊지도 아니하고 아주 늙지도 않은 사람. 또는 조금 늙은 사람.

부화뇌동(附和雷同): 줏대 없이 남의 의견에 따라 움직임.

사상누각(沙上樓閣): 모래 위에 세운 누각이라는 뜻으로, 기초가 튼튼하지 못하여 오래 견디지 못할 일이나 물건을 이르는 말.

표고(標高): 바다의 면이나 어떤 지점을 정하여 수직으로 잰 일정한 지대의 높이.

의존 명사	몇 년	몇 리, 그럴 리가	
합성어	신여성/남존여비	역이용/해외여행	중노동/사상누각
고유 명사	한국여자대학	신흥이발관	명동나사

① 한자어에 적용된다.

② 합성어적인 구조에는 두음 법칙이 적용된다.

공중누각(空中樓閣)　　공공-녹지(公共綠地)

③ '접두사처럼 쓰이는 한자어' 다음에는 두음 법칙이 적용된다.

생이별(生離別)　　대유행(大流行)　　몰염치(沒廉恥)

④ 의존 명사의 경우 두음 법칙이 적용되지 않는다. 따라서 명사의 경우에는 '연도'이지만 의존 명사일 때는 '년도'이다.

연도별 생산 실적　　2002년도

⑤ 인명 가운데 '신입/신립, 채윤/채륜, 최인/최린, 하윤/하륜, 김립/김입'과 같은 과거의 외자 이름 인물은 두음 법칙이 적용된 형태와 그렇지 않은 형태를 모두 인정한다. 그 외는 두음 법칙이 적용된 형태만 인정한다.

더 알아보기

발음과 표기에 혼란을 겪는 예: 제12항은 '란(欄)'과 '릉(陵)'이 한자어 뒤에 결합할 때에는 통상 하나의 단어로 인식되지 않는다는 생각을 바탕으로 한 것이다. 그런데 이에 대한 일반인의 발음과 표기 관습은 다소 혼란을 겪고 있다. 예컨대 '경제란, 선릉'은 각각 [경제란], [설릉]으로 발음하여 '경제란, 선릉'으로 적어야 하지만 [경제난], [선능]으로 발음하여 '*경제난, *선능'으로 적는 경우가 있다. 참고로 '난(難)'이 사용된 경제난(經濟難)의 경우엔 '경제난'으로 적는다.

제6절 겹쳐 나는 소리

제13항 한 단어 안에서 같은 음절이나 비슷한 음절이 겹쳐 나는 부분은 같은 글자로 적는다.(ㄱ을 취하고, ㄴ을 버림.)

ㄱ	ㄴ	ㄱ	ㄴ
딱딱	딱닥	꼿꼿하다	꼿곳하다
쌕쌕	쌕색	놀놀하다*	놀롤하다
씩씩	씩식	눅눅하다	능눅하다
똑딱똑딱	똑닥똑닥	밋밋하다	민밋하다
쓱싹쓱싹	쓱삭쓱삭	싹싹하다	싹삭하다
연연불망(戀戀不忘)*	연련불망	씁쓸하다	씁살하다
유유상종(類類相從)	유류상종	씁쓸하다	씁슬하다
누누이(屢屢-)	누루이	짭짤하다	짭잘하다

한 단어 안에서 반복되는 동일 음절 혹은 유사 음절을 똑같은 글자로 표기하면 문자 운용의 일관성이 높아지고 독해의 효율이 좋아진다.

'연연불망, 유유상종, 누누이'는 한자어이므로, 제11항 [붙임 1] 규정을 적용하면 '연련(불망), 유류(상종), 누루(이)'로 적어야 할 것이다. 그러나 [여ː년], [유유], [누ː누]로 소리 나므로 관용을 취하여 '연연, 유유, 누누'로 적는다. 이와 같은 예로 다음과 같은 단어들을 더 들 수 있다.

노노법사(老老法師)*　　연연(戀戀)하다*

▸ **용어 및 어휘 풀이**

놀놀하다: 털이나 풀 따위의 빛깔이 노르스름하다, 만만하여 보잘것없다.

연연불망(戀戀不忘): 그리워서 잊지 못함.

노노법사(老老法師): 불교에서의 노법사의 스승을 말한다.

연연(戀戀)**하다**: 집착하여 미련을 가지다.

그러나 그 밖의 경우는 (제2 음절 이하에서) 본음대로 적는 것이 원칙이다. 이들은 두음 법칙의 적용을 받은 것들이다. 가령 '朗朗'은 제12항의 규정에 따라 어두의 '랑'은 '낭'으로 적고 둘째 음절의 '랑'은 본음대로 적어 '낭랑'이 되는 것이다.

낭랑(朗朗)하다	냉랭(冷冷)하다	녹록(碌碌)하다*
늠름(凜凜)하다	연년생(年年生)	역력(歷歷)하다

보충 설명

'낭랑하다, 냉랭하다, 늠름하다'는 그 발음이 각각 [낭낭하다], [냉냉하다], [늠늠하다]이지만, 뒤 음절의 [낭], [냉], [늠]은 각각 앞의 자음 'ㅇ, ㅁ'에 영향을 받아 변동된 소리이므로 맞춤법에 반영하지 않는다. 이처럼 한글 맞춤법에서는 모든 자음 동화*를 반영하지 않는다. 즉, '국물, 섭리, 법망, 성량, 신라, 칼날'과 같은 말을 소리 나는 대로 '*궁물, *섬니, *범망, *성냥, *실라, *칼랄'처럼 적지 않는 것이다.

▸ **용어 및 어휘 풀이**

녹록(碌碌)하다: 평범하고 보잘것없다.

자음 동화: 음절 끝 자음이 그 뒤에 오는 자음과 만날 때, 어느 한쪽이 다른 쪽을 닮아서 그와 비슷하거나 같은 소리로 바뀌기도 하고, 두 소리가 다 바뀌기도 하는 현상을 말한다. 예컨대 'ㅂ, ㄷ, ㄱ'로 끝나는 말이 'ㄴ, ㅁ'으로 시작되는 말과 만나 'ㅁ, ㄴ, ㅇ'으로 바뀌어 발음된다. '입+만 → [임만], 국+물 → [궁물]' 등의 예가 있다. 또한 'ㄹ'로 끝난 말이 'ㄴ'과 만나면 뒷 'ㄴ'이 'ㄹ'로 바뀌기도 하고(달+님 → [달림]), 'ㄴ'으로 끝난 말이 'ㄹ'과 만나면 앞 'ㄴ'이 'ㄹ'로 바뀌기도 한다(신라 → [실라]).

제4장 형태에 관한 것

제1절 체언과 조사

제14항 체언은 조사와 구별하여 적는다.

떡이	떡을	떡에	떡도	떡만
손이	손을	손에	손도	손만
팔이	팔을	팔에	팔도	팔만
밤이	밤을	밤에	밤도	밤만
집이	집을	집에	집도	집만
옷이	옷을	옷에	옷도	옷만
콩이	콩을	콩에	콩도	콩만
낮이	낮을	낮에	낮도	낮만
꽃이	꽃을	꽃에	꽃도	꽃만
밭이	밭을	밭에	밭도	밭만
앞이	앞을	앞에	앞도	앞만
밖이	밖을	밖에	밖도	밖만
넋이	넋을	넋에	넋도	넋만

흙이	흙을	흙에	흙도	흙만
삶이	삶을	삶에	삶도	삶만
여덟이	여덟을	여덟에	여덟도	여덟만
곬*이	곬을	곬에	곬도	곬만
값이	값을	값에	값도	값만

실질 형태소의 하나인 체언*의 형태를 고정하고, 조사도 모든 체언에 공통적으로 결합하는 통일된 형식을 유지하여 적는다. 예컨대 '값(價)'에 조사가 결합한 형태를 소리 나는 대로 적으면,

갑씨　　갑쓸　　갑또　　감만

이 되어서 실질 형태소(체언)의 본 모양이 어떤 것인지, 또 문법 형태소인 조사와의 경계가 어디인지 알아보기가 어렵게 된다. 이처럼 실질 형태소의 형태가 여러 가지로 표기되면 의미를 파악하기가 어려워지고, 결과적으로 독서의 능률 또한 크게 저하된다.

그런 까닭에 체언과 조사를 구별하여 '값이', '값을', '값도', '값만'과 같이 적도록 한 것이다. 체언과 조사를 구별하여 적으면 체언과 조사 모두 형태가 고정되어 의미를 파악하기가 쉽다. 따라서 독서의 능률이 크게 향상되기 때문에, 체언과 조사를 구별하여 적는 것이 소리 나는 대로 적는 것보다 합리적인 방식이라고 할 수 있다.

체언		조사
젖[乳]	+	은
꽃[花]		의
부엌		을
앞[前]		에
흙[土]		으로
값[價]		이다

▸ **용어 및 어휘 풀이**

곬: 한쪽으로 트여 나가는 방향이나 길(예: 제 곬으로만 흐르는 강물).

체언: 명사, 대명사, 수사를 묶어 이르는 말.

제2절 어간과 어미

제15항 용언의 어간과 어미는 구별하여 적는다.

먹다	먹고	먹어	먹으니
신다	신고	신어	신으니
믿다	믿고	믿어	믿으니
울다	울고	울어	(우니)
넘다	넘고	넘어	넘으니
입다	입고	입어	입으니
웃다	웃고	웃어	웃으니
찾다	찾고	찾아	찾으니
좇다	좇고	좇아	좇으니
같다	같고	같아	같으니
높다	높고	높아	높으니
좋다	좋고	좋아	좋으니
깎다	깎고	깎아	깎으니
앉다	앉고	앉아	앉으니
많다	많고	많아	많으니
늙다	늙고	늙어	늙으니
젊다	젊고	젊어	젊으니
넓다	넓고	넓어	넓으니
훑다	훑고	훑어	훑으니
읊다	읊고	읊어	읊으니
옳다	옳고	옳아	옳으니
없다	없고	없어	없으니
있다	있고	있어	있으니

[붙임 1] 두 개의 용언이 어울려 한 개의 용언이 될 적에, 앞말의 본뜻이 유지되고 있는 것은 그 원형을 밝히어 적고, 그 본뜻에서 멀어진 것은 밝히어 적지 아니한다.

(1) 앞말의 본뜻이 유지되고 있는 것

넘어지다 늘어나다 늘어지다

돌아가다 되짚어가다 들어가다

떨어지다 벌어지다 엎어지다

접어들다 틀어지다 흩어지다

(2) 본뜻에서 멀어진 것

드러나다 사라지다 쓰러지다

[붙임 2] 종결형에서 사용되는 어미 '오'는 '요'로 소리 나는 경우가 있더라도 그 원형을 밝혀 '오'로 적는다.(ㄱ을 취하고, ㄴ을 버림.)

ㄱ	ㄴ
이것은 책이오.	이것은 책이요.
이리로 오시오.	이리로 오시요.
이것은 책이 아니오.	이것은 책이 아니요.

[붙임 3] 연결형에서 사용되는 '이요'는 '이요'로 적는다.(ㄱ을 취하고, ㄴ을 버림.)

ㄱ	ㄴ
이것은 책이요, 저것은 붓이요, 또 저것은 먹이다.	이것은 책이오, 저것은 붓이오, 또 저것은 먹이다.

앞의 항과 마찬가지로 실질 형태소인 용언* 어간의 형태를 고정하고, 형식 형태소인 어미도 모든 어간에 공통적으로 결합하는 통일된 형식을 유지하여 적는다. 예컨대 어간 형태소 '늙-'에 어미가 결합한 형태를 소리 나는 대로 적으면,

① 늘꼬, 늘께

② 늑찌, 늑쏘

▸ **용어 및 어휘 풀이**

용언: 동사, 형용사를 묶어 이르는 말.

③ 능는, 능네

④ 늘그니, 늘거서

처럼 되어서, 어간의 형태가 어떤 것인지 어미와의 경계가 어디인지 알아보기가 어려워진다. 이 경우 역시 '늙고, 늙지, 늙는, 늙으니'처럼 어간과 어미의 형태를 분명히 구별함으로써 어간이 표시하는 어휘적 의미와 어미가 표시하는 문법적 의미를 쉽게 파악할 수 있다.

[붙임 1]처럼 두 개의 용언이 결합하여 하나의 단어로 된 경우, 앞 단어의 본뜻이 유지되고 있는 것은 그 어간의 본 모양을 밝히어 적고 본뜻에서 멀어진 것은 소리 나는 대로 적는다. "본뜻에서 멀어진 것"이란 그 단어가 단독으로 쓰일 때 표시되는 어휘적 의미가 제대로 인식되지 못하거나 변화되었음을 말한다. 예시 (1)의

(수입이) 늘어나다—늘다 (기간이) 늘어지다—늘다

(바퀴가) 돌아가다—돌다 (집에) 들어가다—들다

(먼지가) 떨어지다—떨다 (열매가) 벌어지다—벌다

엎어지다—엎다 틀어지다—틀다

흩어지다—흩다 되짚어가다—되짚다

따위는 앞말의 본뜻이 유지되고 있다. 또한 '넘어지다, 접어들다'는 그 의미 구조가 좀 모호한 편이지만, 각각 '넘다', '접다'와 연관시키는 전통에 따라 여기서 다룬 것이다. 예컨대 '넘어지다-넘다'는 넘어지는 것이 무엇인가를 넘다가 자주 일어나는 일이기 때문이다.

그에 반해 (2)의 '드러나다, 사라지다, 쓰러지다'는 '들다'와 '나다', '살다'와 '지다', '쓸다'와 '지다'의 결합으로 분석하기가 어렵다. '들다, 쓸다'는 의미상 관련이 적어진 말이 되었고 '살다'는 '사라지다'와 관련이 있는 중세 한국어의 'ᄉᆞᆯ다'와는 아무 관계가 없는 다른 말이기 때문이다. 예를 들어 '(방을) 쓸다'의 피동형은 '쓸리다'이고 '지다'와의 결합형은 '쓸어지다(비가 좋으니 방이 잘 쓸어진다)'인데, 이들은 '쓸다'와 의미가 연관된다는 점에서 '쓰러지다[靡]'의 표기와 구별된다. (2)의 규정이 적용되는 단어로는

나타나다[現] 바라보다[望] 바라지다[坼]* 배라먹다[乞食]*

부서지다[碎] 불거지다[凸]* 부러지다[折] 자빠지다[沛]

토라지다[少滯]

등이 있다.

[붙임 2], [붙임 3]은 연결형은 '이요', 종결형은 '이오'로 적도록 한 것이다. 연결형의 경우는 옛말에서 '이고'의 'ㄱ'이 약화하고 탈락하여 '이오'로 변한 형태에서 비롯한 말로, 소리 나는 대로 '요'로 적는다. 그러나 종결형의 경우는, '나도 가오', '집이 크오'처럼 용언 어간에 공통적으로 붙는 어미 형태가 '오'이므로 '오'로 적는다. '도와주십시오'는 '요'로 소리가 나지만 '이' 소리 뒤에서 '요'로 소리가 났을 뿐, 용언 어간에 공통적으로 붙는 어미 '오'가 결합한 것이므로 '오'로 적는 것이 합리적이다.

더 알아보기

제15항의 [붙임 3]에서 다룬 '이요'는 연결형에서 사용하는 것이다. 그런데 '요'는 종결형에서 (1나)와 같은 쓰임을 흔히 볼 수 있다.

(1) 가: 너 어디 가니?
 나: 집요/집이요.

'요'는 듣는 상대를 높일 때 쓰는 보조사인데 그것이 없으면 반말이 된다(예외적으로 '-세요'는 '-세'로 반말을 만들 수 없다).

(2) 가: 너 뭐하니?
 나: 밥 먹어.
 나': 밥 먹어요.

(3) 가: 너 어디 가니?
 나: 법원으로.
 나': 법원으로요.

'요'를 쓰지 않은 '*집이'라는 말은 쓸 수 없기 때문에 '집이요'라는 말이 문법적으로는

▸ 용어 및 어휘 풀이

바라지다: ① 갈라져서 사이가 뜨다. 가슴이나 어깨, 등 따위가 옆으로 퍼지다. ② 도량이 좁고 포용력이 적다. 나이에 비하여 지나치게 야무지다.

배라먹다: 남에게 구걸하여 거저 얻어먹다.

불거지다: 물체의 거죽으로 둥글게 툭 비어져 나오다. 어떤 사물이나 현상이 두드러지게 커지거나 갑자기 생겨나다.

정확하지 못함을 알 수 있다. 그런데 실제 언어생활에서는 '집이요'가 '집요'보다 훨씬 자주 쓰이기 때문에 『표준국어대사전』에서는 체언이나 부사 뒤에서 보조사 '요'와 함께 '이요'를 복수 표준어로 인정하였다. 따라서 '집요'뿐만 아니라 '집이요'도 맞는 말이 된다.

제16항 어간의 끝음절 모음이 'ㅏ, ㅗ'일 때에는 어미를 '아'로 적고, 그 밖의 모음일 때에는 '어'로 적는다.

1. '아'로 적는 경우

나아	나아도	나아서
막아	막아도	막아서
얇아	얇아도	얇아서
돌아	돌아도	돌아서
보아	보아도	보아서

2. '어'로 적는 경우

개어	개어도	개어서
겪어	겪어도	겪어서
되어	되어도	되어서
베어	베어도	베어서
쉬어	쉬어도	쉬어서
저어	저어도	저어서
주어	주어도	주어서
피어	피어도	피어서
희어	희어도	희어서

▸ **용어 및 어휘 풀이**

양성 모음: 어감(語感)이 작고 밝고 가벼운 모음.

음성 모음: 어감(語感)이 크고 어둡고 무거운 모음.

어간 끝 음절의 모음이 ‘ㅏ, ㅗ’(양성 모음)° 일 때는 어미를 ‘아’ 계열로 적고, 그 외의 ‘ㅐ, ㅓ, ㅚ, ㅜ, ㅟ, ㅡ, ㅢ, ㅣ’(음성 모음)° 일 때는 ‘어’ 계열로 적는다. ‘ㅑ’는 ‘ㅣ+ㅏ’이므로 ‘아’ 계열의 어미와 결합하고, ‘ㅕ’는 ‘ㅣ+ㅓ’이므로 ‘어’ 계열의 어미와 결합한다. 이처럼 어간의 모음에 따라 어미의 모음이 결정되는 현상은 모음 조화(母音調和)° 때문이다.

모음 조화는 옛말에서는 엄격하게 지켜졌지만 현대에 오면서 많이 약화되었다. 「표준어 규정」 제8항에서 모음 조화가 약화되어 변화한 말 중에 널리 쓰이는 말들을 표준어로 정한 것도 이러한 점을 반영한 것이다. 그렇지만 ‘잡아, 얇아’를 각각 [자버], [얄버]라고 발음하거나 ‘잡어, 얇어’와 같이 적는 것은 여전히 잘못이다.

어간 끝 음절의 모음	어미의 형태
ㅏ(ㅑ), ㅗ	아(-아라, -아서, -아도, -아야), (-았-, -았었-)
‘ㅏ(ㅑ), ㅗ’ 외의 것	어(-어라, -어서, -어도, -어야), (-었-, -었었-)

이 항에서는 용언 어간이 한 음절로만 이루어진 예만 제시하고 있으나, 두 음절 이상인 경우도 ‘아’ 계열이 연결되는 경우와 ‘어’ 계열이 연결되는 경우로 나누어 볼 수 있다. 우선 ‘담그다, 조르다’와 같이 어간의 끝음절이 ‘ㅡ’인 경우에도 첫째 음절의 모음에 따라 ‘아’ 계열의 어미가 결합한다.(「한글 맞춤법」 제16항 참조)

담그다: 담가, 담갔다　　마르다: 말라, 말랐다　　조르다: 졸라, 졸랐다

즉, 용언 어간의 모음이 ‘ㅏ, ㅡ’이거나 ‘ㅗ, ㅡ’인 경우에는 ‘아’ 계열의 어미가 결합한다. 그러나 그 이외의 경우에는 ‘어’ 계열의 어미가 결합한다. 그러므로 가령 다음 예와 같이 용언 어간의 모음이 ‘ㅓ, ㅡ’이거나 ‘ㅜ, ㅡ’이면 ‘-어’ 계열의 어미가 결합하는 것이다.

거르다: 걸러, 걸렀다　　구르다: 굴러, 굴렀다

▸ **용어 및 어휘 풀이**

모음 조화: 두 음절 이상의 단어에서, 뒤의 모음이 앞 모음의 영향으로 그와 가깝거나 같은 소리로 되는 언어 현상. ‘ㅏ’, ‘ㅗ’ 따위의 양성 모음은 양성 모음끼리, ‘ㅓ’, ‘ㅜ’ 따위의 음성 모음은 음성 모음끼리 어울리는 현상이다. ‘알록달록’, ‘얼룩덜룩’, ‘찰랑찰랑’ ‘철렁철렁’, ‘졸졸’, ‘줄줄’ 따위가 있다.

더 알아보기

중세 한국어의 양성 모음과 음성 모음: 앞 해설을 보면 양성 모음보다 음성 모음이 훨씬 우세함을 알 수 있다. 그러나 한글의 원리상으로는 양성 모음과 음성 모음이 정확히 반반씩이고, 실제로 훈민정음이 창제된 15세기에서는 그렇게 운용되었다. 당시의 양성 모음과 음성 모음은 다음과 같다. 중성 모음은 양성 모음으로도 볼 수 있고 음성 모음으로도 볼 수 있었다.

양성 모음	ㅏ, ㅑ, ㅗ, ㅛ, ㅐ, ㅚ, ㅙ, ㆍ, ㆎ
음성 모음	ㅓ, ㅕ, ㅜ, ㅠ, ㅔ, ㅟ, ㅞ, ㅡ, ㅢ
중성 모음	ㅣ

제17항 어미 뒤에 덧붙는 조사 '요'는 '요'로 적는다.

읽어	읽어요
참으리	참으리요
좋지	좋지요

'요'는 문장을 끝맺는 일부 어미 다음에 결합하여 높임의 뜻을 더하는 조사이다.

가-요 가리-요 먹어-요 먹으리-요
가나-요 가지-요 먹나-요 먹지-요

'참으리요'와 '참으리오'는 서로 구별해야 한다. '참으리요'는 '참으리'에 보조사 '요'가 결합한 말로 자신의 의도를 드러낸다.

저도 고향에 돌아가리요. 저는 이곳에 살리요.

이와 달리 '참으리오'는 '참-'에 하오체의 '-으리오'가 결합한 말로 어찌 그러할 것이냐고 반문하는 뜻을 나타낸다.

가는 세월을 어찌 막으리오. 내 어찌 아니 떠나리오.

보충 설명

제15항의 '더 알아보기'에서 설명하였듯이, 종결 보조사 '요'가 있으면 존댓말, '요'가 없으면 반말이 된다. 제17항은 그러한 사실을 어미와 연관시켜 다른 방식으로 서술한 것이다.

제18항 다음과 같은 용언들은 어미가 바뀔 경우, 그 어간이나 어미가 원칙에 벗어나면 벗어나는 대로 적는다.

1. 어간의 끝 'ㄹ'이 줄어질 적

갈다 :	가니	간	갑니다	가시다	가오
놀다 :	노니	논	놉니다	노시다	노오
불다 :	부니	분	붑니다	부시다	부오
둥글다 :	둥그니	둥근	둥급니다	둥그시다	둥그오
어질다 :	어지니	어진	어집니다	어지시다	어지오

[붙임] 다음과 같은 말에서도 'ㄹ'이 준 대로 적는다.

마지못하다	마지않다	(하)다마다
(하)자마자	(하)지 마라	(하)지 마(아)

2. 어간의 끝 'ㅅ'이 줄어질 적

긋다 :	그어	그으니	그었다
낫다 :	나아	나으니	나았다
잇다 :	이어	이으니	이었다
짓다 :	지어	지으니	지었다

3. 어간의 끝 'ㅎ'이 줄어질 적

그렇다 :	그러니	그럴	그러면	그러오
까맣다 :	까마니	까말	까마면	까마오
동그랗다 :	동그라니	동그랄	동그라면	동그라오
퍼렇다 :	퍼러니	퍼럴	퍼러면	퍼러오
하얗다 :	하야니	하얄	하야면	하야오

4. 어간의 끝 'ㅜ, ㅡ'가 줄어질 적

푸다 :	퍼	펐다
뜨다 :	떠	떴다
끄다 :	꺼	껐다
크다 :	커	컸다
담그다 :	담가	담갔다
고프다 :	고파	고팠다
따르다 :	따라	따랐다
바쁘다 :	바빠	바빴다

5. 어간의 끝 'ㄷ'이 'ㄹ'로 바뀔 적

걷다[步] :	걸어	걸으니	걸었다
듣다[聽] :	들어	들으니	들었다
묻다[問] :	물어	물으니	물었다
싣다[載] :	실어	실으니	실었다

6. 어간의 끝 'ㅂ'이 'ㅜ'로 바뀔 적

깁다 :	기워	기우니	기웠다
굽다[炙] :	구워	구우니	구웠다
가깝다 :	가까워	가까우니	가까웠다
괴롭다 :	괴로워	괴로우니	괴로웠다
맵다 :	매워	매우니	매웠다
무겁다 :	무거워	무거우니	무거웠다
밉다 :	미워	미우니	미웠다
쉽다 :	쉬워	쉬우니	쉬웠다

다만, '돕, 곱'과 같은 단음절 어간에 어미 '아'가 결합되어 '와'로 소리 나는 것은 '와'로 적는다.

돕다[助] :	도와	도와서	도와도	도왔다
곱다[麗] :	고와	고와서	고와도	고왔다

7. '하다'의 활용에서 어미 '아'가 '여'로 바뀔 적

하다 :	하여	하여서	하여도	하여라	하였다

8. 어간의 끝음절 '르' 뒤에 오는 어미 '어'가 '러'로 바뀔 적

이르다[至]:	이르러	이르렀다
노르다:	노르러	노르렀다
누르다:	누르러	누르렀다
푸르다:	푸르러	푸르렀다

9. 어간의 끝음절 '르'의 'ㅡ'가 줄고, 그 뒤에 오는 어미 '아/어'가 '라/러'로 바뀔 적

가르다:	갈라	갈랐다
거르다:	걸러	걸렀다
구르다:	굴러	굴렀다
벼르다*:	별러	별렀다
부르다:	불러	불렀다
오르다:	올라	올랐다
이르다:	일러	일렀다
지르다:	질러	질렀다

이 조항은 용언의 불규칙 활용*과 관련된 것인데, 「한글 맞춤법」 제1항의 "소리대로 적되"를 "어법에 맞도록"보다 중시한 부분이다. 만약 이 경우 어법에 맞도록 한다면, 가령 '아름답-어'가 '아름다워'로 소리가 바뀔 경우에도 '아름답어'처럼 원래의 형태 '아름답-'을 고정하여 적을 것인데, 이는 문자와 소리 간의 관계가 지나치게 멀어지는 결과를 초래하는 것이다.

실질 형태소인 어간이 문법 형태소인 어미와 결합하여 이루어지는 활용의 체계에는

▸ **용어 풀이**

벼르다: 어떤 일을 이루려고 마음속으로 준비를 단단히 하고 기회를 엿보다.

불규칙 활용: 활용할 때 어간 혹은 어미의 형태가 한국어의 일반적인 음운 규칙에서 벗어나 바뀌는 것.

(1) 어간의 모양은 바뀌지 않고 어미만이 교체된다(변한다).

(2) 어미는 모든 어간에 공통되는 형식으로 결합한다.

라는 원칙이 있다. '원칙에 벗어나면'이란 이 두 가지 조건에 맞지 않음을 뜻하는 것인데, 이에는 세 가지 경우가 있다.

① 어간의 모습이 변하는 것

② 어미의 모습이 변하는 것

③ 어간, 어미의 모습이 변하는 것

1. 어간 끝 받침 'ㄹ'이 'ㄴ, ㅂ, ㅅ'으로 시작하는 어미나 어미 '(으)오, (으)ㄹ' 등 앞에서 주는 경우, 준 대로 적는다.

어간	어간+어미	결합형
살다	살+네	사네
	살+세	사세
	살+오	사오
	살+ㄹ수록	살수록
빌다	빌+네	비네
	빌+세	비세
	빌+오	비오
	빌+ㅂ시다	빕시다
	빌+ㄹ뿐더러	빌뿐더러

'갈다, 날다, 말다, 물다, 벌다, 불다, 알다, 울다, 졸다, 팔다' 등 어간 끝 받침이 'ㄹ'인 용언은 모두 이에 해당한다.

[붙임]에서 현대 한국어의 어간 끝 받침 'ㄹ'은 'ㄷ, ㅈ, 아' 앞에서 줄지 않는 것이 원칙이지만, 관용상 'ㄹ'이 줄어진 형태가 굳어져 쓰이는 것은 준 대로 적는다.

다 말다 → 다마다	예) 누구 부탁인데, 들어주다마다.
말지 못하다 → 마지못하다	예) 마지못해서 대답했다.
말지 않다 → 마지않다	예) 좋은 일만 있으시길 바라 마지않습니다.

멀지 않아 → 머지않아 예) 머지않아 사실이 밝혀질 것입니다.

자 말자 → 자마자 예) 도착하자마자 비가 오기 시작했다.

'말-'에 구어체(口語體)의 명령형 어미 '-아라'가 결합한 '말아라'는 '마라'로 줄어들 수 있고 '-아'가 결합한 '말아'는 '마'로 줄어들 수 있다. 또한 '말아요'는 '마요'로 줄여서 쓸 수 있다.

혼자 애쓰지 말아라/마라.

혼자 애쓰지 말아/마.

혼자 애쓰지 말아요/마요.

한편 '말-'에 문어체°의 명령형 어미 '-(으)라'가 결합한 '말라'는 문어체(文語體)의 명령형이나 간접 인용°을 할 때 사용된다.

호국 영령들의 고귀한 희생을 잊지 말라.

선생님께서 떠들지 말라고 하셨다.

한편 '말-'의 'ㄹ'이 탈락된 '다마다'는 과거 사전에서는 '고말고'의 방언으로 다루어지기도 하였으나 표준어로 인정하였다.(「표준어 규정」 제26항 참조)

학교 문법에서는 'ㄹ' 불규칙 활용을 설정하지 않고 있다. 'ㄹ'이 탈락하는 환경에서는 예외 없이 'ㄹ'이 탈락하기 때문에 단순한 소리의 탈락으로 볼 수 있다고 설명하고 있다.

▸ 용어 및 어휘 풀이

문어체: 일상적인 대화에서 쓰는 말이 아닌, 문장에서 주로 쓰는 말로 쓰인 문체를 말한다. 일상적인 대화에서 주로 쓰는 말로 쓰인 문체는 '구어체'라고 한다.

인용: 남의 말이나 글을 자신의 말이나 글 속에 넣어 쓰는 것을 인용이라고 하는데, 인용의 방식에는 직접 인용과 간접 인용의 두 가지가 있다. 직접 인용의 경우에는 인용하고 싶은 말을 따옴표 속(따옴표의 종류에 대해서는 문장 부호 규정에 대한 해설 참조)에 쓰고 그 뒤에 '-라고'를 붙이는 반면, 간접 인용은 따옴표 없이 '-고'가 붙는다. (1)은 직접 인용의 예이고 (2)는 간접 인용의 예이다.

(1) 어머니는 "얘들아 어서 와서 밥 먹어"라고 말씀하셨다.

(2) 가. 어머니는 이미 식사를 하셨다고 말씀하셨다.

나. 어머니는 언제 밥 먹었냐고 물어보셨다.

다. 어머니는 우리에게 밥 먹으라고 말씀하셨다.

라. 어머니는 어서 와서 밥 먹자고 말씀하셨다.

2. 어간 끝 받침 'ㅅ'이 어미의 모음 앞에서 주는 경우 준 대로 적는다. 어간 끝에 'ㅅ' 받침을 가진 용언 중 '긋다, 낫다, 붓다, 잇다, 잣다, 젓다, 짓다' 등이 이에 해당되고, '벗다, 빗다, 빼앗다, 솟다, 씻다, 웃다' 등은 'ㅅ' 받침이 줄지 않는다.

붓다 붓- + -으니 → 부으니
붓- + -어도 → 부어도
붓- + -었다 → 부었다

3. 형용사의 어간 끝 받침 'ㅎ'이 어미 '네'나 모음 앞에서 주는 경우 준 대로 적는다. 이들은 어미 '아/어'와 결합할 때는 '애/에'형으로 나타난다.

노랗다 노랗- + -네 → 노랗네/노라네
노랗- + -은 → 노란
노랗- + -으니 → 노라니
노랗- + -아 → 노래
노랗- + -아지다 → 노래지다
노랗-+-았다 → 노랬다
허옇다 허옇- + -네 → 허옇네/허여네
허옇- + -을 → 허열
허옇- + -으면 → 허여면
허옇- + -어 → 허예
허옇- + -어지다 → 허예지다
허옇-+-었다 → 허옜다

다만, '그렇다, 이렇다, 저렇다'는 어미 '어'와 결합할 때 '애'형으로 나타난다.

그렇다 그렇- + -네 → 그렇네/그러네
그렇- + -을 → 그럴
그렇- + -으면 → 그러면
그렇- + -어 → 그래

그렇- + -어지다 → 그래지다

어간 끝에 'ㅎ' 받침을 가진 형용사 중 '좋다'는 표기에서 'ㅎ'이 유지된다. 그리고 어미 '아'와 결합할 때도 '애'형으로 나타나지 않는다.

좋다 좋- + -네 → 좋네
좋- + -은 → 좋은
좋- + -으니 → 좋으니
좋- + -아 → 좋아
좋- + -아지다 → 좋아지다

4. 어간이 모음 'ㅜ'로 끝나는 동사 '푸다'와 어간이 모음 'ㅡ'로 끝나는 용언 중 8, 9에 해당하는 단어 이외의 단어들은 뒤에 어미 '아/어'가 결합하면 'ㅜ, ㅡ'가 줄어든다.

푸다 푸- + -어 → 퍼
푸- + -어서 → 퍼서
푸- + -었다 → 펐다
바쁘다 바쁘- + -아 → 바빠
바쁘- + -아도 → 바빠도
바쁘- + -았다 → 바빴다

'ㅜ'가 줄어드는 단어는 '푸다' 하나뿐이며 'ㅡ'가 줄어드는 단어로는 '끄다, 담그다, 따르다, 뜨다, 잠그다, 치르다, 트다, 가쁘다, 고프다, 기쁘다, 나쁘다, 미쁘다, 바쁘다, 슬프다, 아프다, 예쁘다, 크다' 등이 있다.

5. 어간 끝 받침 'ㄷ'이 모음 앞에서 'ㄹ'로 바뀌어 나타나는 경우 바뀐 대로 적는다.

일컫다 일컫- + -으면 → 일컬으면
일컫- + -어서 → 일컬어서
일컫- + -었다 → 일컬었다

어간 끝에 'ㄷ' 받침을 가진 용언 중 '걷다[步], 긷다, 깨닫다, 눋다, 닫다[走], 듣다,

묻다[問], 붇다, 싣다, 일컫다' 등이 이에 해당되고, '걷다[收], 닫다[閉], 돋다, 뜯다, 묻다[埋], 믿다, 받다, 뻗다, 얻다, 곧다, 굳다' 등은 'ㄷ'이 'ㄹ'로 바뀌지 않는다.

6. 어간 끝 받침 'ㅂ'이 모음 앞에서 '우'로 바뀌어 나타나는 경우 바뀐 대로 적는다.

눕다 눕-+-으니 → 누우니
눕-+-어 → 누워
눕-+-었다 → 누웠다
덥다 덥-+-으면 → 더우면
덥-+-어 → 더워
덥-+-었다 → 더웠다

어간 끝에 'ㅂ' 받침을 가진 용언 중 '굽다[炙], 깁다, 눕다, 줍다, 가깝다, 가볍다, 간지럽다, 괴롭다, 그립다, 노엽다, 더럽다, 덥다, 맵다, 메스껍다, 무겁다, 미덥다, 밉다, 사납다, 서럽다, 쉽다, 아니꼽다, 어둡다, 역겹다, 즐겁다, 지겹다, 차갑다, 춥다' 등과 접미사 '-답다, -롭다, -스럽다'가 결합하여 된 단어들이 이에 해당되고, '꼽다[屈指], 뽑다, 씹다, 업다, 잡다, 접다, 집다, 곱다, 굽다[曲], 좁다' 등은 'ㅂ' 받침이 '우'로 바뀌지 않는다.

과거에는 모음 조화의 규칙성에 따라 'ㅏ, ㅗ'에 붙은 'ㅂ' 받침 뒤에 어미 '아'와 '았'이 결합한 형태를

가까와, 가까왔다　아름다와, 아름다왔다　괴로와도, 괴로왔다

처럼 모두 '와(왔)'으로 적었으나, 현재에는 현실적인 발음 형태를 취하여 모음이 'ㅗ'인 단음절 어간 뒤에 결합하는 '아'의 경우만 '와'로 적고, 그 밖의 경우는 모두 '워'로 적기로 하였다.

돕다 : 도와, 도와라, 도와서, 도와도, 도와야, 도왔다
곱다 : 고와, 고와서, 고와도, 고와야, 고왔다
] '와'형

괴롭다 : 괴로워, 괴로워서, 괴로워도, 괴로워야, 괴로웠다
아름답다 : 아름다워, 아름다워서, 아름다워도, 아름다워야, 아름다웠다
] '워'형

7. 제16항 규정을 적용한다면 어간 '하' 뒤에는 어미 '아'가 결합되어야 한다. 그런데 '하' 뒤에서는 분명히 [여]로 발음되기 때문에, 예외적인 형태인 '여'로 적는 것이다.

하다　하- + -아 → 하여
　　　하- + -아라 → 하여라
　　　하- + -아도 → 하여도
　　　하- + -았다 → 하였다

이 '하여'는 줄면 '해'가 된다.(34항 [붙임2] 참조)

하다　하- + -아 → 하여 → 해
　　　하- + -아라 → 하여라 → 해라
　　　하- + -아도 → 하여도 → 해도
　　　하- + -았다 → 하였다 → 했다

8. 제16항 규정을 적용한다면 '이르, 노르' 뒤에는 어미 '어'가 결합되어야 한다. 그런데 '이르다[至], 누르다, 푸르다' 따위의 경우는 분명히 [러]로 발음되기 때문에, 예외적인 형태인 '러'로 적는다.

푸르다　푸르- + -어 → 푸르러
　　　　푸르- + -어서 → 푸르러서
　　　　푸르- + -었다 → 푸르렀다
　　　　푸르- + -어지다 → 푸르러지다

어간 끝 음절이 '르'인 용언 중, '노르다, 누르다, 푸르다' 등이 이에 해당된다.

9. 어간 끝 음절 '르' 뒤에 어미 '아/어'가 결합할 때 어간 모음 'ㅡ'가 줄면서 'ㄹ'이 앞 음절 받침이 되고, '아/어'가 '라/러'로 나타나는 경우 바뀐 대로 적는다.

나르다　나르- + -아 → 날라
　　　　나르- + -아서 → 날라서
　　　　나르- + -았다 → 날랐다

누르다　누르-+-어 → 눌러

누르-+-어도 → 눌러도

누르-+-었다 → 눌렀다

어간 끝 음절이 '르'인 용언 중, 4나 8에 해당하는 단어 이외의 것들은 다 이에 해당된다. 그리고 어간 끝 음절 '르' 뒤에 피동 접미사, 사동 접미사 '-리-'가 결합하는 경우에도 역시 어간 모음 'ㅡ'가 줄면서 'ㄹ'이 앞 음절의 받침으로 올라간다.

누르다　누르-+-이다 → 눌리다

오르다　오르-+-이다 → 올리다

흐르다　흐르-+-이다 → 흘리다

보충 설명

문어체 명령형: 눈앞의 상대에게 명령하는 것이 아니라 지면(紙面)에서 문자를 통해 명령하거나 다수인으로 이루어진 집단에 전달하는 객관적·공식적 명령을 표현할 때 쓰이는 명령형을 말한다.

(1) 가. 알맞은 답을 써라.
　　나. 알맞은 답을 쓰라.
(2) 가. 소대, 앞으로 돌격하라.
　　나. 정부는 대오각성하라.

학생과 대면한 상황에서는 교사가 (1가)와 같이 말한다. 그러나 시험문제의 문장을 쓴다면 (1나)와 같이 쓴다. 또 (2)는 다수인으로 이루어진 집단에 전달하는 객관적·공식적 명령을 표현함을 알 수 있다.

'ㅜ' 탈락 용언: 'ㅜ'가 줄어지는 단어가 '푸다' 하나뿐이라고 한 것은 어간의 'ㅜ'를 탈락시키는 용언은 '푸다' 하나뿐이라는 뜻으로서, (3)과 (4)의 대조에서 확인할 수 있다. (4)에서는 'ㅜ'가 탈락되는 것이 아니라 'ㅓ'와 함께 'ㅝ'로 축약되는 것이다.

(3) 가. 푸다
　　나. 푸-+-어 → 퍼
　　다. 푸-+-었-+-다 → 펐다

(4) 가. 주다, 두다, 꾸다, 쑤다, 추다
나. 주-+-어 → 주어 → 줘
다. 주-+-었-+-다 → 주었다 → 줬다

더 알아보기

널리 쓰이는 비표준어 '줏다': 흔히 '줏다'를 'ㅅ' 규칙 동사처럼 자주 쓴다. 서울 지역에서도 '줏다(줏어, 줏으니)'가 상당히 널리 사용되고 있으나, 이는 표준어 '줍다'의 비표준어이다. 다만, 어원적으로 '줏다'에서 파생된 부사 '주섬주섬'은 '주엄주엄'으로 적지 않는다.

'ㅎ' 불규칙의 연원: 'ㅎ' 불규칙 용언에서 'ㅐ, ㅔ'가 생기는 것은 'ㅎ' 불규칙 용언이 중세어에서 'ᄒᆞ-(현대어의 '하-')'를 포함하고 있었기 때문이다. 예컨대 '노랗다'는 중세어에서 '노라ᄒᆞ다'였는데, 현대어에서 '하여'가 '해'로 줄어들 수 있는 것과 유사하게 중세어의 '노라ᄒᆞ야'가 현대로 내려오면서 'ㅎ'이 탈락하고 '노래'와 같이 활용하게 된 것이다.

'ㅜ' 불규칙의 연원: '푸다'는 중세 한국어에서 '프다'였는데, '프-+-어'에서 '으' 탈락이 되어 '퍼'로 활용하였다. 근대 한국어 시기에 '프다'는 '푸다'로 변하였으나, 활용형 '퍼'는 변하지 않고 현대에까지 이어져 'ㅜ' 불규칙 활용이 된 것이다.

'너라' 불규칙: 이 밖에 명령형 어미로 '아라/어라' 이외에 '너라'가 결합하는 경우가 있다. '오다' 혹은 '오다'를 후행 요소로 가진 합성어의 경우 명령형 어미 '너라'가 결합할 수 있다. 이에 따라 '오다, 찾아오다'는 '와라, 찾아와라'뿐 아니라 '오너라, 찾아오너라'로도 활용한다. 한때 '-너라'처럼 불규칙하게 활용되는 어미로 다루어졌던 '-거라'는 '가거라, 먹거라, 자거라, 입거라' 등과 같이 결합하는 어간에 제한이 없으므로 지금은 '거라' 불규칙이 인정되지 않는다.

제3절 접미사가 붙어서 된 말

제19항 어간에 '이'나 '음/ㅁ'이 붙어서 명사로 된 것과 '이'나 '히'가 붙어서 부사로 된 것은 그 어간의 원형을 밝히어 적는다.

1. '이'가 붙어서 명사로 된 것

길이 깊이 높이 다듬이 땀받이* 달맞이
먹이 미닫이* 벌이 벼훑이 살림살이 쇠붙이

2. '음/ㅁ'이 붙어서 명사로 된 것
걸음 묶음 믿음 얼음 엮음 울음
웃음 졸음 죽음 앎

3. '이'가 붙어서 부사로 된 것
같이 굳이 길이 높이 많이 실없이
좋이* 짓궂이

4. '히'가 붙어서 부사로 된 것
밝히* 익히 작히*

다만, 어간에 '이'나 '음'이 붙어서 명사로 바뀐 것이라도 그 어간의 뜻과 멀어진 것은 원형을 밝히어 적지 아니한다.
굽도리* 다리[髢]* 목거리(목병) 무녀리*
코끼리 거름(비료) 고름[膿] 노름(도박)

[붙임] 어간에 '이'나 '음' 이외의 모음으로 시작된 접미사가 붙어서 다른 품사로 바뀐 것은 그 어간의 원형을 밝히어 적지 아니한다.
(1) 명사로 바뀐 것
귀머거리 까마귀 너머 뜨더귀* 마감 마개

▸ **용어 및 어휘 풀이**

땀받이: 땀을 받아 내려고 입는 속옷이나 옷 속에 받친 헝겊.
미닫이: 문이나 창 따위를 옆으로 밀어서 열고 닫는 방식. 또는 그런 문이나 창.
좋이: 마음에 들게.
밝히: 불빛 따위가 환하게.
작히: 어찌 조금만큼만, 얼마나의 뜻으로 희망이나 추측을 나타내는 말.
굽도리: 방 안 벽의 밑부분. 방 안 벽의 아랫도리에 종이를 바른 것.
다리: 예전에, 여자들의 머리숱이 많아 보이라고 덧넣었던 딴머리.
무녀리: 한 태에 낳은 여러 마리 새끼 가운데 가장 먼저 나온 새끼. 혹은 말이나 행동이 좀 모자란 듯이 보이는 사람을 비유적으로 이르는 말.
뜨더귀: 조각조각으로 뜯거나 가리가리 찢는 짓. 또는 그 조각.

마중　　무덤　　비렁뱅이　　쓰레기　　올가미　　주검

(2) 부사로 바뀐 것

거뭇거뭇　　너무　　도로　　뜨덤뜨덤*　　바투*

불긋불긋　　비로소　　오긋오긋*　　자주　　차마

(3) 조사로 바뀌어 뜻이 달라진 것

나마　　부터　　조차

어간에 '-이'나 '-음'이 결합하여 명사가 되거나 '-이'나 '-히'가 결합하여 부사가 되는 경우에는 어간 형태소의 원형*을 밝혀서 적는다. 명사를 만드는 '-이'나 '-음', 그리고 부사를 만드는 '-이'나 '-히'는 비교적 널리 여러 어간에 결합할 수 있으며 어간 형태소의 의미가 그대로 유지된다. 그런 까닭에 어간 형태소의 원형을 밝혀서 적는 것이다.

(굽다) 굽이　　(걸다) 귀걸이　　(일컫다) 일컬음　　(넓다) 넓이

(더듬다) 더듬이　　(받다) 물받이　　(뿜다) 물뿜이　　(놀다) 탈놀음

(앓다) 배앓이　　(놀다) 뱃놀이　　(맞다) 손님맞이　　(잡다) 손잡이

(닫다) 여닫이　　(걸다) 옷걸이　　(박다) 점박이　　(살다) 하루살이

(돋다) 해돋이　　(묻다) 휘묻이*　　(막다) 판막음*　　(갈다) 갈음*(하다)

(볶다) 볶음　　(그을다) 그을음　　(모질다) 모질음　　(살다) 삶

(섧다) 설움　　(솎다) 솎음*　　(수줍다) 수줍음　　(갚다) 앙갚음

(엮다) 엮음　　(솟다) 용솟음

▸ **용어 및 어휘 풀이**

뜨덤뜨덤: 글을 자꾸 서투르게 읽는 모양.

바투: 두 대상이나 물체의 사이가 썩 가깝게.

오긋오긋: 여럿이 다 안으로 조금 오그라진 듯한 모양.

원형(原形): 활용하는 단어에서 활용형의 기본이 되는 형태로서 '기본형(基本形)'이라고도 한다. 한국어에서는 '먹다', '가다', '좋다', '나쁘다'와 같이 어간에 어미 '-다'를 붙여서 제시한다.

휘묻이: 식물의 인공 번식법의 하나. 나뭇가지를 휘어서 땅속에 묻어 뿌리를 내리게 한다.

판막음: 그 판에서의 마지막 승리. 또는 마지막 승부를 가리는 일.

갈음: 다른 것으로 바꾸어 대신함.

솎음: 촘촘히 나 있는 푸성귀나 곡식 따위를 군데군데 골라 뽑아 성기게 하는 일.

'겨레붙이, 쇠붙이, 일가붙이, 피붙이'의 경우에도 '붙'에 '붙다, 딸리다'란 뜻이 유지되고 있으므로 '붙이'로 적는다.

부사를 만드는 접미사 '-이, -히'도 비교적 여러 어간에 결합하고 어간 형태소의 뜻이 그대로 유지되고 있으므로 어간의 원형을 밝혀서 적는다.

(곧다) 곧이(듣다)　(없다) 덧없이　(옳다) 옳이*　(적다) 적이*
(밝다) 밝히　(익다) 익히　(작다) 작히

명사를 만드는 접미사 '-이, -음'이 결합하여 명사가 된 경우라도 어간의 본뜻과 멀어졌을 경우 원형을 밝히지 않고 소리 나는 대로 적는다. 예시어들은 '돌, 달, 열' 같은 어간 형태소의 뜻이 유지되고 있지 않으므로 '굽돌이, 달이, 문열이'처럼 적을 이유가 없는 것이다.

도리깨　목도리　빈털터리

따위도 이 규정이 적용된다.

'목거리'는 '목이 붓고 아픈 병'을, '목걸이'는 '목에 거는 물건(목도리 따위), 또는 여자들이 목에 거는 장식품'을 이른다. '목걸이'에서는 '걸다'의 뜻이 유지되므로 그 형태를 밝히어 적는다.

'노름[賭博]'도 어원적인 형태는 '놀-'에 '-음'이 붙어서 된 것으로 분석되지만, 그 어간의 본뜻에서 멀어졌으므로 소리 나는 대로 적는다. 반면 '놀음'* 은 '놀다'의 뜻이 유지되므로 그 형태를 밝히어 적는다.

'-이', '-음'이 아닌 모음으로 시작한 접미사가 결합한 경우에는 어간 형태소의 원형을 밝혀 적지 않는다. 이러한 접미사는 결합하는 어간의 수가 한정되어 있을 뿐 아니라 지금은 다른 어간과 결합하여 새로운 말을 만들어 내는 일이 거의 없다. 그러므로 어원적인 관점에서 보는 것이 아니면 어간과 접미사로 분석하지 않는 말들이다.

▸ **용어 및 어휘 풀이**

옳이: 사리에 맞고 바르게.
적이: 꽤 어지간한 정도로.
놀음: 놀이.

(1) 명사로 된 것

(귀먹어리) 귀머거리　　(남어지) 나머지　　(눋웅지) 누룽지

(늙으막) 늘그막　　(돌앙) 도랑　　(돌으래) 도르래

(동글아미) 동그라미　　(뻗으렁) 뻐드렁니　　(뚫에) 코뚜레

(옭아미) 올가미　　(짚앙이) 지팡이　　(맞웅) 마중

(2) 부사로 된 것

(돌오) 도로　　(돋우) 도두*　　(맞우) 마주

(비뚤오) 비뚜로　　(줏엄) 주섬주섬

(3) 조사로 된 것

(남아) 나마　　(붙어) 부터　　(좇아) 조차

보조사 '나마, 부터, 조차'는 중세어의 동사 '남다, 붙다, 좇다'의 활용형 '남아, 붙어, 좇아'가 조사로 변한 것이다. '마저(<마자<맞아)'도 마찬가지다.

보충 설명

'ㄹ' 받침 어간의 명사형: 어간이 'ㄹ'로 끝나는 말과 접미사 '-(으)ㅁ'이 결합할 때, 현대에는 'ㄻ' 형태의 명사로 파생되는 것이 원칙이다. 따라서 '삶, 앎' 등과 같이 쓴다. 특히 임시적으로 명사처럼 쓰는 '(오늘 종이학을) 만듦, (타이어를) 갊, (운동장에서) 놂'에서는 언제나 'ㄻ' 형태만 쓴다. 그러나 '갈음, 그을음, 모질음, 알음알음, 얼음, 울음'처럼 이미 굳어진 형태로 쓰이는 경우에는 전통적인 표기 방식에 따라 적는다.

제1항 '어법에 맞도록'의 적용 예시: 맞춤법 제1항의 '어법에 맞도록'이 뜻하는 바는 정체를 알 수 있는 형태는 고정적으로 밝혀 적는다는 것이다. 예를 들어 '웃-'은 그 형태를 고정적으로 적고, 그것을 명사로 만들어 주는 '-음'과 같은 접미사는 언제나 그 형태로 적는다. 따라서 '*우슴'과 같이 적지 않고 '웃음'과 같이 적는 것이 맞다. 그런데 한국어의 접미사에는 정체불명인 것이 상당히 많다. 이들은 많은 파생어를 만들지도 못한다. 가령 '죽-'에 '-엄'이 붙어 '주검'이 되었다고 할 때, '-엄'이 무슨 뜻인지 현대인은 잘 알 수도 없고 '-엄'이 붙은

▸ **용어 및 어휘 풀이**

도두: 위로 높게.

말도 거의 찾아지지 않는 것이다. 따라서 이렇게 정체가 분명치 않은 형태들은 어법에 맞게 '죽엄'으로 적지 않고 소리 나는 대로 '주검'으로 적는다. 이에 따라 이 제19항은 용언 어간을 다른 품사로 만들어 주는 접미사 중 많은 어휘에 쓰이는 명사화 접미사 '-(으)ㅁ, -이'와 부사화 접미사 '-이, -히'만이 어법에 맞게 형태를 고정적으로 밝혀 적는다는 원칙을 밝힌 것이다.

조사화된 말: 이 조항의 [붙임]에는 '나마, 부터, 조차'가 조사로 바뀌어 뜻이 달라진 것이라고 하였다. '나마'는 원래 '남다[餘]'의 어간 '남-'에 '-아'가 결합한 말 '나마'가 시대의 흐름에 따라 조사화된 것이다. '부터'는 원래 '븥다[依, 着]'의 어간 '븥-'에 '-어'가 결합한 말 '브터'가 시대의 흐름에 따라 '부터'로 음운이 변하며 조사화된 것이다. '조차'는 원래 '좇다[從]'의 어간 '좇-'에 '-아'가 결합한 말 '조차'가 시대의 흐름에 따라 조사화된 것이다. 이 조사들은 (1)에서와 같이 쓰이는데 (2)에서처럼 본래의 동사로서의 뜻으로 쓰이는 '남아, 붙어, 좇아'와는 뚜렷이 구별된다.

(1) 가. 이번 명절에는 성묘는커녕 차례나마 지낼 수 있을지 걱정이다.
나. 작은 선물이나마 준비해야겠다. ('이나마'의 형태로 나타남)
다. 너부터 열심히 해라.
라. 전문가조차 잘 모를 정도로 어려운 문제

(2) 가. 물건을 다 사고 1,000원이 남아 아이스크림을 사 먹었다.
나. 밖에 나가면 엄마에게 꼭 붙어 있어라.
다. 아버지의 뜻을 좇아 요리사가 되기로 하였다.

제20항 명사 뒤에 '이'가 붙어서 된 말은 그 명사의 원형을 밝히어 적는다.

1. 부사로 된 것
곳곳이 낱낱이 몫몫이 샅샅이 앞앞이 집집이

2. 명사로 된 것
곰배팔이* 바둑이 삼발이 애꾸눈이 육손이
절뚝발이/절름발이

[붙임] '이' 이외의 모음으로 시작된 접미사가 붙어서 된 말은 그 명사의 원형을 밝히어 적지 아니한다.

꼬락서니　끄트머리　모가치*　바가지　바깥　사타구니
싸라기*　이파리　지붕　지푸라기　짜개*

명사에 접미사 '이'가 결합하여 품사가 바뀌거나 뜻이 달라지는 경우에도 명사의 본모양을 밝혀 적는다.

간간이　겹겹이　길길이　눈눈이*
땀땀이*　번번이　사람사람이　옆옆이
줄줄이　참참이*　철철이*　첩첩이
틈틈이　나날이　다달이
골골샅샅이*　구구절절이　사사건건이

품사는 달라지지 않으면서 뜻만 달라지는 것으로는 아래와 같은 예들이 있다.

맹문이*　왕눈이　외톨이　외팔이

'외톨이'는 '외톨(<외돌토리)'에 '이'가 결합한 말이므로 '외톨이'로 적는다.

▸ 용어 및 어휘 풀이

곰배팔이: 팔이 꼬부라져 붙어 펴지 못하거나 팔뚝이 없는 사람을 낮잡아 이르는 말.
모가치: 몫으로 돌아오는 물건.
싸라기: 부스러진 쌀알.
짜개: 콩이나 팥 따위를 둘로 쪼갠 것의 한쪽.
눈눈이: 사람의 눈마다 모두.
땀땀이: 실을 꿴 바늘로 한 번 뜬 자국마다.
참참이: 일정한 동안을 두고 이따금.
철철이: 돌아오는 철마다.
골골샅샅이: 한 군데도 빼놓지 아니하고 갈 수 있는 곳은 모조리.
맹문이: 일의 옳고 그름이나 경위도 모르는 사람을 낮잡아 이르는 말.

[붙임]처럼 명사에 '이' 이외의 모음으로 시작된 접미사가 결합한 경우에는 명사의 형태를 밝혀 적지 않는다. 이러한 접미사들은 지금은 새로운 말을 만드는 일이 없어서 어원을 낱낱이 밝히고자 하는 목적이 아니라면 어간과 접미사로 분석하지 않기 때문이다.

(골앙)고랑°	(굴엉)구렁°	(끝으러기)끄트러기
(목아지)모가지	(올아기)오라기°	(털억)터럭

규정 본문의 예 중에서 '모가치'는 의미상 '몫'에 '아치'가 붙어서 된 말로 볼 수 있다. 따라서 '목사치'로 적을 것도 생각할 수 있다. 그렇지만 발음이 이미 [모가치]로 굳어져서 '몫'과의 연관성을 찾을 수 없으므로 '모가치'로 적는다.

'값어치'도 예외이다. 명사 '값'에 접미사 '어치'가 결합한 말이므로 본 항의 규정에 따르면 '갑서치'로 적어야 한다. 그렇지만 '갑서치'는 [갑써치]로 소리 나므로 표준어 [가버치]를 적은 것이 아니다. 소리대로 적으면 '가버치'로 적을 수 있는데, 명사 '값'뿐 아니라 접미사 '어치'도 '백 원어치', '천 원어치', '천 달러어치', '얼마어치'와 같이 널리 쓰이므로 '어치'로 형태를 밝혀 적는다.

'벼슬아치' 또한 예외이다. 이때의 '아치'는 접미사이므로 '벼스라치'가 되어야겠지만, '벼슬'의 형태가 분명하게 인식되므로 '벼슬아치'로 적는다.

또 「표준어 규정」 제17항에서 다루어진 '반빗아치'는 '반빗(반찬 만드는 일)'에 '아치'가 붙어서 된 단어이지만, 발음이 [반비다치]로 굳어져 있어서 '반비사치'로 적을 수 없다. 그러므로 '반빗아치'로 적는다.

▸ **용어 및 어휘 풀이**

고랑: 두둑한 땅과 땅 사이에 길고 좁게 들어간 곳.

구렁: 움쑥하게 팬 땅.

오라기: 실, 헝겊, 종이, 새끼 따위의 길고 가느다란 조각.

제21항 명사나 혹은 용언의 어간 뒤에 자음으로 시작된 접미사가 붙어서 된 말은 그 명사나 어간의 원형을 밝히어 적는다.

1. 명사 뒤에 자음으로 시작된 접미사가 붙어서 된 것
   값지다 홑지다* 넋두리 빛깔 옆댕이* 잎사귀

2. 어간 뒤에 자음으로 시작된 접미사가 붙어서 된 것

낚시	늙정이*	덮개	뜯게질*
갉작갉작하다*	갉작거리다*	뜯적거리다*	뜯적뜯적하다*
굵다랗다	굵직하다	깊숙하다	넓적하다
높다랗다	늙수그레하다	얽죽얽죽하다*	

다만, 다음과 같은 말은 소리대로 적는다.

(1) 겹받침의 끝소리가 드러나지 아니하는 것

할짝거리다*	널따랗다	널찍하다	말끔하다	말쑥하다
말짱하다	실쭉하다*	실큼하다*	얄따랗다	얄팍하다
짤따랗다	짤막하다	실컷		

(2) 어원이 분명하지 아니하거나 본뜻에서 멀어진 것
   넙치 올무 골막하다* 납작하다

▸ **용어 풀이**

홑지다: 복잡하지 아니하고 단순하다. 성격이 옹졸한 데가 있다.
옆댕이: '옆'을 속되게 이르는 말.
늙정이: '늙은이'를 속되게 이르는 말.
뜯게질: 해지고 낡아서 입지 못하게 된 옷이나 빨래할 옷의 솔기를 뜯어내는 일.
갉작갉작하다: 날카롭고 뾰족한 끝으로 바닥이나 거죽을 자꾸 문지르다.
갉작거리다: =갉작갉작하다.
뜯적거리다: 손톱이나 칼끝 따위로 자꾸 뜯거나 진집을 내다.
뜯적뜯적하다: =뜯적거리다.
얽죽얽죽하다: 얼굴에 잘고 굵은 것이 섞이어 깊게 얽은 자국이 많다.
할짝거리다: 혀끝으로 잇따라 조금씩 가볍게 핥다.
실쭉하다: 마음에 차지 아니하여서 약간 고까워하다.
실큼하다: 싫은 생각이 있다.
골막하다: 담긴 것이 가득 차지 아니하고 조금 모자란 듯하다.

명사와 용언의 어간에 자음으로 시작하는 접미사가 결합하여 만들어진 단어는 그 명사나 어간 형태소의 원형을 밝혀서 적는다.

(값) 값지다	(꽃) 꽃답다	(끝) 끝내
(맛) 맛깔스럽다	(멋) 멋지다	(밑) 밑지다
(부엌) 부엌데기	(빛) 빛쟁이	(빛) 빛깔
(숯) 숯장이	(앞) 앞장	(옆) 옆구리
(잎) 잎사귀	(흙) 흙질*(하다)	(긁) 긁적거리다
(넓) 넓죽하다	(높) 높다랗다	(늙) 늙다리, 늙수그레하다
(묽) 묽숙하다*	(얽) 얽적얽적하다	(엎) 엎지르다
(읊) 읊조리다		

그러나 (1)겹받침의 끝소리가 드러나지 않거나 (2)어원이 분명하지 않거나 본뜻에서 멀어진 경우에는 명사나 어간 형태소의 원형을 밝혀 적지 않는다.

첫째, 겹받침의 끝소리가 드러나지 않는 경우는 겹받침에서 앞에 있는 받침이 소리가 나고 뒤에 있는 받침은 소리가 나지 않는 경우를 말한다. '핥다'와 관련이 있는 '할짝거리다'는 겹받침 중에서 'ㄹ'만 발음되므로 '할짝거리다'로 적는다. 이에 비해 '굵다'와 관련이 있는 '굵다랗다'는 [국따라타]로 소리가 나므로 뒤에 있는 받침이 소리가 난다. 따라서 원형을 밝혀 '굵다랗다'로 적는다. '넓다'와 관련이 있는 '널따랗다'와 '넓적하다'의 구별 또한 이러한 기준으로 할 수 있다. 'ㄼ' 중에서 앞에 있는 받침이 발음되는 [널따라타]는 '널따랗다'로 적고 뒤에 있는 받침이 발음되는 [넙쩌카다]는 '넓적하다'로 적는다.

둘째, 어원이 분명하지 않거나 본뜻에서 멀어진 것은 소리 나는 대로 적는다. '넙치'는 한자어 '광어(廣魚)'의 뜻으로 볼 때 '넓'과 대응이 되는 것처럼 보이지만, 그 어원을 인식하는 경우가 드물므로 소리 나는 대로 '넙치'로 적는다. '올무'*도 뜻으로는

▸ **용어 및 어휘 풀이**

흙질: 흙을 묽게 이기거나 물에 풀어 바르는 일.

묽숙하다: 알맞게 묽다.

올무: 새나 짐승을 잡는 올가미.

'옮다'와 연관되는 것으로 해석되지만 이미 '올무'로 굳어서 어원적 형태가 인식되지 않으므로 '올무'로 적는다. '골막하다' 또한 '곯다'와 의미는 거의 같으나 형태(소리)에서 서로 간의 연관성을 인식하기 어렵다. '납작하다'는 '넓적하다'의 작은말이지만 현대어에는 '*납다', '*낣다'라는 말이 쓰이지 않으므로 관용에 따라 '납작하다'로 적는다. 이러한 예로는 '벌어먹다'와 작은말인 '배라먹다'가 있다. 역시 '*밸다'라는 말이 없으므로 '밸아먹다'로 적지 않고 '배라먹다'로 적는다.

보충 설명

규정에 명시된 '넙치'와는 달리 '넓적다리'는 '넓다'는 의미가 살아 있는 것으로 인식되므로 '*넙적다리'로 적지 않는다. 반대로 '넙죽 (절하다)'은 '넓다'라는 의미를 읽기 어려우므로 '*넓죽'으로 적지 않는다.

제22항 용언의 어간에 다음과 같은 접미사들이 붙어서 이루어진 말들은 그 어간을 밝히어 적는다.

1. '-기-, -리-, -이-, -히-, -구-, -우-, -추-, -으키-, -이키-, -애-'가 붙는 것

맡기다	옮기다	웃기다	쫓기다	뚫리다
울리다	낚이다	쌓이다	핥이다	굳히다
굽히다	넓히다	앉히다	얽히다	잡히다
돋구다	솟구다	돋우다	갖추다	곧추다*
맞추다	일으키다	돌이키다	없애다	

다만, '-이-, -히-, -우-'가 붙어서 된 말이라도 본뜻에서 멀어진 것은 소리대로 적는다.

도리다(칼로 ~)	드리다(용돈을 ~)	고치다
바치다(세금을 ~)	부치다(편지를 ~)	
거두다	미루다	이루다

▸ **용어 및 어휘 풀이**

곧추다: 굽은 것을 곧게 바로잡다.

2. '-치-, -뜨리-, -트리-'가 붙는 것

놓치다 덮치다 떠받치다 받치다* 밭치다

부딪치다 뻗치다 엎치다*

부딪뜨리다/부딪트리다 쏟뜨리다/쏟트리다

젖뜨리다/젖트리다 찢뜨리다/찢트리다

흩뜨리다/흩트리다

[붙임] '-업-, -읍-, -브-'가 붙어서 된 말은 소리대로 적는다.

미덥다 우습다 미쁘다*

1. 한국어에서 피동과 사동*을 나타내는 접미사는 어간에 비교적 규칙적으로 결합한다. 또한 피동사나 사동사의 의미는 원래 어간의 의미에 피동, 사동 접미사의 의미를 더한 경우가 대부분이다. 그러므로 원래 어간 형태소의 원형을 밝혀 적는 것이 의미 파악에 효율적인 방법이다. 예를 들어 '먹다'에 사동을 나타내는 접미사 '-이-'가 결합할 경우 이를 '머기다'로 적지 않고 '먹이다'와 같이 어간과 접미사의 형태를 밝혀서 적으면 '먹다'와 관련되어 있음을 쉽게 알 수 있다. 피동을 나타내는 접미사 '-히-'가 결합하는 경우도 어간을 밝히지 않고 '머키다'로 적을 경우 '먹다'와의 관련성을 파악하기가 어렵지만 어간을 밝혀 '먹히다'로 적으면 '먹다'와의 관련성을 쉽게 알 수 있다. 이러한 점에서 피동과 사동을 나타내는 접미사가 결합하여 피동사나 사동사가 형성된 경우 어간과 접미사의 형태를 밝혀 적도록 한 것이다.

'돋구다'와 '돋우다'는 의미에 따라 구별해야 한다. '돋구다'는 주로 '안경의 도수

▸ **용어 및 어휘 풀이**

밭치다: '밭다(건더기와 액체가 섞인 것을 체나 거르기 장치에 따라서 액체만을 따로 받아 내다)'를 강조하여 이르는 말.

엎치다: '엎다'를 강조하여 이르는 말.

미쁘다: 믿음성이 있다.

사동: 주체가 다른 대상에게 동작이나 행동을 하게 하는 동사의 성질을 말한다. '어머니가 아이에게 옷을 입힌다'라는 문장에서 주체인 '어머니'는 '아이'에게 옷을 입는 행동을 하게 하는 것이므로 이 문장은 사동문이다. 한국어에서 사동문은 '먹이다, 읽히다, 안기다'와 같은 사동사에 의해 만들어지거나 '어머니가 아이를 웃게 한다'에서처럼 '-게 하다'에 의해 만들어진다.

를 높게 한다'는 뜻으로 쓰인다. 그 밖의 '돋게 하다'의 의미로는 '돋우다'를 쓴다. 기운이나 정신을 높이는 경우에도 '북돋우다'를 쓴다.

> 호롱불의 심지를 돋우다　　목청을 돋우다　　화를 돋우다
> 애국심을 북돋우다

'없애다'는 어간 '없-'과 접미사 '-애-'로 분석하기가 쉽지 않다. '-애-'가 결합하는 다른 경우가 없기 때문이다. 이런 점에서 '업새다'로 적어야 한다고 할 수도 있지만 '없다'와 관련이 뚜렷한 말이므로 '없-'의 어간을 밝혀 적는다. 이처럼 접미사의 정체가 불분명하더라도 어간의 형태가 분명하여 원형을 밝혀 적는 경우가 있다.

그렇지만 어간과의 관련성을 짐작할 수 없을 만큼 본뜻에서 멀어진 경우에는 어간에 접미사 '-이-, -히-, -우-'가 결합한 것으로 해석되더라도 어간 형태소의 원형을 밝혀서 적지 않는다.

예를 들어 '도리다, 드리다, 고치다, 바치다, 부치다, 미루다, 이루다'와 같은 말들은 어원적으로는 '돌이다, 들이다, 곧히다, 받히다, 붙이다, 밀우다, 일우다'와 관련이 있지만 지금은 '돌다, 들다, 곧다, 받다, 붙다, 밀다, 일다'의 사동사라고 하기가 어려울 만큼 본뜻에서 멀어진 말이기 때문에 원형을 밝혀 적지 않는다. 또 '거두다'는 '걷다'의 사동사가 아니라 비슷한 뜻의 말이므로 역시 사동 접미사를 분리해, 곧 원형을 밝혀 적지 않는다.

2. 자음으로 시작하는 접미사 '-치-', '-뜨리/트리-'가 결합하는 경우는 어간 형태소의 원형을 밝혀서 적는다. 이러한 내용은 제21항에서 규정한 바 있다. 「표준어 규정」 제26항에서는 '-뜨리/트리-'가 붙는 말을 복수 표준어로 규정하고 있다. 국어사전에서는 동의어로 처리한다. '깨뜨리다/깨트리다', '떨어뜨리다/떨어트리다' 등은 모두 의미에 차이가 없는 복수 표준어이다.

'부딪치다'와 '부딪히다'는 모두 '부딪다'와 관련이 있다. 국어사전에서는 '부딪다'에 강세를 나타내는 접미사 '-치-'가 결합한 말은 '부딪치다'이고 피동을 나타내는 접미사 '-히-'가 결합한 말은 '부딪히다'라고 설명한다. 그러므로 능동적인 상황에는 '부딪다, 부딪치다'는 쓸 수 있으나 '부딪히다'는 쓸 수 없다.

그들의 결혼 계획은 부모의 반대에 부딪혔다.
졸업과 함께 냉혹한 현실에 부딪혔다.
그는 일부러 머리를 벽에 {부딪었다, 부딪쳤다, *부딪혔다}.

[붙임]에서 '미덥다', '미쁘다'는 어원적으로 '믿다'에 접미사 '-업-'과 '-브-'가 결합한 말이고 '우습다'는 '웃다'에 '-읍-'이 결합한 말이다. 그렇지만 이 예들은 역사적으로 변화를 겪어 지금은 분석하기 어려울 만큼 한 단어로 굳어졌다. 이러한 말에는 '고프다(<곯브다)', '기쁘다(<깃브다)', '나쁘다(<낟브다)', '슬프다(<슳브다)' 등이 더 있다.

보충 설명

'썩다'의 사동형인 '썩이다'와 '썩히다' 또한 의미를 구별해서 써야 하는 말이다. '부모의 속을 썩이다'와 같은 경우에는 '썩이다'를 쓰고 그 밖의 '음식물을 썩히다', '좋은 재주를 썩히다'와 같은 경우는 '썩히다'를 쓴다.

더 알아보기

조항 마련의 이유: 위 규정과 해설에서 왜 '도리다/*돌이다, 드리다/*들이다, 고치다/*곧히다, 바치다/*받히다, 부치다/*붙이다, 미루다/*밀우다, 이루다/*일우다, 거두다/*걷우다' 등의 표기가 굳이 문제가 되는지 이해가 잘 되지 않을 수 있다.

이를 이해하기 위해 한 가지 예만 보기로 하자. '고치다'는 원래 '곧다'의 어간 '곧-'에 사동 접미사 '-히-'가 붙어 된 말로서 '곧게 만드는 행위', 즉 '틀린 것을 바로잡는 행위'를 가리키는 것이다. 그러나 현대에는 이러한 어원 의식이 거의 없으므로 '곧히다'로 쓰지 않고 '고치다'로 쓴다는 것이다.

원형을 밝히는 것과 밝히지 않는 것이 함께 나타난 예: 위 규정 및 해설을 보면 피동과 사동 접미사에서도 본뜻에서 멀어진 것은 형태를 고정하여 밝히지 않는다는 원칙은 유효함을 알 수 있다. 그러한 사실을 한눈에 알 수 있게 하는 예는 '얽히고설키다'이다. 한 단어 내부에 '얽히'와 '설키'가 같이 있는데, '얽다'는 현대에도 자주 쓰이는 말이어서 '얽히다'와 같은 피동사가 쉽게 인식되는데 '*섥다'라는 말은 없으므로 '*섥히다'로 쓰지 않고 '설키다'로 쓰는 것이다.

어원에서 멀어진 심리 형용사: '미덥다, 우습다, 미쁘다, 고프다, 기쁘다, 나쁘다, 슬프다'와 같은 말들이 왜 문제가 되는지 이해가 잘 되지 않을 수 있다. 이를 이해하기 위해 한 가지 예만

보기로 하자. 15세기 한국어의 '깃다('기뻐하다'의 뜻)'의 어간 '깃-'에 형용사 파생 접미사 '-브-'가 붙으면 '깃브다'가 되는데('ㄱ' 탈락), 이 '깃브다(발음은 [긷쁘다])'를 굳이 원형을 고정시켜 '깃'과 '브'로 따로 적지 않고 '기쁘다'처럼 발음대로 적는다는 것이다. 왜냐하면 현대어에서 '깃-(깃-)'이라는 말이 없으므로 '깃-'이나 '-브-'와 같은 형태는 따로 인식할 수 없는 것이기 때문이다.

제23항 '-하다'나 '-거리다'가 붙는 어근에 '-이'가 붙어서 명사가 된 것은 그 원형을 밝히어 적는다.(ㄱ을 취하고, ㄴ을 버림.)

ㄱ	ㄴ	ㄱ	ㄴ
깔쭉이*	깔쭈기	살살이	살사리
꿀꿀이	꿀꾸리	쌕쌕이*	쌕쌔기
눈깜짝이	눈깜짜기	오뚝이	오뚜기
더펄이*	더퍼리	코납작이	코납자기
배불뚝이	배불뚜기	푸석이*	푸서기
삐죽이*	삐주기	홀쭉이	홀쭈기

[붙임] '-하다'나 '-거리다'가 붙을 수 없는 어근에 '-이'나 또는 다른 모음으로 시작되는 접미사가 붙어서 명사가 된 것은 그 원형을 밝히어 적지 아니한다.

개구리 귀뚜라미 기러기 깍두기 꽹과리
날라리 누더기 동그라미 두드러기 딱따구리
매미 부스러기 뻐꾸기 얼루기* 칼싹두기*

▸ **용어 및 어휘 풀이**

깔쭉이: 가장자리를 톱니처럼 파 깔쭉깔쭉하게 만든 주화(鑄貨)를 속되게 이르는 말.

쌕쌕이: '제트기'를 속되게 이르는 말.

더펄이: 성미가 침착하지 못하고 덜렁대는 사람 또는 스스럼이 없고 붙임성이 있어 꽁하지 않은 사람.

푸석이: 거칠고 단단하지 못하여 부스러지기 쉬운 물건 또는 옹골차지 못하고 아주 무르게 생긴 사람을 놀림조로 이르는 말.

삐죽이: 사소한 일에 쉽게 토라지는 사람을 놀림조로 이르는 말.

얼루기: 얼룩얼룩한 점이나 무늬. 또는 그런 점이나 무늬가 있는 짐승이나 물건.

칼싹두기: 메밀가루나 밀가루 반죽 따위를 방망이로 밀어서 굵직굵직하고 조각 지게 썰어서 끓인 음식.

'-하다'와 '-거리다'가 붙는 어근은 대부분 모양이나 소리를 나타낸다. 예를 들어 '오뚝하다'는 '작은 물건이 도드라지게 높이 솟아 있는 모양'을 나타내고 '깜짝거리다'는 '눈이 자꾸 살짝 감겼다 뜨였다 하는 동작'을 나타낸다. 이러한 어근에 접미사 '이'가 붙어서 명사가 되는 경우 이와 같은 의미는 그대로 유지된다. 따라서 어근의 형태를 밝혀서 적는 것이 의미를 파악하는 데 효율적이다. '오뚝이'는 '오뚝, 오뚝하다, 오뚝오뚝, 오뚝오뚝하다'와 관련이 있음을 보여 주고 '깜짝이'는 '깜짝, 깜짝하다, 깜짝이다, 깜짝거리다, 깜짝대다, 깜짝깜짝하다'와 관련이 있음을 보여 준다.

예전에는 '더펴리, 삐주기, 살사리'로 적었으나, 지금은 '더펄이, 삐죽이, 살살이'로 적는 것도 '더펄거리다, 삐죽거리다, 살살거리다' 등이 있기 때문이다. 그리고 '가장자리에 톱니 같은 금을 에어 깔쭉깔쭉하게 만든 주화(鑄貨)'를 이르는 말이 '깔쭈기'가 아니라 '깔쭉이'인 것도 '깔쭉거리다'가 있기 때문이다.

[붙임]에서는 '-하다'나 '-거리다'가 붙을 수 없는 어근일 경우에 파생 명사에서 어근의 형태를 밝혀서 적지 않음을 규정했다. 여기서 주의할 점은 '꿀꿀이'와 '개구리'가 다르다는 점이다. '꿀꿀이'는 의성어 '꿀꿀'과, '개구리'는 의성어 '개굴'과 관련이 있어 보이지만 국어사전에 '꿀꿀하다, 꿀꿀거리다'는 실려 있어도 '*개굴하다, *개굴거리다'는 실려 있지 않다. 그것은 개구리와 관련이 있는 의성어는 '개굴'이 아니라 '개굴개굴'이기 때문이다. '귀뚜라미'의 '귀뚤귀뚤', '매미'의 '맴맴'도 마찬가지다. 그런 까닭에 '*개굴하다, *개굴거리다', '*귀뚤하다, *귀뚤거리다', '*맴하다, *맴거리다' 등은 사전에 올라가 있지 않다. 따라서 '개구리', '귀뚜라미', '매미'와 같이 적는 것이다.

이처럼 판단하기가 쉽지 않은 경우에는 꼭 국어사전을 찾아보아야 한다. '여칫과의 곤충'을 뜻하는 '싹쌔기'는 '싹싹거리다'와 관련이 없는 말이고, 관련이 있는 말은 '제트 비행기'를 이르는 말인 '쌕쌕이'이다. '야경꾼의 나무토막'이나 '메뚜깃과의 곤충'을 뜻하는 '딱따기'는 '딱딱거리다'와의 관련성이 분명하지 않기 때문에 '딱따기'로 적는다. '깍두기, 칼싹두기'도 마찬가지다. '깍둑, 싹둑'은 '깍둑거리다, 싹둑거리다'와 관련되어 있지만 어근의 본뜻이 잘 인식되지 않으므로 형태를 밝히어 적지 않는다. 한편 예전에는 '얼룩이/얼루기'와 같이 구분하던 말은 구별 없이 '얼루기'로 적는다.

보충 설명

'바둑이'의 표기: 이 조항과 관련하여 '*바둑하다, *바둑거리다'는 안 되는데, 왜 '바둑이'로 적는지 의문이 생길 수 있다. '바둑이'는 제20항의 규정에 따라 쓴 것이다. 제20항은 명사에 대한 규정이고 제23항은 어근에 대한 규정인 것이다. 다시 말해 이미 존재하는 명사에 접미사 '-이'가 붙었을 때에는 원형을 밝혀 적는다.

제24항 '-거리다'가 붙을 수 있는 시늉말 어근에 '-이다'가 붙어서 된 용언은 그 어근을 밝히어 적는다.(ㄱ을 취하고, ㄴ을 버림.)

ㄱ	ㄴ	ㄱ	ㄴ
깜짝이다	깜짜기다	속삭이다	속사기다
꾸벅이다	꾸버기다	숙덕이다	숙더기다
끄덕이다	끄더기다	울먹이다	울머기다
뒤척이다	뒤처기다	움직이다	움지기다
들먹이다	들머기다	지껄이다	지꺼리다
망설이다	망서리다	퍼덕이다	퍼더기다
번득이다	번드기다	허덕이다	허더기다
번쩍이다	번쩌기다	헐떡이다	헐떠기다

한국어에서 '-거리다'가 붙는 어근에는 '-이다'가 붙을 수 있는 경우가 많다. 한국어의 의성어와 의태어는 대부분 '반짝거리다', '반짝대다', '반짝이다', '반짝반짝하다' 처럼 무리를 이루는 경우가 많다. 어근의 의미 또한 달라지지 않는다. 그러므로 어근의 형태를 유지하여 원형을 밝혀 적는 것이 합리적이다.

간질이다　　간질거리다/간질대다, 간질간질
깐족이다　　깐족거리다/깐족대다, 깐족깐족
꿈적이다　　꿈적거리다/꿈적대다, 꿈적꿈적
끔적이다　　끔적거리다/끔적대다, 끔적끔적

덜렁이다	덜렁거리다/덜렁대다, 덜렁덜렁
덥적이다*	덥적거리다/덥적대다, 덥적덥적
뒤적이다	뒤적거리다/뒤적대다, 뒤적뒤적
들썩이다	들썩거리다/들썩대다, 들썩들썩
펄럭이다	펄럭거리다/펄럭대다, 펄럭펄럭
훌쩍이다	훌쩍거리다/훌쩍대다, 훌쩍훌쩍

더 알아보기

국어사전 등재 여부 확인: '망설이다, 번득이다, 울먹이다'의 경우 '망설거리다, 번득거리다, 울먹거리다'가 안 된다고 생각해 '*망서리다, *번드기다, *울머기다'와 같이 잘못 적을 수 있다. 그러나 '망설거리다, 번득거리다, 울먹거리다'는 모두 사전에 등재된 말이므로 '망설이다, 번득이다, 울먹이다'로 적는다.

제25항 '-하다'가 붙는 어근에 '-히'나 '-이'가 붙어서 부사가 되거나, 부사에 '-이'가 붙어서 뜻을 더하는 경우에는 그 어근이나 부사의 원형을 밝히어 적는다.

1. '-하다'가 붙는 어근에 '-히'나 '-이'가 붙는 경우

   급히 꾸준히 도저히 딱히 어렴풋이 깨끗이

[붙임] '-하다'가 붙지 않는 경우에는 소리대로 적는다.

갑자기 반드시(꼭) 슬며시

2. 부사에 '-이'가 붙어서 역시 부사가 되는 경우

   곰곰이 더욱이 생긋이 오뚝이 일찍이 해죽이*

▸ **용어 및 어휘 풀이**

끔적이다: 큰 눈이 슬쩍 감겼다 뜨였다 하다 또는 그렇게 되게 하다.

덥적이다: 무슨 일에나 가리지 않고 참견하다. 남에게 붙임성 있게 굴다.

1. '-하다'가 붙는 어근이란 '급(急)하다, 꾸준하다, 도저(到底)하다,* 깨끗하다'에서처럼 접미사 '-하다'가 결합하는 '급-, 꾸준-, 도저-, 깨끗-'과 같은 어근을 말한다. '-하다'가 붙는 어근은 부사를 만드는 접미사 '-이/-히'와 결합하여 부사가 될 수 있다. 이러한 점에서 '-하다'가 붙는 어근은 쉽게 분리할 수 있다. 그런 까닭에 어근의 형태를 밝혀 적는다. 어근의 형태를 밝혀 적으면 '-하다'가 붙어 형용사가 된 경우와 '-이/-히'가 붙어 부사가 된 경우를 일관되게 파악할 수 있기 때문이다.

어근	형용사	부사
나란	나란하다	나란히
넉넉	넉넉하다	넉넉히
무던	무던하다	무던히*
속	속하다	속히
뚜렷	뚜렷하다	뚜렷이
버젓	버젓하다	버젓이

이처럼 새로운 단어가 만들어지더라도 어근의 의미를 고스란히 유지하고 있는 경우에는 어근의 형태를 밝혀 적는 것이 원칙이다.

그러나 '-하다'가 붙지 않는 경우처럼 어근과 접미사로 분석하기가 쉽지 않을 때에는 형태를 밝혀 적지 않고 소리 나는 대로 적는다. 예를 들어 표준어 [반드시]는 표기에 따라 의미를 구별할 수 있다. 하나는 '반듯하다'의 '반듯'에 '-이'가 붙은 말이고 다른 하나는 '반듯하다'와 관련이 없는 말이다. '반듯하다'와 관련이 있는 말은 어근 '반듯'의 형태를 밝혀 적으며 의미 또한 동일하다. 그렇지만 관련이 없는 말은 소리 나는 대로 적으며 의미에도 차이가 있다.

줄을 반듯이(반듯하게) 서라.
그는 반드시(꼭) 돌아온다.

▸ **용어 및 어휘 풀이**

해죽이: 만족스러운 듯이 귀엽게 살짝 한 번 웃는 모양.
도저(到底)하다: 학식이나 생각, 기술 따위가 아주 깊다.
무던히: 정도가 어지간하게.

[지그시]로 소리가 같은 '지긋이'와 '지그시'도 마찬가지로, 표기에 따라 의미를 구별할 수 있다. '지긋하다(나이가 많다)'와 관련이 있는 경우는 '지긋이'로, 관련이 없는 경우는 '지그시'로 적는다.

나이가 지긋이 들었다.
눈을 지그시 감았다.　　아픔을 지그시 참았다.

2. 부사에 '-이'가 덧붙어 부사가 되는 경우에도 원래의 형태를 밝혀 적는다. '-이'가 덧붙어도 원래의 부사와 의미가 다르지 않으므로 형태를 밝혀서 관련성을 보여 준다.

'곰곰이'는 '곰곰'에 '-이'가 덧붙은 말이다. 「표준어 규정」 제26항에서 '곰곰'과 '곰곰이'를 복수 표준어로 명시하고 있다. '더욱이, 일찍이'는 부사 '더욱'과 '일찍'에 '-이'가 붙은 말이므로 '더욱이', '일찍이'와 같이 형태를 밝혀 적는다. '오뚝이'는 '오뚝'에 '-이'가 붙은 말이다. 흔히 '오뚜기'로 잘못 쓰는 일이 많으므로 주의해야 한다. 명사뿐 아니라 부사도 '오뚝이'라는 사실을 기억하면 혼동에서 벗어날 수 있다.

보충 설명

과거의 「한글 맞춤법 통일안」과 달라진 부분: '곰곰'만이 표준어이던 것이 '곰곰'과 '곰곰이' 둘 모두 표준어로 인정하게 된 것이나 '*일찌기, *더우기, *오뚜기'를 '일찍이, 더욱이, 오뚝이'로 적도록 하게 한 것은 과거의 「한글 맞춤법 통일안」과 다른 점이다.

'오뚝이'와 '오뚝하다': 「표준어 규정」 제8항에서 '오뚝이'를 표준어로 규정하고 있다. '오똑이'가 비표준어가 되었으므로 어근 '오똑'에서 파생된 말인 '오똑하다'도 비표준어이다. '오뚝하다'로 적어야 한다.

제26항 '-하다'나 '-없다'가 붙어서 된 용언은 그 '-하다'나 '-없다'를 밝히어 적는다.

1. '-하다'가 붙어서 용언이 된 것

딱하다　　숱하다*　　착하다　　텁텁하다　　푹하다*

> 2. '-없다'가 붙어서 용언이 된 것
> 부질없다　상없다*　시름없다　열없다*　하염없다

1. 자립적인 어근에 '-하다'가 붙어서 된 동사나 형용사는 어근과 '-하다'로 명확하게 나누어진다. 예를 들어 '노래하다, 공부하다' 등은 '노래, 공부'와 '-하다'로 쉽게 나눌 수 있다. 이와는 달리 '딱하다, 착하다' 등에서는 어근 '딱'이나 '착'을 분리하기가 쉽지 않게 느껴진다. '딱, 착'과 같은 어근이 자립적이지 않기 때문이다.

그렇지만 자립적이지 않은 어근과 '-하다'가 결합한 경우라도 둘을 나누는 것이 합리적이다. '-하다'는 규칙적으로 어근과 결합하는 형태이므로 '노래하다'의 '노래'를 분석하듯이 '착하다'의 '착'도 분석할 수 있다.

이처럼 '-하다'가 규칙적으로 어근과 결합하므로 어근의 형태가 다소 불명확하더라도 '-하다'의 형태를 고정하여 적는 것이 바람직하다. '-하다'가 고정되면 나머지 부분이 어근임을 쉽게 알아차릴 수 있고 의미 파악이 쉬워진다는 장점이 있다.

꽁하다	눅눅하다	단단하다	멍하다	뻔하다
성하다	욱하다	찜찜하다	칠칠하다	털털하다

2. '부질없다, 상없다, 시름없다, 열없다, 하염없다'는 '-없다'의 형태를 밝혀서 적는다. 이들을 '부지럽다, 상업다, 시르멉다, 여럽다, 하여멉다'와 같이 적지 않는 것은 '-없다'의 형태가 분명히 인식되기 때문이다. '-없다'에 비해 '-없다'와 결합한 어근의 뜻은 그리 분명하지 않다. '부질없다'는 역사적으로 '부졀없다'에서 온 말이므로 현재의 '부질'로는 그 뜻을 짐작하기가 쉽지 않다. '열없다'의 '열' 또한 뜻을 알기 어렵다. 그럼에도 불구하고 '-없다'의 뜻이 매우 분명하기 때문에 앞말도 형태를 밝혀 적는 것이다.

▸ **용어 및 어휘 풀이**

숱하다: 아주 많다.

푹하다: 겨울날씨가 퍽 따뜻하다.

상없다: 보통의 이치에서 벗어나 막되고 상스럽다.

열없다: 좀 겸연쩍고 부끄럽다.

제4절 합성어 및 접두사가 붙은 말

제27항 둘 이상의 단어가 어울리거나 접두사가 붙어서 이루어진 말은 각각 그 원형을 밝히어 적는다.

국말이* 꺾꽂이 꽃잎 끝장 물난리
밑천 부엌일 싫증 옷안 웃옷
젖몸살 첫아들 칼날 팥알 헛웃음
홀아비 홑몸 흙내 값없다 겉늙다
굶주리다 낮잡다 맞먹다 받내다* 벋놓다*
빗나가다 빛나다 새파랗다 샛노랗다 시꺼멓다
싯누렇다 엇나가다 엎누르다 엿듣다 옻오르다
짓이기다 헛되다

[붙임 1] 어원은 분명하나 소리만 특이하게 변한 것은 변한 대로 적는다.

할아버지 할아범

[붙임 2] 어원이 분명하지 아니한 것은 원형을 밝히어 적지 아니한다.

골병 골탕 끌탕* 며칠 아재비
오라비 업신여기다 부리나케

[붙임 3] '이[齒, 虱]'가 합성어나 이에 준하는 말에서 '니' 또는 '리'로 소리날 때에는 '니'로 적는다.

간니* 덧니 사랑니 송곳니 앞니 어금니
윗니 젖니* 톱니 틀니 가랑니* 머릿니

▸ **용어 및 어휘 풀이**

국말이: 국에 만 밥이나 국수.
받내다: 몸을 움직이지 못하는 사람의 대소변 따위를 받아 처리하다.
벋놓다: 다잡아 기르거나 가르치지 아니하고, 제멋대로 올바른 길에서 벗어나게 내버려 두다.
끌탕: 속을 태우는 걱정.
간니: 젖니가 빠진 뒤에 다시 나는 이.
젖니: 젖먹이 때에 나서 아직 갈지 않은 이.
가랑니: 이의 알에서 깨어 나온 새끼 이.

둘 이상의 단어가 결합하여 이루어진 합성어와 접두사가 결합한 파생어는 각각 원형을 밝혀서 적는다.

(1) 두 개의 실질 형태소가 결합한 것(합성어)

값없다	겉늙다	국말이	굶주리다	꺾꽂이
꽃잎	끝장	낮잡다	물난리	밑천
받내다	부엌일	빛나다	싫증	엎누르다
옻오르다	젖몸살	칼날	팥알	흙내

(2) 접두사가 결합한 것(파생어)

웃옷	헛웃음	홑몸	홀아비	맞먹다
빗나가다	새파랗다	샛노랗다	시꺼멓다	싯누렇다
엇나가다	엿듣다	짓이기다	헛되다	

(1)에 제시한 말 중에서 '끝장', '밑천', '싫증'을 합성어로 보는 것에는 이견이 있을 수 있다. '끝장'의 경우는 '장'을 '초장(初場), 파장(罷場)'의 '장(場)'과 같은 것으로 보면 '장'을 하나의 실질 형태소로 해석할 수 있으므로 합성어의 가능성이 있지만, 국어사전에서는 '끝장'을 고유어로 다루고 있으므로 논란의 여지가 있는 것은 사실이다. '밑천' 또한 '밑'과 '천'으로 분석할 수 있으므로 합성어라고 생각할 수 있다. '밑'은 '밑절미'의 동의어로 '사물의 기초가 되는, 본디부터 있던 부분'이라는 뜻이다. '천'이 문제가 되는데, '천'을 '전(錢)'이 바뀐 형태라고 하면 '밑천'의 '천'도 하나의 실질 형태소로 해석할 수 있다. '싫증'의 경우는 '증(症)'이 실질 형태소이므로 원형을 밝혀 적는다. '싫증'을 [실층]으로 발음하지 않는 것도 '증'이 독립적으로 쓰이는 발음 형태를 유지하려는 의식이 작용한 것으로 보인다.

둘 이상의 실질 형태소가 결합하여 합성어가 되거나 어근에 접두사가 결합하여 파생어가 될 때, 발음의 변화가 일어나더라도 실질 형태소의 본 모양을 밝히어 적음으로써 그 뜻이 분명히 드러나도록 하는 것이다. 예컨대 '꺾꽂이'는 '꺾다, 꽂다'란 뜻이 드러나게 하기 위하여 '꺽꽂이, 꺾곶이'로 적지 않고, '받내다'는 '받다, 내다'란 뜻이 드러나게 하기 위하여 '반내다, 밧내다'로 적지 않는 것이다.

접두사 '새-, 시-, 샛-, 싯-'은 색채의 강렬함(채도가 높음)을 나타내는 접두사인데, 양성 모음과 어울릴 때에는 '새-, 샛-'이 쓰이고 음성 모음과 어울릴 때에는 '시-, 싯-'이 쓰인다. 또 뒤에 연결되는 말이 된소리, 거센소리, 'ㅎ'이면 '새-, 시-'가 쓰이고 그 밖의 소리이면 '샛-, 싯-'이 쓰인다. 그러므로 '새하얗다, 시퍼렇다, 샛노랗다, 싯누렇다, 새빨갛다, 시뻘겋다'처럼 쓰는 것이다.

[붙임 1]처럼 어원이 분명하더라도 이미 소리가 바뀌어서 원형을 밝혀 적을 경우 소리대로 적는다는 원칙에 어긋나게 된다면 원형을 밝혀 적지 않는다.

'할아버지, 할아범'은 어원적으로 '한아버지, 한아범'에서 온 말이다. 이때의 '한'은 옛말에서 '크다'라는 뜻의 접두사로 쓰인 말이다. 이처럼 어원이 분명하지만 이미 소리가 '할'로 바뀌었으므로 바뀐 대로 적는다.

[붙임 2]처럼 어원이 분명하지 않은 경우는 원형을 밝혀 적지 않는다. 예로 든 '골병'과 '골탕'은 어원이 분명하지 않다. '골병'은 국어사전에 '겉으로 드러나지 아니하고 속으로 깊이 든 병', '심한 타격을 받아 입은 손해를 비유적으로 이르는 말'의 뜻으로 뜻풀이되어 있고, '골탕'은 '소의 등골이나 머릿골에 녹말을 묻히고 달걀을 씌워, 맑은 장국이 끓을 때 넣어 익힌 국'이라고 뜻풀이되어 있다. 이러한 뜻풀이로 볼 때 두 말의 어원이 '골(골수)+병(病), 골(골수)+탕(湯)'인지, '곯-+병(病), 곯-+탕(湯)'인지, 혹은 '골병(骨病), 골탕(骨湯)'인지 분명하지 않다.

'끌탕'은 '속을 태우는 걱정'이라는 뜻인데, 앞부분은 '끓'로 분석되지만 뒷부분은 '탕(湯)'인지 '당'인지 알기가 어렵다.

'며칠'은 '몇 년 몇 월 몇 일'처럼 '몇'을 공통으로 하여 '몇 일'로 쓰는 일이 많다. 그렇지만 '며칠'은 '몇+일'로 분석할 수 없다. 만약 '몇'과 '일(日)'이 결합한 형태라면 [며딜]로 발음되었을 것이다. '몇 월'이 [며둴]로 발음되는 것을 보면 '몇 일'이 [며딜]로 발음되리라는 것을 짐작할 수 있다. 그런데 표준어는 [며칠]이므로 '며칠'로 적을 수밖에 없는 것이다.

'아재비'는 옛말 '아자비'에서 온 말이다. '아자비'는 어원적으로는 '앚+아비'로 분석된다. 그렇다고 해서 '아재비'를 '앚애비'처럼 적기는 어렵다. 형태소 '앚'이 무엇인지 알기 어렵기 때문이다. '오라비'도 '올'과 '아비'로 분석될 가능성이 있으나 '올'이 무엇인지 알 수 없으므로 어원을 밝혀 적지 않는다.

'업신여기다(교만한 마음에서 남을 낮추어 보거나 하찮게 여기다)'는 옛말 '업시너기다'를 볼 때 어원적으로 '없이 여기다'와 같은 구성에서 온 말이다. 그렇다고 '업신여기다'와 '없이 여기다'를 직접 연결하여 '없이여기다'로 적을 수 있는 것은 아니다. 표준어의 발음이 [업:씬녀기다]이므로 '없이여기다'로는 적을 수 없다.

'부리나케(급하고 빠르게)'는 '화급(火急)하게'와 대응되는 말이므로 '불이 나게' 또는 '불이 낳게'와 관련이 있는 것으로 볼 수 있다. 그렇다 하더라도 어원이 분명하게 인식되어 원형을 밝혀 적는 경우와는 거리가 멀다. 그런 까닭에 원형을 밝히지 않고 소리 나는 대로 적는 것이다.

[붙임 3]처럼 합성어나 합성어에 준하는 구조에서 실질 형태소는 원형을 밝혀 적는 것이 원칙이므로 '이[齒, 虱]'의 경우는 예외라고 할 수 있다. 단독으로 쓰일 때 '이[齒], 이[虱]'이므로 '간니, 덧니, 머릿니'와 같은 합성어도 '간이, 덧이, 머릿이'로 적고 'ㄴ' 소리가 덧나서 [니]로 발음된다고 설명하는 것이 본 항의 규정에 맞는다. 그렇지만 '간이, 덧이, 머릿이'와 같이 적을 경우에는 [가니], [더시], [머리시]와 같이 발음하여 혼동할 우려가 많다. 그런 까닭에 합성어와 그에 준하는 구조일 때는 소리 나는 대로 '니'로 적도록 한 것이다. 단독으로 쓰일 때는 '이'로 적지만 합성어를 이룰 때는 '간니, 덧니, 틀니, 가랑니, 머릿니' 등과 같이 적는다.

보충 설명

옷 안: 규정의 예시어 '옷안'은 합성어(한 단어)가 아니므로 '옷 안'으로 띄어 쓴다. 그러나 발음은 여전히 [오단]이다.

이틀: '이틀'도 어원이 분명하지 않다. '읻흘'이나 '잇흘'로 분석하면 '사흘', '나흘'의 '흘'과 공통됨을 알 수 있지만 '읻, 잇'이 무엇을 뜻하는 형태소인지는 알기 어렵다.

섣부르다: '섣부르다'의 경우 어원이 분명하지 않으므로 '서뿌르다'로 적어야 한다고 할 가능성이 있다. 그렇지만 의미적으로 '설다(경험이 없어 서투르다)'와 연관되어 있으므로 '섣부르다(← 설부르다)'로 적는다. 제29항과 관련되는 말이다.

제28항 끝소리가 'ㄹ'인 말과 딴 말이 어울릴 적에 'ㄹ' 소리가 나지 아니하는 것은 아니 나는 대로 적는다.

다달이(달달이)	따님(딸님)	마되(말되)*
마소(말소)*	무자위(물자위)*	바느질(바늘질)
부삽(불삽)*	부손(불손)*	싸전(쌀전)*
여닫이(열닫이)	우짖다(울짖다)	화살(활살)

합성어나 파생어에서 앞 단어의 'ㄹ' 받침이 발음되지 않는 것은 소리대로 적는다. 합성어나 자음으로 시작하는 접미사가 결합하여 된 파생어의 경우는 실질 형태소의 원형을 밝히어 적는 것이 원칙이다. 그렇지만 'ㄹ'이 탈락하여 소리가 나지 않는데도 원형을 밝혀 적는다면 '소리대로 적는다'는 맞춤법의 원칙에 어긋나게 된다. 역사적으로 'ㄹ'은 'ㄴ, ㄷ, ㅅ, ㅈ' 앞에서 대체로 탈락하였다.

'ㄹ' 받침이 떨어진 단어로는

(날날이)나날이	(물논)무논*	(물소)무소	(밀닫이)미닫이
(아들님)아드님	(줄낚시)주낙*	(찰돌)차돌*	(찰조)차조*
(찰지다)차지다*	(하늘님)하느님		

▸ **용어 및 어휘 풀이**

마되: 말과 되를 아울러 이르는 말.
마소: 말과 소를 아울러 이르는 말.
무자위: 물을 높은 곳으로 퍼 올리는 기계.
부삽: 아궁이나 화로의 재를 치거나, 숯불이나 불을 담아 옮기는 데 쓰는 조그마한 삽.
부손: 화로에 꽂아 두고 쓰는 작은 부삽.
싸전: 쌀과 그 밖의 곡식을 파는 가게.
무논: 물이 늘 괴어 있는 논.
주낙: 물고기를 잡는 기구의 하나.
차돌: 석영. 야무진 사람을 비유적으로 이르는 말.
차조: 찰기가 있는 조. 열매가 잘고 빛깔이 노랗고 약간 파르스름하다.
차지다: 반죽이나 밥, 떡 따위가 끈기가 많다.

따위가 있다.

보충 설명

'불(不)'의 맞춤법: 한자 '불(不)'이 첫소리 'ㄷ, ㅈ' 앞이나 일부 'ㅅ' 앞에서 '부'로 읽히는 단어의 경우도 'ㄹ'이 떨어진 대로 적는다. '부단(不斷), 부당(不當), 부동(不同, 不凍, 不動), 부득이(不得已), 부등(不等), 부실(不實), 부적절(不適切), 부정(不正, 不貞, 不定), 부조리(不條理), 부주의(不注意)' 등이 그 예이다.

'ㄹ' 탈락 여부와 맞춤법: 'ㄹ'이 탈락된 말과 'ㄹ'이 탈락하지 않은 말이 모두 인정되는 예가 있다. 가령 '부나비/불나비, 소나무/솔나무' 등은 복수 표준어이고 '무소(코뿔소)'와 '물소'는 서로 다른 동물을 가리키는 것으로 둘 다 인정된다.

제29항 끝소리가 'ㄹ'인 말과 딴 말이 어울릴 적에 'ㄹ' 소리가 'ㄷ' 소리로 나는 것은 'ㄷ'으로 적는다.

반짇고리(바느질)*	사흗날(사흘)	삼짇날(삼질)*	섣달(설)
숟가락(술)	이튿날(이틀)	잗주름(잘)*	푿소(풀)*
섣부르다(설)	잗다듬다(잘)*	잗다랗다(잘)*	

'반짇고리'는 '바느질+고리'로, '이튿날'은 '이틀+날'로 분석되는 말이다. 이처럼 'ㄹ' 받침을 가진 단어나 어간이 다른 단어나 접미사와 결합할 때, 'ㄹ'이 [ㄷ]으로 바뀌어 발음되는 것은 'ㄷ'으로 적는다. 제7항에서 [ㄷ]으로 소리 나는 받침 중에 'ㄷ'으로 적을 근거가 없는 경우 'ㅅ'으로 적는다는 것과 관련지어 설명하면 'ㄹ' 받침을 가진 단어

▸ **용어 및 어휘 풀이**

반짇고리: 바늘, 실, 골무, 헝겊 따위의 바느질 도구를 담는 그릇.

삼짇날: 음력 삼월 초사흗날.

잗주름: 옷 따위에 잡은 잔주름.

푿소: 여름에 생풀만 먹고 사는 소.

잗다듬다: 잘고 곱게 다듬다.

잗다랗다: 꽤 잘다.

나 어간은 'ㄷ'으로 적을 근거가 있는 경우라고 해석할 수 있다.

그렇지만 'ㄹ'이 [ㄷ]으로 바뀌었다는 것은 역사적으로는 설명되지 않는다. 예를 들어 '이틀'과 '날'이 합성어를 이루는 경우 중세 한국어에서는 '이틄날'처럼 사이시옷이 들어간 형태와 'ㄹ'이 탈락한 '이틋날'이 나타난다. 그러므로 '이튿날'의 'ㄷ'은 '이틀'의 'ㄹ'이 변한 것이 아니다. 오히려 역사적으로는 '이틋날'로 적어야 한다. '이튿날'의 'ㄷ'은 '이틋날'의 받침을 소리대로 적은 결과이다. 'ㄷ' 받침을 가진 어간이 모음으로 시작하는 어미와 결합할 때 '깨닫고, 깨달아'처럼 'ㄹ'로 변화하는 경우를 염두에 두고 'ㄷ'과 'ㄹ'이 넘나드는 것으로 생각했을 가능성도 있다.

'ㄹ' 받침이 'ㄷ'으로 바뀐 단어로는 아래와 같은 말들이 있다.

(나흘날)나흗날	(잘갈다)잗갈다*	(잘갈리다)잗갈리다*
(잘널다)잗널다*	(잘다랗다)잗다랗다*	(잘타다)잗타다*

제30항 사이시옷은 다음과 같은 경우에 받치어 적는다.

1. 순우리말로 된 합성어로서 앞말이 모음으로 끝난 경우
   (1) 뒷말의 첫소리가 된소리로 나는 것

고랫재*	귓밥	나룻배	나뭇가지	냇가
댓가지	뒷갈망*	맷돌	머릿기름	모깃불*
못자리	바닷가	뱃길	볏가리*	부싯돌
선짓국	쇳조각	아랫집	우렁잇속*	잇자국

▸ **용어 및 어휘 풀이**

잗갈다: 잘고 곱게 갈다.
잗갈리다: '잗갈다'의 피동사.
잗널다: 음식을 이로 깨물어 잘게 만들다.
잗달다: 하는 짓이 잘고 인색하다.
잗타다: 팥이나 녹두 따위를 잘게 부서뜨리다.
고랫재: 방바닥 아래 연기가 빠져나가는 곳에 모여 쌓인 재.
뒷갈망: 뒷감당. 일의 뒤끝을 맡아서 처리함.
모깃불: 모기를 쫓기 위하여 풀 따위를 태워 연기를 내는 불.
볏가리: 벼를 베어서 가려 놓거나 볏단을 차곡차곡 쌓은 더미.

잿더미　조갯살　찻집　쳇바퀴　킷값
핏대　햇볕　혓바늘

(2) 뒷말의 첫소리 'ㄴ, ㅁ' 앞에서 'ㄴ' 소리가 덧나는 것

멧나물*　아랫니　텃마당*　아랫마을　뒷머리
잇몸　깻묵*　냇물　빗물

(3) 뒷말의 첫소리 모음 앞에서 'ㄴㄴ' 소리가 덧나는 것

도리깻열*　뒷윷*　두렛일*　뒷일　뒷입맛
베갯잇*　욧잇*　깻잎　나뭇잎　댓잎

2. 순우리말과 한자어로 된 합성어로서 앞말이 모음으로 끝난 경우

(1) 뒷말의 첫소리가 된소리로 나는 것

귓병　머릿방*　뱃병*　봇둑*　사잣밥*
샛강　아랫방　자릿세　전셋집　찻잔
찻종　촛국*　콧병　탯줄　텃세
핏기　햇수　횟가루　횟배*

(2) 뒷말의 첫소리 'ㄴ, ㅁ' 앞에서 'ㄴ' 소리가 덧나는 것

곗날　제삿날　훗날　툇마루　양칫물

▸ **용어 풀이**

우렁잇속: 내용이 복잡하여 헤아리기 어려운 일을 비유적으로 이르는 말.
멧나물: 산나물. 산에서 나는 나물.
텃마당: 타작할 때에 공동으로 쓰려고 닦아 놓은 마당.
깻묵: 기름을 짜고 남은 깨의 찌꺼기. 흔히 낚시의 밑밥이나 논밭의 밑거름으로 쓴다.
도리깻열: 도리깨채의 끝에 달려 곡식의 이삭을 후려치는 곧고 가느다란 나뭇가지.
뒷윷: 윷놀이에서, 윷판의 첫 밭으로부터 앞밭에 꺾이지 않고 그대로 돌아서 아홉째 밭.
두렛일: 여러 사람이 두레를 짜서 함께 하는 농사일.
베갯잇: 베개의 겉을 덧씌워 시치는 헝겊.
욧잇: 요의 몸에 닿는 쪽에 시치는 흰 헝겊.
머릿방: 안방 뒤에 달린 작은 방.
뱃병: 배를 앓는 병을 통틀어 이르는 말.
봇둑: 보를 둘러쌓은 둑.
사잣밥: 초상난 집에서 죽은 사람의 넋을 부를 때 저승사자에게 대접하는 밥.
촛국: 초를 친 냉국.
횟배: 거위배. 회충으로 인한 배앓이.

(3) 뒷말의 첫소리 모음 앞에서 'ㄴㄴ' 소리가 덧나는 것

가욋일* 사삿일* 예삿일 훗일

3. 두 음절로 된 다음 한자어

곳간(庫間) 셋방(貰房) 숫자(數字)

찻간(車間)* 툇간(退間)* 횟수(回數)

사이시옷이 들어가려면 아래와 같은 조건을 만족시켜야 한다.

첫째, 사이시옷이 들어가려면 합성어여야 한다. 단일어나 파생어에는 사이시옷이 들어가지 않는다. 둘째, 합성어이면서 다음과 같은 음운론적 현상이 나타나야 한다.

(1) 뒷말의 첫소리가 예사소리였던 것이 된소리로 된다.

바닷가[바다까] 뱃길 귓병 텃세

(2) 뒷말의 첫소리 'ㄴ, ㅁ' 앞에서 'ㄴ' 소리가 덧난다.

아랫니[아랜니] 냇물 곗날 양칫물

(3) 뒷말의 첫소리 모음 앞에서 'ㄴㄴ' 소리가 덧난다.

뒷일[뒨닐] 깻잎 예삿일 훗일

이러한 두 가지 요건을 충족시키는 것 외에 한 가지 요건을 더 충족시켜야 한다. 합성어를 이루는 구성 요소 중에 적어도 하나는 고유어*이어야 하고 구성 요소 중에 외래어가 없어야 한다는 것이다. 구성 요소가 모두 한자어이면 '곳간(庫間), 셋방(貰房), 숫자(數字), 찻간(車間), 툇간(退間), 횟수(回數)'의 여섯 단어를 제외하고는 사이시옷이 들어가지 않는다. 또한 구성 요소 중에 외래어가 하나라도 있으면 '핑크빛[핑크삗], 피자집[피

▸ **용어 및 어휘 풀이**

가욋일: 필요 밖의 일.

사삿일: 개인의 사사로운 일.

찻간: 기차나 버스 따위에서 사람이 타는 칸.

툇간: 건물의 밖에다 딴 기둥을 세워 만든 칸.

고유어: 해당 언어에 본디부터 있던 말이나 그것에 기초하여 새로 만들어진 말.

자찝]'처럼 (1)의 조건을 만족시켜도 사이시옷이 들어가지 않는다.

다음은 사이시옷이 들어가지 않은 형태가 눈에 익지만 '사이시옷 규정'에 따라 사이시옷이 들어가는 예들이다.

(4) 값: 절댓값[절때깝] 나잇값[나이깝] 담뱃값[담배깝]
최댓값[최대깝] 최솟값[최소깝]
길: 등굣길[등교낄] 혼삿길[혼사낄] 찻길[차낄]
집: 맥줏집[맥쭈찝] 양갓집[양가찝] 횟집[회찝]
부잣집[부자찝] 고깃집[고기찝]
빛: 장밋빛[장미삗] 구릿빛[구리삗]
말: 혼잣말[혼잔말] 시쳇말[시첸말]
국: 만둣국[만두꾹] 고깃국[고기꾹] 북엇국[북어꾹]
뭇국[무꾹] 배춧국[배추꾹]
과: 멸칫과[멸치꽈] 고양잇과[고양이꽈]

'절댓값, 등굣길, 맥줏집, 장밋빛, 혼잣말, 만둣국, 고양잇과' 등은 사이시옷이 들어간 표기를 어색해하고 오히려 '절대값, 등교길, 맥주집, 혼자말, 만두국, 고양이과'와 같이 사이시옷이 없는 표기를 익숙해하는 경우가 많다. 그렇지만 [절때깝]으로 발음하는 한 '절댓값'으로 적는 것이 옳다. 표준어 [절때깝]을 적는 방법에는 '절대값'과 '절댓값'과 같은 방법이 있다. 이 중에서 '절댓값'으로 적도록 한 것이 본 항에서 밝히고 있는 사이시옷의 원리이다. 마찬가지로 [등교낄], [맥쭈찝], [장미삗], [만두꾹]으로 소리 나는 표준어도 '등굣길, 맥줏집, 장밋빛, 만둣국'으로 적는다.

그러나 '머리말'과 '인사말'은 표준 발음이 [머린말]과 [인산말]이 아니라 [머리말]과 [인사말]이기 때문에 소리 나는 대로 '머리말'과 '인사말'로 적는 것이 옳다. 사이시옷을 받쳐 적는 '혼잣말[혼잔말], 존댓말[존댄말]'과 혼동하기 쉬우므로 주의해야 한다.

한자어일 경우에는 위에 제시한 6개를 제외하고는 사이시옷이 들어가지 않는다. '내과(內科), 이과(理科), 총무과(總務課), 장미과(薔薇科)' 등을 '냇과', '잇과', '총뭇과', '장밋과'로 적지 않는다. 그런데 동식물학의 분류상의 명칭인 '참깻과(科)', '고양잇과(科)' 등은 '과'가 독립성이 있고 앞에 오는 말이 고유어이므로 사이시옷을 받쳐 적는다.

한편, '찻잔, 찻종'의 경우에는 '차'를 한자어로 보고 '茶盞', '茶鐘'과 같이 다루기도 하므로 원칙에 어긋나는 것처럼 보이지만 예로부터 '茶'를 '차 다'라고 한 것을 보면 '차'를 한자어 '다'와는 구별하여 고유어처럼 해석한 것으로 볼 수 있다.

'개수(個數), 대가(代價), 초점(焦點), 기차간(汽車間), 전세방(傳貰房)'은 한자어이므로 사이시옷이 들어가지 않는다. '갯수, 댓가, 촛점, 기찻간, 전셋방'으로 잘못 쓰는 일이 많으므로 주의해야 한다. '햇님'은 사이시옷이 들어갈 구조가 아닌데 시옷을 받쳐 적는 일이 많다. 이는 [핸님]이라고 발음하기 때문인데 명사 '해'와 접미사 '님'이 결합한 말이므로 '해님'이 옳다.

보충 설명

사이시옷 표기의 기준: 사이시옷 표기의 기준을 압축하여 말하면 (1)과 같고 그것을 도식화하면 (2)와 같다.

(1) 고유어가 적어도 하나 이상 결합한 합성 명사 'A+B'의 구조에서 'A'가 모음으로 끝나면서 'B'의 첫소리가 예사소리에서 된소리로 바뀌거나 'A'와 'B' 사이에 [ㄴ] 혹은 [ㄴㄴ]이 첨가될 경우 'A'의 받침으로 사이시옷을 적는다.

(2)

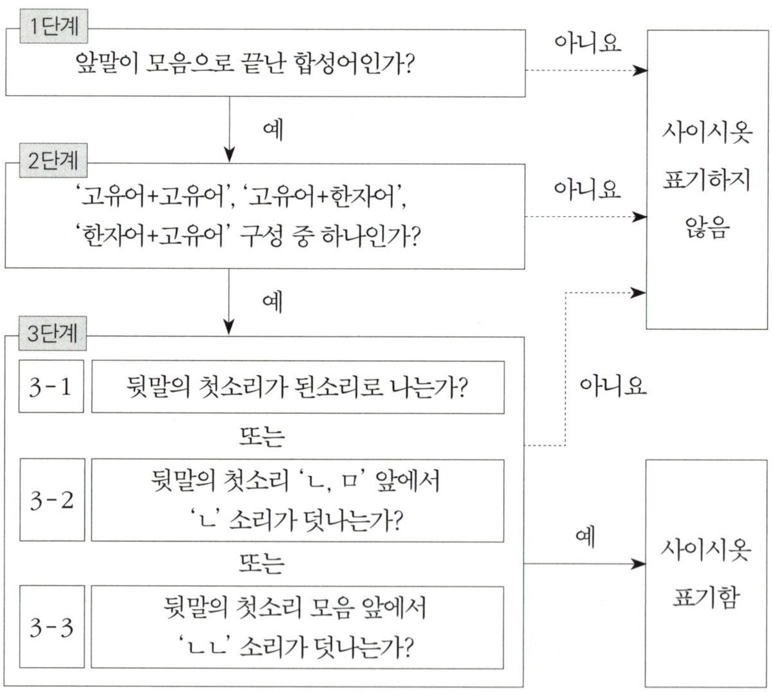

위에 따르면 사이시옷 표기 여부를 금세 판단할 수 있는데, 정작 사이시옷 표기 여부를 어렵게 하는 문제는 다른 데에서 발생한다. 그 첫째는 표준어의 발음 자체를 잘 모를 때이다. 예컨대 '머리말[머리말], 장마비[장마비]'인지 '머릿말[머린말], 장맛비[장마삐]'인지는 표준어의 발음에 따라 결정되는데, 그것을 정확히 모르기 때문에 사이시옷을 표기할지 말아야 할지 판단하기 어려운 것이다. 표준어의 발음은 『표준국어대사전』에서 확인할 수 있다.

둘째는 문제의 대상이 합성어인지 아닌지 잘 모를 때가 있다는 것이다. 예컨대 '윗부분'은 합성어로서 [위뿌분]으로 발음되므로 사이시옷을 적지만 '위 문장'은 합성어가 아니므로 '*윗문장'처럼 사이시옷을 적지 않는다. 어떤 말이 합성어인지 아닌지 여부는 『표준국어대사전』에서 확인할 수 있다. 사전에 '윗부분'은 나오지만 '*윗문장'은 나오지 않는다.

셋째는 (1)에서 '예사소리에서 된소리로 바뀔 경우'라는 조건을 고려해야 한다는 것이다. 뒤의 자음이 원래 된소리이거나 된소리로 변할 수 없는 거센소리라면 그 앞에 사이시옷을 적지 않는 것이다. (2)에서 몇 가지 예를 보인다.

(2) 가. 위쪽/*윗쪽, 뒤끝/*뒷끝
　　나. 위턱/*윗턱, 위팔/*윗팔

한자어와 사이시옷: 한자만으로 이루어진 말은 '곳간, 셋방, 숫자, 찻간, 툇간, 횟수'의 여섯 단어를 제외하고는 모두 사이시옷을 적지 않는다. '*돗수(度數), *갯수(個數), *숫적(數的), *촛점(焦點), *싯구(詩句), *홧병(火病), *잇점(利點), *헛점(虛點)'과 같은 표기는 모두 틀리고 '도수, 개수, 수적, 초점, 시구, 화병, 이점, 허점'과 같은 표기가 맞는 것이다. '전세(傳貰)+방(房) → 전세방', '기차(汽車)+-간(間) → 기차간' 역시 '셋방, 찻간'과는 별개로 만들어진 말이므로 사이시옷을 적지 않는다. 다만, '셋방+-비(費)'와 같이 본래의 '셋방'이 유지된 채로 접사 혹은 접사적 요소가 붙을 때에는 사이시옷을 적은 '셋방비'가 맞는 표기이다.

더 알아보기

주소에서의 '길'의 표기: '새 주소 부여 사업'의 하나로 새로 명명하고 있는 도로명 고유 명사 '○○길'에는 사이시옷을 받쳐 적지 않는다.

기존의 표기	결정 사항
개나리길/개나릿길	개나리길
경찰서길/경찰섯길	경찰서길
○○여고길/○○여곳길	○○여고길

'○○길'의 발음을 [○○낄]로 표준화하고 합성어로 처리하여 사이시옷을 받쳐 적자는 의견도 있었지만 다음과 같은 이유로 '○○길'에 사이시옷을 받쳐 적지 않는다.

첫째, 새로 이름을 붙이는 도로명의 발음이 [○○낄]이라고 할 명확한 증거를 찾기 어렵다.

둘째, 합성어에서만 된소리가 생기는 것이 아니라 구* 에서도 된소리 발음이 날 수 있다.

셋째, 도로명 '○○길'은 '개나리길', '개나리1길', '개나리2길'과 같이 '○○+길'로 분리되는 성질이 있어 구로 보는 것이 타당하다.

넷째, '○○길'은 「한글 맞춤법」 제49항에서 규정하고 있는 고유 명사에 속한다고 할 수 있으므로 띄어 쓰는 것이 원칙이되 붙일 수도 있다. 이러한 유형으로 아래와 같은 고유 명사를 들 수 있는데 '○○+길'도 보통 명사와 보통 명사가 결합하여 고유 명사로 된 같은 유형의 것이다.

대한중학교	청마고등학교	피리유치원
한마음시장	장미아파트	전주식당

위와 같은 국어심의회의 다수 의견에 따라 '○○길'은 사이시옷을 받쳐 적지 않는다.

제31항 두 말이 어울릴 적에 'ㅂ' 소리나 'ㅎ' 소리가 덧나는 것은 소리대로 적는다.

1. 'ㅂ' 소리가 덧나는 것

댑싸리(대ㅂ싸리)	멥쌀(메ㅂ쌀)	볍씨(벼ㅂ씨)	입때(이ㅂ때)
입쌀(이ㅂ쌀)	접때(저ㅂ때)	좁쌀(조ㅂ쌀)	햅쌀(해ㅂ쌀)

2. 'ㅎ' 소리가 덧나는 것

머리카락(머리ㅎ가락)	살코기(살ㅎ고기)	수캐(수ㅎ개)
수컷(수ㅎ것)	수탉(수ㅎ닭)	안팎(안ㅎ밖)
암캐(암ㅎ개)	암컷(암ㅎ것)	암탉(암ㅎ닭)

▶ **용어 및 어휘 풀이**

구(句): 둘 이상의 단어가 모여 절이나 문장의 일부분을 이루는 토막.

1. ‘싸리, 쌀, 씨, 때’ 등은 옛말 ‘ᄡᆞ리, ᄡᆞᆯ, ᄡᅵ, ᄣᅢ’에서 온 말이다. 이들은 단어 첫머리에 ‘ㅂ’ 음을 가지고 있었던 단어이다. 이 단어들이 다른 단어 또는 접두사와 결합할 때 두 형태소 사이에서 ‘ㅂ’이 발음되는 것은 단어 첫머리에 있던 ‘ㅂ’의 흔적이라고 할 수 있다. 아래와 같은 예들도 이러한 유형에 속하는 말이다.

냅뜨다　부릅뜨다　칩떠보다　휩싸다　휩쓸다

‘냅뜨다’는 ‘내’와 ‘뜨’가 결합한 말인데, ‘뜨다’는 옛말 ‘ᄠᅳ다’에서 온 말이다. ‘휩싸다’의 ‘ㅂ’ 또한 ‘싸다’의 옛말 ‘ᄡᆞ다’에서 온 것으로 볼 수 있고, ‘휩쓸다’ 또한 ‘쓸다’의 옛말 ‘ᄡᅳᆯ다’를 통해서 이해할 수 있다.

한편, ‘댑싸리’는 이전에는 ‘대싸리’로 다루던 일도 있었지만 「표준어 규정」 제17항에서 ‘댑싸리’임을 밝혔다.

2. 옛말에서 ‘ㅎ’을 말음으로 가지고 있었던 말이 다른 단어와 결합할 때 [ㅎ] 소리가 첨가되어 뒤 단어의 첫소리가 거센소리가 되는 경우는 소리 나는 대로 뒤 단어의 첫소리를 거센소리로 적는다. 예를 들어, ‘수’와 ‘안’은 옛말에서 ‘ㅎ’을 말음으로 가지고 있었다.

수히 윈 ᄂᆞᆯ개 드리옛ᄂᆞ니 (『두시언해』, 16:70ㄴ)
內ᄂᆞᆫ 안히라 (『월인석보』, 1:20ㄱ)

다른 단어가 결합할 때 첫소리가 거센소리가 되는 것도 옛말의 ‘ㅎ’이 흔적을 남기고 있는 것으로 볼 수 있다. 그런데 이러한 현상은 모든 경우에 일어나는 것은 아니다. 「표준어 규정」 제7항에서는 뒤 단어의 첫소리가 거센소리가 되는 경우로 아래의 단어를 예시하고 있다.

수캉아지, 수캐, 수컷, 수키와, 수탉, 수탕나귀, 수톨쩌귀, 수퇘지, 수평아리

‘암[雌]’도 마찬가지로 ‘암캉아지, 암캐……’와 같이 된다.

더 알아보기

1. 현대 한국어와는 달리 15세기 한국어에서는 단어 첫머리에 두 개 이상의 자음이 올 수 있었는데, 그러한 자음군(子音群) 중 맨 앞의 'ㅂ'은 훗날 탈락하였으나 과거에 만들어진 합성어나 파생어 속에 그 흔적이 남아 있는 경우가 있다.

(1) 가. ᄡᅵ>씨('ㅂ'이 탈락하고 'ㅅ'이 된소리화)

나. ᄣᅢ>ᄯᅢ('ㅂ'이 탈락함)>때('ㅼ'과 'ㄸ'은 같은 발음이어서 'ㅼ'을 'ㄸ'으로 적게 됨)

(2) 가. 벼+씨 → 볍씨

나. 저+때 → 접때

현대 한국어의 합성어 (2)에서 'ㅂ'이 생겨나는 이유는 (1)의 역사를 알지 못하고서는 이해하기 어렵다. (1)에서 보듯이 15세기에는 'ᄡᅵ, ᄣᅢ'의 단어 첫머리에 'ㅂ'이 있었는데, 당시 'ᄡᅵ, ᄣᅢ'가 뒤에 있는 합성어로서 '벼ᄡᅵ, 저ᄣᅢ'가 만들어진 후, 나중에 'ㅂ'이 앞 형태소의 받침 자리로 가서 붙어 '볍씨, 접때'와 같은 어형이 생성되었다. (1)에서 보듯이 훗날 단일어에서는 'ㅂ' 탈락을 경험하였으나 합성어 속에서는 'ㅂ'이 탈락되지 않고 그대로 남아 있게 된 것이다.

2. 15세기 한국어에는 'ㅎ'을 꼬리처럼 달고 있었던 체언들이 있었는데 이를 'ㅎ' 종성 체언이라고 한다. 이 'ㅎ' 역시 훗날 탈락하였으나 15세기 당시 만들어진 합성어 속에 그 흔적이 남아 있는 경우가 있다.

(1) 가. 살ㅎ (15세기)>살 (현대)

가'. 살히, 살ᄒᆞᆯ, 살콰 (15세기)

가''. 살이, 살을, 살과 (현대)

(1가')는 15세기 한국어 '살ㅎ'이 조사 '이, ᄋᆞᆯ, 과'와 결합하여 '살ㅎ+이→ 살히, 살ㅎ+ᄋᆞᆯ → 살ᄒᆞᆯ, 살ㅎ+과 → 살콰'로 되었음을 보이고 있다. 반면, 나중에는 'ㅎ'이 탈락하였기 때문에 (1가'')와 같이 현대어에서는 '살이 (찌다), 살을 (찌우다), 살과 (뼈)'와 같이 쓰는 것이다.

(2) 살ㅎ+고기 → 살코기

현대어의 합성어 (2)에서 'ㄱ'이 'ㅋ'으로 바뀌는 이유는 (1가)의 역사를 알지 못하고서는 이해하기 어렵다. (1가)에서 보듯이 15세기에는 '살'의 뒤에 'ㅎ'이 있었는데, '살ㅎ'이 '살'이 앞에 오는 합성어가 만들어질 때 'ㅎ'이 뒤 형태소의 자음과 결합하여 축약되었으므로

'살코기'와 같은 어형이 생성되었다. (1가)에서 보듯이 훗날 단일어에서는 'ㅎ' 탈락을 경험하였으나 합성어 속에서는 'ㅎ'이 탈락되지 않고 그대로 남아 있게 된 것이다. 'ㅎ 종성 체언'에는 '돌ㅎ, 나라ㅎ, 암ㅎ, 수ㅎ, 안ㅎ, 우ㅎ' 등이 더 있었다.

제5절 준말

제32항 단어의 끝모음이 줄어지고 자음만 남은 것은 그 앞의 음절에 받침으로 적는다.

본말	준말	본말	준말
기러기야	기럭아	가지고, 가지지	갖고, 갖지
어제그저께	엊그저께	디디고, 디디지	딛고, 딛지
어제저녁	엊저녁		

언중이 대체로 준말과 본말의 관계를 의식하므로 준말의 표기도 본말과의 관계를 드러내는 것이 합리적이다. 예시한 단어 중 '기러기야'와 의미가 같은 [기러가]를 적는 데는 두 가지 방법이 있을 수 있다. 첫째는 소리 나는 대로 '기러가'로 적는 것이다. 이럴 경우 '기러기'의 형태는 물론 '아'의 형태 또한 알아보기가 어렵게 된다. 둘째는 '기럭아'로 적는 방법이다. '기럭'으로 적는 것은 호격 조사 '아'의 형태를 고정할 경우 자연스럽게 '기럭아'로 적게 되기 때문이다. 곧 '기럭'은 '기러기'에서 줄어든 형태를 보여 주는 것이다.

'어제그저께'에서 [얻끄제]가 되는 경우도 '얻그제', '엇그제', '엊그제'의 여러 가능성이 있다. 그중에서 '엊그제'로 적는 것은 '어제'에서 줄어든 부분을 보여 줄 수 있기 때문이다. '가지고'가 '갖고'가 되고 '디디고'가 '딛고'가 되는 것도 이러한 과정을 거친 것으로 설명할 수 있다.

여기서 한 가지 주의할 점은 준말일 경우 활용에 제약이 있는 경우가 있다는 점이다. 예를 들어, '가지다'의 준말 '갖다'는 모음으로 시작하는 어미가 결합할 수 없다. 「표준어 규정」 제16항에서 이러한 점을 밝히고 있는데, 이는 준말에 모음으로 시작한 어미가 결합한 형태가 비표준어임을 말한 것으로 해석해야 한다. 즉 '갖아, 갖으면, 갖아라' 등이 비표준어이므로 활용을 인정하지 않은 것이다.

그렇다고 준말에 모음으로 시작하는 어미가 연결되지 않는 규칙이 있다고 일반화해서는 안 된다. 이는 '디디다/딛다, 가지다/갖다, 머무르다/머물다, 서두르다/서둘다, 서투르다/서툴다'와 같은 경우에 한정된다. '외우다/외다'의 경우는 준말 '외다'에 모음으로 시작하는 어미가 연결될 수 있어서 '외우며/외며', '외워/외어'가 모두 가능하기 때문이다. 그러므로 준말의 경우 모음으로 시작하는 어미의 연결에 제한이 있는지 여부를 국어사전에서 확인해야 한다.

'기러기야/기럭아', '어제그저께/엊그제'는 줄어드는 음절의 첫소리 자음이 받침으로 남는 경우이다. 이와는 달리 줄어드는 음절의 받침소리가 받침으로 남는 경우도 있다.

바둑장기 → 박장기　　　어긋매끼다* → 엇매끼다
바깥벽 → 밭벽　　　바깥사돈 → 밭사돈

한편, '밭사돈, 밭상제'를 '밧사돈, 밧상제'로 적자는 의견이 있지만 '바깥'과의 연관성을 살리기 위하여 '밭'으로 적는다. '바깥쪽'의 준말을 '밧쪽'으로 표기한 적도 있지만(조선말 표준말 모음, 1936), 그렇게 적으면 '밧'이 '바깥'의 뜻으로 인식되기 어렵다는 문제가 생긴다. 그러므로

▶ 용어 및 어휘 풀이

어긋매끼다: 한쪽으로 치우치지 아니하도록 서로 어긋나게 걸치거나 맞추다.

밭벽: 바깥벽.

밭부모: 바깥부모. 늘 집 바깥에 계신 부모라는 뜻으로, '아버지'를 달리 이르는 말.

밭사돈: 바깥사돈. 딸의 시아버지나 며느리의 친정아버지를 양쪽 사돈집에서 서로 이르거나 부르는 말.

밭상제: 남자상제. 상제란 부모나 조부모가 세상을 떠나서 상중에 있는 사람을 말한다.

밭어버이: 밭부모.

밭쪽: 바깥쪽.

밭벽* 밭부모* 밭사돈* 밭상제* 밭어버이* 밭쪽*

으로 적는다.

더 알아보기

제32항 적용의 어려움: '기러기야'를 '기럭아'라고 줄이는 것은 가능해도 '물고기야'를 '물곡아'로 줄일 수 있을 것 같지는 않다. 현재의 『표준국어대사전』에서는 체언의 호격형을 제시하고 있지 않기 때문에 표준어형이 무엇인지 알 수 없다. 그러나 [물고가]로 소리 나는 말이 표준어인지 아닌지는 알 수 없어도 만약 표준어라고 가정하면 '물곡아'로 적을 수 있을 것이다.

제33항 체언과 조사가 어울려 줄어지는 경우에는 준 대로 적는다.

본말	준말	본말	준말
그것은	그건	너는	넌
그것이	그게	너를	널
그것으로	그걸로	무엇을	뭣을/무얼/뭘
나는	난	무엇이	뭣이/무에
나를	날		

체언과 조사가 결합하여 소리 나 음절의 수가 줄어드는 경우에는 준 대로 적는다. 예를 들어 '과자를'과 '과자는'이 '과잘'과 '과잔'으로 줄어드는 경우 준 대로 적는다. 구어(口語)에서는 이처럼 조사가 줄어드는 일이 많다.

그 애는 → 걔는 → 걘　　그 애를 → 걔를 → 걜
이 애는 → 얘는 → 얜　　이 애를 → 얘를 → 얠
저 애는 → 쟤는 → 쟨　　저 애를 → 쟤를 → 쟬
그리로 → 글로　　이리로 → 일로

저리로 → 절로　　　　　조리로 → 졸로
그것으로 → 그걸로　　　이것으로 → 이걸로
저것으로 → 저걸로

의존 명사 '것'은 구어에서는 '거'로 나타나는 일이 많다. 그런데 '거'는 주격 조사 '이'와 결합할 때는 '게'로 나타나고 서술격 조사 '이다'와 결합할 때는 '거'로 나타난다.

네 게(← 거이 ← 것이) 어느 거니(← 거이니 ← 것이니)?
이런 게(← 거이 ← 것이) 내 거야(← 거이야 ← 것이야)?

그러므로 '철수가 일찍 올 게야'와 같이 '거야'를 쓸 자리에 '게야'를 쓰는 것은 잘못이다.

철수가 일찍 올 거야/*게야.　　　철수가 일찍 올 거다/*게다.
일찍 올 거니/*게니?　　　일찍 올 거냐/*게냐?

제34항 모음 'ㅏ, ㅓ'로 끝난 어간에 '아/어, 았/었'이 어울릴 적에는 준 대로 적는다.

본말	준말	본말	준말
가아	가	가았다	갔다
나아	나	나았다	났다
타아	타	타았다	탔다
서어	서	서었다	섰다
켜어	켜	켜었다	켰다
펴어	펴	펴었다	폈다

[붙임 1] 'ㅐ, ㅔ' 뒤에 '어, 었'이 어울려 줄 적에는 준 대로 적는다.

본말	준말	본말	준말
개어	개	개었다	갰다
내어	내	내었다	냈다
베어	베	베었다	벴다
세어	세	세었다	셌다

[붙임 2] '하여'가 한 음절로 줄어서 '해'로 될 적에는 준 대로 적는다.

본말	준말	본말	준말
하여	해	하였다	했다
더하여	더해	더하였다	더했다
흔하여	흔해	흔하였다	흔했다

모음 'ㅏ, ㅓ'로 끝나는 어간에 어미 '-아/-어', '-았-/-었-'이 결합할 때는 '아/어'가 줄어든다.

따아 → 따　　따아서 → 따서
따아도 → 따도　　따았다 → 땄다
건너어 → 건너　　건너어서 → 건너서
건너어도 → 건너도　　건너었다 → 건넜다

이들을 줄어들기 전의 형태인 '*따아, *따아서, *따아도, *따았다'나 '*건너어, *건너어서, *건너어도, *건너었다'와 같이 쓰는 것은 인정하지 않는다.

다만, 'ㅅ' 불규칙 용언의 어간에서 'ㅅ'이 줄어든 경우에는 '아/어'가 줄어들지 않는다.

낫다: 나아, 나아서, 나아도, 나아야, 나았다

젓다: 저어, 저어서, 저어도, 저어야, 저었다

[붙임 1]처럼 어간 끝 모음 'ㅐ, ㅔ' 뒤에 '어, 었'이 붙을 때도 '어'가 줄어들기도 한다.

매어 → 매	매어라 → 매라	매었다 → 맸다
매어 두다 → 매 두다	떼어 → 떼	떼어라 → 떼라
떼었다 → 뗐다	떼어 놓다 → 떼 놓다	

모음 'ㅏ, ㅓ'로 끝난 어간에 '아/어'계 어미가 어울릴 적에 줄어들기 전의 형태를 인정하지 않았던 것과는 달리, 모음 'ㅐ, ㅔ'로 끝난 어간에 '아/어'계 어미가 어울린 경우에는 줄어들기 이전 형태와 줄어든 형태 모두를 인정한다. 가령 '매어'와 '매', '떼어'와 '떼' 모두 쓸 수 있는 것이다.

[붙임 2]에서 '하다'는 '하아'가 되지 않고 '하여'가 된다. '하여'는 '해'로 줄어들 수 있다.

하여 → 해　　하여라 → 해라　　하여서 → 해서　　하였다 → 했다

보충 설명

바라다: '바라다'의 어간에 어미 '아'가 결합하면 '바라'가 된다. 이를 '바래'로 쓰는 것은 잘못이다.

바라아 → 바라　　바라아요 → 바라요　　바라았다 → 바랐다

'어울릴 적에는'과 '어울려 줄 적에는'의 차이: 이 조항에서 "어울릴 적에는 준 대로 적는다"와 "어울려 줄 적에는 준 대로 적는다"의 표현이 다름에 유의하여야 한다. 앞의 것은 늘 줄여 쓴다는 것이고 뒤의 것은 줄여 쓸 수도 있고 그렇지 않을 수도 있다는 것이다.

제35항 모음 'ㅗ, ㅜ'로 끝난 어간에 '아/어, 았/었'이 어울려 'ㅘ/ㅝ, ㅘㅆ/ㅝㅆ'으로 될 적에는 준 대로 적는다.

본말	준말	본말	준말
꼬아	꽈	꼬았다	꽜다
보아	봐	보았다	봤다
쏘아	쏴	쏘았다	쐈다
두어	둬	두었다	뒀다
쑤어	쒀	쑤었다	쒔다
주어	줘	주었다	줬다

[붙임 1] '놓아'가 '놔'로 줄 적에는 준 대로 적는다.

[붙임 2] 'ㅚ' 뒤에 '어, 었'이 어울려 'ㅙ, 왰'으로 될 적에도 준 대로 적는다.

본말	준말	본말	준말
괴어	괘	괴었다	괬다
되어	돼	되었다	됐다
뵈어	봬	뵈었다	뵀다
쇠어	쇄	쇠었다*	쇘다
쐬어	쐐	쐬었다	쐤다

모음 'ㅗ, ㅜ'로 끝난 어간에 어미 '아/어', '-았-/-었-'이 붙어서 'ㅘ/ㅝ', '왔/웠'으로 주는 것은 'ㅘ/ㅝ', '왔/웠'으로 적는다.

보아 → 봐　　보아도 → 봐도　보아서 → 봐서　보았다 → 봤다

추어 → 춰　　추어서 → 춰서　추어야 → 춰야　추었다 → 췄다

제34항에서 '가다, 따다, 건너다'의 어간에 어미 '-아/어'가 붙은 형태를 '*가아, *따아, *건너어' 등으로 쓰는 것을 인정하지 않은 것과 달리 제35항에서는 '꼬다, 보다,

---

▶ **용어 및 어휘 풀이**

쇠다: 명절, 생일, 기념일 같은 날을 맞이하여 지내다.

주다'의 어간에 어미 '-아/어'가 붙은 형태를 '꼬아, 보아, 주어' 등으로 쓰는 것을 인정하고 있다.

다만, '오다'의 경우 '아' 계 어미가 결합한 형태를 '오아, 오아서, 오았다' 등으로는 말하지 않고 '와, 와서, 왔다'와 같이 준 형태로만 말하므로 적을 때도 줄어든 형태로만 적는다.

참고로 '푸다'는 어간 모음 'ㅜ'가 줄어(푸어 → 퍼) '퍼'가 되므로 이 조항의 적용을 받지 않는다.

[붙임 1]에서 '놓다'의 경우 '아'와 결합하면 다음과 같이 줄어들 수 있다.

놓아 → (노아 →)놔　　　놓아라 → (노아라 →)놔라
놓았다 → (노았다 →)놨다

그런데 위와 같은 현상은 '좋다'의 경우 '좋아'가 '좌'가 되지 않는 것과 비교해 볼 때 예외적인 현상이라고 할 수 있다.

참고로 '놓다'의 어간에 '아' 이외의 어미 '으면, 은, 음, 을' 등이 오면, 'ㅎ'이 떨어지지 않는다. 즉 '놓으면, 놓은, 놓음, 놓을'이 '노면, 논, 놀, 놈'으로 줄지 않는다.

[붙임 2]처럼 어간 모음 'ㅚ' 뒤에 '어'가 붙어서 'ㅙ'로 줄어드는 것은 'ㅙ'로 적는다.

되다　일이 뜻대로 (되어 →)돼 간다.
　　　만나게 (되어서 →)돼서 기쁘다.
　　　일이 잘 (되어야 →)돼야 한다.
　　　나도 가게 (되었다 →)됐다.
꾀다　벌레가 (꾀어 →)꽤 뚜껑을 덮어 놓았다.
　　　친구를 (꾀어서 →)꽤서 놀러 나갔다.
　　　현란한 말로 사람들을 (꾀었다 →)꽸다.
뵈다　오랜만에 선생님을 (뵈어서 →)봬서 기뻤다.
　　　우리는 내일 오전에 (뵈어요 →)봬요.
　　　어제 선생님을 (뵈었다 →)뵀다.

외다 천자문을 줄줄 (외어서 →)왜서 신동이라고 불렸다.
걸어다니면서 (외어야 →)왜야 머리에 잘 들어온다.
마술사가 주문을 (외었다 →)왰다.

죄다 나사를 (죄어 →)좨 본다.
나사를 (죄어야 →)좨야 한다.
나사를 (죄었다 →)좼다.

쬐다 볕을 (쬐어라 →)쫴라.
볕을 (쬐어야 →)쫴야 한다.
볕을 (쬐었다 →)쬈다.

'되뇌다, 사뢰다, 선뵈다, 아뢰다, 앳되다, 참되다' 등도 마찬가지이다.

보충 설명

'ㅅ' 불규칙 용언의 표기: 모음 앞에서 'ㅅ'이 탈락하는 'ㅅ' 불규칙 용언의 경우에는 어간의 모음과 어미의 모음을 축약하지 않는다.

(1) 가. 붓-+-어 → (다리가) 부어 → *붜
나. 붓-+-었-+-다 → (다리가) 부었다 → *붰다

제36항 'ㅣ' 뒤에 '어'가 와서 'ㅕ'로 줄 적에는 준 대로 적는다.

본말	준말	본말	준말
가지어	가져	가지었다	가졌다
견디어	견뎌	견디었다	견뎠다
다니어	다녀	다니었다	다녔다
막히어	막혀	막히었다	막혔다
버티어	버텨	버티었다	버텼다
치이어	치여	치이었다	치였다

아래와 같이 'ㅣ'로 끝나는 어간에 '어'가 붙어서 'ㅕ'로 줄어드는 경우 준 대로 적는다.

녹이어 → 녹여	먹이어서 → 먹여서	숙이었다 → 숙였다
업히어 → 업혀	입히어서 → 입혀서	잡히었다 → 잡혔다
굶기어 → 굶겨	남기어야 → 남겨야	옮기었다 → 옮겼다
굴리어 → 굴려	날리어야 → 날려야	돌리었다 → 돌렸다
일으키어 → 일으켜	돌이키어 → 돌이켜	높이었다 → 높였다

보충 설명

어간이 1음절인 '(방이) 비다, (바닥을) 기다, (머리에 광주리를) 이다'와 같은 말이 활용될 때 축약되어 발음되는 경우가 있다.

(1) 가. (방이) [벼:], [볃:따]
　　나. (바닥을) [겨:], [겯:따]
　　다. (머리에 광주리를) [여:], [엳:따]

제36항을 그대로 따른다면 (1가)를 '벼, 볐다', (1나)를 '겨, 겼다', (1다)를 '여, 였다'로 적을 수 있을 것이다. 그런데 이는 표기의 관습과 다소 거리가 있기는 하다.

제37항 'ㅏ, ㅕ, ㅗ, ㅜ, ㅡ'로 끝난 어간에 '이'가 와서 각각 'ㅐ, ㅖ, ㅚ, ㅟ, ㅢ'로 줄 적에는 준 대로 적는다.

본말	준말	본말	준말
싸이다	쌔다	누이다	뉘다
펴이다	폐다	뜨이다	띄다
보이다	뵈다	쓰이다	씌다

어간 끝 모음 'ㅏ, ㅕ, ㅗ, ㅜ, ㅡ' 뒤에 '이'가 결합하여 'ㅐ, ㅖ, ㅚ, ㅟ, ㅢ'로 줄어드는 것은 'ㅐ, ㅖ, ㅚ, ㅟ, ㅢ'로 적는다.

까이다 → 깨다　　차이다 → 채다　　쏘이다 → 쐬다
꾸이다* → 뀌다　　트이다 → 틔다

한편 '차이다→채다'처럼 모음이 줄어서 'ㅐ'가 된 경우 '-어'가 결합하더라도 줄어들지 않는다. 즉 '개어→개', '개었다→갰다'와 같이 'ㅐ' 뒤에 '-어, -었-'이 결합해도 줄어들지 않는다.

발에 돌이 채어(○)/채(×)(←차이어) 걷기가 힘들다.
길이 곳곳이 패어(○)/패(×)(←파이어) 있으니 조심해라.

더 알아보기

1. 현실적으로는 '째다'를 비롯하여 '쌔다, 패다, 채다'와 같은 말을 거의 쓰지 않고 '짜이다, 싸이다, 파이다, 차이다'만 쓴다. 혹은 비표준어라 할 수 있는 이중 피동 '*째이다, *쌔이다, *패이다, *채이다'를 쓰기도 한다. 가령 '애인에게 차였다/채었다'를 비표준어인 '애인에게 채였다'로 쓰는 일이 많다.

2. '-스럽다'가 붙은 말의 표기: '○○스럽다'로 끝나는 형용사에 부사를 만드는 접미사 '-이'가 붙어서 '○○스레'가 되는 경우에 줄어드는 대로 적는다.
새삼스럽-+-이 → 새삼스레　　천연스럽-+-이 → 천연스레

제38항 'ㅏ, ㅗ, ㅜ, ㅡ' 뒤에 '이어'가 어울려 줄어질 적에는 준 대로 적는다.

본말	준말	본말	준말
싸이어	쌔어 싸여	뜨이어	띄어
보이어	뵈어 보여	쓰이어	씌어 쓰여
쏘이어	쐬어 쏘여	트이어	틔어 트여
누이어	뉘어 누여		

▸ **용어 및 어휘 풀이**
꾸이다: 남에게 다음에 받기로 하고 돈이나 물건 따위를 빌려 주다.

어간 끝 모음 'ㅏ, ㅗ, ㅜ, ㅡ' 뒤에 '이어'가 결합하여 줄어들 때는 두 가지 형식으로 나타난다. '이'가 앞 음절로 올라가 줄어들기도 하고 뒤 음절로 내려가 줄어들기도 한다(제36항 참조).

까이어 → 깨어/까여　　꼬이어 → 꾀어/꼬여
누이어 → 뉘어/누여　　뜨이어 → 띄어/뜨여
쓰이어 → 씌어/쓰여　　트이어 → 틔어/트여

보충 설명

1. '놓이다', '띄다'의 표기: '놓이다'의 준말인 '뇌다'에 '-어'가 결합하면 '뇌어, 놰'가 되지만, '놓이어'가 줄어드는 경우에는 '놓여'가 된다. 사이를 벌린다는 뜻의 '띄다'의 경우에 '띄어 쓰기, 띄어 쓰다, 띄어 놓다' 따위는 관용적으로 '뜨여쓰기, 뜨여 쓰다, 뜨여 놓다'와 같이 쓰지 않는다.

2. '뜨이다/띄다', '쓰이다/씌다', '트이다/틔다'에 사동 접미사 '우'가 다시 결합할 경우에는 '띄우다', '씌우다', '틔우다'와 같은 형태만 가능하다. '뜨이우다', '쓰이우다', '트이우다'로 쓰지 않는다.

제39항 어미 '-지' 뒤에 '않-'이 어울려 '-잖-'이 될 적과 '-하지' 뒤에 '않-'이 어울려 '-찮-'이 될 적에는 준 대로 적는다.

본말	준말	본말	준말
그렇지 않은	그렇잖은	만만하지 않다	만만찮다
적지 않은	적잖은	변변하지 않다	변변찮다

'지 않'과 '치 않'이 줄면 '쟎'과 '챦'이 될 것으로 생각할 수 있다. 그렇지만 줄어든 말이 한 단어로 굳어진 경우 줄어든 과정의 형태를 굳이 밝힐 필요가 없다. '쟎, 챦'으로 적어도 한국어 음운의 특성상 '잖, 찮'과 소리가 다르지 않다. 이러한 점에서 한 단어로 굳어진 경우는 '잖, 찮'으로 적는다.

같잖다(← 같지 않다)　　달갑잖다(← 달갑지 않다)
되잖다(← 되지 않다)　　마뜩잖다(← 마뜩하지 않다)
시답잖다(← 시답지 않다)　　오죽잖다(← 오죽하지 않다)
올곧잖다(← 올곧지 않다)　　점잖잖다(← 점잖지 않다)
가당찮다(← 가당하지 않다)　　괜찮다(← 괜하지 않다)
괴이찮다(← 괴이하지 않다)　　귀찮다(← 귀하지 않다)
당찮다(← 당하지 않다)　　심심찮다(← 심심하지 않다)
우연찮다(← 우연하지 않다)　　칠칠찮다(← 칠칠하지 않다)
편찮다(← 편하지 않다)

위의 예들은 국어사전에서 한 단어로 다루고 있는 말들이다. 그런데 이처럼 국어사전에 올라 있는 말과 그렇지 않은 말의 준말을 서로 다르게 적는 것은 바람직하지 않다.

깨끗잖다(← 깨끗하지 않다)　　편안찮다(← 편안하지 않다)

'깨끗잖다'와 '편안찮다'는 한 단어는 아니지만 이들 또한 위의 경우와 동일한 원리를 적용하여 적는다. '지 않, 치 않'이 한 음절로 주는 경우는 모두 '-잖-, -찮-'으로 적는다고 할 수 있다.

잖: 두렵지 않다 → 두렵잖다　　많지 않다 → 많잖다
예사롭지 않다 → 예사롭잖다　　의롭지 않다 → 의롭잖다
넉넉하지 않다 → 넉넉지 않다 → 넉넉잖다
생각하지 않다 → 생각지 않다 → 생각잖다
찮: 무심하지 않다 → 무심치 않다 → 무심찮다
성실하지 않다 → 성실치 않다 → 성실찮다
평범하지 않다 → 평범치 않다 → 평범찮다
허술하지 않다 → 허술치 않다 → 허술찮다

'귀찮-, 점잖-'처럼 어간 끝소리가 'ㅎ'인 경우는 [찬]으로 소리 나더라도 '귀찮지 않다 → 귀찮잖다, 점잖지 않다 → 점잖잖다'로 적는다.

제40항 어간의 끝음절 '하'의 'ㅏ'가 줄고 'ㅎ'이 다음 음절의 첫소리와 어울려 거센소리로 될 적에는 거센소리로 적는다.

본말	준말	본말	준말
간편하게	간편케	다정하다	다정타
연구하도록	연구토록	정결하다	정결타
가하다	가타	흔하다	흔타

[붙임 1] 'ㅎ'이 어간의 끝소리로 굳어진 것은 받침으로 적는다.

않다 않고 않지 않든지
그렇다 그렇고 그렇지 그렇든지
아무렇다 아무렇고 아무렇지 아무렇든지
어떻다 어떻고 어떻지 어떻든지
이렇다 이렇고 이렇지 이렇든지
저렇다 저렇고 저렇지 저렇든지

[붙임 2] 어간의 끝음절 '하'가 아주 줄 적에는 준 대로 적는다.

본말	준말	본말	준말
거북하지	거북지	넉넉하지 않다	넉넉지 않다
생각하건대	생각건대	못하지 않다	못지않다
생각하다 못해	생각다 못해	섭섭하지 않다	섭섭지 않다
깨끗하지 않다	깨끗지 않다	익숙하지 않다	익숙지 않다

[붙임 3] 다음과 같은 부사는 소리대로 적는다.

결단코 결코 기필코 무심코 아무튼 요컨대
정녕코 필연코 하마터면 하여튼 한사코

어간에 '하'가 들어 있는 말이 줄어들 경우 소리 나는 대로 적을 것인가 형태를 밝혀 적을 것인가를 규정한 조항이다. 예를 들어 '흔하다'의 준말은 [흔타]로 소리가 나는데, '흔ㅎ다'나 '흖다'로 적을 경우 형태를 밝혀 '하'가 줄어드는 과정을 보인 것이고

'흔타'로 적을 경우 소리 나는 대로 적은 것이다.

예전에는 '흔하다'가 준 형태를 '흔ㅎ다' 또는 '흖다'로 적기도 하였다. 이는 「한글 맞춤법」 제15항에서 "어간과 어미를 구별해서 적는다."라고 하고 있듯이 어간과 어미를 체계적으로 구별하여 적는다는 원칙에 따른 것이다. 이러한 점을 고려하면 [흔타]를 '흔ㅎ다'나 '흖다'로 구분해서 적어야 할 것으로 생각할 수 있다. 그러나 이처럼 준 소리 'ㅎ'을 사이 글자로 적는 데는 문제가 있다.

무엇보다도 이러한 표기는 한글 맞춤법에 예외적인 형식이다. 한글 맞춤법에서는 말소리를 음절 단위로 적는 것이 원칙이다. 그런 까닭에 준 소리 'ㅎ'을 독립적으로 표기할 경우 글을 쓸 때나 인쇄물을 볼 때 부자연스러운 느낌을 받는 것이 사실이다.

또한 "어간 끝 음절 '하'의 'ㅏ'가 줄고 'ㅎ'이 남는 경우"를 이해하고 사이 글자 'ㅎ'을 쓰는 일은 현실적으로 쉽지 않다. 실제로 이러한 표기가 제대로 지켜지지 않은 데서 이러한 사실을 알 수 있다. 이러한 점을 감안하여 이 경우를 예외로 다루어 소리 나는 대로 적기로 한 것이다.

그런데 어간의 '하'가 줄어드는 경우는 두 가지로 나누어진다. 첫째 '하'가 통째로 줄지 않고 'ㅎ'이 남아 뒤에 오는 말의 첫소리와 어울려 거센소리가 되는 경우다.

가(可)하다 부(否)하다 → 가타 부타(→가타부타)
무능하다 → 무능타　　부지런하다 → 부지런타
아니하다 → 아니타　　감탄하게 → 감탄케
달성하게 → 달성케　　실망하게 → 실망케
당(當)하지 → 당치　　무심하지 → 무심치
허송하지 → 허송치　　분발하도록 → 분발토록
실천하도록 → 실천토록　　추진하도록 → 추진토록
결근하고자 → 결근코자　　달성하고자 → 달성코자
사임하고자 → 사임코자　　청하건대 → 청컨대
회상하건대 → 회상컨대

둘째, '하'가 통째로 줄어드는 경우다.

갑갑하지 않다 → 갑갑지 않다 → 갑갑잖다
깨끗하지 않다 → 깨끗지 않다 → 깨끗잖다
넉넉하지 않다 → 넉넉지 않다 → 넉넉잖다
답답하지 않다 → 답답지 않다 → 답답잖다
못하지 않다 → 못지않다(→ 못잖다)
생각하다 못하여 → 생각다 못해
생각하건대 → 생각건대
익숙하지 못하다 → 익숙지 못하다

위의 두 경우를 구별하는 기준은 '하' 앞에 오는 받침의 소리가 [ㄱ, ㄷ, ㅂ]인가 아닌가 하는 것이다. [ㄱ, ㄷ, ㅂ]인 경우에는 '하'가 통째로 줄고 그 외의 경우에는 'ㅎ'이 남는다.

[ㄱ] 생각하건대 → 생각건대
[ㄷ] 깨끗하지 않다 → 깨끗지 않다 → 깨끗잖다
[ㅂ] 답답하지 않다 → 답답지 않다 → 답답잖다

[ㄴ] 편안하게 → 편안케
[ㄹ] 분발하도록 → 분발토록
[ㅁ] 무심하지 않다 → 무심치 않다 → 무심찮다
[ㅇ] 회상하건대 → 회상컨대

한편 [붙임 1]에 따라 전통적으로 준말에서 'ㅎ'이 어간의 끝소리로 굳어져 있는 것은 받침으로 적는다. 대체로 지시 형용사(指示形容詞)* '이러하다, 그러하다, 저러하다, 어떠하다, 아무러하다' 및 '아니하다' 등이 줄어든 형태가 이에 해당된다.

이러하다 → 이렇다, 이렇게, 이렇고, 이렇지, 이렇거나 ……

▸ **용어 및 어휘 풀이**

지시 형용사: 형용사에는 사물의 성질이나 상태를 나타내는 성상 형용사와 성상 형용사로 표현된 말을 지시하는 '지시 형용사'가 있다. 지시 형용사는 사물의 성질, 시간, 수량 따위가 어떠하다는 것을 형식적으로 나타내는 형용사로 '그러하다', '어떠하다' 따위가 있다. '그렇게 착한 아이는 처음이야'와 같은 예문에서 '그렇게'가 지시 형용사에 해당한다.

아니하다 → 않다, 않게, 않고, 않지, 않든지, 않도록 ……

[붙임 3]처럼 어원적으로는 용언의 활용형에서 온 것이라도 현재 부사로 전성된 단어로 쓰이고 있으면 본 모양을 밝히지 않고 소리 나는 대로 적는다. 이미 부사로 굳어졌으므로 원 형태를 밝힐 필요가 없다. 조사 '나마, 부터, 조차'를 원 형태를 밝히지 않고 적는 것과 마찬가지다.(「한글 맞춤법」 제19항)

예시어 중에서 '아무튼, 하여튼'은 과거의 사전에서 '아뭏든, 하옇든'으로 다루기도 하였으나 소리 나는 대로 적기로 새로이 규정한 것이다. 또한 '이토록, 그토록, 저토록, 종일토록, 평생토록' 등은 '하다'형 용언과 결부되는 것이 아니므로 소리 나는 대로 적는다.

한편 '이렇든(지), 그렇든(지), 저렇든(지), 아무렇든(지), 어떻든(지)' 따위는 '이렇다, 그렇다, 저렇다, 아무렇다, 어떻다'의 활용형이므로 '튼(지)'으로 적지 않으므로 주의해야 한다. 이 경우 부사 '어떻든'은 형용사의 활용형 '어떻든(지)'이 부사로 전성되는 것으로 설명된다.

제5장 띄어쓰기

제1절 조사

제41항 조사는 그 앞말에 붙여 쓴다.

꽃이	꽃마저	꽃밖에	꽃에서부터	꽃으로만
꽃이나마	꽃이다	꽃입니다	꽃처럼	어디까지나
거기도	멀리는	웃고만		

조사는 학교 문법에서 단어로 다루지만 자립성이 없어서 다른 말에 의존해서만 나타날 수 있다. 이러한 점에서 조사는 다른 말에 붙여 쓴다.

조사는 둘 이상 겹치거나 어미 뒤에 붙는 경우에도 붙여 쓴다.

겹침:	집에서처럼	학교에서만이라도
	여기서부터입니다	너마저도
어미 뒤:	나가면서까지도	들어가기는커녕
	갈게요	"알았다."라고

겉모습은 같지만 조사로 쓰이는 경우와 그렇지 않은 경우가 있다.

같이: 사과같이 예쁜 얼굴
사과와 같이 예쁜 얼굴
대로: 나는 나대로 너는 너대로
소식이 오는 대로 알려 다오.
만큼: 나도 너만큼 할 수 있다.
나도 네가 하는 만큼 할 수 있다.
뿐: 너뿐만 아니라
그저 웃었을 뿐이다.

'같이'가 명사 다음에 바로 올 때는 조사이지만 다른 조사 뒤에 올 때는 '같다'의 활용형이다. '대로, 뿐, 만큼'은 명사 뒤에 올 때는 조사이므로 붙여 쓰지만, 관형사형 어미 뒤에 올 때는 의존 명사이므로 띄어 쓴다.

보충 설명

위의 예시 중, 조사가 둘 이상 겹쳐진 것은 (1)과 같다.

(1) 가. 꽃에서부터(꽃 - 에서 - 부터)
나. 꽃으로만(꽃 - 으로 - 만)
다. 어디까지나(어디 - 까지 - 나)
라. 집에서처럼(집 - 에서 - 처럼)
마. 학교에서만이라도(학교 - 에서 - 만 - 이 - 라도)
바. 여기서부터입니다(여기 - 서 - 부터 - 이 - ㅂ니다)

조사가 어미 뒤에 붙는 것은 (2)와 같다.

(2) 가. 들어가기는커녕(들어가 - 기 - 는커녕): '-기'는 어미임.
나. 옵니다그려(오 - ㅂ니다 - 그려): '-ㅂ니다'는 어미임.
다. "알았다."라고(알 - 았 - 다 - 라고): '-았-'과 '-다'는 어미임.

제2절 의존 명사, 단위를 나타내는 명사 및 열거하는 말 등

제42항 의존 명사는 띄어 쓴다.

아는 **것**이 힘이다.　　나도 할 **수** 있다.
먹을 **만큼** 먹어라.　　아는 **이**를 만났다.
네가 뜻한 **바**를 알겠다.　　그가 떠난 **지**가 오래다.

의존 명사*는 앞말에 의존적이지만 자립적인 명사와 기능이 다르지 않다. 그런 점에서 단어로 다루며 앞말과 띄어 쓴다.

먹을 것이 없다./먹을 밥이 없다.
아는 이를 만났다./아는 사람을 만났다.

그런데 동일한 형태가 두 가지 이상의 품사로 쓰이는 예가 있다.

(1) '뿐'이 '남자뿐이다', '셋뿐이다'처럼 체언 뒤에 붙는 경우는 조사로 다루어 붙여 쓰지만 '웃을 뿐이다', '만졌을 뿐이다'와 같이 용언의 관형사형* 뒤에 나타날 경우에는 의존 명사이므로 띄어 쓴다.

(2) '대로'가 '법대로, 약속대로'처럼 체언 뒤에 붙는 경우에는 조사이므로 붙여 쓰지만 '아는 대로 말한다', '약속한 대로 하세요'와 같이 용언의 관형형 뒤에 나타날 경우에는 의존 명사이므로 띄어 쓴다.

(3) '만큼'이 '여자도 남자만큼 일한다', '키가 전봇대만큼 크다'처럼 체언 뒤에 붙을 경우에는 조사이므로 붙여 쓰지만 '볼 만큼 보았다', '애쓴 만큼 얻는다'와 같이 용언의 관형사형 뒤에 나타날 경우에는 의존 명사이므로 띄어 쓴다.

▸ **용어 및 어휘 풀이**

의존 명사: 의존 명사는 명사이지만 앞말에 의존하지 않고 단독으로 쓰일 수 없으므로 '의존 명사'라고 한다. '것', '따름', '뿐', '데' 따위가 있고, '큰 것, 먹을 따름, 갔던 곳'처럼 항상 의존 명사 앞에는 관형어가 와야 한다.

관형사형: 관형사가 아닌 용언이 활용을 하여 관형사처럼 체언을 꾸미는 역할을 할 수 있다. '-(으)ㄴ'이 붙은 '읽은', '본', '-(으)ㄹ'이 붙은 '갈', '잡을', '-는'이 붙은 '먹는' 따위이다.

(4) '만'이 '하나만 알고 둘은 모른다', '이것은 그것만 못하다', '집채만 한 고래'처럼 체언에 붙어서 한정 또는 비교의 뜻을 나타내는 경우는 조사이므로 붙여 쓰지만 '떠난 지 사흘 만에 돌아왔다', '몇 년 만에 만난 친구'와 같이 경과한 시간을 나타내는 경우는 의존 명사이므로 띄어 쓴다.

(5) '집이 큰지 작은지 모르겠다', '어떻게 할지 모르겠다'의 '지'는 어미 '-ㄴ지, -ㄹ지'의 일부이므로 붙여 쓰지만 '그가 떠난 지 보름이 지났다', '그를 만난 지 한 달이 지났다'와 같이 경과한 시간을 나타내는 경우의 '지'는 의존 명사이므로 띄어 쓴다.

(6) '차(次)'가 '인사차 들렀다', '사업차 외국에 나갔다'처럼 명사 뒤에 붙을 경우는 접미사로 다루어 붙여 쓰지만 '고향에 갔던 차에 선을 보았다', '마침 가려던 차에 잘 왔소'와 같이 용언의 관형사형 뒤에 나타날 때는 의존 명사이므로 띄어 쓴다.

(7) '판'이 '노름판, 씨름판, 윷놀판'처럼 쓰일 때는 합성어를 이루므로 붙여 쓰지만 '바둑 한 판 두자', '장기를 세 판이나 두었다'와 같이 수 관형사• 뒤에서 승부를 겨루는 일의 단위를 나타낼 때는 의존 명사이므로 띄어 쓴다.

보충 설명

해설에서 보인 대로 비교의 뜻을 나타내는 '만'은 조사이므로 앞말에 붙여 쓰는데, 그것을 틀리는 잘못은 흔히 볼 수 없어도 뒤의 '하다'와 띄어 쓰지 않는 잘못을 흔히 볼 수 있다. 즉, '집채만 한 호랑이'라든가 '호랑이가 집채만 하다'와 같이 정확히 쓰는 일은 드물다.

제43항 단위를 나타내는 명사는 띄어 쓴다.

한 **개**	차 한 **대**	금 서 **돈**•	소 한 **마리**
옷 한 **벌**	열 **살**	조기 한 **손**•	연필 한 **자루**

▸ 용어 및 어휘 풀이

관형사: 체언 앞에 놓여서, 그 체언의 내용을 자세히 꾸며 주는 품사. 조사도 붙지 않고 어미 활용도 하지 않는 것이 특징이다. '순 살코기', '새 옷'의 '순'이나 '새'처럼 성질이나 상태를 나타내는 성상 관형사, '이 학생, 그 친구, 저 어린이'의 '이, 그, 저'와 같은 지시 관형사, '한 사람'의 '한'과 같은 수 관형사 따위가 있다.

돈: 귀금속이나 약재의 무게의 단위. 1관의 1,000분의 1이며 3,752그램에 해당한다.

손: 고등어, 조기 같은 것을 셀 때 두 마리를 한 단위로 이르는 말.

버선 한 죽*　　집 한 채　　신 두 켤레　　북어 한 쾌*

다만, 순서를 나타내는 경우나 숫자와 어울리어 쓰이는 경우에는 붙여 쓸 수 있다.

두시 삼십분 오초	제일과	삼학년	육층
1446년 10월 9일	2대대	16동 502호	제1실습실
80원	10개	7미터	

단위를 나타내는 의존 명사(수량 단위 의존 명사)는 그 앞의 수 관형사와 띄어 쓴다.

나무 한 그루	고기 두 근*	열 길* 물 속	은 넉 냥(쭝)
바느질 실 한 님*	엽전 두 닢	금 서 돈(쭝)*	토끼 두 마리
논 두 마지기*	쌀 서 말*	물 한 모금	실 한 바람*
장작 한 바리*	열 바퀴	새끼 두 발*	국수 한 사리*
벼 석 섬*	밥 한 술	흙 한 줌	집 세 채
밤 한 톨	김 네 톳*	풀 한 포기	

▸ **용어 및 어휘 풀이**

죽: 옷이나 도구, 그릇, 짚신 같은 것의 열 가지나 열 개를 이르는 말.

쾌: 북어를 묶어 세는 단위. 한 쾌는 북어 스무 마리를 이른다.

근: 무게의 단위. 한 근은 고기나 한약재의 무게를 잴 때는 600그램에 해당하고, 과일이나 채소 따위의 무게를 잴 때는 한 관의 10분의 1로 375그램에 해당한다.

길: 길이의 단위. 한 길은 여덟 자 또는 열 자로 약 2.4미터 또는 3미터에 해당한다.

님: 바느질에 쓰는 토막 친 실을 세는 단위.

돈(쭝): 무게의 단위. 귀금속이나 한약재 따위의 무게를 잴 때 쓴다.

마지기: 논밭 넓이의 단위. 한 마지기는 볍씨 한 말의 모 또는 씨앗을 심을 만한 넓이로, 지방마다 다르나 논은 약 150~300평, 밭은 약 100평 정도이다.

말: 곡식, 액체, 가루 따위의 분량을 되는 데 쓰는 그릇. 열 되가 들어가게 나무나 쇠붙이를 이용하여 원기둥 모양으로 만든다.

바람: 길이의 단위. 한 바람은 실이나 새끼 따위 한 발 정도의 길이이다.

바리: 마소의 등에 잔뜩 실은 짐.

발: 길이의 단위. 한 발은 두 팔을 양옆으로 펴서 벌렸을 때 한쪽 손끝에서 다른 쪽 손끝까지의 길이이다.

사리: 국수, 새끼, 실 따위의 뭉치를 세는 단위. 모나 윷을 던진 횟수를 세는 단위.

섬: 부피의 단위. 곡식, 가루, 액체 따위의 부피를 잴 때 쓴다. 한 섬은 한 말의 열 배로 약 180리터에 해당한다.

톳: 김을 묶어 세는 단위. 한 톳은 김 100장을 이른다.

다만, 수 관형사 뒤에 의존 명사가 붙어서 차례를 나타내는 경우나, 의존 명사가 아라비아 숫자 뒤에 붙는 경우는 앞말과 붙여 쓸 수 있도록 하였다.

제일 편→제일편　　제삼 장→제삼장
제7 항→제7항　　제10 조→제10조

'제'가 생략된 경우라도 차례를 나타내는 말일 때는 앞말과 붙여 쓸 수 있다.

(제)이십칠 대→이십칠대　　(제)오십팔 회→오십팔회
(제)육십칠 번→육십칠번　　(제)구십삼 차→구십삼차

다음과 같은 경우에도 앞말과 붙여 쓸 수 있다.

(제)일 학년→일학년　　(제)구 사단→구사단
(제)칠 연대→칠연대　　(제)삼 층→삼층
(제)팔 단→팔단　　(제)육 급→육급
(제)16 통→16통　　(제)274 번지→274번지
제1 연구실→제1연구실

또 연월일, 시각 등도 붙여 쓸 수 있다.

일천구백팔십팔 년→일천구백팔십팔년
여덟 시 오십구 분→여덟시 오십구분

더 알아보기

1. '아라비아 숫자+단위'는 실제 문자 생활에서는 붙여 쓰는 일이 압도적으로 많기 때문에 현실에서는 '10개, 1446년, 26그램'과 같은 허용의 띄어쓰기를 '10 개, 1446 년, 26 그램'과 같은 원칙적 띄어쓰기보다 우선적으로 적용하기도 한다.

2. '일월 …… 십이월'은 『표준국어대사전』에 표제어로 등재되어 있으므로 '일천구백팔십팔 년 오 월 이십 일'은 정확히 쓰면 '일천구백팔십팔 년 오월 이십 일'인데, 이렇게 쓰면 '년, 일'과 '월' 사이의 불균형이 생기므로 '일천구백팔십팔년 오월 이십일'처럼 쓰는 것이 자연스럽다.

제44항 수를 적을 적에는 '만(萬)' 단위로 띄어 쓴다.

> 십이억 삼천사백오십육만 칠천팔백구십팔
> 12억 3456만 7898

수를 띄어 쓸 때 가능한 단위는 '십, 천, 만' 등이다. '십' 단위로 띄어 쓰는 것은 수를 너무 작게 갈라놓게 되어 의미를 파악하기가 쉽지 않다는 단점이 있고, '천' 단위로 띄어 쓰는 것은 우리말의 수 체계와 맞지 않는 단점이 있다. '만' 단위로 띄어 쓰도록 한 것은 한국어의 수 체계가 만 단위로 되어 있다는 점에서 자연스러운 직관을 포착해 줄 수 있다.

(1) 이백∨삼십∨육만∨칠천∨이백∨구십∨오(십 단위)
(2) 이백∨삼십육만칠천∨이백구십오(천 단위)
(3) 이백삼십육만∨칠천이백구십오(만 단위)

이는 아라비아 숫자와 함께 적을 때도 마찬가지다.

(4) 칠경*∨삼천이백사십삼조∨칠천팔백육십칠억∨팔천구백이십칠만∨육천삼백오십사
7경∨3243조∨7867억∨8927만∨6354

다만, 계약서 등에서 금액을 적을 때는 변조(變造) 등의 사고를 방지하려는 뜻에서 붙여 쓰는 것이 관례로 되어 있다.

(5) 일금: 삼십일만오천육백칠십팔원정.
돈: 일백칠십육만오천원임.

▸ **용어 및 어휘 풀이**
경(京): 조(兆)의 만 배가 되는 수. 곧 10^{16}을 이른다.

한편, 경리나 회계상의 목적으로 아라비아 숫자를 적을 때는 천 단위로 쉼표를 찍기도 한다.

(6) 245,391,500(2억 4539만 1500)

보충 설명

아라비아 숫자에 세 자리마다 반점(,)을 쓰는 것은 서양의 표기 관습에 따른 것이다. 가령 영어에서의 단위는 세 자리가 지날 때마다 'thousand, million, billion, trillion' 등으로 단위를 높여 간다. 그러나 한국어에서는 네 자리가 지날 때마다 '만, 억, 조, 경' 등으로 단위를 높여 간다. 한국어의 띄어쓰기는 한국어의 단위 읽기를 반영하여야 한다.

제45항 두 말을 이어 주거나 열거할 적에 쓰이는 다음의 말들은 띄어 쓴다.

국장 **겸** 과장	열 **내지** 스물	청군 **대** 백군
책상, 걸상 **등이** 있다	이사장 **및** 이사들	사과, 배, 귤 **등등**
사과, 배 **등속**	부산, 광주 **등지**	

'겸(兼)'이 둘 이상의 명사 사이에 쓰일 경우에는 그 명사들이 나타내는 의미를 아울러 지니고 있음을 나타내는 의존 명사이다.

아침 겸 점심　　강당 겸 체육관　　장관 겸 부총리

한편, 관형사형 어미 '-(으)ㄹ' 뒤에 쓰여 두 가지 이상의 동작이나 행위를 아울러 함을 나타내기도 한다.

친구도 만날 겸 구경도 할 겸

'청군 대 백군'의 '대(對)'는 '사물과 사물의 대비나 대립을 나타내는 말'로 의존 명사이다.

한국 대 일본　　남자 대 여자　　5 대 3

한편, '같이 대를 이루다'나 '너희 둘은 좋은 대가 되는구나'와 같은 경우에는 자립 명사로 쓰이며 '대'가 고유 명사를 포함하는 대다수 명사 앞에 붙어서 '그것에 대한', '그것에 대항하는'의 뜻을 더할 경우에는 접두사이므로 뒤에 오는 말에 붙여 쓴다.

대일(對日) 무역　　대국민 담화　　대중국 정책

'내지(乃至)'는 수량을 나타내는 말 사이에 쓰일 때는 '얼마에서 얼마까지'의 뜻을 나타내는 부사이다.

열 명 내지 스무 명　　천 원 내지 이천 원
비가 올 확률은 50% 내지 60%이다

한편, 그 외의 경우에는 '또는'의 뜻으로도 쓰인다.

산 내지 들에서만 자라는 식물

'및'은 '그리고, 그 밖에, 또'의 뜻으로 문장에서 같은 종류의 성분을 연결할 때 쓰는 부사이다.

원서 교부 및 접수　　사과 및 배, 복숭아

'등(等), 등등(等等), 등속(等屬), 등지(等地)'는 의존 명사로서 앞말과 띄어 쓴다.

ㅋ, ㅌ, ㅍ, ㅊ 등은 거센소리이다.
과자, 과일, 식혜 등등 먹을 것이 많다.
사과, 배, 복숭아 등속* 을 사 왔다.
충주, 청주, 대전 등지로 돌아다녔다.

▸ **용어 및 어휘 풀이**

등속(等屬): 「의존명사」 나열한 사물과 같은 종류의 것들을 몰아서 이르는 말.

다음과 같은 경우도 '등'은 앞말과 띄어 쓴다. 표면에 드러나 있지는 않지만 열거한 것 외에도 같은 종류의 것이 더 있음을 나타낸다.

지나친 흡연은 폐암 등을 일으키며

'따위'도 앞말과 띄어 쓴다.

고추, 호박, 상추 따위　　너 따위가 감히…….

더 알아보기

'대(對)'의 앞뒤는 모두 띄어 쓴다. 그러나 '일대일(1대1)'은 합성어로 국어사전에 등재되어 있으므로 모두 붙여 쓴다. 이처럼 합성어는 띄어쓰기 원칙을 무력화하는 일이 많다. 또 다른 예로서 '새 차, 새 신발, 새 친구'는 띄어 쓰는데 '새것, 새집, 새해, 새봄, 새색시'는 붙여 쓰는 것을 들 수 있다. 앞의 것은 단어별로 띄어 쓴다는 띄어쓰기 원칙에 충실한 것이고, 뒤의 것은 합성어로서 모두 한 단어로 취급되기에 붙여 쓰는 것이다.

제46항 단음절로 된 단어가 연이어 나타날 적에는 붙여 쓸 수 있다.

그때 그곳　　좀더 큰것　　이말 저말　　한잎 두잎

띄어쓰기를 하는 것은 의미를 좀 더 분명하게 전달하려는 데 그 목적이 있다. 그러나 한 음절로 된 단어가 여럿(셋 이상) 이어지는 경우 단어별로 띄어 쓰면 오히려 의미를 파악하는 데 더 어려움을 준다.

그런 점을 고려하여 다음과 같이 붙여 쓸 수 있도록 규정한 것이다.

좀 더 큰 이 집→좀더 큰 이집　　내 것 네 것→내것 네것

한 잔 술→한잔 술

보충 설명

한 음절의 연속체 띄어쓰기: '좀 더 큰 이 헌 집'을 '좀더 큰 이 헌집'으로 쓴다고 할 때, '좀 더'는 부사와 부사가 연결된 경우이고 '헌 집'은 관형어와 명사가 연결된 경우이다. 이럴 때만 붙여 쓸 수 있고 가령 관형어와 관형어, 부사와 관형어는 붙여 쓸 수 없다.

(1) 가. 이 새 책상→*이새 책상 ('이'와 '새'는 관형어)
나. 훨씬 더 큰 책상→*훨씬 더큰 책상 ('더'는 부사, '큰'는 관형어)

그러나 부사와 부사가 연결된 경우라도 의미상 한 덩어리로 묶이기 어려운 말은 붙이지 않는다. (2)에서 '못, 안, 더'는 각각 뒷말인 '간다, 온다, 먹는다'를 꾸미는 것이어서 앞말과 묶이기 어렵다는 것이다.

(2) 가. 더 못 간다/*더못 간다
나. 꽤 안 온다/*꽤안 온다
다. 늘 더 먹는다/*늘더 먹는다

더 알아보기

규정 적용의 어려움: 이 조항만으로는 모든 사례를 분명하게 처리하기 어렵다. 왜냐하면 '단음절로 된 단어가 연이어'라고 할 때 '연이어'라는 말이 2개만 나오는 경우도 포함하는지 분명하지 않기 때문이다. 가령 '좀 더 많이'를 '좀더 많이'로 쓸 수 있는지 분명하지 않다. 이 책에서는 3개 이상일 경우에만 '연이어' 나온 것으로 보았다.

합성어 인정 후의 띄어쓰기: 이 규정에서 보인 예시어 중에는 합성어(한 단어)로 처리되는 것들이 많다. 가령 '그때, 그곳, 이곳, 저곳, 이곳저곳'과 같은 말이 모두 그러하다. 그러므로 이들은 모두 붙여 써야 한다.

제3절 보조 용언

제47항 보조 용언은 띄어 씀을 원칙으로 하되, 경우에 따라 붙여 씀도 허용한다.(ㄱ을 원칙으로 하고, ㄴ을 허용함.)

ㄱ	ㄴ
불이 꺼져 **간다**.	불이 꺼져**간다**.
내 힘으로 막아 **낸다**.	내 힘으로 막아**낸다**.
어머니를 도와 **드린다**.	어머니를 도와**드린다**.
그릇을 깨뜨려 **버렸다**.	그릇을 깨뜨려**버렸다**.
비가 올 **듯하다**.	비가 올**듯하다**.
그 일은 할 **만하다**.	그 일은 할**만하다**.
일이 될 **법하다**.	일이 될**법하다**.
비가 올 **성싶다**.	비가 올**성싶다**.
잘 아는 **척한다**.	잘 아는**척한다**.

다만, 앞말에 조사가 붙거나 앞말이 합성 용언인 경우, 그리고 중간에 조사가 들어갈 적에는 그 뒤에 오는 보조 용언은 띄어 쓴다.

잘도 놀아만 **나는구나!** 책을 읽어도 **보고**…….
네가 덤벼들어 **보아라**. 이런 기회는 다시없을 **듯하다**.
그가 올 듯도 **하다**. 잘난 체를 **한다**.

여기서 말하는 보조 용언*은 (1) '가다, 내다, 드리다, 버리다' 등과 같이 '-아/어' 뒤에 연결되는 보조 용언, (2) '듯하다, 만하다, 성싶다' 등과 같이 의존 명사에 '하다'나 '싶다'가 붙어서 된 보조 용언을 가리킨다.

▸ **용어 및 어휘 풀이**

보조 용언: 용언은 본용언과 보조 용언으로 나뉜다. 본용언은 문장의 주어를 서술하는 데 중심적인 역할을 하는 것이고, 보조 용언은 본용언에 연결되어 그것의 뜻을 보충하는 역할을 한다. 보조 동사, 보조 형용사가 있다. '가지고 싶다'의 '싶다', '먹어 보다'의 '보다' 따위이다.

띄어쓰기는 뜻을 파악하기 쉽게 하는 데 그 목적이 있다. 그런데 문장에서 주된 뜻은 명사나 동사 등과 같은 실질 형태소가 담당하므로 띄어쓰기가 본래의 소임에 충실하려면 실질 형태소 중심으로 띄어쓰기를 하고, 조사와 같은 문법 형태소는 비록 단어로 간주된다고 하더라도 실질 형태소에 붙여 쓰는 것이 합리적이다. 이러한 관점에서 보조 용언의 경우 띄어 쓰는 것을 원칙으로 하고 붙여 쓰는 것을 허용한다. 보조 용언은 실질 형태소와 문법 형태소의 중간적 성격을 지니기 때문이다(이와 같은 이유로 단위를 나타내는 명사의 띄어쓰기에 융통성을 부여한 제43항도 이해된다. 이 역시 실질 형태소와 문법 형태소의 중간적 성격을 지니기 때문이다).

다만, 이 규정은 모든 보조 용언에 적용되지 않는다는 점에서 주의해야 한다. 이 규정은 '본용언+-아/어+보조 용언' 구성 혹은 '관형사형+보조 용언(의존 명사+하다/싶다)' 구성에만 적용되고 '종결 어미+보조 용언' 구성에는 적용되지 않는다. 가령, '밖이 추운가 보다'를 '밖이 추운가보다'처럼 쓰지 않는다.

그런데 아래와 같이 '어 지다'와 '어 하다'가 붙는 경우는 이러한 원칙에서 예외이므로 주의해야 한다. 둘 다 보조 용언으로 다루기는 하지만 '어 지다'는 타동사를 자동사로 바꾸고 '어 하다'는 형용사를 타동사로 바꾼다는 점에서 붙여 쓴다.

(1) ㄱ. 뜻을 이룬다.→뜻이 이루어진다.
ㄴ. 꽃이 예쁘다.→꽃을 예뻐한다.

'뜻이 이루어∨진다'나 '꽃을 예뻐∨한다'와 같이 띄어 쓰는 일이 있지만 이는 잘못이고, '뜻이 이루어진다'와 '꽃을 예뻐한다'로 붙여 써야 한다.

그러나 '-아/-어하다'가 두 단어 이상의 구(句)에 붙는 경우에는 '-아/-어'와 '하다'를 띄어 쓴다. 가령 '마음에 들-, 먹고 싶-, 내키지 않-'에 '-아/-어 하다'가 붙으면 '마음에 들어 하다, 먹고 싶어 하다, 내키지 않아 하다'가 된다.

띄어 쓰는 것을 원칙으로 하되 붙이는 것도 허용하는 보조 용언 구성에는 다음과 같은 예가 있다.

보조 용언	원칙	허용
가다(진행)	늙어 간다, 되어 간다	늙어간다, 되어간다
가지다(보유)	알아 가지고 간다	알아가지고 간다
나다(종결)	겪어 났다, 견뎌 났다	겪어났다, 견뎌났다
내다(종결)	이겨 낸다, 참아 냈다	이겨낸다, 참아냈다
놓다(보유)	열어 놓다, 적어 놓다	열어놓다, 적어놓다
대다(강세)	떠들어 댄다	떠들어댄다
두다(보유)	알아 둔다, 기억해 둔다	알아둔다, 기억해둔다
드리다(봉사)	읽어 드린다	읽어드린다
버리다(종결)	놓쳐 버렸다	놓쳐버렸다
보다(시행)	뛰어 본다, 써 본다	뛰어본다, 써본다
쌓다(강세)	울어 쌓는다	울어쌓는다
오다(진행)	참아 온다, 견뎌 온다	참아온다, 견뎌온다

한편, 의존 명사 '양, 척, 체, 만, 법, 듯, 성, 뻔' 등에 '하다'나 '싶다'가 결합하여 된 보조 용언의 경우도 앞말에 붙여 쓸 수 있다.

보조 용언	원칙	허용
양하다	학자인 양한다	학자인양한다
체하다	모르는 체한다	모르는체한다
듯싶다	올 듯싶다	올듯싶다
뻔하다	놓칠 뻔하였다	놓칠뻔하였다

그렇지만 의존 명사 뒤에 조사가 붙거나, 앞 단어가 합성 동사인 경우는 (보조 용언을) 붙여 쓰지 않는다. 조사가 개입되는 경우는 보조 용언 구성이 아니라 의존 명사와 용언의 구성이므로 붙여 쓸 수 없다. 또 본용언이 합성어인 경우는 '덤벼들어보아라, 떠내려가버렸다'처럼 너무 길어지므로 붙여 쓰지 않는다.

아는 체를 한다(*아는체를한다)　　비가 올 듯도 한다(*올듯도하다)
값을 물어만 보고(*물어만보고)　　믿을 만은 하다(*믿을만은하다)
밀어내 버렸다(*밀어내버렸다)　　잡아매 둔다(*잡아매둔다)

매달아 놓는다(*매달아놓는다)　　집어넣어 둔다(*집어넣어둔다)

'물고늘어져 본다, 파고들어 본다' 같은 경우도 이에 준한다.

다만, 두 음절이 넘지 않는 합성어의 경우는 다음과 같이 붙여 쓸 수 있다.

나가 버렸다 → 나가버렸다　　빛나 보인다 → 빛나보인다
손대 본다 → 손대본다　　잡매 준다 → 잡매준다

그리고 아래와 같이 보조 용언이 거듭 나타나는 경우는 앞의 보조 용언만을 붙여 쓸 수 있다.

기억해 둘 만하다/기억해둘 만하다　　읽어 볼 만하다/읽어볼 만하다
도와 줄 법하다/도와줄 법하다　　되어 가는 듯하다/되어가는 듯하다

보충 설명

'-아/어' 보조 용언 구성의 특성: 보조 용언 구성 중에서도 본동사에 '-아/어'가 붙는 보조 용언 구성은 가장 수가 많아 대표적인 보조 용언 구성이라고 할 수 있다. '-아/어'의 보조 용언 구성은 다음과 같은 특징이 있다.

먼저 '-아/어'의 보조 용언 구성은 다른 보조 용언 구성과는 달리 합성어가 되는 일이 많다. 반면 '-고 말다', '-지 말다'의 보조 용언 구성에서 합성어가 된 예들은 찾기가 어렵다. 그렇지만 '-아/어' 보조 용언 구성은 '넘어지다, 던져두다, 물어보다, 잃어버리다'와 같이 합성어가 되는 일이 적지 않으므로 붙여 쓸 가능성이 그만큼 더 높은 것이다. 또한 '-아/어' 보조 용언은 높임의 '-시-'가 결합하는 면에서도 다른 구성과 차이가 있다.

(2) 선생님께서 {*가셔/가} 보세요?
(3) ㄱ. 선생님께서 {가시고/가고} 싶으신가?
ㄴ. 선생님께서 {가시지/가지} 않으실까?

위에서 알 수 있듯이, '-아/어' 보조 용언 구성은 본용언에 '-시-'가 결합할 수 없지만 다른 구성에서는 본용언에 '-시-'가 결합할 수 있다.

보조 용언 구성 또한 두 가지로 해석되는 경우가 있다. 예를 들어 "부장이 화가 나서 서류를 찢어 버렸어."라고 할 때 '찢어 버리다'의 띄어쓰기는 두 가지 가능성이 있다. 첫째는

'찢어 버리다'가 보조 용언으로 쓰인 경우이다. '밥을 먹어 버렸다, 국이 식어 버렸다'의 '버리다'와 같은 경우인데, 이럴 때는 띄어 쓰는 것이 원칙이되 붙여 쓰는 것이 허용된다.

(4) ㄱ. 서류를 찢어∨버렸다.
ㄴ. 서류를 찢어버렸다.

그런데 겉모습은 같지만 '버리다'가 보조 용언이 아니라 본용언인 경우도 있을 수 있다. 즉, '서류를 찢어 버렸다'를 아래와 같이 생각해 볼 수도 있다.

(5) 서류를 찢어(서) (휴지통에) 버렸다.

이처럼 '버리다'가 본용언으로 쓰인 경우라면 '서류를 찢어∨버렸다'와 같이 띄어 쓰는 것만 가능하고 '서류를 찢어버렸다'와 같이 붙여 쓰는 것은 불가능하다.

제4절 고유 명사 및 전문 용어

제48항 성과 이름, 성과 호 등은 붙여 쓰고, 이에 덧붙는 호칭어, 관직명 등은 띄어 쓴다.

김양수(金良洙) 서화담(徐花潭) 채영신 씨
최치원 선생 박동식 박사 충무공 이순신 장군

다만, 성과 이름, 성과 호를 분명히 구분할 필요가 있을 경우에는 띄어 쓸 수 있다.
남궁억/남궁 억 독고준/독고 준
황보지봉(皇甫芝峰)/황보 지봉

우리나라의 성과 이름은 자립적으로 쓰일 수 있고 고유한 의미가 있다는 점에서 독립적인 단어라고 할 수 있다. 따라서 성과 이름을 띄어 써야 할 것으로 보인다.

그런데 '성+이름'은 하나의 고유 명사를 가리키는 개념이기도 하다. 이러한 점에서 성과 이름은 분리하여 생각하기 어려운 면이 있다. 또한 우리나라 사람의 성은 거의 한 음절로 되어 있어서 직관으로는 한 단어처럼 느껴지지 않는다. 이러한 점에서 성과 이름을 붙여 쓰도록 한 것이다. 이름과 마찬가지 성격을 지닌 호(號)° 나 자(字)° 가 성에 붙는 형식도 이에 준한다.

홍길동　　김경은　　정송강　　이충무공　　이퇴계　　김매월당

그러나 성과 이름을 혼동할 우려가 있을 때는 띄어 쓸 수 있다. 예컨대 '남궁수, 황보영' 같은 성명의 경우 '남'씨의 '궁수', '황'씨의 '보영'인지 '남궁'씨의 '수', '황보'씨의 '영'인지 혼동할 염려가 있으므로, 성과 이름을 분명하게 밝힐 필요가 있을 때에는 띄어 쓸 수 있도록 한 것이다.

한편, 성명 또는 성이나 이름 뒤에 붙는 호칭어나 관직명(官職名) 등은 고유 명사와 별개의 단위이므로 띄어 쓴다. 호나 자 등이 성명 앞에 놓이는 경우도 띄어 쓴다.

홍길동 씨	홍 씨	길동 씨
김철수 군	김 군	철수 군
박선영 양	박 양	선영 양
손기정 옹	손 옹	
총장 정영수 박사	율곡 이이	백범 김구
사 사장(史社長)	여 여사(呂女史)	황희 정승

우리 한자음으로 적는 중국 인명의 경우도 이 조항의 규정이 적용된다.

소정방(蘇定方)　　이세민(李世民)　　장개석(莊介石)

▸ **용어 및 어휘 풀이**

호(號): 본명 이외에 쓰는 이름.

자(字): 본이름 외에 부르는 이름. 예전에, 이름을 소중히 여겨 함부로 부르지 않았던 관습이 있어서 흔히 관례(冠禮) 뒤에 본이름 대신으로 불렀다.

보충 설명

이 조항의 허점: 이 조항에서는 성이 두 글자인 경우를 성과 이름, 성과 호를 분명히 구별해야 할 필요가 있는 예로 들고 있다. 하지만 성이 두 글자일 경우에만 성과 이름을 구별해야 할 필요성이 있는 것은 아니다. 예를 들어 '선우진'이라는 사람이 있을 때, 그 사람은 '선우씨의 진'일 수도 있지만 '선씨의 우진'일 수도 있기 때문이다. 이 규정의 근본 취지를 고려한다면 '선 우진'도 허용되는 띄어쓰기로 볼 수 있다.

제49항 성명 이외의 고유 명사는 단어별로 띄어 씀을 원칙으로 하되, 단위별로 띄어 쓸 수 있다.(ㄱ을 원칙으로 하고, ㄴ을 허용함.)

ㄱ	ㄴ
대한 중학교	대한중학교
한국 대학교 사범 대학	한국대학교 사범대학

띄어쓰기의 원칙에 따라 '국립 중앙 박물관'과 같이 단어별로 띄어 쓸 경우 '국립', '중앙', '박물관'의 세 단어가 각각 지니고 있는 뜻은 분명하게 나타나지만 그것이 하나의 대상이라는 사실은 분명하게 드러나지 않는다. 그런 점에서 둘 이상의 단어가 결합하여 이루어진 고유 명사는 단어별로 띄어 쓰는 것을 원칙으로 하되, 단위별로 붙여 쓸 수 있도록 한 것이다.

여기서 말하는 '단위'란 고유 명사를 이루고 있는 구성 요소의 구조적인 묶음을 뜻한다. 이런 점에서 단위는 서로 밀접한 관련이 있는 구성 요소의 묶음이라고 할 수 있다. 단위별로 띄어 쓰도록 하는 것은 단어별로 띄어 쓰는 것보다 한국어의 직관을 자연스럽게 포착해 주는 경우가 많기 때문이다. 예를 들어, 단어별로 띄어 쓴 '한국 대학교 의과 대학 부속 병원'보다는 '한국대학교', '의과대학', '부속병원'을 각각의 단위로 파악하여 띄어 쓴 '한국대학교 의과대학 부속병원'을 더 자연스럽게 여기는 것이 그러한 예이다.

'단위'의 설정은 띄어쓰기의 자연스러운 직관을 보여 주기 위한 것이므로 직관에 어긋나는 경우는 허용되지 않는다.

(원칙) 국립 한글 박물관

(허용) 국립 한글박물관/국립한글박물관

(불가) 국립한글 박물관

(원칙) 국립 현대 미술관

(허용) 국립 현대미술관/국립현대미술관

(불가) 국립현대 미술관

(원칙) 서울 대공원 관리 사업소 관리부 동물 관리과

(허용) 서울대공원 관리사업소 관리부 동물관리과

(불가) 서울 대공원 관리사업소관리부 동물관리과 등

(원칙) 한국 방송 공사 경영 기획 본부 경영 평가실 경영 평가 분석부

(허용) 한국방송공사 경영기획본부 경영평가실 경영평가분석부

(불가) 한국방송공사 경영기획본부 경영평가실경영평가분석부 등

'부설(附設), 부속(附屬), 직속(直屬), 산하(傘下)*' 따위는 고유 명사에 속하는 것이 아니므로, 원칙적으로 앞뒤의 말과 띄어 쓴다.

(원칙) 학술원 부설 국어 연구소

(허용) 학술원 부설 국어연구소

다만, '부속 학교, 부속 초등학교, 부속 중학교, 부속 고등학교' 등은 교육학 연구나 교원 양성을 위하여 교육 대학이나 사범 대학에 부속시켜 설치한 학교를 이르므로 하나의 단위로 다루어 붙여 쓸 수 있다.

(원칙) 한국 대학교 사범 대학 부속 고등학교

(허용) 한국대학교 사범대학 부속고등학교

▶ **용어 및 어휘 풀이**

산하(傘下): 어떤 조직체나 세력의 관할 아래.

제50항 전문 용어는 단어별로 띄어 씀을 원칙으로 하되, 붙여 쓸 수 있다.(ㄱ을 원칙으로 하고, ㄴ을 허용함.)

ㄱ	ㄴ
만성 골수성 백혈병	만성골수성백혈병
중거리 탄도 유도탄	중거리탄도유도탄

전문 용어란 학술 용어나 기술 용어와 같이 전문적인 영역에서 쓰이는 용어를 말한다. 전문 용어는 둘 이상의 단어로 이루어졌더라도 하나의 개념을 나타내는 경우가 대부분이다. 그러므로 붙여 쓸 만한 것이다. 그렇지만 전문 용어는 전문적인 내용을 담고 있기 때문에 의미를 파악하기가 쉽지 않은 면이 있다. 이런 점을 고려하여 의미 파악이 쉽도록 하기 위하여 띄어 쓰는 것을 원칙으로 하고 편의상 붙여 쓸 수 있도록 하였다.

원칙	허용
만국 음성 기호(萬國音聲記號)	만국음성기호
긴급 재정 처분(緊急財政處分)	긴급재정처분
무한 책임 사원(無限責任社員)	무한책임사원
배당 준비 적립금(配當準備積立金)	배당준비적립금
손해 배상 청구(損害賠償請求)	손해배상청구
관상 동맥 경화증(冠狀動脈硬化症)	관상동맥경화증
급성 복막염(急性腹膜炎)	급성복막염
지구 중심설(地球中心說)	지구중심설
탄소 동화 작용(炭素同化作用)	탄소동화작용
해양성 기후(海洋性氣候)	해양성기후
두 팔 들어 가슴 벌리기	두팔들어가슴벌리기
무릎 대어 돌리기	무릎대어돌리기
여름 채소 가꾸기	여름채소가꾸기

전문 용어를 확인하려면 국어사전을 참고하는 것이 바람직하다. 전문 용어 가운데는 둘 이상의 단어로 이루어진 경우라도 띄어 쓸 수 없는 것들이 있다. 예를 들어, 다음과 같이 '책 이름, 동식물의 분류학적 명칭' 등은 합성어로서 띄어 쓰지 않는다.

두시언해　　강장동물

그러나 관형사형이 명사를 꾸며 주거나 두 개 이상의 체언이 접속 조사*로 연결되는 구조일 때는 붙여 쓰지 않는다.

(1) 가. 간단한 도면 그리기 / *간단한도면 그리기
('간단한'은 관형어, '도면'은 명사)
나. 바닷말과 물고기 기르기 / *바닷말과물고기 기르기 ('과'는 접속 조사)

또한 체언이 조사와 연결된 형태도 뒷말과 붙여 쓰지 않는다.

(2) 가. 전쟁 선포에 관한 법률
나. 전쟁선포에 관한 법률 / *전쟁선포에 관한법률 / *전쟁선포에관한 법률

(2가)의 원칙적 띄어쓰기에 대해 '전쟁선포에 관한 법률'만이 허용될 뿐 관형사형과 명사를 붙인 '*전쟁선포에 관한법률'은 물론, 체언이 조사와 연결된 형태가 뒷말과 붙여진 '*전쟁선포에관한 법률' 모두 허용되지 않는 것이다. 결과적으로 (2나)에서 보듯이 '전쟁'과 '선포'만을 붙여 적을 수 있다.

한편, 두 개 이상의 전문 용어가 접속 조사로 이어지는 경우는 전문 용어 단위로 붙여 쓸 수 있다.

자음 동화와 모음 동화 / 자음동화와 모음동화

▸ **용어 및 어휘 풀이**

접속 조사: 두 단어를 같은 자격으로 이어 주는 구실을 하는 조사. '와', 과', '하고', '(이)나', '(이)랑' 따위가 있다.

제6장 그 밖의 것

제51항 부사의 끝음절이 분명히 '이'로만 나는 것은 '이'로 적고, '히'로만 나거나 '이'나 '히'로 나는 것은 '히'로 적는다.

1. '이'로만 나는 것

가붓이*	깨끗이	나붓이*	느긋이	둥긋이*	따뜻이
반듯이	버젓이	산뜻이	의젓이	가까이	고이
날카로이	대수로이	번거로이	많이	적이	헛되이
겹겹이	번번이	일일이	집집이	틈틈이	

2. '히'로만 나는 것

극히	급히	딱히	속히	작히	족히
특히	엄격히	정확히			

▸ **용어 및 어휘 풀이**

가붓이: 조금 가벼운 듯하게.

나붓이: 작은 것이 좀 넓고 평평한 듯하게.

둥긋이: 둥근 듯하게(예: 흐릿한 봄 달이 동산 저쪽에서 둥긋이 떠오른다).

3. '이, 히'로 나는 것

솔직히 가만히 간편히 나른히 무단히* 각별히 소홀히
쓸쓸히 정결히 과감히 꼼꼼히 심히 열심히 급급히
답답히 섭섭히 공평히 능히 당당히 분명히 상당히
조용히 간소히 고요히 도저히

"분명히 [이]로만 나는 것은 '이'로 적고, [히]로만 나거나 [이]나 [히]로 나는 것은 '히'로 적는다."라는 규정은 한글 맞춤법의 기본 원칙에 어긋난다. 한글 맞춤법은 표준어를 소리 나는 대로 적는 것이 원칙이므로 [이]로 나면 '이'로 적고 [히]로 나면 '히'로 적어야 하기 때문이다. 또한 현실적으로 [이]로만 나는지 [이/히]로 모두 나는지를 구분하는 것은 쉽지 않은 일이다. 이 둘은 다음과 같은 규칙을 참조하여 구분할 수 있다. 다만, 이러한 규칙으로 설명할 수 없는 경우가 있으므로 정확하게 구분하려면 국어사전을 확인해야 한다.

(1) '이'로 적는 것

① (첩어 또는 준첩어인) 명사 뒤

간간이 겹겹이 골골샅샅이 곳곳이 길길이 나날이
다달이 땀땀이* 몫몫이* 번번이 샅샅이 알알이
앞앞이 줄줄이 짬짬이 철철이

② 'ㅅ' 받침 뒤

기웃이 나긋나긋이 남짓이* 뜨뜻이* 버젓이 번듯이
빠듯이 지긋이

▸ **용어 및 어휘 풀이**

무단히: 사전에 허락이 없이. 또는 사유를 말함이 없이(예: 사람을 무단히 괴롭히다).

땀땀이: 실을 꿴 바늘로 한 번 뜬 자국마다.

몫몫이: 한 몫 한 몫으로.

남짓이: 크기, 수효, 부피 따위가 어느 한도에 차고 조금 남는 정도로(예: 그는 집안 사정 때문에 십 년 남짓이 대학을 다녔다).

뜨뜻이: 뜨겁지 않을 정도로 온도가 높게.

③ ‘ㅂ’ 불규칙 용언의 어간 뒤

가벼이 괴로이 기꺼이 너그러이 부드러이
새로이 쉬이 외로이 즐거이

④ ‘하다’가 붙지 않는 용언 어간 뒤

같이 굳이 길이 깊이 높이 많이 실없이
적이 헛되이

⑤ 부사 뒤(제25항 참조)

곰곰이 더욱이 생긋이 오뚝이 일찍이 히죽이

⑥ ‘ㄱ’ 받침으로 끝난 일부 어근 뒤

깊숙이 고즈넉이 끔찍이 길쭉이 멀찍이 느직이 두둑이

(2) ‘히’로 적는 것

① ‘하다’가 붙는 어근 뒤(단, ‘ㅅ’ 받침 제외)

극히 급히 딱히 속히 족히 엄격히
정확히 간편히 고요히 공평히 과감히 급급히
꼼꼼히 나른히 능히 답답히

예시된 단어 중 ‘극히, 도저히, 무단히’ 등은, ‘하다’가 결합한 형태가 널리 사용되지는 않지만, ‘극(極)하다, 도저(到底)하다, 무단(無斷)하다’ 등이 『표준국어대사전』에 실려 있다.

② ‘하다’가 붙는 어근에 ‘히’가 결합하여 된 부사가 줄어든 형태

(익숙히→)익히 (특별히→)특히

③ 어원적으로는 ‘하다’가 붙지 않는 어근에 부사화 접미사가 결합한 형태로 분석되더라도, 그 어근 형태소의 본뜻이 유지되고 있지 않은 단어의 경우는 익어진 발음 형태대로 ‘히’로 적는다.

작히(어찌 조금만큼만, 오죽이나)

보충 설명

‘-하다’로 끝나는 말이라고 하여 그 부사가 모두 ‘-히’ 형태가 되는 것은 아니다. 해설에서

도 밝혔듯이 '하다' 앞 받침이 'ㅅ'일 경우뿐 아니라 'ㄱ'일 경우에도 어떤 말들은 '-이'를 취한다. 예컨대 '깊숙이, 끔찍이, 멀찍이' 등과 같은 말에서는 '-이'를 취한다.

제52항 한자어에서 본음으로도 나고 속음으로도 나는 것은 각각 그 소리에 따라 적는다.

본음으로 나는 것	속음으로 나는 것
승낙(承諾)	수락(受諾), 쾌락(快諾), 허락(許諾)
만난(萬難)	곤란(困難), 논란(論難)
안녕(安寧)	의령(宜寧), 회령(會寧)
분노(忿怒)	대로(大怒), 희로애락(喜怒哀樂)
토론(討論)	의논(議論)
오륙십(五六十)	오뉴월, 유월(六月)
목재(木材)	모과(木瓜)
십일(十日)	시방정토(十方淨土), 시왕(十王), 시월(十月)
팔일(八日)	초파일(初八日)

'속음'은 원래의 음이 변하여 널리 퍼진 경우를 말한다. 이러한 익은소리(습관음)는 현실적으로 널리 쓰이는 것이므로 표준어로 삼는 것이다.

이 밖에도 속음으로 적는 경우는 다음과 같은 경우가 있다.

본음	속음
제공(提供), 제기(提起)	보리(菩提),* 보리수(菩提樹)
도장(道場)*	도량(道場)*
공포(公布)	보시(布施)

▸ **용어 및 어휘 풀이**

보리: 불교 최고의 지혜 또는 이 지혜를 얻기 위해 닦는 도.

도장: 무술을 연마하는 곳.

도량: 불도를 닦는 깨끗한 마당.

자택(自宅)	본댁(本宅), 시댁(媤宅), 댁내(宅內)
단심(丹心)* 단풍(丹楓)	모란(牧丹)
동굴(洞窟), 동네(洞-)	통찰(洞察), 통촉(洞燭)
당분(糖分), 혈당(血糖)	사탕(砂糖), 설탕(雪糖), 탕수육(糖水肉)

보충 설명

이 조항 마련의 취지: 어떤 한자의 표준 독음이 모든 한자어에서 똑같은 것은 아니기 때문에 이 조항을 마련한 것이다. 한글 맞춤법은 표준어를 소리대로 적기 때문에 똑같은 한자가 여러 가지로 읽힐 때에 그 발음을 반영하여 적는다는 것이다. 제52항에서 '승낙, 희로애락'은 '*승락, *희노애락'으로 잘못 쓰는 일이 많다.

제53항 다음과 같은 어미는 예사소리로 적는다.(ㄱ을 취하고, ㄴ을 버림.)

ㄱ	ㄴ	ㄱ	ㄴ
(으)ㄹ거나	(으)ㄹ꺼나	(으)ㄹ지니라	(으)ㄹ찌니라
(으)ㄹ걸	(으)ㄹ껄	(으)ㄹ지라도	(으)ㄹ찌라도
(으)ㄹ게	(으)ㄹ께	(으)ㄹ지어다	(으)ㄹ찌어다
(으)ㄹ세	(으)ㄹ쎄	(으)ㄹ지언정	(으)ㄹ찌언정
(으)ㄹ세라	(으)ㄹ쎄라	(으)ㄹ진대	(으)ㄹ찐대
(으)ㄹ수록	(으)ㄹ쑤록	(으)ㄹ진저	(으)ㄹ찐저
(으)ㄹ시	(으)ㄹ씨	올시다	올씨다
(으)ㄹ지	(으)ㄹ찌		

다만, 의문을 나타내는 다음 어미들은 된소리로 적는다.

(으)ㄹ까? (으)ㄹ꼬? (스)ㅂ니까? (으)리까? (으)ㄹ쏘냐?

▸ **용어 및 어휘 풀이**

단심: 속에서 우러나오는 정성스러운 마음.

'ㄹ'로 시작하는 어미는 된소리로 소리가 나더라도 된소리를 표기에 반영하지 않는다. 그것은 이때의 'ㄹ'이 기원적으로 관형사형 어미이고 뒤의 말이 기원적으로 의존 명사이기 때문이다. 관형사형 어미 뒤에서는 자동적으로 예사소리(평음)가 된소리(경음)로 바뀌는데, 이는 표기에 반영하지 않는다. 예컨대 '들어갈 집, 먹을 것'에서 '집, 것'이 [찝], [껏]으로 소리 나더라도 '집, 것'으로 쓴다. 이 조항은 이와 같은 사정을 반영한 것이다. 몇 가지 어미 예를 보이도록 한다.

-ㄹ지　-ㄹ수록　-ㄹ사　-ㄹ세라　-ㄹ시고　-ㄹ진대

'ㄹ'로 시작하는 어미 중에서 된소리를 표기에 반영하는 것은 의문을 나타내는 다음 어미들뿐이다.

-ㄹ까:　주말에 어디 갈까?
-ㄹ꼬:　날씨가 왜 이렇게 추울꼬?
-ㄹ쏘냐:　내가 너에게 질쏘냐?
-ㄹ쏜가:　뉘라서 그를 이길쏜가?

그런데 예들 때문에 '-ㄹ거나, -ㄹ걸, -ㄹ게' 등도 '-ㄹ꺼나, -ㄹ껄, -ㄹ께' 등과 같이 적을 것으로 생각하기 쉬우나, 'ㄹ' 뒤에서 된소리로 발음되는 것은 된소리로 적지 않기로 하였으므로 '-ㄹ거나, -ㄹ걸, -ㄹ게' 등으로 적는다.

그리고 'ㄹ'로 시작하는 어미가 아닌 다음의 의문 어미도 소리 나는 대로 된소리로 적는다.

-나이까　-더이까　-리까　-ㅂ니까/습니까　-ㅂ디까/습디까

보충 설명

규정과 해설에서 보인 어미가 쓰인 몇 개의 예문을 든다.

(1) 가. 어디로 갈거나?/*어디로 갈꺼나?
　　나. 서울은 아마 비가 올걸./*서울은 아마 비가 올껄.
　　다. 집에 갈게(요)./*집에 갈께(요).

라. 여기가 우리 집일세./*여기가 우리 집일쎄.

마. 아기가 깰세라 조용히 말했다./*아기가 깰쎄라 조용히 말했다.

바. 그 사람이 올지 모르겠다./*그 사람이 올찌 모르겠다.

(2) 가. 이 일을 어찌 할꼬?/*이 일을 어찌 할고?

나. 내가 질쏘냐?/*내가 질소냐?

(1가)에서 보듯이 '-ㄹ거나'는 의문의 뜻을 나타내는데, 이를 제53항의 '다만' 규정과 상충되는 것으로 이해해서는 안 된다. '다만' 규정은 '의문을 나타내는 다음 어미'를 언급하는 것일 뿐 의문의 뜻을 나타내는 모든 어미에 대한 규정이 아니기 때문이다.

제54항 다음과 같은 접미사는 된소리로 적는다.(ㄱ을 취하고, ㄴ을 버림.)

ㄱ	ㄴ	ㄱ	ㄴ
심부름꾼	심부름군	귀때기	귓대기
익살꾼	익살군	볼때기	볼대기
일꾼	일군	판자때기	판잣대기
장꾼	장군	뒤꿈치	뒷굼치
장난꾼	장난군	팔꿈치	팔굼치
지게꾼	지겟군	이마빼기	이맛배기
때깔*	땟갈	코빼기	콧배기
빛깔	빛갈	객쩍다*	객적다
성깔	성갈	겸연쩍다*	겸연적다

(1) '군/꾼'은 '꾼'으로 통일하여 적는다.

▸ **용어 및 어휘 풀이**

때깔: 천이나 물건 따위가 눈에 선뜻 드러나 비치는 맵시나 빛깔.

객쩍다: 행동이나 말, 생각이 쓸데없고 싱겁다.

겸연쩍다: 쑥스럽거나 미안하여 어색하다.

거간꾼* 구경꾼 나무꾼 낚시꾼 난봉꾼 노름꾼
농사꾼 땅꾼* 만석꾼* 말썽꾼 사기꾼 사냥꾼
소리꾼 술꾼 짐꾼 훼방꾼

(2) '갈/깔'은 '깔'로 통일하여 적는다.

맛깔 태깔(態)*

(3) '대기/때기'는 '때기'로 적는다.

거적때기 나무때기 배때기 판때기(널)

(4) '굼치/꿈치'는 '꿈치'로 적는다.

발꿈치 발뒤꿈치

(5) '배기/빼기'가 혼동될 수 있는 단어는,

첫째, [배기]로 발음되는 경우는 '배기'로 적고

나이배기 육자배기(六字)*

둘째, 한 형태소 내부에 있어서 'ㄱ, ㅂ' 받침 뒤에서 [빼기]로 발음되는 경우는 '배기'로 적으며(제5항 '다만' 참조)

뚝배기 학배기[蜻幼蟲]

셋째, 다른 형태소 뒤에서 [빼기]로 발음되는 것은 모두 '빼기'로 적는다.

고들빼기* 곱빼기

다만, '언덕배기'는 한 형태소 내부가 아니지만 '언덕바지'와의 형태적 연관성을 보이기 위해 '언덕배기'로 적는다.

(6) '적다/쩍다'가 혼동될 수 있는 단어는,

첫째, [적다]로 발음되는 경우는 '적다'로 적고

괘다리적다* 열퉁적다*

▸ **용어 및 어휘 풀이**

거간꾼: 사고파는 사람 사이에 들어 흥정을 붙이는 일을 직업으로 하는 사람.

땅꾼: 뱀을 잡아 파는 사람.

만석꾼: 곡식 만 섬 가량을 거두어들일 만한 논밭을 가진 큰 부자.

태깔: 모양과 빛깔.

육자배기: 남도 지방에서 부르는 잡가(雜歌)의 하나. 가락의 굴곡이 많고 활발하며 진양조장단이다.

고들빼기: 국화과의 두해살이풀.

둘째, '적다[少]'의 뜻이 유지되고 있는 합성어의 경우는 '적다'로 적으며

맛적다*

셋째, '적다[少]'의 뜻이 없이 [쩍다]로 발음되는 경우는 '쩍다'로 적는다.

맥쩍다* 멋쩍다

더 알아보기

'-배기'와 '-빼기'뿐만 아니라 '-배기'와 '-박이'도 혼동하기 쉽다. '박다'의 뜻이 살아 있는 경우는 '박이'가 되고 그렇지 않을 경우는 '배기'가 된다. '붙박이', '점박이' 등은 '박다'의 뜻이 살아 있는 경우이므로 '박이'가 된다. '오이소박이'도 '오이에 소*를 박았다'는 뜻이므로 '박이'가 되고 '차돌박이'도 '차돌처럼 흰 부위가 박혀 있는 고기'를 뜻하므로 '박이'가 된다. '박다'의 뜻이 살아 있지 않으면 '배기'가 되는데, 사람 나이 뒤에 붙는 말은 '박거나 박이는' 것이 아니므로 '배기'가 된다. 즉 '한 살배기, 다섯 살배기'와 같이 쓴다.

第55항 두 가지로 구별하여 적던 다음 말들은 한 가지로 적는다.(ㄱ을 취하고, ㄴ을 버림.)

ㄱ	ㄴ
맞추다(입을 맞춘다. 양복을 맞춘다.)	마추다
뻗치다(다리를 뻗친다. 멀리 뻗친다.)	뻐치다

'주문(注文)하다'란 뜻으로는 '마추다'라고 하여 '맞게 하다'란 뜻의 '맞추다'와 구분했던 적이 있었지만 모두 '맞추다'로 통일하여 적도록 하였다.

▸ **용어 및 어휘 풀이**

괘다리적다: 사람됨이 멋없고 거칠다.

열퉁적다: 말이나 행동이 조심성이 없고 거칠며 미련스럽다.

맛적다: 재미나 흥미가 거의 없어 싱겁다.

맥쩍다: 심심하고 재미가 없다.

소: 통김치나 오이소박이김치 따위의 속에 넣는 여러 가지 재료.

양복을 맞춘다. 구두를 맞춘다. 맞춤 와이셔츠
입을 맞춘다. 나사를 맞춘다. 차례를 맞춘다.

그리고 과거에는 '이 끝에서 저 끝까지 닿다, 멀리 연하다'란 뜻일 때는 '뻐치다'로, '뻗다'의 의미를 강조할 때는 '뻗치다'로 구분하여 썼었는데, 지금은 구별 없이 '뻗치다'로 적는다.

세력이 남극까지 뻗친다. 다리를 뻗친다.

더 알아보기

'맞추다'와 '맞히다': '맞추다'는 '기준이나 다른 것에 같게 하다'라는 의미이고 '맞히다'는 '여럿 중에서 하나를 골라내다'라는 의미이므로 "퀴즈의 답을 맞히다"가 옳고 "퀴즈의 답을 맞추다"는 옳지 않다. '맞추다'는 '답안지를 정답과 맞추다'와 같이 다른 대상과 견주어 본다는 의미이다. 예컨대 '한국 여자 양궁, 금메달을 맞추다'처럼 '맞히다'를 '맞추다'로 쓸 경우, '금메달을 딴' 것이 아니라 '금메달을 주문했다는' 엉뚱한 뜻이 되어 버린다.

제56항 '더라, 던'과 '든지'는 다음과 같이 적는다.

1. 지난 일을 나타내는 어미는 '더라, 던'으로 적는다.(ㄱ을 취하고, ㄴ을 버림.)

ㄱ	ㄴ
지난겨울은 몹시 춥더라.	지난겨울은 몹시 춥드라.
깊던 물이 얕아졌다.	깊든 물이 얕아졌다.
그렇게 좋던가?	그렇게 좋든가?
그 사람 말 잘하던데!	그 사람 말 잘하든데!
얼마나 놀랐던지 몰라.	얼마나 놀랐든지 몰라.

2. 물건이나 일의 내용을 가리지 아니하는 뜻을 나타내는 조사와 어미는 '(-)든지'로 적는다.(ㄱ을 취하고, ㄴ을 버림.)

ㄱ	ㄴ
배든지 사과든지 마음대로 먹어라.	배던지 사과던지 마음대로 먹어라.
가든지 오든지 마음대로 해라.	가던지 오던지 마음대로 해라.

1. '-더'가 들어 있는 말들은 지난 일을 나타내는 데 쓰인다.

-더구나	-더구려	-더구먼	-더군(←-더구나, -더구먼)	
-더냐	-더니	-더니라	-더니만(←-더니마는)	
-더라면	-던	-던가	-던걸	-더라
-던데	-던들	-던지	-던고	

2. '-던' 또한 지난 일을 나타낼 때 쓰인다. 이와는 달리 '-든'은 내용을 가리지 않는 뜻을 나타내는 연결 어미* '-든가' 혹은 '-든지'가 줄어든 말이다. 그래서 지난 일을 나타내는 '-던지'는 '-지'가 탈락될 수 없으나 '-든지'에서는 '-지'가 탈락될 수 있다.

어렸을 때 놀던 곳
아침에 먹던 밥
그 집이 크던지 작던지 생각이 안 난다.
그가 집에 있었던지 없었던지 알 수 없다.
가든(가) 말든(가) 마음대로 하렴.
많든(지) 적든(지) 관계없다.

▸ **용어 및 어휘 풀이**

연결 어미: 어간에 붙어 다음 말에 연결하는 구실을 하는 어미를 말한다. 학교 문법에서는 크게 대등적 연결 어미, 종속적 연결 어미, 보조적 연결 어미로 나누고 있다.

제57항 다음 말들은 각각 구별하여 적는다.

가름	둘로 가름.
갈음	새 책상으로 갈음하였다.
거름	풀을 썩힌 거름.
걸음	빠른 걸음.
거치다	영월을 거쳐 왔다.
걷히다	외상값이 잘 걷힌다.
걷잡다	걷잡을 수 없는 상태.
겉잡다	겉잡아서 이틀 걸릴 일.
그러므로(그러니까)	그는 부지런하다. 그러므로 잘 산다.
그럼으로(써)	그는 열심히 공부한다. 그럼으로(써)
(그렇게 하는 것으로)	은혜에 보답한다.
노름	노름판이 벌어졌다.
놀음(놀이)	즐거운 놀음.
느리다	진도가 너무 느리다.
늘이다	고무줄을 늘인다.
늘리다	수출량을 더 늘린다.
다리다	옷을 다린다.
달이다	약을 달인다.
다치다	부주의로 손을 다쳤다.
닫히다	문이 저절로 닫혔다.
닫치다	문을 힘껏 닫쳤다.
마치다	벌써 일을 마쳤다.
맞히다	여러 문제를 더 맞혔다.

목거리	목거리가 덧났다.
목걸이	금목걸이, 은목걸이.
바치다	나라를 위해 목숨을 바쳤다.
받치다	우산을 받치고 간다.
	책받침을 받친다.
받히다	쇠뿔에 받혔다.
밭치다	술을 체에 밭친다.
반드시	약속은 반드시 지켜라.
반듯이	고개를 반듯이 들어라.
부딪치다	차와 차가 마주 부딪쳤다.
부딪히다	마차가 화물차에 부딪혔다.
부치다	힘이 부치는 일이다.
	편지를 부친다.
	논밭을 부친다.
	빈대떡을 부친다.
	식목일에 부치는 글.
	회의에 부치는 안건.
	인쇄에 부치는 원고.
	삼촌 집에 숙식을 부친다.
붙이다	우표를 붙인다.
	책상을 벽에 붙였다.
	흥정을 붙인다.
	불을 붙인다.
	감시원을 붙인다.
	조건을 붙인다.
	취미를 붙인다.
	별명을 붙인다.

시키다	일을 시킨다.
식히다	끓인 물을 식힌다.
아름	세 아름 되는 둘레.
알음	전부터 알음이 있는 사이.
앎	앎이 힘이다.
안치다	밥을 안친다.
앉히다	윗자리에 앉힌다.
어름	두 물건의 어름에서 일어난 현상.
얼음	얼음이 얼었다.
이따가	이따가 오너라.
있다가	돈은 있다가도 없다.
저리다	다친 다리가 저린다.
절이다	김장 배추를 절인다.
조리다	생선을 조린다. 통조림, 병조림.
졸이다	마음을 졸인다.
주리다	여러 날을 주렸다.
줄이다	비용을 줄인다.
하노라고	하노라고 한 것이 이 모양이다.
하느라고	공부하느라고 밤을 새웠다.
-느니보다(어미)	나를 찾아오느니보다 집에 있거라.
-는 이보다(의존 명사)	오는 이가 가는 이보다 많다.
-(으)리만큼(어미)	나를 미워하리만큼 그에게 잘못한 일이 없다.
-(으)ㄹ 이만큼(의존 명사)	찬성할 이도 반대할 이만큼이나 많을 것이다.

-(으)러(목적)	공부하러 간다.
-(으)려(의도)	서울 가려 한다.
-(으)로서(자격)	사람으로서 그럴 수는 없다.
-(으)로써(수단)	닭으로써 꿩을 대신했다.
-(으)므로(어미)	그가 나를 믿으므로 나도 그를 믿는다.
(-ㅁ, -음)으로(써)(조사)	그는 믿음으로(써) 산 보람을 느꼈다.

발음이 같거나 비슷해서 혼동하는 일이 많은 말들이다. 실제 생활에서 잘못 쓰는 일이 많으므로 주의해서 구별해야 한다. 이 조항에 제시된 것들은『표준국어대사전』에서 의미와 쓰임을 확인해서 공부해야 혼동하지 않고 분명하게 구분할 수 있다.

발음이 같은 것

가름/갈음	거치다/걷히다
걷잡다/겉잡다	그러므로/그럼으로
노름/놀음	느리다/늘이다
다리다/달이다	다치다/닫히다/닫치다
마치다/맞히다	목거리/목걸이
바치다/받치다/받히다/밭치다	반드시/반듯이
부딪치다/부딪히다	부치다/붙이다
시키다/식히다	아름/알음
안치다/앉히다	어름/얼음
이따가/있다가	저리다/절이다
조리다/졸이다	주리다/줄이다
-느니보다/-는 이보다	-(으)리만큼/-(으)ㄹ 이만큼
-(으)므로/-(음)으로	

발음이 유사한 것

하노라고/하느라고　　-(으)러/-(으)려　　-(으)로서/-(으)로써

'그러므로'에는 '써'가 결합하지 못하고 '그럼으로'에는 '써'가 결합할 수 있다는 차이점이 있다. 즉 '그는 부지런하다. 그러므로써 잘산다'는 불가능하지만 '그는 열심히 공부한다. 그럼으로써 은혜에 보답한다'는 가능하다.

현실적으로 '마치다'와 '맞히다'를 혼동하는 일은 많지 않은 반면에 '맞히다'를 '맞추다'로 잘못 쓰는 일이 많으므로 주의할 필요가 있다.

맞히다　활로 과녁을 맞힌다.
　　　　퀴즈의 정답을 (알아)맞힌다.
　　　　침을 맞힌다.
　　　　비를 맞힌다.
맞추다　친구와 답을 맞추어 본다.
　　　　시간에 맞추어 전화를 한다.
　　　　양복을 맞춘다.

'반드시'는 '꼭, 틀림없이'란 뜻을, '반듯이'는 '비뚤어지거나 기울거나 굽지 않고 바르게'란 뜻이 있다. '반듯이'는 '반듯하다'와 관련이 있어서 '반듯하게'로 대체할 수 있다.

반드시　그는 반드시 온다.
　　　　성(盛)한 자는 반드시 쇠(衰)할 때가 있다.
반듯이　반듯이/반듯하게 서라.
　　　　선을 반듯이/반듯하게 그어라.

'부딪치다'는 '부딪다(물건과 물건이 서로 힘 있게 마주 닿다, 또는 그리되게 하다)'를 강조하여 이르는 말이고, '부딪히다'는 '부딪다'의 피동사다. 현실적으로 '부딪다'는 잘 쓰이지 않고 '부딪치다'와 '부딪히다'는 의미상 구별하기가 쉽지 않다. 한편 국어사전에는 '부딪치다'의 피동사로 '부딪치이다'가 올라 있지만 이 말은 현실적으로 잘 쓰이지 않는다.

부딪치다　길을 가다가 자전거와 부딪쳤다.
부딪히다　그들의 계획은 모두의 반대에 부딪혔다.

'붙이다'에는 '붙게 하다'의 의미가 있는 반면, '부치다'에는 그런 의미가 없다. '소매를 걷어붙이다', '경례를 올려붙이다', '사람을 밀어붙이다' 등도 '붙이다'로 적는 것에 주의할 필요가 있다.

'조리다'는 '양념을 한 고기나 생선, 채소 따위를 국물을 넣고 바짝 끓여서 양념이 배어들게 한다'는 뜻으로 '조림'과 관련이 있는 말이다. 이에 비해 '졸이다'는 '마음을 졸인다'는 뜻과 '찌개, 국, 한약 따위의 물의 분량이 적어지게 한다'는 뜻이 있다. 후자의 경우 '조리다'와 잘 구분이 되지 않는 문제가 있다.

조리다　생선을 조린다. 장조림, 통조림
졸이다　마음을 졸인다. 국물을 졸인다.

'-노라고'는 화자가 자신의 행동에 대한 의도나 목적을 나타내는 말이다. '-느라고'는 앞말이 뒷말에서 벌어지는 일의 목적이나 원인이 됨을 뜻한다.

-노라고　내 나름대로 하노라고 했는데 성과가 좋지 않다.
-느라고　어젯밤에 동생은 소설을 읽느라고 밤을 새웠다.

더 알아보기

이 항에서는 뜻은 다르지만 같은 소리가 나는 말을 다룬다(음길이는 고려하지 않음). 이를 흔히 '동음이의어(同音異義語)'라고 하는데, 동음이의어는 다음 세 가지 경우로 나누어 볼 수 있다.

(1) 가. 같은 맞춤법의 동음이의어
　나. '다리[脚]'와 '다리[橋]'
(2) 가. 다른 맞춤법의 동음이의어
　나. '가름[分]'과 '갈음[替]'
(3) 가. 중화(中和)로 인한 동음이의어
　나. '낫[鎌]'과 '낮[晝]'과 '낯[面]'

이 항에서 다루고 있는 동음이의어는 (2)이다. (3)은 원래 동음이의어라고 할 수는 없으나 일시적으로 단어 말 받침이 소리로 구별되지 않음으로써 생기는 동음이의어이다.

부록 문장 부호

문장 부호는 글에서 문장의 구조를 드러내거나 글쓴이의 의도를 전달하기 위하여 사용하는 부호이다. 문장 부호의 이름과 사용법은 다음과 같이 정한다.

기존 1988년의 규정에서는 수학이나 언어학과 같은 전문 분야에서 쓰이는 분수 표시의 빗금, 단어 구성 성분 표시의 붙임표까지 문장 부호로 다루었지만 새 문장 부호 규정에서는 주로 일상의 글에서 사용되는 부호의 용법으로 범위를 한정하였다.

개정된 문장 부호 규정은 2단계 구조[1.-(1)]로 되어 있다. 기존 규정이 3단계 구조[I-1.-(1)]로 되어 있는 것을 간략화한 것이다. 기존 규정에서는 개별 부호들을 아우르는 층위와 용어로 'I. 마침표[終止符]', 'Ⅱ. 쉼표[休止符]', 'Ⅲ. 따옴표[引用符]', 'Ⅳ. 묶음표[括弧符]', 'Ⅴ. 이음표[連結符]', 'Ⅵ. 드러냄표[顯在符]', 'Ⅶ. 안드러냄표[潛在符]' 등을 설정하였으나 새 규정에서는 이들 층위와 용어를 제외하였다. 이러한 개편 과정에서 '마침표'는 부호 '.'만을 이르는 용어로 변경되었고, '쉼표'도 부호 ','만을 이르는 용어로 변경되었다.

1. 마침표(.)

(1) 서술, 명령, 청유 등을 나타내는 문장의 끝에 쓴다.

젊은이는 나라의 기둥입니다. 제 손을 꼭 잡으세요.

집으로 돌아갑시다. 가는 말이 고와야 오는 말이 곱다.

[붙임 1] 직접 인용한 문장의 끝에는 쓰는 것을 원칙으로 하되, 쓰지 않는 것을 허용한다.(ㄱ을 원칙으로 하고, ㄴ을 허용함.)

ㄱ. 그는 "지금 바로 떠나자."라고 말하며 서둘러 짐을 챙겼다.

ㄴ. 그는 "지금 바로 떠나자"라고 말하며 서둘러 짐을 챙겼다.

[붙임 2] 용언의 명사형이나 명사로 끝나는 문장에는 쓰는 것을 원칙으로 하되, 쓰지 않는 것을 허용한다.(ㄱ을 원칙으로 하고, ㄴ을 허용함.)

ㄱ. 목적을 이루기 위하여 몸과 마음을 다하여 애를 씀.

ㄴ. 목적을 이루기 위하여 몸과 마음을 다하여 애를 씀

ㄱ. 결과에 연연하지 않고 끝까지 최선을 다하기.

ㄴ. 결과에 연연하지 않고 끝까지 최선을 다하기

ㄱ. 신입 사원 모집을 위한 기업 설명회 개최.

ㄴ. 신입 사원 모집을 위한 기업 설명회 개최

ㄱ. 내일 오전까지 보고서를 제출할 것.

ㄴ. 내일 오전까지 보고서를 제출할 것

다만, 제목이나 표어에는 쓰지 않음을 원칙으로 한다.

압록강은 흐른다 꺼진 불도 다시 보자 건강한 몸 만들기

문장은 크게 평서문, 청유문, 명령문, 의문문, 감탄문 등으로 나눌 수 있는데, 이러한 문장 끝에는 마침표를 쓰는 것이 원칙이다. 그리고 평서문, 청유문, 명령문 형식으로 되어 있는 속담이나 격언 등에도 마침표를 쓴다.

또한 서술어가 생략되어 쓰이는 대화의 상황이라도 그 문장이 평서나 청유 또는 명령의 내용을 담고 있다면 마침표를 쓴다.

철수: 너 언제 집에 갈 거야?

영희: 네 시.

직접 인용한 문장의 끝에도 마침표를 쓰는 것이 원칙이지만 마침표를 쓰지 않는 일이 많고 큰따옴표가 이미 인용한 문장의 경계를 표시하므로 쓰지 않는 것도 허용된다.

선생님께서는 "최선을 다한 일에는 후회가 없다./없다"라고 말씀하셨다.

공문서나 보고서 등에서는 명사형 어미나 서술성을 가진 명사만으로 문장을 끝맺는 경우에는 문장의 기능을 하고 있다는 점에서 마침표를 쓰는 것이 원칙이다. 하지만 언어 현실을 고려하여 쓰지 않는 것도 허용된다.

내일 오전까지 기획서를 제출할 예정임./예정임

내일 오전까지 기획서 제출하기./제출하기

명사로 끝날 때 마침표를 쓰는 것은 '개최'처럼 서술성이 있는 명사 뒤에서는 가능하지만 '설명회'처럼 서술성이 없는 명사 뒤에서는 불가능하다.

2014년 10월 27일 재건축 설명회 개최./개최

2014년 10월 27일에 개최한 재건축 설명회(마침표 사용 불가)

(2) 아라비아 숫자만으로 연월일을 표시할 때 쓴다.

1919. 3. 1. 10. 1.~10. 12.

글자 대신 마침표로 연월일을 나타내는 경우에는 '1919년 3월 1일'을 '1919. 3. 1.'과 같이 쓸 수 있다. 이때 '일'을 나타내는 마침표는 생략해서는 안 된다. '연과 월' 또는 '월과 일'만 쓰고자 할 때에도 마침표를 쓸 수 있다. 하지만 '연' 또는 '월' 또는 '일'만 쓰고자 할 때에는 마침표를 쓰지 않는다.

2008년 5월→2008. 5.

7월 22일→7. 22.

(3) 특정한 의미가 있는 날을 표시할 때 월과 일을 나타내는 아라비아 숫자 사이에 쓴다.

3.1 운동　　　　8.15 광복

[붙임] 이때는 마침표 대신 가운뎃점을 쓸 수 있다.

3·1 운동　　　　8·15 광복

특정한 의미가 있는 날을 표시할 때 월과 일을 나타내는 아라비아 숫자 사이에는 마침표를 쓰는 것이 원칙이고 가운뎃점을 쓰는 것도 허용된다.

4.19 혁명/4·19 혁명

(4) 장, 절, 항 등을 표시하는 문자나 숫자 다음에 쓴다.

가. 인명　　　　ㄱ. 머리말

Ⅰ. 서론　　　　1. 연구 목적

장, 절, 항 등을 표시하는 문자나 숫자 다음에 마침표를 쓸 수 있다. 문자나 숫자를 붙임표(-)나 마침표 등으로 연결하여 하위 장, 절, 항 등을 표시하는 경우에도 끝에 마침표를 쓸 수 있다.

ㄱ. 가-1. 인명　　　　1-1. 머리말

ㄴ. 가. 1. 서론　　　　1. 1. 연구 목적

장, 절, 항 등을 표시하는 문자나 숫자를 괄호에 넣어 나타낼 경우에는 마침표를 쓰지 않는다.

[붙임] '마침표' 대신 '온점'이라는 용어를 쓸 수 있다.

'마침표'는 본래 종지부(終止符)에 대응하는 용어로서 문장이 끝났음을 나타내는 온점, 물음표, 느낌표 등을 아울러 이르는 말이었지만 실제 언어생활에서는 '온점'이라는 용어는 거의 쓰이지 않았다. 따라서 부호 '.'을 가리키는 용어로서 '마침표'를 인정하여 언어 현실에 부합되도록 하되 '온점'이라는 용어도 그대로 쓸 수 있도록 허용하였다.

보충 설명

마침표의 띄어쓰기: 마침표는 앞말에는 붙여 쓰고 뒷말과는 띄어 쓴다. 단, (3)에서는 마침표의 앞뒤를 붙여 쓴다.

서. 2003. 7. 22. (서기)

더 알아보기

준말을 나타낼 때 마침표를 쓸 수 있다는 내용이 제외되었다. 그렇다고 해서 준말을 나타낼 때 마침표를 쓰면 안 되는 것은 아니라는 점에 유의할 필요가 있다.

2. 물음표(?)

(1) 의문문이나 의문을 나타내는 어구의 끝에 쓴다.

점심 먹었어?
이번에 가시면 언제 돌아오세요?
제가 부모님 말씀을 따르지 않을 리가 있겠습니까?
남북이 통일되면 얼마나 좋을까?
다섯 살짜리 꼬마가 이 멀고 험한 곳까지 혼자 왔다?

지금?　　　뭐라고?　　　네?

[붙임 1] 한 문장 안에 몇 개의 선택적인 물음이 이어질 때는 맨 끝의 물음에만 쓰고, 각 물음이 독립적일 때는 각 물음의 뒤에 쓴다.

너는 중학생이냐, 고등학생이냐?

너는 여기에 언제 왔니? 어디서 왔니? 무엇하러 왔니?

[붙임 2] 의문의 정도가 약할 때는 물음표 대신 마침표를 쓸 수 있다.

도대체 이 일을 어쩐단 말이냐.

이것이 과연 내가 찾던 행복일까.

다만, 제목이나 표어에는 쓰지 않음을 원칙으로 한다.

역사란 무엇인가　　　아직도 담배를 피우십니까

전형적인 문장 형식을 갖추지 않았더라도 그 자체로 의문을 나타낸다면 그 끝에 물음표를 쓴다.

무슨 일?

한 문장 안에서 몇 개의 선택적인 물음이 이어질 때는 각 물음의 끝에는 쉼표를 쓰고 물음표는 맨 끝의 물음, 즉 문장의 끝에 한 번만 쓴다. 별개의 의문문이 쓰인 경우에는 각 물음의 끝마다 물음표를 쓴다.

너는 이게 마음에 드니, 저게 마음에 드니?

숙소는 편하셨어요? 음식은 맛있었어요?

의문의 정도가 약한 경우에는 물음표 대신 마침표를 쓸 수 있으며 상대의 답변을 요구하기보다는 스스로 긍정을 나타내는 수사 의문문에는 마침표를 쓸 수도 있고 물음표를 쓸 수도 있다.

왜 그 사람은 자기밖에 모를까. / 모를까?

의문문 형식의 속담이나 격언 등에서는 물음표보다는 마침표를 쓰는 일이 많다. 의문문 형식의 속담이나 격언 등은 그 속성상 수사 의문문인 경우가 대부분이기 때문이다.

구름 없는 하늘에 비 올까.
첫 술에 배부르랴.

의문문 형식의 제목이나 표어 등에는 물음표를 쓰지 않는 것이 원칙이다.

사람은 무엇으로 사는가

(2) 특정한 어구의 내용에 대하여 의심, 빈정거림 등을 표시할 때, 또는 적절한 말을 쓰기 어려울 때 소괄호 안에 쓴다.
우리와 의견을 같이할 사람은 최 선생(?) 정도인 것 같다.
30점이라, 거참 훌륭한(?) 성적이군.
우리 집 강아지가 가출(?)을 했어요.

(3) 모르거나 불확실한 내용임을 나타낼 때 쓴다.
최치원(857~?)은 통일 신라 말기에 이름을 떨쳤던 학자이자 문장가이다.
조선 시대의 시인 강백(1690?~1777?)의 자는 자청이고, 호는 우곡이다.

물음표는 모르거나 불확실한 내용임을 나타내는 부호로 쓸 수 있다.

노자(?~?)는 중국 춘추 시대의 사상가로 도를 좇아서 살 것을 역설하였다.
예수(기원전 4?~기원후 30?)는 기독교의 창시자이다.

보충 설명

물음표의 띄어쓰기: 문장 끝에 쓰는 물음표는 앞말에는 붙여 쓰고 뒷말과는 띄어 쓴다. (2)에서처럼 소괄호 안에 쓸 때는 앞뒤를 붙여 쓴다.

3. 느낌표(!)

(1) 감탄문이나 감탄사의 끝에 쓴다.
이거 정말 큰일이 났구나!　　　어머!

[붙임] 감탄의 정도가 약할 때는 느낌표 대신 쉼표나 마침표를 쓸 수 있다.
어, 벌써 끝났네.　　　날씨가 참 좋군.

감탄의 정도가 약한 경우에는 느낌표 대신 쉼표나 마침표를 쓸 수 있다. 마침표는 감탄의 정도가 약한 감탄문의 끝에 쓸 수 있으며, 쉼표는 감탄의 정도가 약한 감탄사의 끝에 쓸 수 있다.

피부가 참 곱구나./곱구나!
아, 그렇군./그렇군!

제목이나 표어가 감탄문이나 감탄사로 되어 있더라도 느낌표를 쓰지 않는 것이 원칙이지만 특별한 의도나 효과를 드러내고자 할 때는 예외적으로 느낌표를 쓸 수도 있다.

새들도 세상을 뜨는구나

(2) 특별히 강한 느낌을 나타내는 어구, 평서문, 명령문, 청유문에 쓴다.
청춘! 이는 듣기만 하여도 가슴이 설레는 말이다.
이야, 정말 재밌다!　　　지금 즉시 대답해!
앞만 보고 달리자!

감탄사나 감탄문이 아니더라도 강한 느낌이나 의지 등을 나타내고자 할 때는 쉼표나 마침표 대신 느낌표를 쓸 수 있다.

내일부터 정말 열심히 할 거야!

빨리 와!

한번 버텨 보자!

(3) 물음의 말로 놀람이나 항의의 뜻을 나타내는 경우에 쓴다.

이게 누구야! 내가 왜 나빠!

의문문 형식으로 놀람, 항의, 반가움, 꾸중 등의 강한 감정을 표현하고자 할 때는 물음표 대신 느낌표를 쓸 수 있다.

이게 웬 마른날에 벼락 맞는 소리냐!

일을 이런 식으로 진행하는 법이 어디에 있단 말입니까!

(4) 감정을 넣어 대답하거나 다른 사람을 부를 때 쓴다.

네! 네, 선생님!

흥부야! 언니!

보충 설명

느낌표의 띄어쓰기: 느낌표는 앞말에는 붙여 쓰고 뒷말과는 띄어 쓴다.

4. 쉼표(,)

(1) 같은 자격의 어구를 열거할 때 그 사이에 쓴다.

근면, 검소, 협동은 우리 겨레의 미덕이다.

충청도의 계룡산, 전라도의 내장산, 강원도의 설악산은 모두 국립 공원이다.

집을 보러 가면 그 집이 내가 원하는 조건에 맞는지, 살기에 편한지, 망가진 곳은 없는지 확인해야 한다.

5보다 작은 자연수는 1, 2, 3, 4이다.

다만, (가) 쉼표 없이도 열거되는 사항임이 쉽게 드러날 때는 쓰지 않을 수 있다.

아버지 어머니께서 함께 오셨어요.

네 돈 내 돈 다 합쳐 보아야 만 원도 안 되겠다.

(나) 열거할 어구들을 생략할 때 사용하는 줄임표 앞에는 쉼표를 쓰지 않는다.

광역시: 광주, 대구, 대전……

문장 안에서 같은 자격의 어구가 연이어 나올 때는 기본적으로 각 어구들 사이에 쉼표를 쓴다. 열거되는 어구 중에 마지막 어구 앞에 '그리고'를 붙이는 경우가 있는데, 단순히 열거의 기능으로 쉼표를 쓰고자 한다면 쓰지 않는 것이 원칙이다.

정욱, 재용, 성민 그리고 은길이까지 모두 4명이 시험에 합격했다.

쉼표 없이도 말을 열거한다는 것을 분명히 알 수 있는 경우에는 쉼표를 쓰지 않아도 된다.

우리나라는 봄 여름 가을 겨울의 구분이 뚜렷하다.

열거할 어구들을 생략할 때 쓰는 줄임표 앞에는 쉼표를 쓰지 않는다.

'설악산, 한라산, 태백산……' 이렇게 우리나라의 명산을 하나씩 등산할 계획이다.

(2) 짝을 지어 구별할 때 쓴다.
닭과 지네, 개와 고양이는 상극이다.

(3) 이웃하는 수를 개략적으로 나타낼 때 쓴다.
5, 6세기 6, 7, 8개

이웃하는 수란 바로 다음의 수를 가리킨다. 흔히 70개에서 80개 사이를 개략적으로 나타낼 때 보통 '칠팔십 개'라고 하는데 이를 숫자로 적을 때는 70~80개 또는 70-80개로 적는 것이 바람직하다. '7, 80개' 또는 '70, 80개'와 같이 적으면 '7, 80개'는 '7개 또는 80개'라는 의미가 되고, '70, 80개'는 '70개 또는 80개'라는 의미로 잘못 해석될 수가 있다.

(4) 열거의 순서를 나타내는 어구 다음에 쓴다.
첫째, 몸이 튼튼해야 한다.
마지막으로, 무엇보다 마음이 편해야 한다.

여러 가지 내용을 열거할 때 사용하는 '첫째, 둘째, 셋째……', '먼저, 다음으로, 마지막으로……' 등과 같은 말 다음에 쉼표를 쓴다.

다음으로, 행사 순서를 알려 드리겠습니다.

(5) 문장의 연결 관계를 분명히 하고자 할 때 절과 절 사이에 쓴다.
콩 심은 데 콩 나고, 팥 심은 데 팥 난다.
저는 신뢰와 정직을 생명과 같이 여기고 살아온바, 이번 비리 사건과는 무관하다는 점을 분명히 밝힙니다.
떡국은 설날의 대표적인 음식인데, 이걸 먹어야 비로소 나이도 한 살 더 먹는다고 한다.

문장의 연결 관계를 분명히 하고자 할 때 쉼표를 쓰지만 쉼표 없이도 문장의 연결 관계가 분명히 드러난다면 생략할 수 있다.

새하, 찬하, 경하는 집으로 돌아가고, 민주, 민재, 민서는 학교에 남았다.
새하, 찬하, 경하는 집으로 돌아가고 민주, 민재, 민서는 학교에 남았다.

(6) 같은 말이 되풀이되는 것을 피하기 위하여 일정한 부분을 줄여서 열거할 때 쓴다.
여름에는 바다에서, 겨울에는 산에서 휴가를 즐겼다.

반복되는 같은 말을 줄여서 열거할 때는 쉼표로 문장 안의 연결 관계를 분명하게 드러낼 수 있다.

나는 너의, 너는 나의 친구가 아니냐.

(7) 부르거나 대답하는 말 뒤에 쓴다.
지은아, 이리 좀 와 봐. 네, 지금 가겠습니다.

독립 성분 다음에 쉼표를 씀으로써 다른 문장 성분들과의 경계를 분명히 할 수 있다. 특별한 감정을 넣을 때는 쉼표 대신 느낌표를 쓸 수 있다.

> "너 나를 속이려고 했지?" "아니요! 절대로 그렇지 않습니다."
> "아가! 이리 좀 와 봐라." "네, 어머니."

'그리고, 그러나, 그런데, 그러므로……' 등과 같은 말도 독립 성분으로 쓰인다. 이전 규정에서는 이런 접속을 나타내는 말 뒤에서는 쉼표를 쓰지 않는 것이 원칙이었지만 개정된 규정에서는 이와 관련된 규정이 없어졌으므로 문맥에 따라 판단하여 사용할 수 있다.

> 자연은 인류의 어머니와도 같습니다. 그것은 사람이 살아가는 데에 필요한 모든 것을 제공해 주기 때문입니다. 그런데 자연을 파괴한다면 인류에게도 좋지 못한 영향이 있을 것입니다. 그러므로, 우리는 자연을 사랑해야 합니다.

(8) 한 문장 안에서 앞말을 '곧', '다시 말해' 등과 같은 어구로 다시 설명할 때 앞말 다음에 쓴다.
책의 서문, 곧 머리말에는 책을 지은 목적이 드러나 있다.
원만한 인간관계는 말과 관련한 예의, 즉 언어 예절을 갖추는 것에서 시작된다.
호준이 어머니, 다시 말해 나의 누님은 올해로 결혼한 지 20년이 된다.
나에게도 작은 소망, 이를테면 나만의 정원을 가졌으면 하는 소망이 있어.

한 문장 안에서 앞말을 '곧', '다시 말해', '이를테면' 등과 같은 말로 다시 설명할 때 앞에 쉼표를 쓴다.

> 인간관계는 상대방에 대한 믿음, 곧 신뢰로부터 시작된다고 할 수 있다.
> 무엇을 하든지 꾸준하고 열심히 하는 것, 즉 성실이 가장 큰 경쟁력이다.

문장 첫머리에 '곧', '다시 말해', '이를테면' 등과 같은 어구가 나올 때 그 뒤에 쉼표를 쓸 것인지 여부는 문맥에 맞게 판단하여 사용할 수 있다. '반면(에)', '한편' 등의 뒤에 쉼표를 쓸 것인지 여부도 문맥에 따라 결정할 수 있다.

커피에 건강에 해롭지 않다는 의견이 있는 반면,/반면 해롭다는 의견도 있다.

(9) 문장 앞부분에서 조사 없이 쓰인 제시어나 주제어의 뒤에 쓴다.
돈, 돈이 인생의 전부이더냐?
열정, 이것이야말로 젊은이의 가장 소중한 자산이다.
지금 네가 여기 있다는 것, 그것만으로도 나는 충분히 행복해.
저 친구, 저러다가 큰일 한번 내겠어.
그 사실, 넌 알고 있었지?

(10) 한 문장에 같은 의미의 어구가 반복될 때 앞에 오는 어구 다음에 쓴다.
그의 애국심, 몸을 사리지 않고 국가를 위해 헌신한 정신을 우리는 본받아야 한다.

(10)의 예시에서 "몸을 사리지 않고 국가를 위해 헌신한 정신"은 '(그의) 애국심'을 자세하게 풀어서 설명한 것으로 쉼표를 씀으로써 두 어구를 분명하게 구분할 수 있다. 앞말을 다시 설명하는 '곧, 다시 말해' 앞에 쉼표를 쓰는 것과 비슷하다.

거북선, 충무공이 만든 이 세계 최초의 철갑선은 임진왜란 때 왜군을 무찔렀다.

그렇지만 앞말에 대한 설명이 복잡하지 않은 '내 친구 철수'의 '내 친구'와 '철수' 사이에는 쉼표를 쓰지 않는 것이 자연스럽다. 이와 달리 '철수, 내 친구'의 경우에는 쉼표를 사용하는 자연스럽다.

(11) 도치문에서 도치된 어구들 사이에 쓴다.

이리 오세요, 어머님. 다시 보자, 한강수야.

도치된 말을 구분할 때 쉼표를 사용하는데, 특히 서술어가 도치된 경우에는 반드시 쉼표를 쓴다.

비가 세차게 내렸다, 오전에.

반드시 완수하겠습니다, 제게 주어진 임무를.

서술어가 도치되지 않은 경우에는 쉼표를 쓰지 않는 일이 많지만 도치문임을 특별히 밝히고자 할 때는 쉼표를 쓴다.

이 운동을, 내가 10년 동안 쉬지 않고 매일 했습니다.

아침밥을, 아들이 차리고 있었다.

(12) 바로 다음 말과 직접적인 관계에 있지 않음을 나타낼 때 쓴다.

갑돌이는, 울면서 떠나는 갑순이를 배웅했다.

철원과, 대관령을 중심으로 한 강원도 산간 지대에 예년보다 일찍 첫눈이 내렸습니다.

바로 다음에 나오는 말과 직접적인 관계에 있지 않음을 나타낼 때 쉼표를 쓴다.

첫번째 예시에서 쉼표를 쓰지 않으면 '우는' 사람이 갑돌이인지 갑순이인지 알 수가 없는데, '갑돌이는' 뒤에 쉼표를 씀으로써 '우는' 사람이 갑순이임을 알 수 있다. 만약 '울면서' 뒤에 쉼표를 쓰면 '우는' 사람은 갑돌이가 된다.

두 번째 예시에서 쉼표를 쓰지 않으면 '철원'과 접속 관계에 있는 어구가 '대관령'

인지 '강원도 산간 지대'인지 알 수가 없는데, '철원과' 뒤에 쉼표를 씀으로써 '철원'과 '강원도 산간 지대'가 접속 관계에 있음을 알 수 있다.

ㄱ. 그는, 어제 도서관에서 빌린 책을 읽고 있었다.
ㄴ. 그는 어제, 도서관에서 빌린 책을 읽고 있었다.

ㄱ과 ㄴ은 쉼표의 위치에 따라 의미가 다르게 해석된다. ㄱ은 어제 빌린 책을 오늘 읽고 있었다는 의미이고, ㄴ은 어제 또는 그 이전에 도서관에서 빌린 책을 어제 읽고 있었다는 의미이다.

(13) 문장 중간에 끼어든 어구의 앞뒤에 쓴다.
나는, 솔직히 말하면, 그 말이 별로 탐탁지 않아.
영호는 미소를 띠고, 속으로는 화가 치밀어 올라 잠시라도 견딜 수 없을 만큼 괴로웠지만, 그들을 맞았다.

[붙임 1] 이때는 쉼표 대신 줄표를 쓸 수 있다.
나는 — 솔직히 말하면 — 그 말이 별로 탐탁지 않아.
영호는 미소를 띠고 — 속으로는 화가 치밀어 올라 잠시라도 견딜 수 없을 만큼 괴로웠지만 — 그들을 맞았다.

[붙임 2] 끼어든 어구 안에 다른 쉼표가 들어 있을 때는 쉼표 대신 줄표를 쓴다.
이건 내 것이니까 — 아니, 내가 처음 발견한 것이니까 — 절대로 양보할 수 없다.

강조를 하거나 부가적인 설명 등을 하기 위하여 중간에 말을 삽입할 때는 해당하는 말의 앞뒤에 쉼표나 줄표를 쓸 수 있다. 이미 쉼표가 있을 때에는 부호가 겹치지 않도록 쉼표를 쓰지 않고 줄표를 써야 한다.

ㄱ. 그래서 결국 우리 팀은, 다시 생각하기도 싫지만, 지고 말았다.

ㄴ. 프랑스 국기의 삼색—청, 백, 홍—은 각각 자유, 평등, 박애를 상징한다.

(14) 특별한 효과를 위해 끊어 읽는 곳을 나타낼 때 쓴다.
내가, 정말 그 일을 오늘 안에 해낼 수 있을까?
이 전투는 바로 우리가, 우리만이, 승리로 이끌 수 있다.

글쓴이가 끊어 읽기를 바라는 뜻에서 임의로 특정 어구의 뒤에 쉼표를 쓸 수 있다.

발 가는 대로, 그는 어느 틈엔가 안전지대에 가서, 자기의 두 손을 내려다보았다. 구보는, 자기는, 대체, 얼마를 가져야 행복일 수 있을까 생각해 본다.

(15) 짧게 더듬는 말을 표시할 때 쓴다.
선생님, 부, 부정행위라니요? 그런 건 새, 생각조차 하지 않았습니다.

[붙임] '쉼표' 대신 '반점'이라는 용어를 쓸 수 있다.

'쉼표'는 본래 휴지부(休止符)에 대응하는 용어로서 문장 중간에 쓰이는 반점, 가운뎃점, 쌍점, 빗금 등을 아울러 이르는 말이었지만 실제 언어생활에서는 '반점'이라는 용어 대신 '쉼표'가 널리 쓰여 왔다. 따라서 이번 개정안에서는 부호 ','을 가리키는 용어로서 '쉼표'를 원칙으로 하되 '반점'이라는 용어도 그대로 쓸 수 있도록 하여 그동안 이 용어를 잘 써 온 사람들도 불편함이 없도록 하였다.

보충 설명

쉼표는 앞말에는 붙여 쓰고 뒷말과는 띄어 쓴다.

더 알아보기

기존 규정에는 수의 자릿점을 나타낼 때 쉼표를 쓸 수 있다는 규정이 있었으나, 이 용법은 수학이나 경제학 등의 전문 분야의 특수한 용법인 것으로 판단하여 제외하였다. 그렇다고 해서 수의 자릿점을 나타낼 때 쉼표를 쓰면 안 되는 것은 아니다.

5. 가운뎃점(·)

(1) 열거할 어구들을 일정한 기준으로 묶어서 나타낼 때 쓴다.

민수·영희, 선미·준호가 서로 짝이 되어 윷놀이를 하였다.
지금의 경상남도·경상북도, 전라남도·전라북도, 충청남도·충청북도 지역을 예부터 삼남이라 일러 왔다.

(2) 짝을 이루는 어구들 사이에 쓴다.

한(韓)·이(伊) 양국 간의 무역량이 늘고 있다.
우리는 그 일의 참·거짓을 따질 겨를도 없었다.
하천 수질의 조사·분석
빨강·초록·파랑이 빛의 삼원색이다.

다만, 이때는 가운뎃점을 쓰지 않거나 쉼표를 쓸 수도 있다.

한(韓) 이(伊) 양국 간의 무역량이 늘고 있다.
우리는 그 일의 참 거짓을 따질 겨를도 없었다.
하천 수질의 조사, 분석
빨강, 초록, 파랑이 빛의 삼원색이다.

짝을 이루는 말들 사이에는 가운뎃점을 쓰는 것이 원칙이다. 짝을 이룬다는 것은 각각의 말이 긴밀한 관계를 맺고 상위 단위의 구성 요소로 관계를 형성하고 있다는 의미이다.

김 과장은 회의 자료를 수정·보완하여 제출하였다.
곤충의 몸은 머리·가슴·배로 구분할 수 있다.

우리나라의 바다에는 동해·서해·남해가 있다.

이 경우에 글쓴이의 의도에 따라 쉼표를 쓰거나 부호를 쓰지 않을 수 있다.

(3) 공통 성분을 줄여서 하나의 어구로 묶을 때 쓴다.
상·중·하위권　　　　금·은·동메달
통권 제54·55·56호

[붙임] 이때는 가운뎃점 대신 쉼표를 쓸 수 있다.
상, 중, 하위권　　　　금, 은, 동메달
통권 제54, 55, 56호

공통 성분을 줄여서 하나의 말로 묶을 때에는 가운뎃점을 쓰는 것이 원칙이다.

의약품의 오·남용을 / 오, 남용을 줄입시다.
건강 상담은 가까운 병·의원에서 / 병, 의원에서 하실 수 있습니다.

제4항의 (6)과 같은 경우에는 공통 성분을 줄이긴 했으나 하나의 말로 묶이는 경우가 아니므로 가운뎃점을 쓰지 않고 쉼표를 쓴다. 국어사전에는 '검인정(검정+인정), 관공서(관서+공서), 선후배(선배+후배), 직간접(직접+간접)' 등과 같이 공통 성분을 줄여서 된 단어가 실려 있다. 이처럼 한 단어로 널리 쓰이고 있는 경우에는 부호를 쓰지 않고 한 단어로 쓴다.

보충 설명

가운뎃점의 앞뒤는 붙여 쓴다.

6. 쌍점(:)

(1) 표제 다음에 해당 항목을 들거나 설명을 붙일 때 쓴다.
문방사우: 종이, 붓, 먹, 벼루
일시: 2014년 10월 9일 10시
흔하진 않지만 두 자로 된 성씨도 있다.(예: 남궁, 선우, 황보)
올림표(#): 음의 높이를 반음 올릴 것을 지시한다.

표제에 해당하는 항목을 열거하여 보이거나 표제에 대한 구체적인 설명을 붙일 때 표제 다음에 쌍점을 쓴다.

사계절: 봄, 여름, 가을, 겨울
장소: 남산 일대

(2) 희곡 등에서 대화 내용을 제시할 때 말하는 이와 말한 내용 사이에 쓴다.
김 과장: 난 못 참겠다.
아들: 아버지, 제발 제 말씀 좀 들어 보세요.

(3) 시와 분, 장과 절 등을 구별할 때 쓴다.
오전 10:20(오전 10시 20분)
두시언해 6:15(두시언해 제6권 제15장)

(4) 의존 명사 '대'가 쓰일 자리에 쓴다.
65:60(65 대 60)　　　청군 : 백군(청군 대 백군)

의존 명사 '대'가 쓰일 자리에 쌍점을 쓸 수 있다. '대'는 의존 명사이므로 앞뒤를 띄어 쓰지만, 문장 부호 '쌍점'을 쓸 때는 앞뒤를 붙여 쓴다.

청군과 백군은 현재 3:3으로 팽팽히 맞서고 있다.

[붙임] 쌍점의 앞은 붙여 쓰고 뒤는 띄어 쓴다.

다만, (3)과 (4)에서는 쌍점의 앞뒤를 붙여 쓴다.

쌍점은 앞말에는 붙이고 뒷말과는 띄어 쓰는 것이 원칙이다. 다만, (3)과 (4)에서는 쌍점의 앞뒤를 붙여 쓴다.

7. 빗금(/)

(1) 대비되는 두 개 이상의 어구를 묶어 나타낼 때 그 사이에 쓴다.

먹이다/먹히다　　　　남반구/북반구

금메달/은메달/동메달

( )이/가 우리나라의 보물 제1 호이다.

서로 개념적으로 대비가 되는 말들을 하나로 묶어서 나타낼 때 빗금을 쓴다. 상위어와 하위어, 유의어, 반의어 관계에 있는 말 등이 그러한 예이다. 대비해서 보일 필요가 없을 때에는 쉼표를 쓸 수 있다.

반짝이다/반짝거리다/반짝하다

아버지/어머니

(2) 기준 단위당 수량을 표시할 때 해당 수량과 기준 단위 사이에 쓴다.

100미터/초　　　　1,000원/개

'1,000원/개'는 '한 개당 1,000원'이라는 뜻이다. 이처럼 기준 단위당 수량을 표시할 때 해당 수량과 기준 단위 사이에 빗금을 쓴다.

1인당 숙박비는 40,000원/일입니다.

(3) 시의 행이 바뀌는 부분임을 나타낼 때 쓴다.
산에 / 산에 / 피는 꽃은 / 저만치 혼자서 피어 있네

다만, 연이 바뀜을 나타낼 때는 두 번 겹쳐 쓴다.
산에는 꽃 피네 / 꽃이 피네 / 갈 봄 여름 없이 / 꽃이 피네 // 산에 / 산에 / 피는 꽃은 / 저만치 혼자서 피어 있네

[붙임] 빗금의 앞뒤는 (1)과 (2)에서는 붙여 쓰며, (3)에서는 띄어 쓰는 것을 원칙으로 하되 붙여 쓰는 것을 허용한다. 단, (1)에서 대비되는 어구가 두 어절 이상인 경우에는 빗금의 앞뒤를 띄어 쓸 수 있다.

산에는 꽃 피네
꽃이 피네
갈 봄 여름 없이
꽃이 피네

산에
산에
피는 꽃은
저만치 혼자서 피어 있네

— 김소월의 「산유화」 중에서 —

위와 같이 여러 행과 연으로 된 시를 한 줄로 이어 쓸 때는 시행이 바뀌는 부분에는

빗금을 쓰고, 연이 바뀌는 부분에는 빗금을 두 번 겹쳐 쓴다.

더 알아보기

분수를 나타낼 때 빗금을 쓸 수 있다는 이전 규정은 제외되었지만 실생활에서 분수를 나타낼 때 빗금을 쓰지 못하는 것은 아니다.

8. 큰따옴표(" ")

(1) 글 가운데에서 직접 대화를 표시할 때 쓴다.
"어머니, 제가 가겠어요." "아니다. 내가 다녀오마."

대화문의 앞뒤에 큰따옴표를 쓴다. 소설이나 수필과 같은 글에서 중간에 나오는 대화문을 나타내고자 할 때도 마찬가지다. 희곡처럼 전체가 대사로 이루어진 글에서는 큰따옴표를 쓰지 않는다.

"오늘은 어제보다 따뜻하구나."
"네, 곧 봄이 올 것 같아요."

(2) 말이나 글을 직접 인용할 때 쓴다.
나는 "어, 광훈이 아니냐?" 하는 소리에 깜짝 놀랐다.
밤하늘에 반짝이는 별들을 보면서 "나는 아무 걱정도 없이 가을 속의 별들을 다 헬 듯합니다."라는 시구를 떠올렸다.

편지의 끝머리에는 이렇게 적혀 있었다.
"할머니, 편지에 사진을 동봉했다고 하셨지만 봉투 안에는 아무것도 없었어요."

다른 사람의 말이나 글을 그대로 직접 인용할 때 해당 부분의 앞뒤에 큰따옴표를 쓴다. 인용한 말이나 글이 문장 형식이 아니더라도 큰따옴표를 쓸 수 있다.

사회자가 "곧 시작하겠습니다."라고 말했다.
"낮말은 새가 듣고 밤말은 쥐가 듣는다."라는 속담이 있다.
편지에는 "안녕, 내 사랑"이라고 쓰여 있었다.

보충 설명

큰따옴표의 띄어쓰기: (1)과 (2)에서 앞에 쓰는 큰따옴표(여는 큰따옴표)는 앞말에는 띄어 쓰고 뒷말과는 붙여 쓴다. 큰따옴표 다음에 오는 '라고'는 붙여 쓰지만 '하고'는 붙여 쓰지 않는다.

할아버지께서 "날씨가 참 좋구나."라고 말했다.
할아버지께서 "날씨가 참 좋구나." 하고 말했다.

9. 작은따옴표(' ')

(1) 인용한 말 안에 있는 인용한 말을 나타낼 때 쓴다.
그는 "여러분! '시작이 반이다.'라는 말 들어 보셨죠?"라고 말하며 강연을 시작했다.

인용한 말 안에 다시 인용한 말이 들어 있을 경우, 바깥쪽의 큰따옴표와 구분하기 위해서 작은따옴표를 쓴다.

그때 누군가가 큰 소리로 말했다. "침착해야 합니다! '하늘이 무너져도 솟아날 구멍이 있다.'라고 하지 않습니까?"

(2) 마음속으로 한 말을 적을 때 쓴다.

나는 '일이 다 틀렸나 보군.' 하고 생각하였다.

'이번에는 꼭 이기고야 말겠어.' 호연이는 마음속으로 몇 번이나 그렇게 다짐하며 주먹을 불끈 쥐었다.

인용한 말이 마음속으로 한 말인 경우에는 그 말의 앞뒤에 작은따옴표를 쓴다. 단, 인용한 말이 혼잣말인 경우에는 큰따옴표를 쓴다.

'곧 봄이 오겠지.' 하고 생각했어요.

그는 거울 속의 자신에게 말했다. "그래 나도 할 수 있을 거야."

보충 설명

작은따옴표의 띄어쓰기: (1)과 (2)에서 앞에 쓰는 작은따옴표(여는 작은따옴표)는 앞말에는 띄어 쓰고 뒷말과는 붙여 쓴다. 뒤에 쓰는 작은따옴표(닫는 작은따옴표)는 앞말에는 붙여 쓰되, 뒷말과의 띄어쓰기는 경우에 따라 다르다. 소제목, 그림이나 노래와 같은 예술 작품의 제목, 상호, 법률, 규정 등에 쓰는 작은따옴표(14의 [붙임] 참조)의 띄어쓰기도 이에 준한다.

'처음에만 열심히 하는 척하다가 결국에는 그만두겠지.'라고 생각했어요.

'처음에만 열심히 하는 척하다가 결국에는 그만두겠지.' 하고 생각했어요.

특별히 드러낼 필요가 있는 말이나 구절에 사용하는 작은따옴표는 여는 작은따옴표는 뒷말에 붙여 쓰고 닫는 작은따옴표는 앞말에 붙여 쓴다.

지금 필요한 것은 '지식'이 아니라 '실천'입니다.

다음 보기에서 명사가 '아닌' 것은?

10. 소괄호(( ))

(1) 주석이나 보충적인 내용을 덧붙일 때 쓴다.

니체(독일의 철학자)의 말을 빌리면 다음과 같다.

2014. 12. 19.(금)

문인화의 대표적인 소재인 사군자(매화, 난초, 국화, 대나무)는 고결한 선비 정신을 상징한다.

앞말에 대한 주석이나 보충적인 내용을 덧붙일 때 그 내용의 앞뒤에는 소괄호를 쓴다.

기말고사(2014. 12. 8.~12. 12.)

훈민정음은 창제된 해(1443년)와 반포된 해(1446년)가 다르다.

(2) 우리말 표기와 원어 표기를 아울러 보일 때 쓴다.

기호(嗜好), 자세(姿勢)　　커피(coffee), 에티켓(étiquette)

한자어나 외래어의 한글 표기의 원어를 참고로 보이고자 할 때 그 원어의 앞뒤에는 소괄호를 쓴다.

대한민국(大韓民國)　　크레용(crayon)

한글 표기의 원어가 아닌 한자어나 외래어를 참고로 보이고자 할 때는 그 한자어나 외래어의 앞뒤에는 대괄호를 쓴다.[12의 (2) 참조]

(3) 생략할 수 있는 요소임을 나타낼 때 쓴다.
학교에서 동료 교사를 부를 때는 이름 뒤에 '선생(님)'이라는 말을 덧붙인다.
광개토(대)왕은 고구려의 전성기를 이끌었던 임금이다.

(4) 희곡 등 대화를 적은 글에서 동작이나 분위기, 상태를 드러낼 때 쓴다.
현우: (가쁜 숨을 내쉬며) 왜 이렇게 빨리 뛰어?
"관찰한 것을 쓰는 것이 습관이 되었죠. 그러다 보니, 상상력이 생겼나 봐요." (웃음)

희곡이나 시나리오 등의 대본에서 동작이나 분위기, 상태 등을 지시하거나 설명하는 부분의 앞뒤에는 소괄호를 쓴다. 또는 대화 내용을 옮기면서 당시의 상황에 대하여 설명하는 부분의 앞뒤에도 소괄호를 쓴다.

교수: 됐어, 됐어. (크게 하품을 하며) 아이 피곤해. (이때, 밖에서 시계가 여덟 시를 친다. 교수는 깜짝 놀라 일어선다.) 여덟 시야! 여덟 시! 늦겠군.
처: 어디 가세요?

(5) 내용이 들어갈 자리임을 나타낼 때 쓴다.
우리나라의 수도는 (　　)이다.
다음 빈칸에 알맞은 조사를 쓰시오.
민수가 할아버지(　) 꽃을 드렸다.

내용이 들어갈 자리임을 나타낼 때 해당 부분의 앞뒤에는 소괄호를 쓴다. 생략할 수 있음을 보여 줄 때에도 사용한다. 나중에 내용을 채울 것을 전제로 하고 있다는 점에서 모르거나 밝힐 수 없어서 비워 둘 때 쓰는 빠짐표나 숨김표와는 차이가 있다.

민수가 할아버지( ) 꽃을 드렸다

민수가 할아버지(께) 꽃을 드렸다.

(6) 항목의 순서나 종류를 나타내는 숫자나 문자 등에 쓴다.
사람의 인격은 (1) 용모, (2) 언어, (3) 행동, (4) 덕성 등으로 표현된다.
(가) 동해, (나) 서해, (다) 남해

항목의 순서나 종류를 나타내는 숫자나 문자 등의 앞뒤에 소괄호를 쓸 수 있다. 이때는 소괄호 외에도 마침표를 이용할 수도 있다.[1의 (4) 참조]

ㄱ. 지원서에 필요한 서류는 (1) 이력서, (2) 자기소개서, (3) 경력 증명서입니다.

ㄴ. (1) 북한산, (2) 속리산, (3) 소백산, (4) 설악산, (5) 지리산

더 알아보기

소괄호의 띄어쓰기: 여는 소괄호는 뒷말과 붙여 쓰고, 닫는 소괄호는 앞말과 붙여 쓴다. 여는 소괄호와 앞말 간의 띄어쓰기는 경우에 따라 다를 수 있다. 앞말과 밀접한 관련이 있는 경우가 대부분이므로 대체로 붙여 쓰지만, 앞말과 관계가 없거나 특별히 구분할 필요가 있을 때에는 띄어 쓰기도 한다. 닫는 소괄호와 뒷말 간의 띄어쓰기도 경우에 따라 다를 수 있다. 소괄호가 어절 중간에 끼어든 경우에는 붙여 쓰지만, 어절 끝에 쓰인 경우에는 띄어 쓴다.

11. 중괄호({ })

(1) 같은 범주에 속하는 여러 요소를 세로로 묶어서 보일 때 쓴다.

$$\text{주격 조사}\begin{Bmatrix}\text{이}\\\text{가}\end{Bmatrix}$$

국가의 성립 요소 {영토, 국민, 주권}

같은 범주에 속하는 여러 요소를 세로로 묶어서 보일 때는 중괄호를 쓴다.

연극의 3요소 {무대, 배우, 관객}

(2) 열거된 항목 중 어느 하나가 자유롭게 선택될 수 있음을 보일 때 쓴다.
아이들이 모두 학교{에, 로, 까지} 갔어요.

열거된 항목 중에서 어느 하나가 자유롭게 선택될 수 있음을 보일 때는 열거된 항목들의 앞뒤에 중괄호를 쓴다. 중괄호 안에 열거된 항목들은 본문과 같이 쉼표로 구분할 수도 있고, 경우에 따라서는 빗금으로 구분할 수도 있다.

ㄱ. 우등생{도, 까지, 조차, 마저} 불합격이라니 놀랍지 않을 수 없다.
ㄴ. 할머니가 해 주신 음식을 맛있게 먹{는/었/겠}다.

더 알아보기

여는 중괄호는 뒷말과 붙여 쓰고, 닫는 중괄호는 앞말과 붙여 쓴다. 여는 중괄호와 앞말 간의 띄어쓰기, 닫는 중괄호와 뒷말 간의 띄어쓰기는 소괄호의 띄어쓰기에 준한다.

12. 대괄호([ ])

(1) 괄호 안에 또 괄호를 쓸 필요가 있을 때 바깥쪽의 괄호로 쓴다.
어린이날이 새로 제정되었을 당시에는 어린이들에게 경어를 쓰라고 하였다.[윤석중 전집(1988), 70쪽 참조]
이번 회의에는 두 명[이혜정(실장), 박철용(과장)]만 빼고 모두 참석했습니다.

주석이나 보충적인 내용을 덧붙일 때 보통 소괄호를 쓰는데, 소괄호 안에 다시 소괄호를 써야 하는 경우가 있다. 이런 경우에는 바깥쪽의 괄호를 대괄호로 쓴다. 소괄호 대신 중괄호가 안에 있을 때에도 바깥쪽의 괄호는 대괄호를 쓴다.

(2) 고유어에 대응하는 한자어를 함께 보일 때 쓴다.
나이[年歲]　　낱말[單語]　　손발[手足]

고유어에 대응하는 한자어를 보충적으로 보일 때는 한자어 앞뒤에 대괄호를 쓴다. 고유어에 대응하는 한자어를 한자로 쓰지 않고 한글로 써서 보일 때도 대괄호를 쓴다.

손발[手足]　　할아버지[祖父]　　나이[연세]　　낱말[단어]

고유어나 한자어에 대응하는 외래어를 보충적으로 제시하는 경우에도 이 규정을 준용하여 대괄호를 쓰면 된다.

낱말[word]　　문장[sentence]　　책[book]
독일[도이칠란트]　　국제 연합[유엔]

자유 무역 협정[FTA]　　에프티에이(FTA)

국제 연합 교육 과학 문화 기구[UNESCO]　　유네스코(UNESCO)
국제 연합[United Nations]　　유엔(United Nations)

(3) 원문에 대한 이해를 돕기 위해 설명이나 논평 등을 덧붙일 때 쓴다.
그것[한글]은 이처럼 정보화 시대에 알맞은 과학적인 문자이다.
신경준의 《여암전서》에 "삼각산은 산이 모두 돌 봉우리인데, 그 으뜸 봉우리를 구름 위에 솟아 있다고 백운(白雲)이라 하며 [이하 생략]"
그런 일은 결코 있을 수 없다.[원문에는 '업다'임.]

원문에 대한 이해를 돕기 위해 설명이나 논평 등을 덧붙일 때는 대괄호를 쓴다. 이 용법은 주석이나 보충적인 내용을 덧붙일 때 쓰는 소괄호의 용법[10의 (1) 참조]과 유사하다. 소괄호는 해당 어구에 대한 간략한 보충 설명을 덧붙일 때 주로 쓰고, 대괄호는 앞뒤 문맥이나 글 전반에 관련된 보충 설명을 덧붙일 때 주로 쓴다.

물은 <u>수소와 산소 원자로</u> 이루어져 있다. [밑줄은 인용자]

보충 설명

기존 규정에서는 대괄호가 '〔 〕'로 제시되어 있었으나, 개정안에서는 '[ ]'로 바뀌었다. 개정 이전부터 '〔 〕'는 잘 쓰이지 않고 '[ ]'가 주로 쓰여 온 것을 고려하여 기본적인 형태를 '[ ]'로 제시한 것이다. 하지만 '〔 〕'을 쓰지 못하는 것은 아니다. 디자인이나 편집 등의 이유로 대괄호로서 '〔 〕'을 활용할 수 있다.

더 알아보기

대괄호의 띄어쓰기: 여는 대괄호는 뒷말과 붙여 쓰고, 닫는 대괄호는 앞말과 붙여 쓴다. 여는 대괄호와 앞말 간의 띄어쓰기, 닫는 대괄호와 뒷말 간의 띄어쓰기는 소괄호의 띄어쓰기에 준한다.

13. 겹낫표(『 』)와 겹화살괄호(《 》)

책의 제목이나 신문 이름 등을 나타낼 때 쓴다.

우리나라 최초의 민간 신문은 1896년에 창간된 『독립신문』이다.

『훈민정음』은 1997년에 유네스코 세계 기록 유산으로 지정되었다.

《한성순보》는 우리나라 최초의 근대 신문이다.

윤동주의 유고 시집인 《하늘과 바람과 별과 시》에는 31편의 시가 실려 있다.

[붙임] 겹낫표나 겹화살괄호 대신 큰따옴표를 쓸 수 있다.

우리나라 최초의 민간 신문은 1896년에 창간된 "독립신문"이다.

윤동주의 유고 시집인 "하늘과 바람과 별과 시"에는 31편의 시가 실려 있다.

문장 안에서 책의 제목이나 신문 이름 등을 나타낼 때는 그 앞뒤에 겹낫표나 겹화살괄호를 쓰는 것이 원칙이고 큰따옴표를 쓰는 것도 가능하다. 제목이나 신문 이름 그 자체만 쓸 때는 부호를 쓰지 않아도 된다.

박경리의 『토지』는 전 5부 16권에 이르는 대하소설이다.

1906년에 창간된 『만세보』는 1년 후에 『대한신문』으로 이름을 바꾸었다.

더 알아보기

겹낫표와 겹화살괄호의 띄어쓰기: 여는 겹낫표나 겹화살괄호는 뒷말과 붙여 쓰고, 닫는 겹낫표나 겹화살괄호는 앞말과 붙여 쓴다.

14. 홑낫표(「 」)와 홑화살괄호(〈 〉)

소제목, 그림이나 노래와 같은 예술 작품의 제목, 상호, 법률, 규정 등을 나타낼 때 쓴다.

「국어 기본법 시행령」은 「국어 기본법」에서 위임된 사항과 그 시행에 필요한 사항을 규정함을 목적으로 한다.
이 곡은 베르디가 작곡한 「축배의 노래」이다.
사무실 밖에 「해와 달」이라고 쓴 간판을 달았다.
〈한강〉은 사진집 《아름다운 땅》에 실린 작품이다.
백남준은 2005년에 〈엄마〉라는 작품을 선보였다.

[붙임] 홑낫표나 홑화살괄호 대신 작은따옴표를 쓸 수 있다.
사무실 밖에 '해와 달'이라고 쓴 간판을 달았다.
'한강'은 사진집 "아름다운 땅"에 실린 작품이다.

소제목, 그림이나 노래와 같은 예술 작품의 제목, 상호, 법률, 규정 등을 나타낼 때는 그 앞뒤에 홑낫표나 홑화살괄호를 쓰는 것이 원칙이고 작은따옴표를 쓰는 것도 허용된다.

나는 「고향으로 가는 길」이라는 제목으로 수필을 써서 선생님께 제출했다.
현행 국어의 〈로마자 표기법〉은 2000년에 고시된 것이다.
'세한도'는 추사의 대표작이다.

더 알아보기

홑낫표와 홑화살괄호의 띄어쓰기: 여는 홑낫표나 홑화살괄호는 뒷말과 붙여 쓰고, 닫는 홑낫표나 홑화살괄호는 앞말과 붙여 쓴다.

15. 줄표(—)

제목 다음에 표시하는 부제의 앞뒤에 쓴다.
이번 토론회의 제목은 '역사 바로잡기 — 근대의 설정 —'이다.
'환경 보호 — 숲 가꾸기 —'라는 제목으로 글짓기를 했다.

다만, 뒤에 오는 줄표는 생략할 수 있다.
이번 토론회의 제목은 '역사 바로잡기 — 근대의 설정'이다.
'환경 보호 — 숲 가꾸기'라는 제목으로 글짓기를 했다.

제목 다음에 표시하는 부제의 앞뒤에는 줄표를 쓴다. 단, 뒤에 오는 줄표는 생략할 수 있다. 줄표와 붙임표는 길이로 구분한다. 줄표는 붙임표보다 두 배 정도 길다.

[붙임] 줄표의 앞뒤는 띄어 쓰는 것을 원칙으로 하되, 붙여 쓰는 것을 허용한다.

줄표의 앞뒤는 띄어 쓰는 것이 원칙이다. 그런데 이렇게 쓰게 되면 공백이 너무 넓어 보여서 문서 편집이나 디자인 등에 어려움이 있을 수 있다는 점을 고려하여 붙여 쓰는 것을 허용하였다.

16. 붙임표(-)

(1) 차례대로 이어지는 내용을 하나로 묶어 열거할 때 각 어구 사이에 쓴다.
멀리뛰기는 도움닫기-도약-공중 자세-착지의 순서로 이루어진다.
김 과장은 기획-실무-홍보까지 직접 발로 뛰었다.

(2) 두 개 이상의 어구가 밀접한 관련이 있음을 나타내고자 할 때 쓴다.
드디어 서울-북경의 항로가 열렸다.
원-달러 환율　　　남한-북한-일본 삼자 관계

두 개 이상의 어구가 밀접한 관련이 있음을 나타내고자 할 때는 붙임표를 쓴다. 경우에 따라서는 붙임표 대신 가운뎃점이나 쉼표를 활용할 수도 있다.

본문의 '남한-북한-일본 삼자 관계'는 '남한·북한·일본 삼자 관계'처럼 가운뎃점을 쓰거나 '남한, 북한, 일본 삼자 관계'처럼 쉼표를 쓸 수도 있다.

보충 설명

붙임표의 띄어쓰기: 붙임표는 앞뒤를 붙여 쓴다.

더 알아보기

기존 규정에는 합성의 구성 요소를 나타내거나 접사나 어미임을 나타낼 때, 외래어와 고유어 또는 한자어가 결합된 말임을 나타낼 때에 붙임표를 쓴다는 규정이 있었으나, 이번 개정안에서는 제외되었다. 그렇지만 규정에 없다고 해서 그러한 용법을 사용할 수 없는 것은 아니다.

17. 물결표(~)

기간이나 거리 또는 범위를 나타낼 때 쓴다.

9월 15일~9월 25일　　김정희(1786~1856)

서울~천안 정도는 출퇴근이 가능하다.

이번 시험의 범위는 3~78쪽입니다.

[붙임] 물결표 대신 붙임표를 쓸 수 있다.

9월 15일-9월 25일　　김정희(1786-1856)

서울-천안 정도는 출퇴근이 가능하다.

이번 시험의 범위는 3-78쪽입니다.

기간이나 거리 또는 범위를 나타낼 때는 물결표를 쓰는 것이 원칙이고, 붙임표를 쓰는 것도 허용된다.

우리나라에서 10세기~14세기는/10세기-14세기는 고려 시대이다.

보충 설명

물결표의 띄어쓰기: 물결표는 앞뒤를 붙여 쓴다.

더 알아보기

기존 규정에는 어떤 말의 앞이나 뒤에 들어갈 말 대신 물결표를 쓴다는 규정이 있었으나, 개정된 규정에서는 제외되었다. 그렇다고 해서 언어 현실에서 이와 같은 용법으로 물결표를 쓰는 것이 금지되는 것은 아니다.

18. 드러냄표(˙)와 밑줄(_)

문장 내용 중에서 주의가 미쳐야 할 곳이나 중요한 부분을 특별히 드러내 보일 때 쓴다.

한글의 본디 이름은 훈민정음이다.
중요한 것은 왜 사느냐가 아니라 어떻게 사느냐이다.
지금 필요한 것은 지식이 아니라 실천입니다.
다음 보기에서 명사가 아닌 것은?

[붙임] 드러냄표나 밑줄 대신 작은따옴표를 쓸 수 있다.

한글의 본디 이름은 '훈민정음'이다.
중요한 것은 '왜 사느냐'가 아니라 '어떻게 사느냐'이다.
지금 필요한 것은 '지식'이 아니라 '실천'입니다.
다음 보기에서 명사가 '아닌' 것은?

문장 내용 중에서 주의가 미쳐야 할 곳이나 중요한 부분을 특별히 드러내 보일 때는 드러냄표나 밑줄 또는 작은따옴표를 쓸 수 있다. 이러한 용법으로는 일반적으로 작은따옴표가 가장 널리 쓰인다.

배부른 돼지보다는 배고픈 소크라테스가 되겠다.

홑소리는 다른 소리의 힘을 빌지 않고 홀로 나는 소리이고, 닿소리는 그소리가 제홀로는 나지 못하고 다른 소리 곧, 홑소리에 닿아야만 나는 소리이다.

보충 설명

기존 규정에는 드러냄표로는 부호 '˚'도 쓸 수 있었고, 밑줄로는 부호 '~~~~~~~'도 쓸 수 있다고 되어 있었으나 현실적으로 쓰이지 않으므로 개정안에서는 제외하였다.

19. 숨김표(○, ×)

(1) 금기어나 공공연히 쓰기 어려운 비속어임을 나타낼 때, 그 글자의 수효만큼 쓴다.

배운 사람 입에서 어찌 ○○○란 말이 나올 수 있느냐?

그 말을 듣는 순간 ×××란 말이 목구멍까지 치밀었다.

금기어나 공공연히 쓰기 어려운 비속어임을 나타낼 때는 숨김표를 그 글자의 수효만큼 쓴다. ○와 ×는 쓰임에 차이가 없으므로 어느 것이든 선택하여 쓸 수 있다.

사람들은 평생 동안 얼마큼이나 ○을 쌀까?

야, 이 ×××야! 너 내가 가만히 안 둘 거야.

(2) 비밀을 유지해야 하거나 밝힐 수 없는 사항임을 나타낼 때 쓴다.

1차 시험 합격자는 김○영, 이○준, 박○순 등 모두 3명이다.

육군 ○○ 부대 ○○○ 명이 작전에 참가하였다.

그 모임의 참석자는 김×× 씨, 정×× 씨 등 5명이었다.

비밀을 유지해야 하거나 밝힐 수 없는 사항임을 나타낼 때는 숨김표를 쓴다. 기존 규정과 달리 개정안에서는 그 글자의 수효만큼 숨김표를 써야 한다는 내용을 명시하지 않았다. 따라서, 본문의 "그 모임의 참석자는 김×× 씨, 정×× 씨 등 5명이었다."에서 '김×× 씨'의 이름은 꼭 두 글자가 아닐 수도 있다.

> 춘천에 있는 ○○사단 병력 ○○○명을 파견했다.
> 법원에서는 최×× 군에게 벌금형을 선고하였다.

보충 설명

숨김표의 띄어쓰기: 숨김표는 숨긴 내용이 한글 맞춤법상 띄어 써야 할 것이면 띄어 쓰고, 붙여 써야 할 것이면 붙여 쓴다.

20. 빠짐표(□)

(1) 옛 비문이나 문헌 등에서 글자가 분명하지 않을 때 그 글자의 수효만큼 쓴다.

大師爲法主□□賴之大□薦

비문의 글자가 마모되었거나 문헌의 종이가 찢어졌거나 하여 글자를 알아볼 수 없을 때에는 빠짐표를 그 글자의 수효만큼 쓴다.

(2) 글자가 들어가야 할 자리를 나타낼 때 쓴다.

훈민정음의 초성 중에서 아음(牙音)은 □□□의 석 자다.

글자가 들어가야 할 자리를 나타낼 때는 빠짐표를 쓴다. (1)과는 달리 임의로 글자를 빼 놓은 것임을 나타내며, 뺀 글자의 수효만큼 쓰면 된다.

보충 설명

빠짐표는 빠진 내용이 한글 맞춤법상 띄어 써야 할 것이면 띄어 쓰고, 붙여 써야 할 것이면 붙여 쓴다.

21. 줄임표(……)

(1) 할 말을 줄였을 때 쓴다.
"어디 나하고 한번……." 하고 민수가 나섰다.

할 말을 줄였음을 나타낼 때는 줄임표를 쓴다. 이때는 줄임표로써 문장이 끝나는 것이므로 줄임표 뒤에는 마침표나 물음표 또는 느낌표를 써야 한다.

그는 최선을 다했다. 그러나 성공할지는…….

(2) 말이 없음을 나타낼 때 쓴다.
"빨리 말해!"
"……."

말이 없음을 나타낼 때는 줄임표를 쓴다. 이때는 줄임표만으로 문장의 기능을 하는 것이므로 줄임표 뒤에는 마침표를 써야 한다. 말하지 않은 것을 직접 인용할 수는 없으므로 마침표는 생략할 수 없다.

"어디 갔다 이제 오는 거야?"
"……."

(3) 문장이나 글의 일부를 생략할 때 쓴다.

'고유'라는 말은 문자 그대로 본디부터 있었다는 뜻은 아닙니다. …… 같은 역사적 환경에서 공동의 집단생활을 영위해 오는 동안 공동으로 발견된, 사물에 대한 공동의 사고방식을 우리는 한국의 고유 사상이라 부를 수 있다는 것입니다.

문장이나 글의 일부를 생략할 때는 줄임표를 쓴다. 이때는 생략한 부분이 문장의 앞부분일 수도 있고, 여러 문장일 수도 있다. 따라서 이때는 줄임표 뒤에 마침표를 쓰지 않아도 된다.

붕당의 폐단이 요즈음보다 심한 적이 없었다. 처음에는 사문에 소란을 일으키더니, 지금은 한쪽 사람을 모조리 역적으로 몰고 있다. …… 근래에 들어 사람을 임용할 때 모두 같은 붕당의 사람들만 등용하고자 한다.

열거할 어구들을 생략할 때에 줄임표를 쓰기도 하는데, 이때는 문장 형식이 아니므로 줄임표 뒤에 마침표를 쓰지 않는다.

육십갑자: 갑자, 을축, 병인, 정묘, 무진, 기사, 경오, 신미……

(4) 머뭇거림을 보일 때 쓴다.

"우리는 모두…… 그러니까…… 예외 없이 눈물만…… 흘렸다."

[붙임 1] 점은 가운데에 찍는 대신 아래쪽에 찍을 수도 있다.

"어디 나하고 한번......" 하고 민수가 나섰다.

"실은...... 저 사람...... 우리 아저씨일지 몰라."

줄임표는 가운데에 여섯 점을 찍는 것이 원칙이나 아래에 여섯 점을 찍는 것도 가능하다. 컴퓨터와 같은 입력 환경을 고려한 것이다. 점을 아래에 찍는 경우에도 마침표가 필요한 경우에는 마침표를 찍어야 한다. 마침표를 포함하면 아래에 일곱 점을 찍게 된다.

"빨리 말해!"
"......."

[붙임 2] 점은 여섯 점을 찍는 대신 세 점을 찍을 수도 있다.
"어디 나하고 한번…." 하고 민수가 나섰다.
"실은... 저 사람... 우리 아저씨일지 몰라."

줄임표는 여섯 점을 찍는 것이 원칙이나 세 점을 찍는 것도 허용된다. 가운데에 세 점을 찍거나 아래에 세 점을 찍어서 나타낼 수 있다. 마침표 등의 사용은 방식은 여섯 점을 찍는 경우와 다르지 않다.

"빨리 말해!"
"…."
"빨리 말해!"
"...."

[붙임 3] 줄임표는 앞말에 붙여 쓴다. 다만, (3)에서는 줄임표의 앞뒤를 띄어 쓴다.

(1), (2), (4)에서 줄임표는 앞말에 붙여 쓴다. (1)과 (2)에서는 더 이상 말이 이어지지 않으므로 뒷말과의 띄어쓰기는 고려 대상이 되지 않는다. (4)에서는 뒷말과 띄어 쓴다.

(3)에서 줄임표는 일정한 내용을 통째로 줄인 경우이므로 앞뒤를 띄어 쓴다.

한글 맞춤법 연습 문제

01 다음 밑줄 친 부분에 알맞은 말을 써 넣으시오.

(1) 한글 맞춤법은 ㉠_______을/를 ㉡_______대로 적되, ㉢_______에 맞도록 함을 원칙으로 한다.

(2) 문장의 각 ㉠_______은/는 서로 띄어 쓰되, ㉡_______은/는 ㉠_______(이)라도 앞의 말에 붙여 쓴다.

02 ㉠~㉢과 같은 원리가 적용된 다른 사례를 제시하시오.

〈 보 기 〉

㉠ '늴리리'는 [닐리리]로 소리 나지만 전통에 따라 '늴리리'로 적는다.
㉡ '희망'은 [히망]으로 소리 나지만 한자어이므로 '희망'으로 적는다.
㉢ '씌어'는 '쓰이어'에서 줄어든 말이므로 [씨어]로 소리 나도 '씌어'로 적는다.

㉠_____________ ㉡_____________ ㉢_____________

03 다음 설명에서 ㉠, ㉡에 알맞을 말을 넣으시오.

한글 맞춤법 제7항 'ㄷ' 소리로 나는 받침 중에서 'ㄷ'으로 적을 근거가 없는 것은 'ㅅ'으로 적는다.

덧저고리 돗자리 엇셈 웃어른 핫옷 무릇 사뭇 얼핏 …

'ㄷ'으로 적을 근거가 없는 것이란, 그 형태소가 'ㄷ' 받침을 가지지 않은 것을 말한다. 받침을 'ㄷ'으로 적는 경우는 세 가지가 있다. 첫째는 '곧장, 낟가리'와 같이 복합어의 앞 요소에 'ㄷ' 받침이 원래부터 있는 경우이다. 둘째는 '걷(←거두)잡다, 돋(←도두)보다'와 같은 복합어에서 앞말이 음절 축약되어 ㉠_____이/가 되면서 'ㄷ' 받침을 가지게 된 경우이다. 셋째는 '반짇고리, 사흗날, 숟가락'에서와 같이 복합어의 앞 요소에 있는 받침 ㉡ '____'이 'ㄷ'으로 바뀐 경우이다.

04 ㉠~㉢에 해당하는 사례를 올바른 표기의 단어로 제시하고, ㉣에는 '率'의 표기를 쓰시오.

〈 보 기 〉

지혜: '비율'을 나타내는 '率'이 외래어 다음에 쓰일 때는 어떻게 표기해야 하지? 예를 들어 '에너지의 효율'이라는 의미로 '에너지'와 '율'을 한 단어로 쓸 경우에 말이야.

슬기: '率'은 ㉠앞에 받침이 없을 때와 ㉡'ㄴ' 받침 다음에 올 때, ㉢'ㄴ'이 아닌 다른 받침 다음에 올 때의 표기 원칙이 있어. 따라서 네가 한 질문은 ㉣______로 적어야 해

㉠__________

㉡__________

㉢__________

㉣__________

05 다음의 문장을 적절히 띄어 쓰시오.

(1) 읽을만한책을읽는데에시간이있는지를따지면안된다.

(2) 수진씨에대한사랑때문에내가슴은두근거릴수밖에없었다.

(3) 수업중에형만한아우없다는말뿐만아니라다른유용한속담도배웠다.

06 다음 예의 맞춤법을 설명하시오. (*는 틀린 맞춤법 표시)

(1) 간편하게 / 간편케, 생각하다 / 생각다, 깨끗하지 / 깨끗지

(2) 삐죽이 / *삐주기, 깍두기 / *깍둑이, 더우기 / *더욱이

(3) 숟가락 / *숫가락, 젓가락 / *젇가락

(4) 떡이 / *떠기, 잡아 / *자바

07 다음 한글 맞춤법의 조항들을 보고 물음에 답하시오.

가. 한자음 '녀, 뇨, 뉴, 니'가 단어 첫머리에 올 적에는 두음 법칙에 따라 '여, 요, 유, 이'로 적는다. [예] 여자(女子), 요소(尿素), 유대(紐帶), 익명(匿名)

나. 어간의 끝 음절 모음이 'ㅏ, ㅗ'일 때에는 어미를 '-아'로 적고, 그 밖의 모음일 때에는 '-어'로 적는다. [예] 막아, 돌아, 겪어, 되어

다. 'ㄷ, ㅌ' 받침 뒤에 종속적 관계를 가진 '-이(-)'나 '-히-'가 올 적에는 그 'ㄷ, ㅌ'이 'ㅈ, ㅊ'으로 소리나더라도 'ㄷ, ㅌ'으로 적는다. [예] 맏이, 해돋이, 같이, 닫히다

라. 두 개의 용언이 어울려 한 개의 용언이 될 적에, 앞말의 본뜻이 유지되고 있는 것은 그 원형을 밝히어 적는다. [예] 넘어지다, 늘어나다, 떨어지다, 돌아가다

마. 끝소리가 'ㄹ'인 말과 딴 말이 어울릴 적에 'ㄹ' 소리가 나지 아니하는 것은 아니 나는 대로 적는다. [예] 다달이(달-달-이), 따님(딸-님), 마소(말-소), 소나무(솔-나무)

바. 다음과 같은 용언들은 어미가 바뀔 경우, 그 어간이나 어미가 원칙에 벗어나면 벗어나는 대로 적는다. [예] 그렇다: 그러니, 그럴, 그러면, 그러오

(1) 위에 제시된 '가~마'를 '소리대로 적는다'는 원리와 '어법에 맞도록 적는다'는 원리 중 어느 것과 관련되는지 분류하시오.

- 소리대로 적는다:
- 어법에 맞도록 적는다:

(2) 앞과 같이 분류한 이유를 '가~마'의 조항별로 설명하시오.

가:

나:

다:

라:

마:

08 사이시옷 표기와 관련한 다음의 '가~자'를 한글 맞춤법 규정에 따라 설명해 보시오.

> 가. '순대'와 '국'이 합쳐져 [순대꾹]으로 소리 나는 말을 '순댓국'으로 적는다.
> 나. '치(齒)'와 '솔'이 합쳐져 [치쏠]로 소리 나는 말을 '칫솔'로 적는다.
> 다. '방(房)'과 '세(貰)'가 합쳐져 [방쎄]로 소리 나는 말을 '방세'로 적는다.
> 라. '집'과 '세(貰)'가 합쳐져 [집쎄]로 소리 나는 말을 '집세'로 적는다.
> 마. '코'와 '물'이 합쳐져 [콘물]로 소리 나는 말을 '콧물'로 적는다.
> 바. '뒤'와 '일'이 합쳐져 [뒨닐]로 소리 나는 말을 '뒷일'로 적는다.
> 사. '세(貰)'와 '방(房)'이 합쳐져 [세빵]로 소리 나는 말을 '셋방'으로 적는다.
> 아. '전세(專貰)'와 '방(房)'이 합쳐져 [전세빵]으로 소리 나는 말을 '전세방'으로 적는다.
> 자. '위'와 '쪽'이 합쳐져 [위쪽]으로 소리 나는 말을 '위쪽'으로 적는다.

09 <보기>는 국립국어원의 '한글 맞춤법 규정 해설 개정(2018)' 가운데 제18항 관련 부분이다. 이를 바탕으로 '말다'가 여러 명령형 어미와 결합하여 '말아라, 마라', '말아, 마', '말라'가 되는 과정과 관련한 (1)~(3)에서 ㉠~㉢에 알맞은 말을 넣으시오.

〈 보 기 〉

'말다'의 명령형(한글 맞춤법 제18항)

	개정 전	개정 후
원문	'(지 말아라→) 지 마라'의 경우는, 어간 끝 받침 'ㄹ'과 어미의 '아'가 함께 줄어지는 형태인데, 이른바 문어체(文語體) 명령형이나 간접 인용법의 형식에서는 '말라'가 사용된다.	'말다'의 어간 '말-'에 명령형 어미 '-아라'가 결합하면 '마라'와 '말아라' 두 가지로 활용하고, '-아'가 결합할 때에도 '마'와 '말아' 두 가지로 활용한다. 또한 '말-'에 명령형 어미 '-라'가 결합한 '말라'는 구체적으로 청자가 정해지지 않은 명령문이나 간접 인용문에서 사용된다.
설명	'말다'의 명령형으로 '마라(마)', '말라'만 인정함.	실제 언어 쓰임을 반영하여 '마', '마라' 외에 '말아', '말아라'도 표준형으로 인정한다는 설명을 추가함.(2014년 표준어 추가 사정 결과 반영)

(1) 개정 후에 '말아라'와 '마라'는 둘 다 ㉠__________가 되었다.

(2) '그러지 마'의 '마'는 '말-'에 어미 ㉡__________가 결합하여 줄어든 말이다.

(3) '말라'는 '말-'에 명령형 어미 ㉢__________가 결합한 말이고 '마라'는 '말-'에 ㉣__________가 결합하여 줄어든 말이다.

10 〈보기〉는 '-이요'와 '-이오'를 구별하기 위한 한글 맞춤법 조항이다. 물음에 답하시오.

〈 보 기 〉

> 제15항 용언의 어간과 어미는 구별하여 적는다.
>
> [붙임 3] 연결형에서 사용되는 '이요'는 '이요'로 적는다.(ㄱ을 취하고, ㄴ을 버림.)
> ⓐ
>
> ㄱ. 이것은 책이요, 저것은 붓이요, 또 저것은 먹이다.
> ㉠
>
> ㄴ. 이것은 책이오, 저것은 붓이오, 또 저것은 먹이다.
> ㉡

(1) ㉠에서 어미를 분석하고 출현 조건을 쓰시오.

(2) ㉡과 같이 표기할 경우의 문제점에 대해 연결 어미와 종결 어미의 기능을 비교하면서 설명하시오.

11 〈보기〉에서 ㉠과 ㉡에 들어갈 내용을 서술하시오.

〈 보 기 〉

지혜: '오늘이 오월 [심며칠]이지?'와 같은 말에서 [심며칠]로 발음되는 말은 어떻게 적어야 하지? 잘 모르겠네.

슬기: ㉠＿＿＿＿ 로 적어야 하지. 그 이유는 ㉡＿＿＿＿＿＿＿＿＿＿＿＿ 때문이야.

㉠ ＿＿＿＿＿＿

㉡ ＿＿＿＿＿＿＿＿＿＿＿＿＿＿＿＿＿＿＿＿＿＿＿＿

제1장 총칙

제2장 발음 변화에 따른 표준어 규정

제3장 어휘 선택의 변화에 따른 표준어 규정

IV

표준어 규정

제1장 총칙

제1항 표준어는 교양 있는 사람들이 두루 쓰는 현대 서울말로 정함을 원칙으로 한다.

'표준어'란 한 나라에서 의사소통의 기준이 되는 언어를 말한다. 한 나라에서 사용되는 말이 지역마다 차이를 보일 경우 의사소통이 어려워질 수 있다. 이러한 불편을 덜기 위하여 전 국민이 공통적으로 쓸 공용어를 정하게 되는데 이를 '표준어'라 한다.

표준어를 결정하는 원칙으로는 세 가지를 제시할 수 있다. 첫째, 교양 있는 사람들이 사용하는 언어, 둘째, 현대에서 쓰는 언어, 셋째, 서울 지역에서 쓰는 언어, 이렇게 세 가지이다.

첫째, '교양 있는 사람들'은 표준어의 사회적 기준이다. '교양 있는 사람들'이란 '사회 구성원들에게 통용될 수 있는 내용과 형식을 갖춘 언어를 구사하는 사람들이나 집단'이라고 규정할 수 있다. 이때의 '교양'은 일상 언어생활에서 일정한 격식과 내용을 갖추어 의사소통의 언어로 충분히 활용될 수 있는 정도를 의미한다.

1933년의 「한글 맞춤법 통일안」에서 '중류 사회'로 제시했던 것을 '교양 있는 사람들'로 바꾼 것인데, 변동이 잦아 기준을 확정하기 어려운 '중류 사회'라는 사회적 기준보다는 소통되는 언어의 사용자를 중심으로 한 '교양 있는 사람들'로 바꾼 것이다.

둘째, '현대'는 표준어의 시대적 기준이다. '현대'라는 것은 정확히 그 시점이나 시간대를 규정할 수 있는 것은 아니다. 그러므로 '현대'를 어느 시점을 기준으로 정한 절대적인 시간이라기보다는 표준어가 소통되는 당대라는 상대적인 시간으로 간주할 수 있을 것이다. 이러한 관점으로 1933년의 『한글 맞춤법 통일안』에서 '현재'로 규정되어 있던 것이 '현대'로 바뀐 것을 이해할 수 있다. '현재'는 과거, 미래와 대응되는 말이고, '현대'는 중세, 근대 등과 대응되는 말이므로 표준어가 소통되는 시간적 공간은 '현대'가 더 적합하다고 할 수 있다.

셋째, '서울'은 표준어의 지리적 기준이다. 현실적으로 표준어가 되고 있는 서울말은 '서울 지역에서 쓰이고 있는 말'이라고 할 수 있다. 다만, 한 가지 주의할 것은 '서울말'이 서울 지역에서만 사용되는 '서울 토박이말'을 의미하는 것은 아니라는 점이다. 가령 서울 지역에서는 '나두 갈래요'의 '나두'에서 보는 것처럼 '오'를 '우'로 말하는 경우가 있는데, 이는 표준어로 인정되지 않는다. 그리고 방언이라고 하더라도 그 단어가 널리 쓰일 경우에는 표준어로 인정되기도 한다. 현재의 표준어는 서울 지역의 말을 기반으로 하면서 다른 지역의 말이 덧붙은 말이라고 할 수 있다. 이러한 점에서 표준어는 지역을 기반으로 하고 있는 방언과 유사하면서도 차이점이 존재한다.

사람들은 말이 같으면 친근감을 느끼지만 말이 다르면 거리감을 느낀다. 따라서 공식적인 자리에서 특정 지역의 말을 써서 다른 사람을 불편하게 하는 것은 예의에 어긋나는 일이라고 할 수 있다. 그러므로 표준어를 쓰는 것은 출신 지역이 같지 않은 여러 사람들을 배려하는 일이 되는 셈이다. 이러한 점에서 표준어는 '공식적인 언어'로 공식적인 언어 사용의 준거가 되는 언어라고 할 수 있다. 따라서 언어 사용의 장면이 공식적인지 아닌지가 표준어를 사용하는 기준이 된다. 하지만 표준어를 강조한다고 해서 각 지역에서 사용되고 있는 말의 중요성이나 가치를 낮게 평가해서는 안 될 것이다. 여러 지역의 말은 그 자체로서의 가치를 갖고 있다. 그 지역에서 사용되는 말은 애향심을 돋워 줄 뿐만 아니라 다양한 문화와 가치를 담고 있는 소중한 자산이다. 그러므로 표준어의 강조를 방언을 사용하지 말아야 한다는 의미로 여겨서는 안 될 것이다.

보충 설명

1988년의 「표준어 규정」에서 사정의 대상으로 삼은 것은

(가) 그동안 자연스러운 언어 변화에 의해 1933년에 표준어로 규정하였던 형태가 고형(古形)이 된 것.

(나) 그때 미처 사정의 대상이 되지 않아 표준어로서의 자격을 인정받을 기회가 없었던 것.

(다) 각 사전에서 달리 처리하여 정리가 필요한 것.

(라) 방언, 신조어 등이 세력을 얻어 표준어 자리를 굳혀 가던 것.

등이었다.

그러나 1988년의 「표준어 규정」에서도 구체적인 표준어의 목록은 제시되지 않았다. 실생활에서는 원칙과 약간의 예로 이루어진 「표준어 규정」만으로는 전체 표준어를 담을 수 없었으며 뜻풀이와 실제 용법 등까지를 상세하게 설명하기에 규정의 형식은 감당하기 어려운 점이 많았던 것이 사실이다. 누구나 불편 없이 표준어를 배워 쓸 수 있으려면 표준어를 폭넓게 담고 있는 국어사전이 있어야 한다. 1999년에 출간된 『표준국어대사전』은 표준어를 폭넓게 담고 있다는 점에서 의미가 있다. 『표준국어대사전』의 출간으로 누구나 손쉽게 표준어를 알아보고 배워 익힐 수 있게 되었기 때문이다. 『표준국어대사전』에서는 그동안의 언어 변화로 말이 달라진 것, 사전 사이에 혼동이 있었던 것을 정리하고 새롭게 세력을 얻어 자리를 굳힌 말 등을 폭넓게 받아들여서 표준어를 확정하였다. 또한 2008년에는 개정판 『표준국어대사전』이 발간되어 초판에서 미처 바로잡지 못한 내용과 그동안의 언어 변화 등을 수용하였으며, 현재는 인터넷을 통한 전자 사전으로도 제시되어 누구나 언제든지 이용할 수 있는 사전이 되었다.

더 알아보기

표준어와 서울말: 「표준어 규정」에서 표준어는 '서울말'로 정함을 원칙으로 하고 있지만, 표준어와 서울말이 완전히 일치하는 것은 아니다. 표준어와 서울 방언은 많은 차이가 있다.

> 피:란 가는 건 일가 찾어 가는 게 아니라 먼: 데로 가서 아:무 빈:집이나 있으믄 들어가 잠자구 나오구 또 딴 데루 가구. 그러는 거라구. 그래서 인제 수원꺼정 간다구 갔는데 가는 길:두 몰:르지 댕겨 보질 않아서.(국립국어연구원, 『서울 토박이말 자료집(Ⅰ)』)

위의 자료는 서울 토박이들의 말인데, 어휘 중 '피란(피난), 몰르지(모르지), 댕겨(다녀)' 등이 표준어가 아니며, 조사나 어미 중 '찾어(찾아), 있으믄(있으면), 잠자구(잠자고), 데루

(데로), 가구(가고)' 등이 표준어가 아니다. 이와 같이 서울 토박이들이 사용하는 실제의 서울 방언과 표준어를 비교해 보면, 서울 방언은 표준어와 많은 차이가 있다. 그리고 서울 토박이들이 사용하는 말 중에도 서로 차이가 있는 경우가 있다.

그러므로 서울 방언을 표준어 사정의 기준으로 활용하기 위해서는 서울 방언의 특징을 밝힐 필요가 있다. 서울 방언이 다른 방언과 차이 나는 고유한 특징은 무엇이며, 다른 방언들과 공유하는 특징은 무엇인가 하는 점 등을 우선적으로 밝혀야 할 것이다.

제2항 외래어는 따로 사정한다.

다른 나라와의 교류가 활발해지면서 다른 나라의 언어가 물밀듯이 쏟아져 들어오고 있다. 그런데 우리말의 음운 체계와 다른 나라의 음운 체계가 같지 않기 때문에 한글로 표기할 때 사람들마다 표기가 달라질 수 있다. 이렇게 사람마다 다르게 적을 경우 같은 개념을 지시하는 말의 표기가 각각이어서 글을 쓰거나 말을 할 때 큰 혼란을 가져올 수 있다.

이러한 혼란을 막기 위해 「외래어 표기법」을 만들어 외래어를 한글로 옮겨 적는 방법을 명시하였다. 외래어 표기법은 외국의 고유 명사의 표기까지 포괄하는 표기법으로서, 이 조항에서 정의하고 있는 '외래어 사정'과 밀접한 관련이 있다. 예를 들어 '인터넷'이라는 외래어가 널리 사용되어 한국어의 어휘로 인정을 받을 경우, 외래어의 표기를 확정하고 뜻과 용법을 확정할 필요가 있다. 이때 표기를 확정하는 기준이 외래어 표기법이고 어떤 어휘를 외래어로 편입할 것인가를 결정하는 일이 외래어의 사정이다. 그런데 외래어의 경우에는 표기를 통해 발음과 형태가 확정되는 면도 있어서 외래어 표기를 정하는 것이 외래어를 사정하는 것과 매우 밀접한 관련이 있다.

제2장 발음 변화에 따른 표준어 규정

제2장은 표준어 가운데 발음의 변화가 분명해져서 더 이상 기존의 표준어를 그대로 유지할 수 없는 경우를 제시한 내용이다. 기존 표준어의 자음과 모음이 변화한 경우, 준말과 본딧말의 쓰임이 달라진 경우, 발음이 비슷하고 의미가 같은 말이 여럿인 경우가 이 장에서 다루는 내용이다.

표준어의 사정 원칙은 현재 널리 쓰이는 말이 표준어라는 것으로 요약할 수 있다. 표준어라도 언어 변화가 나타나서 자음이나 모음이 변한 말이 더 널리 쓰이면 그 말이 표준어가 되고 준말과 본딧말 가운데 어느 하나만이 널리 쓰이면 단수 표준어, 둘 다 널리 쓰이면 복수 표준어가 되는 것이 원칙이다. 이 장에서는 자음의 변화, 모음의 변화, 준말, 단수 표준어, 복수 표준어와 같이 절을 구분해서 제시하고 있지만 언어 변화의 결과가 단수 표준어가 되거나 복수 표준어가 되는 것으로 양분하여 설명할 수 있다.

단수 표준어와 복수 표준어는 국어사전에서 분명하게 제시된다. 다만, 복수 표준어의 경우 표준어인 두 말이 반드시 동의어인 것은 아니다. 어감이나 쓰임에 차이가 있는 유의어도 복수 표준어의 범주에 들어간다.

제1절 자음

제3항 다음 단어들은 거센소리를 가진 형태를 표준어로 삼는다.(ㄱ을 표준어로 삼고, ㄴ을 버림.)

ㄱ	ㄴ	비고
끄나풀	끄나불	
나팔-꽃	나발-꽃	
녘	녁	동~, 들~, 새벽~, 동 틀 ~.
부엌	부억	
살-쾡이	삵-괭이	
칸	간	1. ~막이, 빈~, 방 한~. 2. '초가 삼간, 윗간'의 경우에는 '간'임.
털어-먹다	떨어-먹다	재물을 다 없애다.

- '나발꽃'이 '나팔꽃'으로 바뀌었다고 '나발'이 들어가는 모든 말이 '나팔'로 바뀌는 것은 아니다. '나팔'과 관련된 말로는 '나팔관, 나팔바지, 나팔벌레, 물나팔, 코나팔' 등이 있다. '나발'은 놋쇠로 긴 대롱같이 만든 위는 가늘고 끝은 퍼진 모양의 옛 관악기를 말한다. 그리고 지껄이거나 떠들어 대는 입을 이르기도 한다. '개나발, 병나발, 손나발' 등이 이와 관련된 말이다.
- '살쾡이'는 '삵괭이'로 쓰이던 말이지만 '삵괭이'는 [삭꽹이]로 소리 나서 실제 발음과 차이가 있으므로 '살쾡이'가 표준어가 되었다. 「표준어 규정」 제26항에서 '살쾡이/삵'과 같이 복수 표준어를 인정하였으므로 '살쾡이' 외에 '삵'도 표준어이다.
- '칸'은 공간(空間)의 구획이나 넓이를 나타내며 '간(間)'은 '초가삼간(草家三間)' 등 관습적인 표현에만 쓰인다. 그 결과 '일등 칸', '방 한 칸', "비어 있는 칸을 채우세요." 등과 같이 자립적으로 쓰일 때는 '칸'이 쓰인다. '간(間)'이 그대로 쓰인 단어들로는 '개숫간, 뒷간, 마구간, 물레방앗간, 방앗간, 수라간, 외양간, 푸

줏간, 헛간' 등이 있다. '마구간'은 '마굿간'으로 잘못 쓰는 일이 많지만 한자어 '마구(馬廐)'와 '간(間)'의 합성으로 사이시옷이 들어갈 자리가 아니므로 '마구간'으로 쓰는 것이 옳다.

• 달려 있는 것, 붙어 있는 것 따위가 떨어지게 흔들거나 치거나 하는 것은 '털다'이고, 붙어 있는 것을 손으로 쳐서 떼어 내는 것은 '떨다'이다. '털어먹다'는 붙어 있는 것을 손으로 쳐서 떼어 내는 것이 아니므로 '털어먹다'가 표준어이다. '재떨이, 먼지떨이'는 '떨다'의 의미가 살아 있으므로 '재털이, 먼지털이'를 인정하지 않는 경우다. '먼지떨이'를 '털이개'라고 하는 경우도 있으나 이도 표준어가 아니다.

제4항 다음 단어들은 거센소리로 나지 않는 형태를 표준어로 삼는다.(ㄱ을 표준어로 삼고, ㄴ을 버림.)

ㄱ	ㄴ	비고
가을-갈이	가을-카리	
거시기	거시키	
분침	푼침	

제3항과 마찬가지로 기존의 표준어를 유지하기 어려울 만큼 변화가 일어난 경우이다. 다만, 3항과는 발음 변화의 방향이 반대인 것들이다. 제3항에서는 예사소리가 거센소리로 바뀐 형태를 표준어로 삼은 데 반해, 제4항에서는 거센소리로 나지 않은 형태를 표준어로 삼았다.

• 이름이 얼른 생각나지 않거나 바로 말하기 곤란한 사람 또는 사물을 가리키는 말인 '거시기'는 '거시키'로 소리 나기도 하지만 '거시기'를 표준어로 삼는다. '거시키'는 79년의 개정안에서부터 다 '거시기'로 고친 바 있다. '거시기'가 특정 방언을 대표하는 말로 알려져 있지만 이미 널리 쓰여 표준어로 인정받고 있다.

제5항 어원에서 멀어진 형태로 굳어져서 널리 쓰이는 것은, 그것을 표준어로 삼는다.(ㄱ을 표준어로 삼고, ㄴ을 버림.)

ㄱ	ㄴ	비고
강낭-콩	강남-콩	
고삿	고샅	겉~, 속~.
사글-세	삭월-세	'월세'는 표준어임.
울력-성당	위력-성당	떼를 지어서 으르고 협박하는 일.

다만, 어원적으로 원형에 더 가까운 형태가 아직 쓰이고 있는 경우에는, 그것을 표준어로 삼는다.(ㄱ을 표준어로 삼고, ㄴ을 버림.)

ㄱ	ㄴ	비고
갈비	가리	~구이, ~찜, 갈빗-대.
갓모	갈모	1. 사기 만드는 물레 밑 고리. 2. '갈모'는 갓 위에 쓰는, 유지로 만든 우비.
굴-젓	구-젓	
말-곁	말-겻	
물-수란	물-수랄	
밀-뜨리다	미-뜨리다	
적-이	저으기	적이-나, 적이나-하면.
휴지	수지	

학문적으로는 어원(語源)을 알 수 있더라도 언중(言衆)의 어원 의식이 약해져서 어원에서 멀어진 형태가 널리 쓰이는 경우에는 그 말을 표준어로 삼는다.

- '강낭콩'은 중국의 양쯔강 남쪽인 '강남(江南)'에서 건너왔다고 하여 이름 지어진 '강남콩'의 발음이 변한 형태인데, 이미 '강낭콩'으로 굳어져서 널리 쓰이고 있는 현실에 따라 '강낭콩'을 표준어로 삼은 것이다. 언어 현실에서 '강낭콩'을

'강남'과 연결해서 이해하지 않는 것이 일반적이다.

- 예전에는 '지붕을 이을 때에 쓰는 새끼'와 '좁은 골목이나 길'을 다 함께 '고샅'이라고 하였다가 '지붕을 이을 때에 쓰는 새끼'를 말하는 말은 [고삿]으로 쓰이므로 '고삿'을 표준어로 삼은 것이다. '겉고삿'은 초가지붕을 일 때, 이엉을 얹은 위에 걸쳐 매는 새끼를 말하며, '속고삿'은 초가지붕을 일 때, 이엉을 얹기 전에 지붕 위에 건너질러 잡아매는 새끼를 말한다.
- '월세(月貰)'와 같은 뜻으로 '삭월세/사글세' 두 가지가 쓰이다가, '삭월세(朔月貰)'보다 '사글세'가 널리 쓰이게 되었으므로 '사글세'만을 표준어로 삼았다. '사글세'는 한자어가 아니므로 '사글세'와 '방' 사이에는 사이시옷이 들어가 '사글셋방'이 된다. 이와는 달리 한자어인 '전세(傳貰)'와 '방(房)' 사이에는 사이시옷이 들어가지 않으므로 '전세방(傳貰房)'이 된다.

그렇지만 어원 의식이 아직 남아 있어서 어원을 간직한 형태가 더 널리 쓰이는 것들은 그대로 표준어로 인정한다. '다만'에 제시한 예들이 그러한 것들이다.

- '갈비'와 '가리' 가운데서는 널리 쓰이는 '갈비'를 표준어로 인정한다. '갈비구이, 갈비찜, 갈빗대' 이외에 '갈비뼈, 갈빗살, 소갈비, 떡갈비, 등갈비' 등도 모두 '갈비'가 들어간 형태를 표준어로 인정한다.
- '갓모'를 표준어로 인정하고 '갈모'를 표준어에서 제외하였다. '갓모'는 사기 만드는 물레 밑고리를 말한다. 다만, 비가 올 때 갓 위에 덮어 쓰던 고깔과 비슷하게 생긴 물건을 말할 때는 '갈모(-帽)'도 표준어로 인정한다.
- '밀다'의 의미가 살아 있으므로 '밀뜨리다'와 '미뜨리다' 중에서 '밀뜨리다'를 표준어로 인정한다. '-뜨리다/-트리다'가 복수 표준어이므로(「표준어 규정」 제26항), '밀트리다'도 표준어이다.
- '적이(꽤 어지간한 정도로)'는 의미적으로 '적다'와는 멀어져서 '저으기'가 널리 쓰이기도 하지만 '적다'와의 관계가 아직 남아 있으므로 '적이'를 표준어로 인정하였다.
- '휴지'는 한자어 '休紙'에서 온 말이라는 의식이 분명해서 종래 표준어로 인정했던 '수지'보다 널리 쓰이고 있다. 그래서 '휴지'만을 표준어로 인정한 것이다.

제6항 다음 단어들은 의미를 구별함이 없이, 한 가지 형태만을 표준어로 삼는다.(ㄱ을 표준어로 삼고, ㄴ을 버림.)

ㄱ	ㄴ	비고
돌	돐	생일, 주기.
둘-째	두-째	'제2, 두 개째'의 뜻.
셋-째	세-째	'제3, 세 개째'의 뜻.
넷-째	네-째	'제4, 네 개째'의 뜻.
빌리다	빌다	1. 빌려주다, 빌려 오다. 2. '용서를 빌다'는 '빌다'임.

다만, '둘째'는 십 단위 이상의 서수사에 쓰일 때에 '두째'로 한다.

ㄱ	ㄴ	비고
열두-째		열두 개째의 뜻은 '열둘째'로.
스물두-째		스물두 개째의 뜻은 '스물둘째'로.

제6항에서 다룬 말들은 그동안 쓰임에 차이가 있는 것으로 규정해 왔지만 구분이 쉽지 않고 실제로도 잘 지켜지지 않아서 언어생활을 혼란스럽게 했던 것들이다. 그래서 그것을 하나로 정리한 것이다.

- '돌'은 '생일'의 뜻으로, '돐'은 '한글 반포 560돐'처럼 '주기'의 뜻으로 구분하여 써 왔다. 그러나 실제로 이 둘을 구분해서 쓰기가 쉽지 않고 '돐'의 경우 '돐이, 돐을, 돐이다'가 [돌씨], [돌쓸], [돌씨다]와 같이 현실과 달리 소리 나므로 '돌' 하나로 통합하였다. 따라서 '한글 반포 500돐'은 '한글 반포 500돌'로 쓰며, '돐 잔치, 첫돐' 등도 '돌잔치, 첫돌'로 쓴다.
- '두째'는 차례를 나타내는 말로, '둘째'는 수량을 나타내는 말로 구분하여 써 왔다. 그러나 실제로 구분해서 쓰기가 쉽지 않으므로 '두째'를 버리고 '둘째'로 통일하였다. 따라서 차례를 나타내는 경우나 수량을 나타내는 경우나 모두 '둘째'로 쓴다.

차례: 둘째 아이가 초등학생이다.

수량: 사과를 둘째 먹고 있다.

- '두째, 둘째'와 마찬가지로 '세째, 네째'는 차례를 나타내는 말로, '셋째, 넷째'는 수량을 나타내는 말로 구분하여 써 왔다. 그러나 실제로 구분해서 쓰기가 쉽지 않으므로 '세째, 네째'와 같은 표기를 버리고 '셋째, 넷째'로 통일하였다. 따라서 차례를 나타내는 경우나 수량을 나타내는 경우나 모두 '셋째, 넷째'로 쓴다. '다섯째, 여섯째'도 마찬가지이다.
- '貸(대)'의 의미로 '빌리다'를 쓰고, '借(차)'의 의미로 '빌다'를 구분하여 썼다. 그러나 이 둘을 구분해서 쓰기가 쉽지 않아 혼란이 많았다. 그래서 '빌려주다'와 짝을 이루어 쓰던 '빌어 오다'를 언어 현실에 따라 '빌려 오다'로 바꾸었다.

은행에서 기업에 돈을 빌려주었다.

옆집에서 망치를 빌려 왔다.

- '빌다'는 '남의 물건을 공짜로 달라고 호소하여 얻다'와 '바라는 바를 이루게 하여 달라고 간청하다'는 뜻으로만 쓰인다. 예를 들어 '빌어먹는다'고 할 때의 '빌어먹다'는 남에게 거저 얻어먹는다는 뜻이다. 흔히 "이 자리를 빌어 감사의 말씀을 드립니다."라고 많이 쓰지만 이때는 "이 자리를 빌려 감사의 말씀을 드립니다."로 고쳐야 맞는다.
- 앞에서 차례를 나타내는 말과 수량을 나타내는 말을 구분하여 쓰지 않는다고 하였으나, '다만'에서는 차례를 나타내는 경우에 '열두째, 스물두째, 서른두째' 등을 표준어로 인정하고 있다. 차례를 나타내는 말로 '열두째, 스물두째, 서른두째' 등 '두째' 앞에 다른 수가 올 때에는 받침 'ㄹ'이 분명히 탈락하는 것이 언어 현실이기 때문이다.

차례: 이 줄 열두째에 앉은 애가 내 친구 순이야.

그 쪽의 열두째 줄을 읽어 보아라.

수량: 이것이 오늘 채점하는 열둘째 답안지이다.

순서가 열두 번째가 되는 차례를 나타낼 때는 '열두째'를 쓰고, 맨 앞에서부터 세어 모두 열두 개째가 됨을 이를 때에는 '열둘째'를 쓴다. 그리고 순서가 첫 번째나 두 번째쯤 되는 차례를 나타내는 '한두째'도 '두째'로 쓴다.

제7항 다음 단어들은 의미를 구별함이 없이, 한 가지 형태만을 표준어로 삼는다.(ㄱ을 표준어로 삼고, ㄴ을 버림.)

ㄱ	ㄴ	비고
수-꿩	수-퀑/숫-꿩	'장끼'도 표준어임.
수-나사	숫-나사	
수-놈	숫-놈	
수-사돈	숫-사돈	
수-소	숫-소	'황소'도 표준어임.
수-은행나무	숫-은행나무	

다만 1. 다음 단어에서는 접두사 다음에서 나는 거센소리를 인정한다. 접두사 '암-'이 결합되는 경우에도 이에 준한다.(ㄱ을 표준어로 삼고, ㄴ을 버림.)

ㄱ	ㄴ	비고
수-캉아지	숫-강아지	
수-캐	숫-개	
수-컷	숫-것	
수-키와	숫-기와	
수-탉	숫-닭	
수-탕나귀	숫-당나귀	
수-톨쩌귀	숫-돌쩌귀	
수-퇘지	숫-돼지	
수-평아리	숫-병아리	

다만 2. 다음 단어의 접두사는 '숫-'으로 한다.(ㄱ을 표준어로 삼고, ㄴ을 버림.)

ㄱ	ㄴ	비고
숫-양	수-양	
숫-염소	수-염소	
숫-쥐	수-쥐	

'수-'는 암수를 구별할 수 있는 말 앞에 붙어 그것이 '수컷'임을 나타내 주는 말이다. '양, 염소, 쥐'를 제외한 모든 단어 앞에서 '수-'로 적는다. '숫나사, 숫놈, 숫사돈, 숫소' 등을 표준어로 삼지 않고 '수나사, 수놈, 수사돈, 수소' 등을 표준어로 삼은 것은 [수나사], [수놈], [수사돈], [수소]가 표준어이기 때문이다. 즉 [숟쏘]가 아닌 [수소]가 표준어이므로 '수소'로 적는다.

'다만 1'에서는 '암-/수-'가 붙은 말 중에는 뒤에 오는 단어의 첫소리가 거센소리로 나는 경우를 언급하고 있다. '암-/수-'가 붙은 말 중에는 뒤에 오는 단어의 첫소리가 거센소리로 나는 이유는 '암수'를 나타내는 '암-'과 '수-'가 역사적으로는 받침 'ㅎ'을 가지고 있는 명사였기 때문이다.

암히 수흘 좃놋다(雌隨雄) (『두시언해』 초간본 17:5)

오늘날 '암캐/수캐, 암탉/수탉' 등과 같은 단어는 역사적으로 '암/수'의 받침 'ㅎ'이 다음 음절의 첫소리와 어울려 거센소리를 이룬 말들이다. '암-/수-' 다음에 거센소리가 나는 단어는 여기에 제시된 것으로 한정되며, 여기에서 제시되지 않은 단어는 거센소리를 인정하지 않는다. 즉 '개미, 거미, 고양이' 등의 경우 '암캐미/수캐미, 암커미/수커미, 암코양이/수코양이' 등을 자연스럽게 느끼는 일도 있지만, 이는 인정하지 않는다.

'다만 2'에서는 '숫-'이 붙는 말을 제시하고 있다. 여기에 제시된 '양, 염소, 쥐'에만 '숫-'이 붙는다. 이들은 [순냥], [순념소], [숟쮜]로 소리가 나므로 '숫양, 숫염소, 숫쥐'로 적는 것이다. '숫-'이 붙는 말을 '양, 염소, 쥐'로 한정했으므로 '숫놈[순놈]', '숫소[숟쏘]'는 비표준어이고 '수놈[수놈]', '수소[수소]'가 표준어이다.

위에 제시한 것 외의 말들은 모두 '수-'를 붙인다. 가령 '거미, 개미, 할미새, 나비,

술' 등은 모두 '수거미, 수개미, 수할미새, 수나비, 수술'이 된다.

더 알아보기

ㅎ 종성 체언: 중세 한국어에는 'ㅎ'을 종성으로 가지는 체언이 있었다. 이러한 체언은 모음으로 시작하는 조사 앞에서는 'ㅎ'이 유지되고, 유기음화할 수 있는 'ㄱ', 'ㄷ', 'ㅂ' 앞에서는 그것과 결합하여 'ㅋ', 'ㅌ', 'ㅍ'을 만들었다. 그리고 휴지(休止)나 관형격 표지 'ㅅ', 'ㆆ' 앞에서는 'ㅎ'이 탈락하였다. 그러한 단어로 '갈ㅎ(칼), 고ㅎ(코), 길ㅎ[道], 나조ㅎ(저녁), 내ㅎ[川], 돌ㅎ(돌), 뫼ㅎ(산)' 등이 있었다.

현대 한국어에서는 'ㅎ' 종성이 더 이상 나타나지 않는다. 그러나 어휘에서 그 흔적이 남아 있는 경우가 있다. 대표적인 예로 '살코기'와 '안팎' 등을 들 수 있다. 이러한 예들은 '살', '안'이 예전에 'ㅎ' 종성 체언이었음을 말해 준다. '수캉아지/암캉아지, 수캐/암캐, 수컷/암컷, 수키와/암키와, 수탉/암탉, 수퇘지/암퇘지' 등에서 '수/암' 뒤에서 거센소리가 나는 이유도 '수/암'이 역사적으로 'ㅎ' 종성을 가지는 체언이었음을 말해 준다.

제2절 모음

제8항 양성 모음이 음성 모음으로 바뀌어 굳어진 다음 단어는 음성 모음 형태를 표준어로 삼는다.(ㄱ을 표준어로 삼고, ㄴ을 버림.)

ㄱ	ㄴ	비고
깡충-깡충	깡총-깡총	큰말은 '껑충껑충'임.
-둥이	-동이	←童-이. 귀-, 막-, 선-, 쌍-, 검-, 바람-, 흰-.
발가-숭이	발가-송이	센말은 '빨가숭이', 큰말은 '벌거숭이, 뻘거숭이'임.
보퉁이	보통이	
봉죽	봉족	←奉足. ~꾼, ~들다.
뻗정-다리	뻗장-다리	
아서, 아서라	앗아, 앗아라	하지 말라고 금지하는 말.
오뚝-이	오똑-이	부사도 '오뚝-이'임.

ㄱ	ㄴ	비고
주추	주초	← 柱礎. 주춧-돌.

다만, 어원 의식이 강하게 작용하는 다음 단어에서는 양성 모음 형태를 그대로 표준어로 삼는다.(ㄱ을 표준어로 삼고, ㄴ을 버림.)

ㄱ	ㄴ	비고
부조(扶助)	부주	~금, 부좃-술.
사돈(査頓)	사둔	밭~, 안~.
삼촌(三寸)	삼춘	시~, 외~, 처~.

한국어는 양성 모음은 양성 모음끼리, 음성 모음은 음성 모음끼리 어울리는 모음 조화(母音調和)가 있다. 그러나 후대로 오면서 모음 조화 현상은 약화되었다. 이 항에서 다루고 있는 예들도 대부분 양성 모음 뒤에 오는 양성 모음이 음성 모음으로 바뀐 예들이다. 이러한 변화를 현실 발음으로 받아들여 표준어로 인정한 것이다.

- 종래의 '깡총깡총'은 언어 현실에 따라 '깡충깡충'을 표준어로 삼는다. 이와 관련된 '강종강종', '깡쫑깡쫑'도 '강중강중', '깡쭝깡쭝'을 표준어로 삼는다. '깡충깡충', '강중강중', '깡쭝깡쭝'은 각각 '껑충껑충', '겅중겅중', '껑쭝껑쭝'과 짝을 이룬다. 그렇다고 치마나 바지 따위의 옷이 좀 짧은 것을 나타내는 '깡총하다'가 '깡충하다'로 바뀐 것은 아니다. 이 말은 여전히 '깡총하다/껑충하다'처럼 짝을 이루는 말이다.
- '-둥이'는 그러한 성질이 있거나 그와 긴밀한 관련이 있는 사람의 뜻을 더하는 접미사이다. 이 말은 '-동이(童-)'에서 왔으나 '-둥이'로 굳어져 널리 쓰이므로 이를 표준어로 삼는다. 그래서 '귀둥이,* 막둥이,* 선둥이,* 쌍둥이'와 같이

▸ **용어 및 어휘 풀이**

귀둥이: 특별히 귀염을 받는 아이.

막둥이: 막내아들.

'-둥이'로 쓴다. '검둥이, 바람둥이, 흰둥이' 등도 마찬가지다. 다만, 살이 올라 보드랍고 통통한 아이를 나타내는 '옴포동이'는 '동이'를 쓴다. 이 말은 '옴포동'에 '-이'가 붙은 말로 '-둥이'와는 관계가 없는 말이기 때문이다.

- '발가-숭이'는 옷을 모두 벗은 알몸뚱이를 뜻하는 말이다. 예전에는 '발가송이'였으나, '발가숭이'로 널리 쓰이고 있으므로 이를 표준어로 삼는다. '발가숭이'의 센말은 '빨가숭이'이며, 이와 관련된 '벌거숭이, 뻘거숭이'도 '-숭이'로 쓴다. 그리고 반찬 이름인 '깨-보숭이,* 차조기-보숭이*'도 '숭이'로 쓴다. 다만 '애송이'*는 '애숭이'로 쓰지 않는다.
- '보퉁이'는 물건을 보에 싸서 꾸려 놓은 것이다. 사람의 신체 부위를 나타내는 명사 뒤에 붙어 비하하는 뜻을 더하거나(눈-퉁이, 배-퉁이), 사람의 태도나 성질을 나타내는 명사 뒤에 붙는 경우(꾀-퉁이, 미련-퉁이, 심술-퉁이)에도 '-퉁이'로 쓴다. 다만 '고집통-이, 골통-이*'는 '통이'로 쓰는데, '고집통'에 '-이', '골통'에 '-이'가 붙은 말이기 때문이다.
- '오뚝이'는 명사와 부사 모두 '오뚝이'로 적는다. 어근 '오뚝-'에서 '오뚝하다', '오뚝이'가 파생된 것이기 때문이다. 따라서 "코가 오똑하다."고 할 때의 '오똑'은 '오뚝'으로 바꾸어야 옳은 표현이 된다.
- '다만'의 '부조(扶助), 사돈(査頓), 삼촌(三寸)'은 구어에서는 '부주, 사둔, 삼춘'으로 쓰이는 일이 적지 않지만, 아직까지는 한자어라는 의식이 강하게 남아 있으므로 '부조, 사돈, 삼촌'을 표준어로 삼는다.

▸ **용어 및 어휘 풀이**

선둥이: 쌍둥이 중에서 먼저 태어난 아이.

깨보숭이: 들깨의 꽃송이에 찹쌀가루를 묻혀서 기름에 튀긴 반찬.

차조기보숭이: 덜 여문 차조기 열매의 송이를 찹쌀 풀을 묻혀 말려서, 기름에 튀겨 만든 반찬.

애송이: 애티가 나는 사람이나 물건.

골통이: '머리'를 비하는 말.

제9항 'ㅣ' 역행 동화 현상에 의한 발음은 원칙적으로 표준 발음으로 인정하지 아니하되, 다만 다음 단어들은 그러한 동화가 적용된 형태를 표준어로 삼는다.(ㄱ을 표준어로 삼고, ㄴ을 버림.)

ㄱ	ㄴ	비고
-내기	-나기	서울-, 시골-, 신출-, 풋-.
냄비	남비	
동댕이-치다	동당이-치다	

[붙임 1] 다음 단어는 'ㅣ' 역행 동화가 일어나지 아니한 형태를 표준어로 삼는다.(ㄱ을 표준어로 삼고, ㄴ을 버림.)

ㄱ	ㄴ	비고
아지랑이	아지랭이	

[붙임 2] 기술자에게는 '-장이', 그 외에는 '-쟁이'가 붙는 형태를 표준어로 삼는다.(ㄱ을 표준어로 삼고, ㄴ을 버림.)

ㄱ	ㄴ	비고
미장이	미쟁이	
유기장이	유기쟁이	
멋쟁이	멋장이	
소금쟁이	소금장이	
담쟁이-덩굴	담장이-덩굴	
골목쟁이	골목장이	
발목쟁이	발목장이	

'ㅣ' 모음 역행 동화 현상은 'ㅏ', 'ㅓ', 'ㅗ' 따위의 후설 모음*이 다음 음절에 오는 'ㅣ'나 'ㅣ'계(系) 모음의 영향을 받아 각각 전설 모음* 'ㅐ', 'ㅔ', 'ㅚ' 따위로 변하는 현

상을 말한다. '잡히다'가 '잽히다'로, '먹히다'가 '멕히다'로, '녹이다'가 '뇍이다'로 발음되는 따위이다.

이러한 현상은 일상생활에서 흔하게 나타난다. 예를 들어 '아기, 아비, 왼손잡이, 먹이다'를 '애기, 애비, 왼손잽이, 멕이다'로 발음하는 일은 쉽게 볼 수 있다. 그렇지만 이러한 단어는 표준어로 인정하지 않는다. 그것은 이러한 발음은 조금만 주의하면 바로잡을 수 있으며, '애기, 애비, 멕이다'를 사용하다가도 '아기, 아비, 먹이다'를 사용하기도 하기 때문이다. 다만, 다음과 같은 단어들의 경우는 'ㅣ' 모음 역행 동화가 일어난 형태가 더 널리 쓰이므로 이를 표준어로 삼는다.

- '-나기'는 '나다'와 관련이 있는 말이지만, '-내기' 쪽이 널리 쓰이므로 '-내기'를 표준어로 삼았다. '신출내기, 풋내기, 여간내기, 보통내기'를 '신출나기, 풋나기, 여간나기, 보통나기'로 쓰는 일은 거의 없으므로, '신출내기, 풋내기, 여간내기, 보통내기'를 표준어로 삼는다. '신입생' 또는 '신출내기'의 뜻으로 최근에 널리 쓰이는 '새내기'는 '새[新]'에 '-내기'가 결합한 말이다. 이 단어 역시 '새나기'로 쓰는 일은 없다.
- '남비'는 일본어 '나베[鍋]'에서 온 말이다. 그래서 '남비'라는 형태를 유지해 왔으나, 이제는 '남비'가 '나베'에서 왔다는 의식이 분명하지 않으므로 현실 발음에 따라 '냄비'를 표준어로 삼는다. 이와 관련된 단어인 '남비국수, 자선남비, 전골남비' 등도 '냄비국수, 자선냄비, 전골냄비'를 표준어로 삼는다.
- [붙임 1]의 '아지랑이'는 구어에서는 '아지랭이'로 쓰이기도 하지만 '아지랑이'에 대한 직관이 분명하고 비교적 널리 쓰이므로 '아지랑이'를 표준어로 삼은 것이다. 1936년 「조선어 표준말 모음」에서도 '아지랑이'를 표준어로 인정하고 있다.
- [붙임 2]는 '-장이'와 '-쟁이'를 구분하는 기준으로 '장인(匠人)'이란 뜻이 살아 있으면 '-장이'이고, 그렇지 않으면 '-쟁이'임을 밝힌 것이다. '-장이'는 솜씨가 좋은 수공업자에게 '○○장(匠)'이라고 '장인(匠人)'의 호칭을 부여하던 데에서 유래

▸ 용어 및 어휘 풀이

후설 모음(後舌母音): 혀의 뒤쪽과 여린입천장 사이에서 발음되는 모음. 'ㅜ', 'ㅗ' 따위가 있다.

전설 모음(前舌母音): 혀의 앞쪽에서 발음되는 모음(母音). 우리말에는 'ㅣ', 'ㅔ', 'ㅐ', 'ㅟ', 'ㅚ' 따위가 있다.

한 말이다. 따라서 '미장[泥匠],* 유기장(鍮器匠)*'처럼 전통적인 수공업자는 '미장이, 유기장이'가 되고, 수공업적인 기술이라고 하기 어려운 점을 치는 사람은 '점쟁이', 그림을 그리는 사람은 '환쟁이'가 된다. 한편 갓을 만드는 일을 업으로 하는 사람은 '갓장이', 갓을 멋들어지게 쓰는 사람은 '갓쟁이'로 구분할 수 있다.

더 알아보기

1. 전통적인 수공업자가 아닌 경우에는 '-쟁이'가 결합한다.

   동식물명: 소금쟁이, 쑥부쟁이, 금소리쟁이, 소루쟁이 ……
   사람: 거짓말쟁이, 겁쟁이, 고집쟁이, 굴뚝쟁이, 난쟁이, 멋쟁이, 점쟁이 ……

2. '굴뚝쟁이'가 '굴뚝장이', '점쟁이'가 '점장이'가 아닌 이유는 전통적인 수공업의 범주에 속하지 않기 때문이다.

제10항 다음 단어는 모음이 단순화한 형태를 표준어로 삼는다.(ㄱ을 표준어로 삼고, ㄴ을 버림.)

ㄱ	ㄴ	비고
괴팍-하다	괴퍅-하다/괴팩-하다	
-구먼	-구면	
미루-나무	미류-나무	← 美柳~.
미륵	미력	← 彌勒. ~ 보살, ~불, 돌~.
여느	여늬	
온-달	왼-달	만 한 달.
으레	으례	
케케-묵다	켸켸-묵다	
허우대	허위대	
허우적-허우적	허위적-허위적	허우적-거리다.

▸ **용어 및 어휘 풀이**

미장: 건축 공사에서 벽이나 천장, 바닥 따위에 흙이나 회, 시멘트 따위를 바름. 또는 그런 일.
유기장: 관아에 속하여 놋그릇을 만드는 일을 맡아 하던 사람.

언어 현실에서는 이중 모음을 단모음으로 발음하는 경향이 두드러지고 있다. 특히 'ㅚ, ㅟ, ㅘ, ㅝ' 등의 원순 모음*을 평순 모음*으로 발음하기도 한다. 가령 '벼'를 '베'라고 하기도 하고, '사과'를 '사가'라고 하기도 한다. 이 항에서 다룬 단어들은 모음의 변화가 일어나서 이제는 원래의 형태를 거의 사용하지 않게 된 것들이다. 이렇게 모음이 단순화한 형태가 널리 쓰이면 이를 표준어로 삼는다.

- "그것 참 그럴듯한 생각이구먼."과 같이 쓰이는 '-구먼'을 '-구면'으로 쓰는 일도 있지만 널리 쓰이는 '-구먼'을 표준어로 인정한다. 한편 '-구먼'을 '-구만'으로 쓰는 일이 있지만 '-구만'은 인정하지 않는다.
- '미루나무'는 어원적으로 분명히 '미류나무(美柳--)'이지만 언어 현실에서 [미류]라는 발음을 듣기 어렵다. 그러므로 이중 모음이 단모음으로 바뀐 형태인 '미루나무'를 표준어로 삼는다.
- '여느'는 원래 '여늬'였으나 이중 모음이 단순화하여 '여느'로 널리 쓰이므로 이를 표준어로 인정한다. '늴리리야'의 후렴구인 '늬나노'의 '늬'도 단순화하여 '니'로 소리 나므로, '니나노'를 표준어로 인정한다.
- '만 한 달'의 의미로 쓰이는 '온달'은 원래 '왼달'이었으나 '온달'로 널리 쓰이므로 이를 표준어로 인정한다. 이와 관련하여 '왼, 왼밤, 왼종일'도 '온(온 집안, 온 국민), 온밤, 온종일'을 표준어로 삼는다.
- '으레'는 원래 '의례(依例)'에서 온 말이지만 더 이상 '례'를 발음하는 일이 없고 '레'로 널리 쓰이므로 '으레'를 표준어로 인정한다. '으레'는 "일을 마치면 으레 술을 한잔한다."와 같이 부사로 쓰인다. 종종 '으레히, 으레이'와 같이 쓰기도 하지만 이는 인정하지 않는다.
- '허우적허우적'도 원래 '허위적허위적'이었지만 단모음으로 소리 나는 '허우적허우적'이 널리 쓰이므로 이를 표준어로 인정한다. 이와 관련하여 '허위적거리다, 허위적대다'도 '허우적거리다, 허우적대다'를 표준어로 삼는다.

▸ **용어 및 어휘 풀이**

원순 모음(圓脣母音): 입술을 둥글게 오므려 발음하는 모음. 'ㅗ', 'ㅜ', 'ㅚ', 'ㅟ' 따위가 있다.

평순 모음(平脣母音): 입술을 둥글게 오므리지 않고 발음하는 모음. 'ㅣ', 'ㅡ', 'ㅓ', 'ㅏ', 'ㅐ', 'ㅔ' 따위가 있다.

제11항 다음 단어에서는 모음의 발음 변화를 인정하여, 발음이 바뀌어 굳어진 형태를 표준어로 삼는다.(ㄱ을 표준어로 삼고, ㄴ을 버림.)

ㄱ	ㄴ	비고
-구려	-구료	
깍쟁이	깍정이	1. 서울 ~, 알~, 찰~. 2. 도토리, 상수리 등의 받침은 '깍정이'임.
나무라다	나무래다	
미수	미시	미숫-가루.
바라다	바래다	'바램[所望]'은 비표준어임.
상추	상치	~쌈.
시러베-아들	실업의-아들	
주책	주착	←主着. ~망나니, ~없다.
지루-하다	지리-하다	←支離.
튀기	트기	
허드레	허드래	허드렛-물, 허드렛-일.
호루라기	호루루기	

제11항은 제8항~제10항에서 제시한 내용에 속하지 않는 것들로, 모음이 변화한 형태가 널리 쓰이는 경우 모음이 바뀌어 굳어진 것을 표준어로 인정한다는 원칙은 동일하다.

- '-구려'와 '-구료'는 어감의 차이가 있는 것 같기도 하지만 그러한 차이가 분명한 것은 아니므로 '-구료'와 '-구려' 중에서 '-구려'를 표준어로 인정한다.

  참 딱한 양반이구려.
  더 늦으면 어두워질 테니 어서 가구려.

- '깍쟁이'는 '깍정이'에서 온 말이다. '깍정이'는 'ㅣ' 모음 역행 동화에 의해 '깍

젱이'가 될 것으로 예상되나 '깍젱이'가 아니라 '깍쟁이'를 표준어로 인정한다. 그래서 'ㅣ' 모음 역행 동화를 다루고 있는 제9항에서 다루지 않았다.

> 동생은 깍쟁이라 항상 가장 좋은 물건을 차지한다.

다만, 밤나무, 떡갈나무 따위의 열매를 싸고 있는 술잔 모양의 받침을 나타내는 '깍정이'는 표준어로 인정한다.

- 실제 언어생활에서는 '나무라다'를 '나무랜다, 나무랬다, 나무래서, 나무램'과 같이 쓰는 경우가 많으나 이는 잘못이다. '나무라-'가 어간이므로 '나무란다, 나무랐다, 나무라서, 나무람'이 옳다.
- '미수'는 '미시'에서 온 말이지만 널리 쓰이는 '미수'를 표준어로 인정한다. 일부 지역에서는 '국수'를 '국시'라고 하는 일이 있는데, 이러한 변화는 표준어로 인정하지 않는다. '가루'가 붙은 말 또한 '미싯가루'가 아니라 '미숫가루'가 표준어이다.
- '나무라다'와 마찬가지로 실제 언어생활에서는 '바라다'를 '바랜다, 바랬다, 바래서, 바래요, 바램'과 같이 쓰는 경우가 많으나 이는 잘못이다. '바라-'가 어간이므로 '바란다, 바랐다, 바라서, 바라요, 바람'이 옳다.
- '미수'와 마찬가지로 '상추'도 '상치'에서 온 말이나 '상추'를 표준어로 인정한다. 이와 관련된 단어인 '상치쌈, 양상치, 꽃상치' 등도 '상추쌈, 양상추, 꽃상추'를 표준어로 인정한다.
- '주책'은 한자어 '주착(主着)'에서 온 말이나 한자어 어원에서 멀어져서 더 이상 한자어로 다루지 않게 되었다. '주책없다, 주책이다, 주책을 부리다'와 같이 쓰인다.

> 술이 취하면 그는 주책없게 횡설수설하는 버릇이 있다.
> 그런 말을 서슴없이 하다니 그 사람 참 주책이야.

이와 관련된 '주책망나니, 주책머리, 주책바가지'도 표준어로 인정한다.

- '지루하다'는 한자어 '지리하다(支離--)'에서 온 말이나 한자어 어원에서 멀어져서 더 이상 한자어로 다루지 않게 되었다.

기다리는 것이 지루하여 옆에 있는 잡지를 뒤적거리기 시작했다.

다만, 한자어 '지리(支離)'의 의미가 그대로 남아 있는 '지리멸렬(支離滅裂)'은 표준어로 인정한다. '이리저리 흩어지고 찢기어 갈피를 잡을 수 없음'을 뜻하는 말이다.

- 종(種)이 다른 두 동물 사이에서 난 새끼를 말하는 '튀기'는 원래 '트기'에서 온 말이나 '튀기'로 널리 쓰이므로 이를 표준어로 인정한다.

제12항 '웃-' 및 '윗-'은 명사 '위'에 맞추어 '윗-'으로 통일한다.(ㄱ을 표준어로 삼고, ㄴ을 버림.)

ㄱ	ㄴ	비고
윗-넓이	웃-넓이	
윗-눈썹	웃-눈썹	
윗-니	웃-니	
윗-당줄	웃-당줄	
윗-덧줄	웃-덧줄	
윗-도리	웃-도리	
윗-동아리	웃-동아리	준말은 '윗동'임.
윗-막이	웃-막이	
윗-머리	웃-머리	
윗-목	웃-목	
윗-몸	웃-몸	~ 운동.
윗-바람	웃-바람	
윗-배	웃-배	
윗-벌	웃-벌	
윗-변	웃-변	수학 용어.
윗-사랑	웃-사랑	
윗-세장	웃-세장	
윗-수염	웃-수염	

ㄱ	ㄴ	비고
윗-입술	웃-입술	
윗-잇몸	웃-잇몸	
윗-자리	웃-자리	
윗-중방	웃-중방	

다만 1. 된소리나 거센소리 앞에서는 '위-'로 한다.(ㄱ을 표준어로 삼고, ㄴ을 버림.)

ㄱ	ㄴ	비고
위-짝	웃-짝	
위-쪽	웃-쪽	
위-채	웃-채	
위-층	웃-층	
위-치마	웃-치마	
위-턱	웃-턱	~ 구름[上層雲].
위-팔	웃-팔	

다만 2. '아래, 위'의 대립이 없는 단어는 '웃-'으로 발음되는 형태를 표준어로 삼는다.(ㄱ을 표준어로 삼고, ㄴ을 버림.)

ㄱ	ㄴ	비고
웃-국	윗-국	
웃-기	윗-기	
웃-돈	윗-돈	
웃-비	윗-비	~ 걷다.
웃-어른	윗-어른	
웃-옷	윗-옷	

'웃'과 '윗/위'는 아래의 기준으로 구분할 수 있다.

> ① '아래-위'의 대립이 있을 경우에는 '윗/위'가 되고 대립이 없을 경우에는 '웃'이 된다.
> ② 된소리나 거센소리 앞에서는 '윗/위' 중에서 '위'를 쓴다.

제12항에 제시된 단어들은 모두 '아래-위'의 대립이 있는 단어이므로 '웃'으로 적지 않는다. 가령 '윗목', '윗니', '윗수염' 등을 '*웃목', '*웃니', '*웃수염'으로 적지 않는데, '윗목-아랫목', '윗니-아랫니', '윗수염-아랫수염'과 같이 '위-아래'의 짝을 이루기 때문이다. 실생활에서 흔히 혼동하는 '윗분/웃분'의 경우에는 '아래-위'의 대립이 가능하므로 '윗분'으로 쓴다.

이와는 달리 '다만 2'에서 제시된 단어들은 '아래-위'의 대립이 없는 단어이므로 '웃'으로 적는다. '웃어른'은 짝을 이루는 '*아랫어른'이 존재하지 않고, '웃돈' 또한 '*아랫돈'이 존재하지 않기 때문에 '웃어른'과 '웃돈'으로 쓴다.

두 번째 기준은 된소리나 거센소리 앞에서는 사이시옷을 쓰지 않는 원칙(「한글 맞춤법」 제30항 참조)에 따른 것이다. 따라서 '윗쪽, 윗층, 윗턱' 등은 뒤에 오는 말이 된소리나 거센소리이므로 '위쪽, 위층, 위턱'로 쓴다.

한편, 이러한 기준에 따라 '윗옷'과 '웃옷'을 서로 구분할 수 있다. '위-아래'의 대립이 있는 '윗옷'은 '상의(上衣)'를 가리키는 말이고, '위-아래'의 대립이 없는 '웃옷'은 '겉옷, 외투'를 가리키는 말이다.

> 나는 여행을 떠나기 위해 윗옷 두 벌과 아래옷 세 벌을 준비하였다.
> 날씨가 추워서 웃옷을 걸치고 나갔다.

제13항 한자 '구(句)'가 붙어서 이루어진 단어는 '귀'로 읽는 것을 인정하지 아니하고, '구'로 통일한다.(ㄱ을 표준어로 삼고, ㄴ을 버림.)

ㄱ	ㄴ	비고
구법(句法)	단귀	

ㄱ	ㄴ	비고
구절(句節)	단명귀	
구점(句點)	대귀	
결구(結句)	귀법	
경구(警句)	귀절	
경인구(警人句)	귀점	
난구(難句)	결귀	
단구(短句)	경귀	
단명구(短命句)	경인귀	
대구(對句)	난귀	
문구(文句)	귀문귀	
성구(成句)	성귀	~어(成句語).
시구(詩句)	시귀	
어구(語句)	어귀	
연구(聯句)	연귀	
인용구(引用句)	인용귀	
절구(絶句)	절귀	

다만, 다음 단어는 '귀'로 발음되는 형태를 표준어로 삼는다.(ㄱ을 표준어로 삼고, ㄴ을 버림.)

ㄱ	ㄴ	비고
귀-글	구-글	
글-귀	글-구	

'구'와 '귀'로 혼동이 많았던 '句'의 음을 '구'로 통일한 것이다. 따라서 '귀절, 대귀, 인용귀' 등은 모두 '구절, 대구, 인용구'로 써야 한다. 다만, 예외적으로 '句'의 훈과 음을 나타낼 때 쓰는 '글귀 구'와 한시(漢詩) 따위에서 두 마디가 한 덩이씩 되게 지은 글을 말하는 '귀글'은 '귀'를 인정한다.

제3절 준말

제14항 준말이 널리 쓰이고 본말이 잘 쓰이지 않는 경우에는, 준말만을 표준어로 삼는다.(ㄱ을 표준어로 삼고, ㄴ을 버림.)

ㄱ	ㄴ	비고
귀찮다	귀치 않다	
김	기음	~매다.
똬리	또아리	
무	무우	~강즙, ~말랭이, ~생채, 가랑~, 갓~, 왜~, 총각~.
미다	무이다	1. 털이 빠져 살이 드러나다. 2. 찢어지다.
뱀	배암	
뱀-장어	배암-장어	
빔	비음	설~, 생일~.
샘	새암	~바르다, ~바리.
생-쥐	새앙-쥐	
솔개	소리개	
온-갖	온-가지	
장사-치	장사-아치	

제14항은 원래는 '준말-본말'의 짝을 이루는 말이지만 현실적으로는 본말의 형태가 거의 쓰이지 않는 경우에 본말을 표준어에서 제외하고 준말만을 표준어로 삼은 것이다.

- '귀찮다'는 '귀치 않다'로 쓰이지 않으므로 '귀찮다'만 표준어로 인정한다. '괜찮다', '하찮다'도 '괜치 않다', '하치 않다'로 쓰이는 일이 없으므로 '괜찮다', '하찮다'만 표준어로 인정한다. 그러나 '대단찮다, 만만찮다, 변변찮다, 수월찮

다, 우연찮다' 등은 '대단하지 않다, 만만하지 않다, 변변하지 않다, 수월하지 않다, 우연하지 않다'와 같이 쓰일 수 있다. '-지 않-', '-치 않-'이 한 개 음절로 주는 경우는 '쟎, 챦'으로 적지 않고 모두 '잖, 찮'으로 적는다.(「한글 맞춤법」 제38항 참조)

- 논밭에 난 잡풀을 말하는 '김'은 '기음'이 줄어든 말이나, '기음'보다 '김'이 널리 쓰이므로 준말인 '김'만 표준어로 인정한다. 이와 관련된 '김매다'도 '기음매다'로 쓰지 않는다.
- '똬리'는 '또아리'가 줄어든 말이나, '또아리'보다 '똬리'가 널리 쓰이므로 준말인 '똬리'만 표준어로 인정한다. 다만, '또아리'가 '갈퀴발의 다른 끝을 모아 휘감아 잡아맨 부분'의 뜻으로 쓰일 때는 표준어로 인정한다.
- '무'은 원래 '무우'가 줄어든 말이나, '무우'보다 '무'가 널리 쓰이므로 준말인 '무'만 표준어로 인정한다. 이와 관련된 '무강즙, 무말랭이, 무생채, 가랑무, 갓무, 왜무, 총각무' 등도 '무우강즙, 무우말랭이, 무우생채, 가랑무우, 갓무우, 왜무우, 총각무우'로 쓰지 않는다.
- '미다'의 본말인 '무이다'가 쓰이지 않으므로 준말인 '미다'만 표준어로 인정한다.
- '뱀'은 '배암'이 줄어든 말이나, '배암'보다 '뱀'이 널리 쓰이므로 준말인 '뱀'만 표준어로 인정한다. '뱀'과 '배암' 중에서 준말인 '뱀'만 표준어로 인정한 것과 마찬가지로, '뱀장어'와 '배암장어' 중에서 '뱀장어'만 표준어로 인정한다. 이와 관련된 '뱀띠, 뱀술, 도마뱀, 왕뱀' 등도 '배암띠, 배암술, 도마배암, 왕배암'으로 쓰지 않는다.
- 명절이나 잔치 때 입은 새 옷을 뜻하는 '빔'은 '비음'이 줄어든 말이나, '비음'이 쓰이지 않으므로 준말인 '빔'을 표준어로 인정한다. 이와 관련된 '단오빔, 명절빔, 생일빔, 설빔, 추석빔'도 '단오비음, 명절비음, 생일비음, 설비음, 추석비음'으로 쓰지 않는다.
- 질투를 뜻하는 '샘'은 '새암'이 줄어든 말이나, '새암'보다 '샘'이 널리 쓰이므로 준말인 '샘'을 표준어로 인정한다. 이와 관련된 '샘나다, 샘내다, 샘바르다, 샘바리, 꽃샘, 꽃샘추위' 등도 '새암나다, 새암내다, 새암바르다, 새암바리, 꽃새암,

꽃새암추위'으로 쓰지 않는다.

- '생쥐'는 '새앙쥐'가 줄어든 말이나, '새앙쥐'보다 '생쥐'가 널리 쓰이므로 준말인 '생쥐'만 표준어로 인정한다. 그러나 뒤쥣과의 동물로는 '새앙쥐'를 표준어로 인정하며, 이와 관련된 '나무새앙쥐, 새앙쥐치'도 표준어로 인정한다.
- '솔개'는 '소리개'가 줄어든 말이나, '소리개'보다 '솔개'가 널리 쓰이므로 준말인 '솔개'만 표준어로 인정한다. 이와 관련된 '까막솔개, 솔개그늘'도 '까막소리개, 소리개그늘'로 쓰지 않는다.
- '온갖'은 '온가지'가 줄어든 말이나, '온가지'가 쓰이지 않으므로 준말인 '온갖'만 표준어로 인정한 것이다. 다만, '갖가지, 갖갖'은 그 본말 '가지가지'가 널리 쓰이고 있으므로 모두 표준어로 인정한다.

제15항 준말이 쓰이고 있더라도, 본말이 널리 쓰이고 있으면 본말을 표준어로 삼는다.(ㄱ을 표준어로 삼고, ㄴ을 버림.)

ㄱ	ㄴ	비고
경황-없다	경-없다	
궁상-떨다	궁-떨다	
귀이-개	귀-개	
낌새	낌	
낙인-찍다	낙-하다/낙-치다	
내왕-꾼	냉-꾼	
돗-자리	돗	
뒤웅-박	뒝-박	
뒷물-대야	뒷-대야	
마구-잡이	막-잡이	
맵자-하다	맵자다	모양이 제격에 어울리다.
모이	모	
벽-돌	벽	
부스럼	부럼	정월 보름에 쓰는 '부럼'은 표준어임.

ㄱ	ㄴ	비고
살얼음-판	살-판	
수두룩-하다	수둑-하다	
암-죽	암	
어음	엄	
일구다	일다	
죽-살이	죽-살	
퇴박-맞다	퇴-맞다	
한통-치다	통-치다	

[붙임] 다음과 같이 명사에 조사가 붙은 경우에도 이 원칙을 적용한다.(ㄱ을 표준어로 삼고, ㄴ을 버림.)

ㄱ	ㄴ	비고
아래-로	알-로	

제15항은 제14항과는 반대로 '본말-준말'의 짝을 이루는 말 중에서 본말이 훨씬 널리 쓰이고 있고 준말은 거의 쓰이지 않는 경우 본말만을 표준어로 삼은 것이다.

- '경없다(景--)'는 '경황없다(景況--)'의 준말이나, '경없다'가 거의 쓰이지 않으므로 본말인 '경황없다'만을 표준어로 인정한다. 다만, '경황(景況)'의 준말인 '경(景)'은 표준어로 인정한다.
- '궁떨다(窮--)'는 '궁상떨다(窮狀--)'의 준말이나, '궁떨다'가 거의 쓰이지 않으므로 본말인 '궁상떨다'만을 표준어로 인정한다. 이와 마찬가지로 '궁상맞다', '궁상스럽다'도 '궁맞다', '궁스럽다'로 쓰지 않는다. 다만, '궁상(窮狀)'의 준말인 '궁(窮)'은 표준어로 인정한다.
- '귀개'는 '귀이개'의 준말이나, '귀개'가 거의 쓰이지 않으므로 본말인 '귀이개'만을 표준어로 인정한다. '귀이개'와 같은 의미로 쓰이는 '귀지개, 귀후비개, 귀

파개, 귀쑤시개' 등도 모두 비표준어이다. 덧붙여 '귀이개'로 파내는 것은 '귀지'이다. '귀지'를 '귓밥, 귀에지, 귀창' 등으로 쓰기도 하지만 이들도 모두 비표준어이다.(「표준어 규정」 제17항 참조)

- '낌'은 '낌새'의 준말이나, '낌'이 거의 쓰이지 않으므로 본말인 '낌새'만을 표준어로 인정한다. 이와 마찬가지로 '낌새채다'도 '낌채다'로 쓰지 않는다.
- '낙하다, 낙치다'는 '낙인찍다'의 준말이나, '낙하다, 낙치다'가 거의 쓰이지 않으므로 본말인 '낙인찍다'만을 표준어로 인정한다. 다만, '대 따위의 표면을 불에 달군 쇠로 지져서 글자를 쓰거나 그림을 그리다'의 뜻으로 쓰이는 '낙하다'는 표준어로 인정한다.
- '돗'은 단독으로는 거의 쓰이지 않고 합성어인 '돗자리'가 널리 쓰이므로 '돗자리'만을 표준어로 인정한다. 다만, 돗자리와 관련된 합성어인 '돗바늘', '돗틀(돗자리를 짜는 틀)'은 '돗'이 있는 형태를 표준어로 인정한다. 이들을 '돗자리바늘', '돗자리틀'로는 쓰지 않는다.
- '부럼'은 '부스럼'의 준말이나, '부럼'이 거의 쓰이지 않으므로 본말인 '부스럼'만을 표준어로 인정한다. 이와 마찬가지로 부스럼에 붙이는 떡인 '부스럼떡'도 '부럼떡'으로 쓰지 않는다. 다만, 음력 정월 대보름날 새벽에 깨물어 먹는 딱딱한 열매인 '부럼'은 표준어로 인정한다.
- '엄'은 '어음'의 준말이나, '엄'이 거의 쓰이지 않으므로 본말인 '어음'만을 표준어로 인정한다. '어음'의 준말 '엄'을 인정하지 않으면서 '마음/맘', '다음/담'을 표준어로 인정하는 것이 균형에 맞지 않는다고 생각할 수 있다. 그렇지만 '맘'과 '담'은 일상생활에서 폭넓게 쓰이는 것이고 '엄'은 제한적으로 쓰이는 데다가 일상어가 아닌 사무 용어라는 점에서 경우가 다르다고 할 수 있다.

[붙임]에서 '아래로'의 준말 '알로'는 많이 쓰이지 않으므로 '아래로'만 표준어로 인정하였다. 그러나 준말 형태가 많이 쓰이는 '일로, 글로, 절로' 등은 본말 '이리로, 그리로, 저리로'와 함께 모두 표준어로 인정한다. 이와 계열 관계에 있는 '욜로(요리로), 골로(고리로), 졸로(조리로)'도 모두 표준어로 인정한다.

제16항 준말과 본말이 다 같이 널리 쓰이면서 준말의 효용이 뚜렷이 인정되는 것은, 두 가지를 다 표준어로 삼는다.(ㄱ은 본말이며, ㄴ은 준말임.)

ㄱ	ㄴ	비고
거짓-부리	거짓-불	작은말은 '가짓부리, 가짓불'임.
노을	놀	저녁~.
막대기	막대	
망태기	망태	
머무르다	머물다	모음 어미가 연결될 때에는 준말의 활용형을 인정하지 않음.
서두르다	서둘다	(위와 같음)
서투르다	서툴다	(위와 같음)
석새-삼베	석새-베	
시-누이	시-뉘/시-누	
오-누이	오-뉘/오-누	
외우다	외다	외우며, 외워:외며, 외어.
이기죽-거리다	이죽-거리다	
찌꺼기	찌끼	'찌꺽지'는 비표준어임.

제16항은 앞의 제14항, 제15항과는 달리, 본말과 준말을 함께 표준어로 삼은 단어들이다. 두 형태가 다 널리 쓰이므로 모두를 표준어로 인정한 것이다. 가령 '재미있다/재밌다'는 모두 널리 쓰이므로 이를 모두 표준어로 인정한다.

- '놀'은 '노을'의 준말이다. '저녁놀' 역시 '저녁노을'의 준말로 인정하며, '아침노을'과 '아침놀(아침 하늘이 햇살로 벌겋게 보이는 현상)'도 마찬가지이다. 그러나 '노을빛'의 준말로 '놀빛'은 인정하지 않는다.
- '막대'는 '막대기'의 준말이다. '막대기'와 '막대'가 둘 다 널리 쓰이므로 모두 표준어로 인정한다. 역사적으로는 '막대'가 '막대기'의 선대형이므로 '막대기'가 본말이라는 설명과 상반되는 듯이 보이지만 공시적으로는 '막대기'가 본말, '막대'가 준말인 것으로 설명한다.

- '비고'에서 '머물다, 서둘다, 서툴다'에 모음 어미가 연결될 때에는 준말의 활용형을 인정하지 않는다고 한 것은 일부 용언의 준말에 모음 어미가 붙어 활용하는 형태가 비표준어라는 뜻이다. 예를 들어 '가지다'의 준말 '갖다'는 자음으로 시작하는 어미가 붙어서 '갖고, 갖는다'와 같이 쓰이지만, 모음으로 시작하는 어미가 붙으면 '*갖아, *갖으며'와 같은 비표준어가 되어 버린다. 따라서 이러한 유형에 속하는 용언의 준말에는 모음으로 시작하는 어미가 붙지 않는다고 한 것이다. 여기에 속하는 말로는 '머무르다'의 준말 '머물다', '서투르다'의 준말 '서툴다' 등이 있다.

  머물어(×) → 머물러(○), 머물었다(×) → 머물렀다(○)
  서툴어(×) → 서툴러(○), 서툴었다(×) → 서툴렀다(○)

  따라서 이 규정을 한국어에서 준말 다음에는 모음 어미가 연결되지 않는 규칙이 있다고 해석하는 것은 잘못이다. 예컨대 '외우다'의 준말 '외다'는 '외어, 외었다'처럼 모음 어미의 연결이 가능하기 때문이다.
- '시늬, 시누'는 '시누이'의 준말이고, '오늬, 오누'는 '오누이'의 준말이다. '시누이, 시늬, 시누', '오누이, 오늬, 오누'가 모두 널리 쓰이므로 모두 표준어로 인정한다. 그러나 '누이'의 준말로는 '늬'만 표준어로 인정하고, '누'는 인정하지 않는다. 마찬가지로 '큰누이'의 준말로 '큰늬'만 표준어로 인정하고, '큰누'는 인정하지 않는다.
- '외다'는 '외우다'의 준말이다. '외우다'와 '외다'가 둘 다 널리 쓰이므로 모두 표준어로 인정한다. 이와는 달리 '개다'의 경우 "날이 개이고 있다."나 "개인 오후"와 같이 '개이다'를 쓰는 일이 있지만 이는 표준어로 인정하지 않는다.

더 알아보기

'개다-개이다'와 같은 유형으로는 '깨다-깨이다', '뇌다-뇌이다', '되뇌다-되뇌이다', '메다-메이다', '목메다-목메이다', '배다-배이다', '설레다-설레이다', '패다-패이다', '헤매다-헤매이다' 등이 있다. 이들 중 '깨다, 뇌다, 되뇌다, 메다, 목메다, 배다, 설레다, 패다, 헤매다'만 표준어로 인정하고, '깨이다, 뇌이다, 되뇌이다, 메이다, 목메이다, 배이다, 설레이다, 패이다, 헤매이다'는 표준어로 인정하지 않는다. 그렇지만 이들과 형태가 비슷한 '깃들다* -깃들이다*', '에다* -에이다*'는 의미와 쓰임이 다르므로 모두 표준어로 인정한다.

제4절 단수 표준어

제17항 비슷한 발음의 몇 형태가 쓰일 경우, 그 의미에 아무런 차이가 없고, 그중 하나가 더 널리 쓰이면, 그 한 형태만을 표준어로 삼는다.(ㄱ을 표준어로 삼고, ㄴ을 버림.)

ㄱ	ㄴ	비고
거든-그리다	거둥-그리다	1. 거든하게 거두어 싸다. 2. 작은말은 '가든-그리다'임.
구어-박다	구워-박다	사람이 한 군데에서만 지내다.
귀-고리	귀엣-고리	
귀-띔	귀-틤	
귀-지	귀에지	
까딱-하면	까땍-하면	
꼭두-각시	꼭둑-각시	
내색	나색	감정이 나타나는 얼굴빛.
내숭-스럽다	내흉-스럽다	
냠냠-거리다	얌냠-거리다	냠냠-하다.
냠냠-이	얌냠-이	
너[四]	네	~ 돈, ~ 말, ~ 발, ~ 푼.

▸ **용어 및 어휘 풀이**

깃들다: 아늑하게 서려 들다. 감정, 생각, 노력 따위가 어리거나 스미다(예: 어둠이 깃들다, 산에 봄기운이 깃들다, 얼굴에 미소가 깃들다).

깃들이다: 주로 조류가 보금자리를 만들어 그 속에 들어 살다(예: 새가 둥지에 깃들이다).

에다: 칼 따위로 도려내듯 베다. 마음을 몹시 아프게 하다(예: 살을 에는 추위, 가슴을 에는 슬픔).

에이다: '에다'의 피동사(예: 살이 에이는 듯 춥다, 가슴이 에이는 듯 아프다).

ㄱ	ㄴ	비고
넉[四]	너/네	~ 냥, ~ 되, ~ 섬, ~ 자.
다다르다	다닫다	
댑-싸리	대-싸리	
더부룩-하다	더뿌룩-하다/듬뿌룩-하다	
-던	-든	선택, 무관의 뜻을 나타내는 어미는 '-든'임. 가-든(지) 말-든(지), 보-든(가) 말-든(가).
-던가	-든가	
-던걸	-든걸	
-던고	-든고	
-던데	-든데	
-던지	-든지	
-(으)려고	-(으)ㄹ려고/-(으)ㄹ라고	
-(으)려야	-(으)ㄹ려야/-(으)ㄹ래야	
망가-뜨리다	망그-뜨리다	
멸치	며루치/메리치	
반빗-아치	반비-아치	'반빗' 노릇을 하는 사람. 찬비(饌婢). '반비'는 밥 짓는 일을 맡은 계집종.
보습	보십/보섭	
본새	뽄새	
봉숭아	봉숭화	'봉선화'도 표준어임.
뺨-따귀	뺌-따귀/뺨-따구니	'뺨'의 비속어임.
뻐개다[斫]	뻐기다	두 조각으로 가르다.
뻐기다[誇]	뻐개다	뽐내다.
사자-탈	사지-탈	
상-판대기	쌍-판대기	

ㄱ	ㄴ	비고
서[三]	세/석	~ 돈, ~ 말, ~ 발, ~ 푼.
석[三]	세	~ 냥, ~ 되, ~ 섬, ~ 자.
설령(設令)	서령	
-습니다	-읍니다	먹습니다, 갔습니다, 없습니다, 있습니다, 좋습니다. 모음 뒤에는 '-ㅂ니다'임.
시름-시름	시늠-시늠	
씀벅-씀벅	썸벅-썸벅	
아궁이	아궁지	
아내	안해	
어-중간	어지-중간	
오금-팽이	오금-탱이	
오래-오래	도래-도래	돼지 부르는 소리.
-올시다	-올습니다	
옹골-차다	공골-차다	
우두커니	우두머니	작은말은 '오도카니'임.
잠-투정	잠-투세/잠-주정	
재봉-틀	자봉-틀	발~, 손~.
짓-무르다	짓-물다	
짚-북데기	짚-북세기	'짚북더기'도 비표준어임.
쪽	짝	편(便). 이~, 그~, 저~. 다만, '아무-짝'은 '짝'임.
천장(天障)	천정	'천정부지(天井不知)'는 '천정'임.
코-맹맹이	코-맹녕이	
흉-업다	흉-헙다	

제17항은 약간의 발음 차이가 있는 말 중에서 좀 더 일반적으로 쓰이는 형태 하나를 표준어로 삼은 것이다. 의미의 차이가 분명하거나 둘 다 널리 쓰이기보다는 언어 현실에서 혼란스럽게 쓰이는 경우에는 널리 쓰이는 형태만을 표준어로 인정한다.

- '귀고리, 귀엣고리'는 옛말 '귀옛골회'에서 온 말이다. '귀엣고리'에 비해 '귀고리'가 널리 쓰이면서 '귀고리'가 표준어가 되었다. 참고로 '귀걸이'도 많이 쓰이므로(예: 귀에 걸면 귀걸이, 코에 걸면 코걸이) 표준어로 인정하였다. 이와 비슷한 구조인 '귀엣말, 귀엣머리, 눈엣가시, 옷엣니°, 웃음엣말' 등도 표준어이다.
- '귀지'와 '귀에지' 중에서 '귀지'를 표준어로 인정한다. 그러나 귀지가 습한가 건조한가에 따라서 나누는 유전적 형질을 나타내는 말인 '귀에짓골'은 표준어로 인정한다.
- '꼭두각시'와 '꼭둑각시' 중에서 '꼭두각시'를 표준어로 인정한다. 이와 관련된 '꼭두각시놀음, 꼭두각시놀이, 꼭두쇠°°' 등도 표준어이다.
- 수량이 넷임을 나타내는 말은 뒤에 오는 말에 따라 달라진다. '돈, 말, 발, 푼' 따위 앞에서는 '너'로, '냥, 되, 섬, 자' 따위 앞에서는 '넉'으로 쓴다. 이러한 쓰임은 특정한 단위 명사 앞에서만 일어나는 일이므로 그 외의 경우에는 특별한 제약이 없다. 예를 들어 '커피 네 잔'과 '커피 넉 잔'이 모두 가능하다.
- '다다르다'와 '다닫다' 중에서 '다다르다'를 표준어로 인정한다. 이것은 제16항에서 '머무르다/머물다', '서두르다/서둘다', '서투르다/서툴다'를 복수 표준어로 인정한 것과 차이가 있다. 그러나 '다닫다'가 널리 쓰이지 않으므로 '다다르다'만을 표준어로 인정한 것이다.
- '댑싸리'는 옛말 '대ᄡᆞ리'에서 온 말로, '대'와 '싸리'가 결합한 것이다. 그러나 '댑싸리'와 '대싸리' 중에서 '댑싸리'가 널리 쓰이므로 '댑싸리'를 표준어로 인정한다. 이와 비슷한 예로 '멥쌀-메쌀', '입쌀-이쌀', '좁쌀-조쌀', '찹쌀-차쌀'이 있는데, '멥쌀(<뫼ᄡᆞᆯ), 입쌀(<이ᄡᆞᆯ<니ᄡᆞᆯ), 좁쌀(<조ᄡᆞᆯ), 찹쌀(<ᄎᆞᄡᆞᆯ)'을 표준어로 인정한다.
- '-던'과 '-든'은 구분해서 써야 할 말이다. '-든'은 선택, 무관의 뜻을 나타내는 어미로, '-든지'의 준말이다.

이것은 내가 어렸을 적에 사용하였던 물건이다.

▸ **용어 및 어휘 풀이**

옷엣니: 옷에 있는 이를 머릿니에 상대하여 이르는 말.

꼭두쇠: 남사당패의 우두머리.

집에 가든지 학교에 가든지 해라.

- '-(으)려고', '-(으)ㄹ려고', '-(으)ㄹ라고' 중에서 '-(으)려고'만 표준어로 인정한다. "집에 가려고?"를 "집에 갈려고?", "집에 갈라고?"로 쓰는 것은 잘못이다.
- '네, 너, 넉'과 마찬가지로 수량이 셋임을 나타내는 말은 뒤에 오는 말에 따라 달라진다. '돈, 말, 발, 푼' 따위 앞에서는 '서'로, '냥, 되, 섬, 자' 따위 앞에서는 '석'으로 쓴다. 이러한 쓰임은 특정한 단위 명사 앞에서만 일어나는 일이므로 그 외의 경우에는 특별한 제약이 없다. 예를 들어 '커피 세 잔'과 '커피 석 잔'이 모두 가능하다.
- '-습니다'는 종래 '먹습니다', '있읍니다'와 같이 서로 구분해서 쓰기도 했으나 동일한 형태를 둘로 나누어 쓸 이유가 없으므로 '-습니다'로 통일한 것이다. 현실에서도 '먹습니다'를 '먹읍니다[머금니다]'라고 하는 일은 없다. 참고로 '있습니다, 없습니다'의 '습'에 유추해서 그 명사형을 '있슴, 없슴'으로 잘못 쓰는 경우가 많은데 '있음, 없음'이 옳다. 이는 '먹다'의 명사형이 '먹음'인 것과 같다.
- '-올시다'와 '-올습니다' 중에서 '-올시다'를 표준어로 인정한다. 어떠한 사실을 평범하게 서술하는 종결 어미로 합쇼체에 쓰인다.

지나가는 나그네올시다. 잠깐 쉬었다 가도 괜찮겠습니까?

- '천장'과 '천정' 중에서 '천장'을 표준어로 인정한다. 이와 관련이 있는 '입천장'도 '입천정'으로 쓰지 않는다. 다만, 천장을 알지 못한다는 뜻의 '천정부지(天井不知)'는 천장과 관련이 있기는 하지만 '천정부지'로 널리 쓰이므로 이를 표준어로 인정한 것이다.

제5절 복수 표준어

제18항은 비슷한 발음을 가진 두 형태가 모두 널리 쓰이는 경우로 둘 다 표준어로 삼는다. 이처럼 복수 표준어를 폭넓게 허용하는 것은 어휘를 풍요롭게 한다는 장점이 있다.

제18항 다음 단어는 ㄱ을 원칙으로 하고, ㄴ도 허용한다.

ㄱ	ㄴ	비고
네	예	
쇠-	소-	-가죽, -고기, -기름, -머리, -뼈.
괴다	고이다	물이 ~, 밑을 ~.
꾀다	꼬이다	어린애를 ~, 벌레가 ~.
쐬다	쏘이다	바람을 ~.
죄다	조이다	나사를 ~.
쬐다	쪼이다	볕을 ~.

- 대답하는 말 '네'와 '예' 중에서 '예'만을 표준어로 인정하기도 했지만, 현재는 오히려 '네'가 더 널리 쓰이므로 둘 다 표준어로 인정한다.
- '쇠-'는 전통적으로 널리 쓰여 왔고 '소-'는 최근에 널리 쓰이고 있는 말이므로 둘 다 표준어로 인정한다. '쇠-'는 '소의'라는 뜻을 가지고 있던 말로 '쇠고기'는 '소의 고기'라는 뜻이다. '쇠가죽/소가죽, 쇠고기/소고기, 쇠기름/소기름, 쇠머리/소머리, 쇠뼈/소뼈' 이외에 '쇠간/소간, 쇠꼬리/소꼬리, 쇠젖/소젖, 쇠죽/소죽' 등도 모두 복수 표준어이다.
- '괴다/고이다', '꾀다/꼬이다', '쐬다/쏘이다', '죄다/조이다', '쬐다/쪼이다'는 모두 널리 쓰이므로 모두 표준어로 인정한다. 이와 비슷한 형태로는 '뵈다/보이다', '내리쬐다/내리쪼이다', '욱죄다/욱조이다', '옥죄다/옥조이다', '채다/차이다' 등이 있다. 이들 모두 표준어로 인정한다.

제19항 '어감의 차이를 나타내는 단어 또는 발음이 비슷한 단어들이 다 같이 널리 쓰이는 경우에는, 그 모두를 표준어로 삼는다.(ㄱ, ㄴ을 모두 표준어로 삼음.)

ㄱ	ㄴ	비고
거슴츠레-하다	게슴츠레-하다	
고까	꼬까	~신, ~옷.
고린-내	코린-내	
교기(驕氣)	갸기	교만한 태도.
구린-내	쿠린-내	
꺼림-하다	께름-하다	
나부랭이	너부렁이	

한국어에서는 자음이나 모음의 교체를 통해 섬세한 어감(語感)의 차이를 나타내는 특징이 있다. 이 항에서 다루고 있는 말 또한 그러한 어감의 차이가 있는 것들이다. 그렇지만 어원이 같고 차이가 크지 않아서 모두 복수 표준어로 인정한 것이다.

- '거슴츠레하다'와 '게슴츠레하다'는 어감의 차이가 분명하지 않으므로 복수 표준어로 인정한다. 작은말로 '가슴츠레하다'도 표준어로 인정한다.
- '고까/꼬까'는 알록달록하게 곱게 만든 아이의 옷이나 신발 등을 이르는 말이다. 같은 의미로 '때때'도 표준어로 인정한다(「표준어 규정」 제26항 참조). 이와 관련된 '고까신/꼬까신', '고까옷/꼬까옷' 모두 표준어이다.
- '고린내'와 '코린내', '구린내'와 '쿠린내'는 어감의 차이가 분명하지 않으므로 복수 표준어로 인정한다. 이와 관련된 '고리다/코리다', '구리다/쿠리다'도 모두 표준어이다.
- '나부랭이'와 '너부렁이'는 어감의 차이가 분명하지 않으므로 복수 표준어로 인정한다. '나부랭이'는 '나부랑이'에서 온 말이지만, '나부랑이'가 거의 쓰이지 않으므로 '나부랭이'를 표준어로 인정한다. 그러나 '너부렁이'는 '너부렝이'로

변화한 것으로 보이지 않으므로 '너부렁이'를 표준어로 인정한다.

국립국어원에서는 언어생활을 풍부하게 하고 편리하게 할 목적으로 '복수 표준어'를 확장하여 발표하고 있다. 지금까지 4차례에 걸쳐 복수 표준어가 발표되었다.

- 1차(2011. 8. 31.)
- 2차(2014. 12. 15.)
- 3차(2015. 12. 14.)
- 4차(2016. 12. 27.)

1차

가. 현재 표준어와 같은 뜻을 가진 표준어로 인정한 것(11개)

추가된 표준어	현재 표준어
간지럽히다	간질이다
남사스럽다	남우세스럽다
등물	목물
맨날	만날
묫자리	묏자리
복숭아뼈	복사뼈
세간살이	세간
쌉싸름하다	쌉싸래하다
토란대	고운대
허접쓰레기	허섭스레기
흙담	토담

나. 현재 표준어와 뜻이나 어감이 차이가 나는 별도의 표준어로 인정한 것(25개)

추가된 표준어	현재 표준어	뜻 차이
~길래	~기에	~길래: '~기에'의 구어적 표현.

개발새발	괴발개발	‘개발새발’은 ‘개의 발과 새의 발’이라는 뜻이고, ‘괴발개발’은 ‘고양이의 발과 개의 발’이라는 뜻임.
나래	날개	‘나래’는 ‘날개’의 문학적 표현.
내음	냄새	‘내음’은 향기롭거나 나쁘지 않은 냄새로 제한됨.
눈꼬리	눈초리	• 눈꼬리: 눈의 귀 쪽으로 째진 부분. • 눈초리: 어떤 대상을 바라볼 때 눈에 나타나는 표정. 예) 매서운 <u>눈초리</u>
떨구다	떨어뜨리다	‘떨구다’에는 ‘시선을 아래로 향하다’라는 뜻이 있음.
뜨락	뜰	‘뜨락’에는 추상적 공간을 비유하는 뜻이 있음.
먹거리	먹을거리	먹거리: 사람이 살아가기 위하여 먹는 음식을 통틀어 이름.
메꾸다	메우다	‘메꾸다’에는 “무료한 시간을 적당히 또는 그럭저럭 흘러가게 하다.”라는 뜻이 있음
손주	손자(孫子)	• 손주: 손자와 손녀를 아울러 이르는 말. • 손자: 아들의 아들. 또는 딸의 아들.
어리숙하다	어수룩하다	‘어리숙하다’는 ‘어리석음’의 뜻이 강한 반면에, ‘어수룩하다’는 ‘순박함/순진함’의 뜻이 강함.
연신	연방	‘연신’이 반복성을 강조한다면, ‘연방’은 연속성을 강조.
휭하니	힁허케	힁허케: ‘휭하니’의 예스러운 표현.
걸리적거리다	거치적거리다	자음 또는 모음의 차이로 인한 어감 및 뜻 차이 존재
끄적거리다	끼적거리다	〃
두리뭉실하다	두루뭉술하다	〃
맨숭맨숭/ 맹숭맹숭	맨송맨송	〃
바둥바둥	바동바동	〃
새초롬하다	새치름하다	〃
아웅다웅	아옹다옹	〃
야멸차다	야멸치다	〃
오손도손	오순도순	〃
찌뿌둥하다	찌뿌듯하다	〃
추근거리다	치근거리다	〃

다. 두 가지 표기를 모두 표준어로 인정한 것(3개)

추가된 표준어	현재 표준어
택견	태껸
품새	품세
짜장면	자장면

2차

가. 현재 표준어와 같은 뜻을 가진 표준어로 인정한 것(5개)

추가된 표준어	현재 표준어
구안와사	구안괘사
굽신*	굽실
눈두덩이	눈두덩
삐지다	삐치다
초장초	작장초

* '굽신'이 표준어로 인정됨에 따라, '굽신거리다, 굽신대다, 굽신하다, 굽신굽신, 굽신굽신하다' 등도 표준어로 함께 인정됨.

나. 현재 표준어와 뜻이나 어감이 차이가 나는 별도의 표준어로 인정한 것(8개)

추가 표준어	현재 표준어	뜻 차이
개기다	개개다	• 개기다: (속되게) 명령이나 지시를 따르지 않고 버티거나 반항하다. • 개개다: 성가시게 달라붙어 손해를 끼치다.
꼬시다	꾀다	• 꼬시다: '꾀다'를 속되게 이르는 말. • 꾀다: 그럴듯한 말이나 행동으로 남을 속이거나 부추겨서 자기 생각대로 끌다.
놀잇감	장난감	• 놀잇감: 놀이 또는 아동 교육 현장 따위에서 활용되는 물건이나 재료. • 장난감: 아이들이 가지고 노는 여러 가지 물건.

딴지	딴죽	• 딴지: (주로 '걸다, 놓다'와 함께 쓰여) 일이 순순히 진행되지 못하도록 훼방을 놓거나 어기대는 것. • 딴죽: 이미 동의하거나 약속한 일에 대하여 딴전을 부림을 비유적으로 이르는 말.
사그라들다	사그라지다	• 사그라들다: 삭아서 없어져 가다. • 사그라지다: 삭아서 없어지다.
섬찟*	섬뜩	• 섬찟: 갑자기 소름이 끼치도록 무시무시하고 끔찍한 느낌이 드는 모양. • 섬뜩: 갑자가 소름이 끼치도록 무섭고 끔찍한 느낌이 드는 모양.
속앓이	속병	• 속앓이: 1. 속이 아픈 병. 또는 속에 병이 생겨 아파하는 일. 2. 겉으로 드러내지 못하고 속으로 걱정하거나 괴로워하는 일. • 속병: 1. 몸속의 병을 통틀어 이르는 말. 2. '위장병'을 일상적으로 이르는 말. 3. 화가 나거나 속이 상하여 생긴 마음의 심한 아픔.
허접하다	허접스럽다	• 허접하다: 허름하고 잡스럽다. • 허접스럽다: 허름하고 잡스러운 느낌이 있다.

* '섬찟'이 표준어로 인정됨에 따라, '섬찟하다, 섬찟섬찟, 섬찟섬찟하다' 등도 표준어로 함께 인정됨.

3차

가. 현재 표준어와 같은 뜻을 가진 표준어로 인정한 것(4개)

추가 표준어	현재 표준어	비고
마실	마을	'이웃에 놀러 다니는 일'의 의미에 한하여 표준어로 인정함. '여러 집이 모여 사는 곳'의 의미로 쓰인 '마실'은 비표준어임. '마실꾼, 마실방, 마실돌이, 밤마실'도 표준어로 인정함. 예) 나는 아들의 방문을 열고 이모네 마실 갔다 오마고 말했다.

이쁘다	예쁘다	이쁘장스럽다, 이쁘장스레, 이쁘장하다, 이쁘디이쁘다'도 표준어로 인정함. 예) 어이구, 내 새끼 이쁘기도 하지.
찰지다	차지다	사전에서 〈'차지다'의 원말〉로 풀이함. 예) 화단의 찰진 흙에 하얀 꽃잎이 화사하게 떨어져 날리곤 했다.
-고프다	-고 싶다	사전에서 〈'-고 싶다'가 줄어든 말〉로 풀이함. 예) 그 아이는 엄마가 보고파 앙앙 울었다.

나. 현재 표준어와 뜻이나 어감이 차이가 나는 별도의 표준어로 인정한 것(5개)

추가 표준어	현재 표준어	뜻 차이
꼬리연	가오리연	• 꼬리연: 긴 꼬리를 단 연. 예) 행사가 끝날 때까지 하늘을 수놓았던 대형 꼬리연도 비상을 꿈꾸듯 끊임없이 창공을 향해 날아올랐다. • 가오리연: 가오리 모양으로 만들어 꼬리를 길게 단 연. 띄우면 오르면서 머리가 아래위로 흔들린다.
의론	의논	• 의론(議論): 어떤 사안에 대하여 각자의 의견을 제기함. 또는 그런 의견. '의론되다, 의론하다'도 표준어로 인정함. 예) 이러니저러니 의론이 분분하다. • 의논(議論): 어떤 일에 대하여 서로 의견을 주고 받음.
이크	이키	• 이크: 당황하거나 놀랐을 때 내는 소리. '이키'보다 큰 느낌을 준다. 예) 이크, 이거 큰일 났구나 싶어 허겁지겁 뛰어갔다. • 이키: 당황하거나 놀랐을 때 내는 소리. '이끼'보다 거센 느낌을 준다.

잎새	잎사귀	• 잎새: 나무의 잎사귀. 주로 문학적 표현에 쓰인다. 예) 잎새가 몇 개 남지 않은 나무들이 창문 위로 뻗어올라 있었다. • 잎사귀: 낱낱의 잎. 주로 넓적한 잎을 이른다.
푸르르다	푸르다	• 푸르르다: '푸르다'를 강조할 때 이르는 말. '푸르르다'는 '으불규칙용언'으로 분류함. 예) 겨우내 찌푸리고 있던 잿빛 하늘이 푸르르게 맑아 오고 어디선지도 모르게 흙냄새가 뭉클하니 풍겨 오는 듯한 순간 벌써 봄이 온 것을 느낀다. • 푸르다: 맑은 가을 하늘이나 깊은 바다, 풀의 빛깔과 같이 밝고 선명하다.

다. 현재 표준적인 활용형과 용법이 같은 활용형으로 인정한 것(2개)

추가 표준어	현재 표준어	비고
말아 말아라 말아요	마 마라 마요	'말다'에 명령형어미 '-아', '-아라', '-아요' 등이 결합할 때는 어간 끝의 'ㄹ'이 탈락하기도 하고 탈락하지 않기도 함. 예) 내가 하는 말 농담으로 듣지 마/말아. 얘야, 아무리 바빠도 제사는 잊지 마라/말아라. 아유, 말도 마요/말아요.
노랗네 동그랗네 조그맣네 …	노라네 동그라네 조그마네 …	ㅎ불규칙용언이 어미 '-네'와 결합할 때는 어간 끝의 'ㅎ'이 탈락하기도 하고 탈락하지 않기도 함. '그렇다, 노랗다, 동그랗다, 뿌옇다, 어떻다, 조그맣다, 커다랗다' 등등 모든 ㅎ불규칙용언의 활용형에 적용됨. 예) 생각보다 훨씬 노랗네/노라네. 이 빵은 동그랗네/동그라네. 건물이 아주 조그맣네/조그마네.

4차

가. 추가 표준어(4항목)

추가 표준어	현재 표준어	뜻 차이
걸판지다	거방지다	• 걸판지다: 1. 매우 푸지다. 2. 동작이나 모양이 크고 어수선하다. • 거방지다: 1. 몸집이 크다. 2. 하는 짓이 점잖고 무게가 있다. 3. =걸판지다[1]
겉울음	건울음	• 겉울음: 1. 드러내 놓고 우는 울음. 2. 마음에도 없이 겉으로만 우는 울음. • 건울음 = 강울음. • 강울음: 눈물 없이 우는 울음, 또는 억지로 우는 울음.
까탈스럽다	까다롭다	• 까탈스럽다: 1. 조건, 규정 따위가 복잡하고 엄격하여 적응하거나 적용하기에 어려운 데가 있다. '가탈스럽다'[1]보다 센 느낌을 준다. 2. 성미나 취향 따위가 원만하지 않고 별스러워 맞춰 주기에 어려운 데가 있다. '가탈스럽다'[2]보다 센 느낌을 준다. ※ 같은 계열의 '가탈스럽다'도 표준어로 인정함. • 까다롭다: 1. 조건 따위가 복잡하거나 엄격하여 다루기에 순탄하지 않다. 2. 성미나 취향 따위가 원만하지 않고 별스럽게 까탈이 많다.
실뭉치	실몽당이	• 실뭉치: 실을 한데 뭉치거나 감은 덩이. • 실몽당이: 실을 풀기 좋게 공 모양으로 감은 뭉치.

나. 추가 표준형(2항목)

추가 표준형	현재 표준형	비고
엘랑	에는	• 표준어 규정 제25항에서 '에는'의 비표준형으로 규정해 온 '엘랑'을 표준형으로 인정함. - '엘랑' 외에도 'ㄹ랑'에 조사 또는 어미가 결합한 '에설랑, 설랑, -고설랑, -어설랑, -질랑'도 표준형으로 인정함. - '엘랑, -고설랑' 등은 단순한 조사/어미 결합형이므로 사전 표제어로는 다루지 않음. 예) 서울엘랑 가지를 마오. 교실에설랑 떠들지 마라. 나를 앞에 앉혀놓고설랑 자기 아들 자랑만 하더라.
주책이다	주책없다	• 표준어 규정 제25항에 따라 '주책없다'의 비표준형으로 규정해 온 '주책이다'를 표준형으로 인정함. - '주책이다'는 '일정한 줏대가 없이 되는대로 하는 짓'을 뜻하는 '주책'에 서술격조사 '이다'가 붙은 말로 봄. - '주책이다'는 단순한 명사+조사 결합형이므로 사전 표제어로는 다루지 않음. 예) 이제 와서 오래 전에 헤어진 그녀를 떠올리는 나 자신을 보며 '나도 참 주책이군' 하는 생각이 들었다.

제3장 어휘 선택의 변화에 따른 표준어 규정

제1절 고어

제20항 사어(死語)가 되어 쓰이지 않게 된 단어는 고어로 처리하고, 현재 널리 사용되는 단어를 표준어로 삼는다.(ㄱ을 표준어로 삼고, ㄴ을 버림.)

ㄱ	ㄴ	비고
난봉	봉	
낭떠러지	낭	
설거지-하다	설겆다	
애달프다	애닯다	
오동-나무	머귀-나무	
자두	오얏	

지금까지 살펴본 제2장 제3항부터 제19항까지의 어휘는 발음이 달라진 것이라면, 제3장 제20항부터 제26항까지의 어휘는 어휘 자체가 달라진 것들이다.

제20항에서는 더 이상 쓰이지 않는 말을 사어(死語)로 처리하여 그것을 버리고, 현재 널리 사용되는 단어를 표준어로 삼은 것이다. 사어가 된 말들은 국어사전에서는 옛말로 처리한다.

- '설거지'는 '설겆다'에서 온 말이나, 현실적으로 '설겆어라, 설겆으니, 설겆더니'와 같이 '설겆-'이라는 어간이 쓰이는 일은 찾아볼 수 없다. 오직 '설거지'와 '비설거지'와 같은 경우에만 남아 있을 뿐이다. 그런 까닭에 '설겆-'은 이미 옛말이 된 것으로 처리하고, 이미 굳어진 '설거지'와 '비설거지'에 그 흔적을 남기고 있는 것으로 처리한다. '설거지하다'는 '설거지'에 '-하다'가 결합하여 새롭게 만들어진 말이다.
- '애닯다'는 노래 등에는 "애닯다 어이하리"와 같이 쓰이고 있으나, 옛말의 흔적일 뿐 '애닯으니[애달브니], 애닯아서[애달바서]' 등과 같이 활용하는 일이 없다. 따라서 '애닯다'를 옛말로 처리하고 '애달프다'를 표준어로 인정한다. '애달프니, 애달파서, 애달픈'으로 활용한다. 이와는 달리 '섧다'와 '서럽다'는 모두 표준어로 인정한다.

제2절 한자어

제21항 고유어 계열의 단어가 널리 쓰이고 그에 대응되는 한자어 계열의 단어가 용도를 잃게 된 것은, 고유어 계열의 단어만을 표준어로 삼는다.(ㄱ을 표준어로 삼고, ㄴ을 버림.)

ㄱ	ㄴ	비고
가루-약	말-약	
구들-장	방-돌	
길품-삯	보행-삯	
까막-눈	맹-눈	
꼭지-미역	총각-미역	

ㄱ	ㄴ	비고
나뭇-갓	시장-갓	
늙-다리	노닥다리	
두껍-닫이	두껍-창	
떡-암죽	병-암죽	
마른-갈이	건-갈이	
마른-빨래	건-빨래	
메-찰떡	반-찰떡	
박달-나무	배달-나무	
밥-소라	식-소라	큰 놋그릇.
사래-논	사래-답	묘지기나 마름이 부쳐 먹는 땅.
사래-밭	사래-전	
삯-말	삯-마	
성냥	화곽	
솟을-무늬	솟을-문(~紋)	
외-지다	벽-지다	
움-파	동-파	
잎-담배	잎-초	
잔-돈	잔-전	
조-당수	조-당죽	
죽데기	피-죽	'죽더기'도 비표준어임.
지겟-다리	목-발	지게 동발의 양쪽 다리.
짐-꾼	부지-군(負持-)	
푼-돈	분-전/푼-전	
흰-말	백-말/부루-말	'백마'는 표준어임.
흰-죽	백-죽	

제21항은 고유어와 한자어가 함께 쓰일 때, 한자어가 거의 쓰이지 않으므로 한자어를 버리고 널리 쓰이는 고유어를 표준어로 인정한 것이다. 단순히 한자어라는 이유 때문에 비표준어로 처리한 것은 아니고 널리 쓰이는 말을 선택한 것이다.

- '가루약'과 '말약(末藥)' 중에서 '말약'이 거의 쓰이지 않으므로 '가루약'을 표준어로 인정한다. 고유어와 한자어가 고루 쓰이는 '가루차/말차', '계핏가루/계피말', '용담가루/용담말'은 모두 표준어로 인정한다.
- '까막눈'과 '맹눈(盲-)' 중에서 '맹눈'이 거의 쓰이지 않으므로 '까막눈'을 표준어로 인정한다. 글을 모르는 사람을 가리키는 '까막눈이'와 '문맹(文盲)'은 모두 표준어로 인정한다.
- '외지다'* 와 '벽지다(僻--)' 중에서 '벽지다'가 거의 쓰이지 않으므로 '외지다'를 표준어로 인정한다.
- '잎담배'* 와 '잎초(-草)' 중에서 '잎초'가 거의 쓰이지 않으므로 '잎담배'를 표준어로 인정한다. 같은 의미로 '엽초(葉草)', '초담배(草--)'는 표준어이다.
- '잔돈'과 '잔전(-錢)' 중에서 '잔전'이 거의 쓰이지 않으므로 '잔돈'을 표준어로 인정한다. 이와 관련된 '잔전푼(-錢-)'도 '잔돈푼'으로 쓴다.
- '흰말, 백말(白-), 부루말' 중에서 '흰말'이 널리 쓰이므로 '흰말'만을 표준어로 인정한다. 같은 의미로 '백마(白馬)'는 표준어이다. 이와는 달리 '흰나비/백나비(白--)', '흰모래/백모래(白--)', '흰색/백색(白色)'은 모두 표준어로 인정한다.
- '흰죽'과 '백죽(白粥)' 중에서 '백죽'이 거의 쓰이지 않으므로 '흰죽'을 표준어로 인정한다. 같은 의미로 '쌀죽'은 표준어이다.

제22항 고유어 계열의 단어가 생명력을 잃고 그에 대응되는 한자어 계열의 단어가 널리 쓰이면, 한자어 계열의 단어를 표준어로 삼는다.(ㄱ을 표준어로 삼고, ㄴ을 버림.)

▸ **용어 및 어휘 풀이**

외지다: 외따로 떨어져 있어 으슥하고 후미지다.

잎담배: 썰지 않고 잎사귀 그대로 말린 담배.

ㄱ	ㄴ	비고
개다리-소반	개다리-밥상	
겸-상	맞-상	
고봉-밥	높은-밥	
단-벌	홑-벌	
마방-집	마바리-집	馬房~.
민망-스럽다/면구-스럽다	민주-스럽다	
방-고래	구들-고래	
부항-단지	뜸-단지	
산-누에	멧-누에	
산-줄기	멧-줄기/멧-발	
수-삼	무-삼	
심-돋우개	불-돋우개	
양-파	둥근-파	
어질-병	어질-머리	
윤-달	군-달	
장력-세다	장성-세다	
제석	젯-돗	
총각-무	알-무/알타리-무	
칫-솔	잇-솔	
포수	총-댕이	

제21항과는 달리 한자어 계열의 말이 널리 쓰이는 경우 그것을 표준어로 삼는다. 고유어라 하더라도 거의 쓰이지 않으면 표준어로 인정하지 않고, 그에 대응되는 한자어만을 표준어로 인정한다.

• '개다리소반(---小盤)'과 '개다리밥상(----床)' 중에서 '개다리밥상'이 거의 쓰이지 않으므로 '개다리소반'을 표준어로 인정한다. 이와는 달리 '소반(小盤)/

밥상(-床)'은 모두 표준어로 인정한다.

- '겸상(兼床)'과 '맞상(-床)' 중에서 '맞상'이 거의 쓰이지 않으므로 '겸상'을 표준어로 인정한다. 이와는 달리 '쥐코맞상'* 은 표준어로 인정한다.
- '단벌(單-)'과 '홑벌' 중에서 '홑벌'이 거의 쓰이지 않으므로 '단벌'을 표준어로 인정한다. 다만, '홑벌'이 '한 겹으로만 된 물건'의 의미로 쓰일 때는 표준어이다. 이와는 달리 '단성(單性)/홑성', '단세포(單細胞)/홑세포', '단수(單數)/홑수' 등은 모두 표준어로 인정한다.
- '윤달(閏-)'과 '군달' 중에서 '군달'이 거의 쓰이지 않으므로 '윤달'을 표준어로 인정한다. '윤날, 윤년' 등도 '군날, 군년'으로 쓰지 않는다.
- '총각무(總角-), 알무, 알타리무' 중에서 '총각무'를 표준어로 인정한다. 참고로 '총각무우' 역시 '총각무'의 잘못이다. 총각무로 담그는 김치가 '총각김치'이며, '총각김치'를 '알타리김치'라고 하는 것 또한 비표준어이다.
- '칫솔(齒-)'과 '잇솔' 중에서 '잇솔'이 거의 쓰이지 않으므로 '칫솔'을 표준어로 인정한다. 마찬가지로 '칫솔질'도 '잇솔질'로 쓰지 않는다.
- '포수(砲手)'와 '총댕이(銃--)' 중에서 '총댕이'가 거의 쓰이지 않으므로 '포수'를 표준어로 인정한다. 다만, '옆'과 '옆댕이'는 모두 표준어로 인정한다.

제3절 방언

제23항 방언이던 단어가 표준어보다 더 널리 쓰이게 된 것은, 그것을 표준어로 삼는다. 이 경우, 원래의 표준어는 남겨 두는 것을 원칙으로 한다.

▸ **용어 및 어휘 풀이**

개다리소반: 상다리 모양이 개의 다리처럼 휜 소반을 말한다.

쥐코맞상: 두 사람이 마주 앉아 먹도록 차린 간단한 상차림.

ㄱ	ㄴ	비고
멍게	우렁쉥이	
물-방개	선두리	
애-순	어린-순	

제23항은 방언이었던 말 중에서 널리 쓰이게 된 말을 표준어로 받아들인 경우이다. 그리고 원래의 전통적인 표준어도 학술 용어 등으로 쓰이는 점을 감안하여 표준어로 남겨 두었다.

- '멍게'와 '우렁쉥이' 중에서 '우렁쉥이'가 전통적인 표준어였으나 현실에서 '멍게'가 널리 쓰이므로 '멍게'도 표준어로 인정한다.
- '애순'과 '어린순' 중에서 '어린순'이 전통적인 표준어였으나 현실에서 '애순'이 널리 쓰이므로 '애순'도 표준어로 인정한다. 이와는 달리 '어린벌레'는 '애벌레'의 비표준어이다.(「표준어 규정」 제25항 참조)

이와 비슷한 예로 '가위표'와 '가새표'를 들 수 있다. '×'의 전통적인 이름은 '가새표'이지만 요즘에는 '가위표'가 널리 쓰인다. '가새표'와 '가위표'를 둘 다 표준어로 인정한다.

제24항 방언이던 단어가 널리 쓰이게 됨에 따라 표준어이던 단어가 안 쓰이게 된 것은, 방언이던 단어를 표준어로 삼는다.(ㄱ을 표준어로 삼고, ㄴ을 버림.)

ㄱ	ㄴ	비고
귀밑-머리	귓-머리	
까-뭉개다	까-무느다	

ㄱ	ㄴ	비고
막상	마기	
빈대-떡	빈자-떡	
생인-손	생안-손	준말은 '생-손'임.
역-겹다	역-스럽다	
코-주부	코-보	

제23항과 마찬가지로 방언을 표준어로 받아들인 규정이다. 그렇지만 이 항에서는 원래의 표준어를 버린 점에서 차이가 있다. 즉 방언이 널리 쓰이고 표준어가 쓰이지 않게 된 경우, 방언만을 표준어로 인정한다.

- 방언인 '귀밑머리'* 가 표준어인 '귓머리'보다 널리 쓰이므로 '귀밑머리'만 표준어로 인정한다. 이와 관련된 '귀밑, 귀밑때기, 귀밑털' 등도 표준어이다.
- 방언인 '까뭉개다'* 가 표준어인 '까무느다'보다 널리 쓰이므로 '까뭉개다'를 표준어로 인정한다. 참고로 '무느다'* 는 표준어이다.
- 방언인 '빈대떡'이 표준어인 '빈자떡'보다 널리 쓰이므로 '빈대떡'을 표준어로 인정한다. '빈자병'도 비표준어이다.
- 방언인 '역겹다'가 표준어인 '역스럽다'보다 널리 쓰이므로 '역겹다'를 표준어로 인정한다. 이와는 달리 '고난겹다, 근심겹다, 원망겹다' 등은 비표준어이다. '고난스럽다, 근심스럽다, 원망스럽다'로 써야 한다.

▸ **용어 및 어휘 풀이**

귀밑머리: 좌우로 갈라 귀 뒤로 넘겨 땋은 머리, 뺨에서 귀의 가까이에 난 머리털.

까뭉개다: 깎아 내리다.

무느다: 쌓여 있는 것을 흩어지게 하다.

제4절 단수 표준어

제25항 의미가 똑같은 형태가 몇 가지 있을 경우, 그중 어느 하나가 압도적으로 널리 쓰이면, 그 단어만을 표준어로 삼는다.(ㄱ을 표준어로 삼고, ㄴ을 버림.)

ㄱ	ㄴ	비고
-게끔	-게시리	
겸사-겸사	겸지-겸지/겸두-겸두	
고구마	참-감자	
고치다	낫우다	병을 ~.
골목-쟁이	골목-자기	
광주리	광우리	
괴통	호구	자루를 박는 부분.
국-물	멀-국/말-국	
군-표	군용-어음	
길-잡이	길-앞잡이	'길라잡이'도 표준어임.
까치-발	까치-다리	선반 따위를 받치는 물건.
꼬창-모	말뚝-모	꼬챙이로 구멍을 뚫으면서 심는 모.
나룻-배	나루	'나루[津]'는 표준어임.
납-도리	민-도리	
농-지거리	기롱-지거리	다른 의미의 '기롱지거리'는 표준어임.
다사-스럽다	다사-하다	간섭을 잘하다.
다오	다구	이리 ~.
담배-꽁초	담배-꼬투리/담배-꽁치/담배-꽁추	
담배-설대	대-설대	
대장-일	성냥-일	
뒤져-내다	뒤어-내다	
뒤통수-치다	뒤꼭지-치다	

ㄱ	ㄴ	비고
등-나무	등-칡	
등-때기	등-떠리	'등'의 낮은 말.
등잔-걸이	등경-걸이	
떡-보	떡-충이	
똑딱-단추	딸꼭-단추	
매-만지다	우미다	
먼-발치	먼-발치기	
며느리-발톱	뒷-발톱	
명주-붙이	주- 사니	
목-메다	목-맺히다	
밀짚-모자	보릿짚-모자	
바가지	열-바가지/열-박	
바람-꼭지	바람-고다리	튜브의 바람을 넣는 구멍에 붙은, 쇠로 만든 꼭지.
반-나절	나절-가웃	
반두	독대	그물의 한 가지.
버젓-이	뉘연-히	
본-받다	법-받다	
부각	다시마-자반	
부끄러워-하다	부끄리다	
부스러기	부스럭지	
부지깽이	부지팽이	
부항-단지	부항-항아리	부스럼에서 피고름을 빨아 내기 위하여 부항을 붙이는 데 쓰는, 자그마한 단지.
붉으락-푸르락	푸르락-붉으락	
비켜-덩이	옆-사리미	김맬 때에 흙덩이를 옆으로 빼내는 일, 또는 그 흙덩이.
빙충-이	빙충-맞이	작은말은 '뱅충이'.
빠-뜨리다	빠-치다	'빠트리다'도 표준어임.

ㄱ	ㄴ	비고
뻣뻣-하다	왜긋다	
뽐-내다	느물다	
사로-잠그다	사로-채우다	자물쇠나 빗장 따위를 반 정도만 걸어 놓다.
살-풀이	살-막이	
상투-쟁이	상투-꼬부랑이	상투 튼 이를 놀리는 말.
새앙-손이	생강-손이	
샛-별	새벽-별	
선-머슴	풋-머슴	
섭섭-하다	애운-하다	
속-말	속-소리	국악 용어 '속소리'는 표준어임.
손목-시계	팔목-계/팔뚝-시계	
손-수레	손-구루마	'구루마'는 일본어임.
쇠-고랑	고랑-쇠	
수도-꼭지	수도-고동	
숙성-하다	숙-지다	
순대	골집	
술-고래	술-꾸러기/술-부대/술-보/술-푸대	
식은-땀	찬-땀	
신기-롭다	신기-스럽다	'신기하다'도 표준어임.
쌍동-밤	쪽-밤	
쏜살-같이	쏜살-로	
아주	영판	
안-걸이	안-낚시	씨름 용어.
안다미-씌우다	안다미-시키다	제가 담당할 책임을 남에게 넘기다.
안쓰럽다	안-슬프다	
안절부절-못하다	안절부절-하다	
앉은뱅이-저울	앉은-저울	
알-사탕	구슬-사탕	

ㄱ	ㄴ	비고
암-내	곁땀-내	
앞-지르다	따라-먹다	
애-벌레	어린-벌레	
얕은-꾀	물탄-꾀	
언뜻	편뜻	
언제나	노다지	
얼룩-말	워라-말	
열심-히	열심-로	
입-담	말-담	
자배기	너벅지	
전봇-대	전선-대	
쥐락-펴락	펴락-쥐락	
-지만	-지만서도	←-지마는.
짓고-땡	지어-땡/짓고-땡이	
짧은-작	짜른-작	
찹-쌀	이-찹쌀	
청대-콩	푸른-콩	
칡-범	갈-범	

이 항의 기준은 제17항의 기준과 같다. 복수 표준어로 인정하는 것이 한국어를 풍부하게 하기보다는 혼란을 초래한다고 판단되는 경우에, 좀 더 일반적으로 쓰이는 한 형태만을 표준어로 삼은 것이다. 제17항은 기원을 같이하지만 발음이 달라진 단어이고 여기에서 다룬 단어들은 '고구마'와 '참감자'와 같이 어휘 자체가 다른 단어라는 점에서 차이가 있다.

- '-게끔/-게시리' 중에서 '-게시리'는 꽤 많이 쓰이는 편이나 아직까지 방언으로 받아들이는 일이 많으므로 '-게끔'만 표준어로 인정한다. 의미가 비슷한 '-게끔', '-도록'이 널리 쓰이고 있기 때문에 '-게시리'의 쓰임에 제한이 있는

것으로 보인다.

- '고치다/낫우다' 중에서 '낫우다'는 일부 방언에서만 쓰이고 서울에서는 잘 쓰이지 않으므로 '고치다'를 표준어로 인정한다.
- '부각*/다시마자반' 중에서 '부각'을 표준어로 인정한다. 이와는 달리 '김부각/김자반'은 모두 표준어이다.
- '나룻배/나루' 중에서 '나룻배'를 표준어로 인정한다. '나루'가 '강이나 내 등에서 배가 건너다니는 일정한 곳'의 의미로 쓰일 때는 표준어이다.
- '빠뜨리다/빠치다' 중에서 '빠뜨리다'를 표준어로 인정한다. '-뜨리다/-트리다'가 복수 표준어이므로 '빠트리다'도 표준어이다.(「표준어 규정」 제26항 참조)
- '선머슴*/풋머슴' 중에서 '선머슴'을 표준어로 인정한다.
- '술고래/술꾸러기/술부대/술보/술푸대' 중에서 '술고래'만을 표준어로 인정한다.
- '신기롭다/신기스럽다' 중에서 '신기롭다'를 표준어로 인정한다. 참고로 '신기하다'도 표준어이다.
- '안쓰럽다/안슬프다' 중에서 '안쓰럽다'를 표준어로 인정한다. '손아랫사람이나 형편이 넉넉지 못한 사람에게 폐를 끼치거나 도움을 받아 썩 미안하고 딱하다'의 뜻이다. '안'의 어원이 불분명하므로 '-스럽다'를 밝히지 아니하고 소리 나는 대로 적은 것이다.
- '안절부절못하다/안절부절하다' 중에서 '안절부절못하다'를 표준어로 인정한다. '거짓말이 들통 날까 봐 안절부절했다'에서 '안절부절했다'는 '안절부절못했다'로 고쳐야 한다. 이와 마찬가지로 '칠칠하다'도 '칠칠치 못하다', '칠칠치 않다(칠칠찮다)'로 써야 한다.
- '애벌레/어린벌레' 중에서 '애벌레'를 표준어로 인정한다. 이와는 달리 '애순/어린순', '애잎/어린잎'은 모두 표준어로 인정한다.(「표준어 규정」 제23항 참조)

▸ **용어 및 어휘 풀이**

부각: 다시마 조각에 찹쌀 풀을 발라 말렸다가 기름에 튀긴 반찬.

선머슴: 차분하지 못하고 매우 거칠게 덜렁거리는 사내아이.

제5절 복수 표준어

제26항 한 가지 의미를 나타내는 형태 몇 가지가 널리 쓰이며 표준어 규정에 맞으면, 그 모두를 표준어로 삼는다.

복수 표준어	비고
가는 - 허리 / 잔 - 허리	
가락 - 엿 / 가래 - 엿	
가뭄 / 가물	
가엾다 / 가엽다	가엾어 / 가여워, 가엾은 / 가여운.
감감 - 무소식 / 감감 - 소식	
개수 - 통 / 설거지 - 통	'설겆다'는 '설거지하다'로.
개숫 - 물 / 설거지 - 물	
갱 - 엿 / 검은 - 엿	
- 거리다 / - 대다	가물, 출렁.
거위 - 배 / 횟 - 배	
것 / 해	내 ~, 네 ~, 뉘 ~.
게을러 - 빠지다 / 게을러 - 터지다	
고깃 - 간 / 푸줏 - 간	'고깃 - 관, 푸줏 - 관, 다림 - 방'은 비표준어임.
곰곰 / 곰곰 - 이	
관계 - 없다 / 상관 - 없다	
교정 - 보다 / 준 - 보다	
구들 - 재 / 구재	
귀퉁 - 머리 / 귀퉁 - 배기	'귀퉁이'의 비어임.
극성 - 떨다 / 극성 - 부리다	
기세 - 부리다 / 기세 - 피우다	
기승 - 떨다 / 기승 - 부리다	
깃 - 저고리 / 배내 - 옷 / 배냇 - 저고리	
꼬까 / 때때 / 고까	~신, ~옷.
꼬리 - 별 / 살 - 별	

복수 표준어	비고
꽃-도미/붉-돔	
나귀/당-나귀	
날-걸/세-뿔	윷판의 쨀밭 다음의 셋째 밭.
내리-글씨/세로-글씨	
넝쿨/덩굴	'덩쿨'은 비표준어임.
녘/쪽	동~, 서~.
눈-대중/눈-어림/눈-짐작	
느리-광이/느림-보/늘-보	
늦-모/마냥-모	←만이앙-모.
다기-지다/다기-차다	
다달-이/매-달	
-다마다/-고말고	
다박-나룻/다박-수염	
닭의-장/닭-장	
댓-돌/툇-돌	
덧-창/겉-창	
독장-치다/독판-치다	
동자-기둥/쪼구미	
돼지-감자/뚱딴지	
되우/된통/되게	
두동-무니/두동-사니	윷놀이에서, 두 동이 한데 어울려 가는 말.
뒷-갈망/뒷-감당	
뒷-말/뒷-소리	
들락-거리다/들랑-거리다	
들락-날락/들랑-날랑	
딴-전/딴-청	
땅-콩/호-콩	
땔-감/땔-거리	
-뜨리다/-트리다	깨-, 떨어-, 쏟-
뜬-것/뜬-귀신	

복수 표준어	비고
마룻-줄/용총-줄	돛대에 매어 놓은 줄. '이어줄'은 비표준어임.
마-파람/앞-바람	
만장-판/만장-중(滿場中)	
만큼/만치	
말-동무/말-벗	
매-갈이/매-조미	
매-통/목-매	
먹-새/먹음-새	'먹음-먹이'는 비표준어임.
멀찌감치/멀찌가니/멀찍이	
멱통/산-멱/산-멱통	
면-치레/외면-치레	
모-내다/모-심다	모-내기, 모-심기.
모쪼록/아무쪼록	
목판-되/모-되	
목화-씨/면화-씨	
무심-결/무심-중	
물-봉숭아/물-봉선화	
물-부리/빨-부리	
물-심부름/물-시중	
물추리-나무/물추리-막대	
물-타작/진-타작	
민둥-산/벌거숭이-산	
밑-층/아래-층	
바깥-벽/밭-벽	
바른/오른[右]	~손, ~쪽, ~편.
발-모가지/발-목쟁이	'발목'의 비속어임.
버들-강아지/버들-개지	
벌레/버러지	'벌거지, 벌러지'는 비표준어임.
변덕-스럽다/변덕-맞다	

복수 표준어	비고
보-조개/볼-우물	
보통-내기/여간-내기/예사-내기	'행-내기'는 비표준어임.
볼-따구니/볼-퉁이/볼-때기	'볼'의 비속어임.
부침개-질/부침-질/지짐-질	'부치개-질'은 비표준어임.
불똥-앉다/등화-지다/등화-앉다	
불-사르다/사르다	
비발/비용(費用)	
뾰두라지/뾰루지	
살-쾡이/삵	삵-피.
삽살-개/삽사리	
상두-꾼/상여-꾼	'상도-꾼, 향도-꾼'은 비표준어임.
상-씨름/소-걸이	
생/새앙/생강	
생-뿔/새앙-뿔/생강-뿔	'쇠뿔'의 형용.
생-철/양-철	1. '서양철'은 비표준어임. 2. '生鐵'은 '무쇠'임.
서럽다/섧다	'설다'는 비표준어임.
서방-질/화냥-질	
성글다/성기다	
-(으)세요/-(으)셔요	
송이/송이-버섯	
수수-깡/수숫-대	
술-안주/안주	
-스레하다/-스름하다	거무-, 발그-.
시늉-말/흉내-말	
시새/세사(細沙)	
신/신발	
신주-보/독보(櫝褓)	
심술-꾸러기/심술-쟁이	
씁쓰레-하다/씁쓰름-하다	

복수 표준어	비고
아귀-세다/아귀-차다	
아래-위/위-아래	
아무튼/어떻든/어쨌든/하여튼/여하튼	
앉음-새/앉음-앉음	
알은-척/알은-체	
애-갈이/애벌-갈이	
애꾸눈-이/외눈-박이	'외대-박이, 외눈-퉁이'는 비표준어임.
양념-감/양념-거리	
어금버금-하다/어금지금-하다	
어기여차/어여차	
어림-잡다/어림-치다	
어이-없다/어처구니-없다	
어저께/어제	
언덕-바지/언덕-배기	
얼렁-뚱땅/엄벙-뗑	
여왕-벌/장수-벌	
여쭈다/여쭙다	
여태/입때	'여직'은 비표준어임.
여태-껏/이제-껏/입때-껏	'여직-껏'은 비표준어임.
역성-들다/역성-하다	'편역-들다'는 비표준어임.
연-달다/잇-달다	
엿-가락/엿-가래	
엿-기름/엿-길금	
엿-반대기/엿-자박	
오사리-잡놈/오색-잡놈	'오합-잡놈'은 비표준어임.
옥수수/강냉이	~떡, ~묵, ~밥, ~튀김.
왕골-기직/왕골-자리	
외겹-실/외올-실/홑-실	'홑겹-실, 올-실'은 비표준어임.
외손-잡이/한손-잡이	

복수 표준어	비고
욕심-꾸러기/욕심-쟁이	
우레/천둥	우렛-소리, 천둥-소리.
우지/울-보	
을러-대다/을러-메다	
의심-스럽다/의심-쩍다	
-이에요/-이어요	
이틀-거리/당-고금	학질의 일종임.
일일-이/하나-하나	
일찌감치/일찌거니	
입찬-말/입찬-소리	
자리-옷/잠-옷	
자물-쇠/자물-통	
장가-가다/장가-들다	'서방-가다'는 비표준어임.
재롱-떨다/재롱-부리다	
제-가끔/제-각기	
좀-처럼/좀-체	'좀-체로, 좀-해선, 좀-해'는 비표준어임.
줄-꾼/줄-잡이	
중신/중매	
짚-단/짚-뭇	
쪽/편	오른~, 왼~.
차차/차츰	
책-씻이/책-거리	
척/체	모르는 ~, 잘난 ~.
천연덕-스럽다/천연-스럽다	
철-따구니/철-딱서니/철-딱지	'철-때기'는 비표준어임.
추어-올리다/추어-주다	'추켜-올리다'는 비표준어임.
축-가다/축-나다	
침-놓다/침-주다	
통-꼭지/통-젖	통에 붙은 손잡이.
파자-쟁이/해자-쟁이	점치는 이.

복수 표준어	비고
편지-투/편지-틀	
한턱-내다/한턱-하다	
해웃-값/해웃-돈	'해우-차'는 비표준어임.
혼자-되다/홀로-되다	
흠-가다/흠-나다/흠-지다	

第26항은 제19항과 마찬가지로 어휘를 풍요롭게 하기 위해서 널리 쓰이는 단어들을 복수 표준어로 규정하고 있다. 예전에는 '반짝거리다/반짝대다' 중에서 '반짝거리다'만을 표준어로 삼고 '반짝대다'는 비표준어로 다루었던 적이 있었다. 그렇지만 '-거리다/-대다'가 널리 쓰이는 것이 언어 현실이므로 모두 표준어임을 밝혔다.

- '가뭄/가물' 중에서는 '가뭄'이 점점 더 큰 세력을 얻어 가고 있으나 "가물에 콩 나듯 한다."에서 보듯 '가물'도 아직 명맥을 유지하고 있다고 보아 복수 표준어로 처리하였다. '가뭄철/가물철', '왕가뭄/왕가물'도 모두 표준어로 인정한다.
- '가엾다/가엽다'는 활용형에서 "아이, 가엾어."와 "아이, 가여워."가 다 쓰이므로 복수 표준어로 삼은 것이다. '가엾은 아이'와 '가여운 아이'로 활용이 달라지는 것에 주의해야 한다. '서럽다/섧다'나 '여쭙다/여쭈다'가 복수 표준어로 인정된 것과 같은 근거라고 할 수 있다. '서럽게 운다'와 '섧게 운다', '여쭈워 보아라'와 '여쭈어 보아라'가 다 쓰이고 있다.
- 예전에는 '-거리다/-대다' 중에서 '-거리다'만 표준어로 인정하기도 했다. 그러나 둘 다 널리 쓰이므로 '-거리다/-대다' 모두를 표준어로 인정한다. '그런 상태가 잇따라 계속됨'의 뜻을 더하는 접미사이다.
- '게을러빠지다/게을러터지다'는 '몹시 게으르다'라는 말이다. 준말은 '겔러빠지다/겔러터지다'이다. 작은말은 '개을러빠지다/개을러터지다'이고, 그 준말은 '갤러빠지다/갤러터지다'이다.
- '고깃간/푸줏간'은 '쇠고기, 돼지고기 따위의 고기를 파는 가게'를 말한다. 같은

의미로 '푸주'도 표준어이다. 그러나 '고깃관, 푸줏관, 다림방'은 비표준어이다.

- '곰곰/곰곰이'는 여러모로 깊이 생각하는 모양을 말한다. 부사에 '-이'가 붙어 동의어로 쓰이는 말인데, 이러한 유형의 단어로 '근근/근근이, 방긋/방긋이, 삐죽/삐죽이, 싱긋/싱긋이, 일찍/일찍이' 등이 있다.(「한글 맞춤법」 제25항, 제51항 참조)
- '꼬까/때때/고까'는 곱게 만든 아이의 옷이나 신발 따위를 이르는 말이다. 이와 관련된 '꼬까신/때때신/고까신'이나 '꼬까옷/때때옷/고까옷' 모두 표준어이다.
- '녘/쪽'은 방향을 가리킬 때 표준어로 인정한다. 이와 마찬가지로 '동녘/동쪽', '서녘/서쪽', '남녘/남쪽', '북녘/북쪽'도 모두 복수 표준어이다.
- '딴전/딴청'은 어떤 일을 하는 데에서 그 일과는 전혀 관계없는 일이나 행동을 말한다.
- '땔감/땔거리'는 불을 때는 데 쓰는 재료를 말한다. 이와 비슷한 예로 '글감/글거리', '눈요깃감/눈요깃거리', '망신감/망신거리', '바느질감/바느질거리', '반찬감/반찬거리', '양념감/양념거리', '일감/일거리' 등이 있다.
- '-뜨리다/-트리다'는 '-거리다/-대다'와 마찬가지로 둘 다 널리 쓰이므로 복수 표준어로 처리한다. 이들 사이의 어감의 차이가 있는 듯도 하지만 그리 뚜렷하지 않다. 이러한 예로 '깨뜨리다/깨트리다', '떨어뜨리다/떨어트리다', '망가뜨리다/망가트리다', '부서뜨리다/부서트리다', '쏟뜨리다/쏟트리다' 등이 있다.
- '마파람/앞바람'은 뱃사람들의 은어로, '남풍(南風)'을 이르는 말이다. '북풍(北風)'은 '된바람', '동풍(東風)'은 '샛바람', '서풍(西風)'은 '하늬바람'이라고 한다.
- '만큼/만치'는 의존 명사로 쓰일 때도 있고 보조사로 쓰일 때도 있는데, 두 경우 모두 동의어이다.

  노력한 만큼/만치 대가를 얻는다. (의존 명사)
  나만큼/나만치 너를 아는 사람도 없을 것이다. (조사)

- '멀찌감치/멀찌가니/멀찍이'는 '사이가 꽤 떨어지게'라는 말이다. 이와 비슷한

예로 '일찌감치/일찌거니/일찍이', '널찌감치/널찍이', '느지감치/느지거니/느직이' 등이 있다.

- '밑층/아래층'은 여러 층으로 된 것의 아래에 있는 층을 말한다. 같은 의미로 '하층(下層)'도 표준어이다. 이와 비슷한 예로 '밑면/아랫면', '밑짝/아래짝'이 있다.
- '바깥벽/밭벽'이 복수 표준어인 것과 마찬가지로 '바깥마당/밭마당', '바깥부모/밭부모', '바깥사돈/밭사돈', '바깥상제/밭상제', '바깥주인/밭주인' 모두 표준어이다.
- '바른/오른[右]'이 복수 표준어인 것과 마찬가지로 '바른발/오른발', '바른손/오른손', '바른손잡이/오른손잡이', '바른팔/오른팔', '바른쪽/오른쪽', '바른편/오른편' 등도 모두 표준어이다.
- '벌레/버러지'는 복수 표준어이나 '벌거지, 벌러지'는 비표준어이다. 이와 비슷한 예로 '밥벌레/밥버러지'가 있다.
- '서럽다/섧다'는 활용형에서 "아이가 서럽게 운다."와 "아이가 섧게 운다."가 다 쓰이므로 복수 표준어로 삼은 것이다. '서럽다'는 '서러워, 서러우니'로 활용하고, '섧다'는 '설워, 설우니'로 활용한다. 같은 의미로 '설다'를 쓰기도 하지만 '설다'는 비표준어이다.
- '-(으)세요/-(으)셔요'는 복수 표준어이다. '안녕하세요/안녕하셔요', '가세요/가셔요', '드세요/드셔요' 모두 쓸 수 있다.
- '-스레하다/-스름하다'는 '빛깔이 옅거나 그 형상과 비슷하다'는 뜻을 더하는 말이다. 이러한 예로 '거무스레하다/거무스름하다', '둥그스레하다/둥그스름하다', '발그스레하다/발그스름하다' 등이 있다.
- '알은척/알은체'는 복수 표준어이다. 이와 비슷한 예로 '본척만척/본체만체'가 있다. '알은-척/알은-체'의 '알은'은 'ㄹ' 불규칙 용언이므로 '안'이 되어야 할 것으로 기대할 수 있지만 '알은'으로 굳어진 말이다. '알은체하다/알은척하다'는 '어떤 일에 관심을 가지는 듯한 태도를 보인다'는 뜻과 '사람을 보고 인사하는 표정을 짓는다'는 뜻이 있다. 흔히 "친구가 멀리서 나를 보고 아는 체했다."와 같이 쓰는 일이 많지만 이때는 '알은체했다'가 옳은 말이다.

- ‘여쭈다/여쭙다’는 활용형에서 “선생님께 여쭈어 보아라.”와 “선생님께 여쭈워 보아라.”가 다 쓰이므로 복수 표준어로 삼은 것이다. ‘여쭈다’는 ‘여쭈어(여쭤), 여쭈니’로 활용하고, ‘여쭙다’는 ‘여쭈워, 여쭈우니’로 활용하는 것이 원칙이다.
- ‘움직이는 물체가 다른 물체의 뒤를 이어 따르다, 어떤 사건이나 행동 따위가 이어 발생하다’의 의미를 나타낼 때(이때는 자동사임) ‘연달다’와 ‘잇달다’는 동의어이다. 이와 함께 ‘잇따르다’ 역시 이들과 동의어이다.

추모 행렬이 잇달다/연달다/잇따르다.
실종 사건이 잇달아/연달아/잇따라 발생했다.

그러나 “화물칸을 객차 뒤에 잇달았다.”와 같이 ‘사물을 다른 사물에 이어서 달다’의 의미를 나타낼 때(이때는 타동사임)는 ‘잇달다’만 인정된다. 그러므로 이때에는 ‘잇달다’ 대신 ‘연달다, 잇따르다’를 쓰는 것은 잘못이다.

화물칸을 객차 뒤에 잇달았다/*연달았다/*잇따랐다.

- ‘우레/천둥’은 복수 표준어이다. 이와 관련된 ‘우렛소리/천둥소리’도 복수 표준어이다. ‘우레/천둥’의 ‘우레’는 본래가 ‘우르다’의 어간 ‘우르-’에 접미사 ‘-에’가 붙어서 된 말이다. 1936년 「조선어 표준말 모음」에서는 ‘우뢰’를 표준어로 제시하였지만 ‘우레’가 다시 표준어가 되었다.
- ‘이에요/이어요’는 복수 표준어이다. ‘이에요’와 ‘이어요’는 서술격 조사 ‘이다’의 어간 뒤에 ‘-에요’, ‘-어요’가 붙은 말이다. ‘이에요’와 ‘이어요’는 체언 뒤에 붙는데 받침이 없는 체언에 붙을 때는 ‘예요’로 줄어든다. ‘아니다’에는 ‘-에요’, ‘-어요’가 연결되므로 ‘아니에요(아네요)’, ‘아니어요(아녀요)’가 되며 ‘이어요’와 ‘이에요’가 붙은 ‘아니여요’, ‘아니예요’는 틀린 표현이다.

1) 받침이 있는 인명
㉠ 영숙이 + -이에요 → 영숙이이에요(축약) → 영숙이예요
㉡ 영숙이 + -이어요 → 영숙이이어요 → 영숙이여요
※ ‘영숙이에요’는 틀린 말이다.

2) 받침이 없는 인명

㉠ 철수+ -이에요 → 철수이에요(축약) → 철수예요

㉡ 철수+ -이어요 → 철수이어요 → 철수여요

3) 받침이 있는 명사

㉠ 장남+ -이에요 → 장남이에요

㉡ 장남+ -이어요 → 장남이어요

4) 받침이 없는 명사

㉠ 호랑이+ -이에요 → 호랑이이에요 → 호랑이예요

㉡ 호랑이+ -이어요 → 호랑이이어요 → 호랑이여요

5) 아니다

㉠ 아니- +에요 → 아니에요(→ 아녜요)

㉡ 아니- +어요 → 아니어요(→ 아녀요)

※ '아니여요/아니예요'는 틀린 말이다.

- '척/체'는 '그럴듯하게 꾸미는 거짓 태도나 모양'을 말한다. 이와 관련된 '척하다/체하다'도 복수 표준어이다. '멋있는 척/멋있는 체', '못 본 척/못 본 체', '들은 척/들은 체'와 같이 쓴다.

01 다음 밑줄 친 부분에 알맞은 말을 써 넣으시오.

(1) 표준어는 ㉠_______ 있는 사람들이 두루 쓰는 현대 ㉡_______(으)로 정함을 원칙으로 한다.

(2) '가뭄/가물'처럼 둘 다 표준어인 것을_______ 표준어라고 한다.

(3) '갈비/가리'처럼 의미가 같은 의미가 같은 말 가운데 하나만 표준어인 것을_______ 표준어라고 한다.

02 다음 단어가 표준어가 된 까닭이 무엇인지 생각해 보시오.

(1) 우레

(2) 거시기

(3) 뜬금없이

03 『표준국어대사전』에서 다음 단어의 활용형과 그 쓰임을 알아보시오.

(1) 가엾다/가엽다

(2) 여쭈다/여쭙다

(3) 뵈다/뵙다

04 새롭게 표준어가 된 다음 단어의 기존 표준어를 찾아보고 적절한 문장을 만들어 보시오. 그리고 새롭게 표준어가 된 이유가 무엇인지 자신의 의견을 말해 보시오.

(1) 먹거리

(2) 꼬시다

(3) 사그라들다

(4) 떨구다

(5) 메꾸다
(6) 손주
(7) 내음
(8) 눈꼬리
(9) 뜨락
(10) 끄적거리다

05 언어 현실에서 새롭게 표준어가 될 만한 말에는 무엇이 있는지 찾아보고 그 근거를 말해 보시오.

(1)
(2)
(3)

06 〈보기〉는 '표준어 맞히기'를 하고자 하는 수업의 한 장면이다. 선생님의 설명을 참고하여 학생들의 올바른 대답 A~C의 ㉠~㉢에 들어갈 알맞은 말을 쓰시오.

〈 보 기 〉

선생님: 여러분, 오늘은 어떤 원칙에 따라 '위-, 윗-, 웃-' 중 하나를 표준어로 정하는지에 대해 알아볼까요? 우선 표준어 규정 제12항을 보세요.

> 제12항 '웃-' 및 '윗-'은 명사 '위'에 맞추어 '윗-'으로 통일한다.
> 다만 1. 된소리나 거센소리 앞에서는 '위-'로 한다.
> 다만 2. '아래, 위'의 대립이 없는 단어는 '웃-'으로 발음되는 형태를 표준어로 삼는다.

선생님: 이 규정에 따라서 예를 들어 '위목/윗목/웃목' 중에서는 '윗목'을 표준어로 삼아요. 'ㅁ'이 된소리나 거센소리가 아니므로 '다만 1'을 적용하지 않아 '윗-'이 되는데, '아랫목'이라는 말이 있기 때문에 '다만 2'를 적용하지 않고 '윗목'으로 쓰는 것이에요. 그러면 이제 A~C의 예에서 어느 말이 표준어인지 말해 보고 그 이유까지 말해 볼까요?

> A: 위쪽/윗쪽/웃쪽
> B: 위돈/윗돈/웃돈
> C: 위도리/윗도리/웃도리

A: '위쪽'이 표준어입니다. ㉠ ______________________ 때문에 '위쪽'으로 씁니다.
B: '웃돈'이 표준어입니다. ㉡ ______________________ 때문에 '웃돈'으로 씁니다.
C: '윗도리'가 표준어입니다. ㉢ ______________________ 때문에 '윗도리'로 씁니다.

07 『표준국어대사전』에서는 표준어와 비표준어를 어떻게 표시하고 있는지 알아보고 사전을 이용해서 표준어를 찾는 방법에 대해 이야기해 보시오.

(예) 알아맞추다 「동사」 ① → 알아맞히다.
② 『북한어』 '알아맞히다'의 북한어.

08 '바라다', '나무라다', '자라다'에 '-어/아, -고, -지, -었/았-' 등의 어미가 결합할 때 어떻게 활용하는지 알아보고 세 단어 간의 차이점과 유사점에 대해 이야기해 보시오.

09 「표준어 규정」 제16항에서는 다음과 같이 '머무르다/머물다, 서두르다/서둘다, 서투르다/서툴다'의 '본말/준말'을 제시하면서 '비고란'에 "모음 어미가 연결될 때에는 준말의 활용형을 인정하지 않는다."라는 조건을 붙였는데 이 조건의 의미가 무엇인지 자신의 의견을 말해 보시오.

제16항 표준말과 본말이 다 같이 널리 쓰이면서 준말의 효용이 뚜렷이 인정되는 것은, 두 가지를 다 표준어로 삼는다.(ㄱ은 본말이며, ㄴ은 준말임.)

ㄱ	ㄴ	비고
머무르다 서두르다 서투르다	머물다 서둘다 서툴다	모음 어미가 연결될 때에는 준말의 활용형을 인정하지 않음.

10 '이에요/이어요'는 복수 표준어이므로 '이것은 연필이에요/이어요', '이것은 지우개이에요/이어요'와 같이 쓰인다. 그런데 '지우개이에요'는 축약이 일어나면 '지우개예요'가 되고 탈락이 일어나면 '지우개에요'가 된다. '지우개이어요'의 활용과 비교하면서 어느 쪽이 표준어일지 자신의 의견을 말해 보시오.

11 어떤 말을 표준어로 결정하는 기준에 대해 생각해 보고, 다음 대화를 참고하여 비속어를 표준어로 보아야 할지에 대해 주위 사람들과 의견을 나누어 보시오.

> 선생님: 국어사전을 보면, 비표준어에는 규범형이 표시되어 있어요. 예를 들어 새의 날개짓을 나타내는 말인 '푸드득'의 규범형은 '푸드덕'이고, '-ㄹ라구'의 규범형은 '-려고'라고 풀이가 되어 있어요. 그러니까 '갈라구'는 '가려고'로 말하고 적는 것이 규범적인 것이에요.
>
> 학 생: 아, 네. 그러니까 '-ㄹ라구'의 표준어는 '-려고'이고 '푸드득'의 표준어는 '푸드덕'이란 말씀이지요? 앞으로 '갈라구'는 '가려고'라고 해야겠네요. 그런데 선생님, '대가리, 눈깔, 주둥이'와 같은 비속어는 표준어인가요? 국어사전에서는 '속되게 이르는 말'이라고만 풀이되어 있어서 표준어로 인정하는 것 같기도 하고 아닌 것 같기도 해요. 표준어는 '교양 있는' 사람들이 쓰는 말이라고 하잖아요.
>
> 선생님: 음… 그건 어려운 문제네요. 활발한 의견 교환이 필요할 것 같아요.

V

외래어 표기법

제1장 표기의 기본 원칙

외래어는 '외국에서 들어온 말로 우리말처럼 쓰이는 말'을 의미한다. 즉, 외래어는 '외국어'와 달리 한국어의 일부로 인정되는 것이다. 따라서 외래어 표기에 있어서는 본래의 발음을 충실히 반영하는 것도 중요하지만 한국어의 음운과 음운 현상에 따라야 하며 한국의 표기 관습도 존중되어야 한다.

제1항 외래어는 국어의 현용 24 자모만으로 적는다.

외래어는 '외국어'가 아니라 '한국어'의 일부이므로 한국어의 음운 체계와 표기 체계에서 벗어날 수 없다. 따라서 외래어를 한국어의 현용 24 자모만으로 적는 것은 지극히 당연하다. 그럼에도 불구하고 제1항의 규정을 둔 것은, 외래어를 표기할 때 원어의 발음에 충실하여야 하며 때로는 이를 위해 새로운 문자나 기호가 필요하다는 주장도 있었기 때문이다. 예를 들어 영어에서는 f와 p는 서로 구별되는 음운이어서 'file'과 'pile'을 구별하여 발음하지만, 한국어의 음운 체계에서는 이들이 구별되지 않기 때문에 둘 다 동일하게 '[파]일'로 발음되고 이렇게 적을 수밖에 없다. 그런데 이것이 불합리하다

하여 f를 표기하기 위해 새로운 문자나 기호를 사용하자는 의견도 있었다. 그러나 세상에 존재하는 언어들에는 우리말에 없는 음운들이 많고 우리에게는 동일하게 들린다 해도 실제로는 다른 발음들이 아주 많다. 그런데 이를 일일이 다 구별하여 새로운 문자나 기호로 구별하는 것은 사실상 불가능하다. 게다가 외래어 표기도 한국어 표기법의 일부라는 사실을 생각하면 이러한 별도의 구별은 본질적으로 불필요하다. '외국어'의 정확한 발음 표기는 '발음 기호'를 사용하면 될 일이다.

'현용 24 자모'라고 하는 것은 자음자 'ㄱ, ㄴ, ㄷ, ㄹ, ㅁ, ㅂ, ㅅ, ㅇ, ㅈ, ㅊ, ㅋ, ㅌ, ㅍ, ㅎ'와 모음자 'ㅏ, ㅑ, ㅓ, ㅕ, ㅗ, ㅛ, ㅜ, ㅠ, ㅡ, ㅣ'를 말한다. 모음자 'ㅐ, ㅔ, ㅒ, ㅖ, ㅚ, ㅟ, ㅘ, ㅝ, ㅙ, ㅞ, ㅢ' 등은 24 자모에 포함되는 모음자 중 둘 이상을 조합해서 만든 것(가령 'ㅐ'는 'ㅏ+ㅣ')이므로 24 자모에 포함되지 않는다.

제2항 외래어의 1 음운은 원칙적으로 1 기호로 적는다.

외래어의 한 음운을 적을 때에는 늘 거기에 대응하는 하나의 한글 자모를 사용함이 마땅하다. 예를 들어 모음 [ʌ]는 이에 해당하는 한국어 모음이 존재하지 않아서 한국어 화자는 이를 'ㅏ'에 가깝게 발음하기도 하고 'ㅓ'에 가깝게 발음하기도 한다. 사실은 이 두 발음 모두 정확하게 [ʌ]를 반영하지 못하지만 그렇다고 한국어에 없는 모음을 표기하기 위해 별도의 기호를 쓸 수는 없으므로 이를 'ㅓ'로 적도록 원칙을 정하고 'cup[kʌp]', 'mug[mʌg]'는 각각 '컵', '머그'로 적도록 하였다. 그런데 현실에서는 이와 어긋나는 부분도 있으므로 '원칙적으로'란 단서가 필요하다. 예를 들어 'bungalow[bʌŋgalou]'의 [ʌ]는 규정에 따르면 'ㅓ'로 적어야 하므로 '벙갈로'로 적어야 하지만, 이 경우는 관습에 따라 '방갈로'로 적는다. 그 밖에도 'g, d, b'는 초성에서는 'ㄱ, ㄷ, ㅂ'로 적지만 종성 위치에서는 '그, 드, 브'로 적는데[예: gag(개그), hand(핸드), bulb(벌브)], 관습에 따라 종성에서 'ㄱ, ㅅ, ㅂ'으로 적기도 한다[예: bag(백), good(굿), web(웹)]. 영어에서 기원한 외래어의 경우 종성의 [ʃ]를 '시'로 적지만[예: flash(플래시)] 프랑스어에서 기원한 외래어는 종성의 [ʃ]를 '슈'로 적는다[예: blanch(블랑슈)].

이처럼 음운의 위치나 관습, 외래어가 기원한 언어의 음운 체계에 따라 외래어 표기의 현실은 복잡한 양상을 보인다. 따라서 외래어 표기에서도 '원칙적으로'는 하나의 음운을 하나의 기호, 즉 하나의 한글 자모로 적어야 함을 규정하였으나 외래어 표기 일람표와 표기 세칙을 통해 다양한 표기 양상을 설명하였다.

제3항 받침에는 'ㄱ, ㄴ, ㄹ, ㅁ, ㅂ, ㅅ, ㅇ'만을 쓴다.

한국어에서는 종성에 올 수 있는 소리가 7개뿐이다. 이를 음절의 끝소리 규칙이라고 하는데, 예를 들어 '부엌'은 [부억]으로 발음되고 '낫, 낮, 낯, 낱'은 모두 [낟]으로 발음되며, '잎'은 [입]으로 발음된다. 그러나 이들 단어와 모음으로 시작되는 조사가 결합하면 '부엌-이[부어키]', '낫-을[나슬], 낮-을[나즐], 낯-을[나츨], 낱-을[나틀]', '잎-에[이페]'와 같이 본래의 형태가 드러나기 때문에 한글 맞춤법에서는 단어의 '원형'을 밝혀 적는다는 원칙 아래에 'ㅋ, ㅅ, ㅈ, ㅊ, ㅍ, ㅎ' 등도 모두 종성으로 적도록 하였다. 그러나 외래어의 경우는 이와는 사정이 다르다. 예를 들어 'handbook'이나 'wrap'의 경우 종성인 'k'와 'p'는 각각 'ㅋ','ㅍ'으로 적는 것이 옳을 듯하지만, 여기에 모음으로 시작하는 조사가 결합하면 [핸드부키], [핸드부클]이나 [래피], [래플]로 발음되는 것이 아니라 [핸드부기], [핸드부글], [래비], [래블]과 같이 발음된다. 따라서 이들 단어의 원형은 '핸드붘, 랲'이 아니라 '핸드북', '랩'으로 보아야 하며, 이에 따라 종성에서 'ㅋ'이나 'ㅍ' 대신 'ㄱ', 'ㅂ'으로 적는 것이다.

또 하나, 외래어 표기법의 종성 표기에서 특이한 점이 종성이 [t]인 경우 이를 'ㅅ'으로 적는 것이다. 이는 한국어의 실제 발음 현실을 반영한 것인데, 원어의 실제 종성 발음이 [t]인 'diskette[disket]' 같은 단어에 모음으로 시작하는 조사를 결합하면 [디스케시], [디스케슬]처럼 종성을 [ㅅ]으로 발음하기 때문이다.

보충 설명

유성음 [d]로 끝나는 외래어는 '우드wood[wud]'와 같이 모음 'ㅡ'를 받쳐 적어 '드'로 적는 것이 원칙이지만 간혹 관습을 존중하여 자음 종성을 인정하기도 한다. 이때에도 종성은 'ㄷ'이 아닌 'ㅅ'으로 적는다. 예를 들어 "독일어의 gutten이 영어로는 good이다"에서 'good이다'는 [구디다→구지다]가 아니라 [구시다]로 발음하므로 'good[gud]'은 '굳'이 아닌 '굿'으로 적는다. 이에 따라 'good year[구디어]' 역시 '굳이어'가 아니라 '굿이어'로 적어야 한다.

제4항 파열음 표기에는 된소리를 쓰지 않는 것을 원칙으로 한다.

영어나 프랑스어, 일본어 등에는 유성 파열음과 무성 파열음의 대립, 즉 g와 k, d와 t, b와 p의 음운적 대립이 존재하지만 한국어에는 이러한 대립이 존재하지 않는다. 한국어에는 무성 파열음만이 음운으로 존재하며 그 대신 무성 파열음 내에서 예사소리(평음)인 'ㄱ, ㄷ, ㅂ'과 거센소리(격음)인 'ㅋ, ㅌ, ㅍ', 된소리(경음)인 'ㄲ, ㄸ, ㅃ'이 각각 대립을 보인다. 따라서 외국어의 유성 파열음인 g, d, b 등에 대응하는 한국어 음운이 존재하지 않는 대신, 무성 파열음인 k, t, p에는 한국어의 예사소리, 거센소리, 된소리가 모두 대응될 수 있다. 외래어 표기법에서는 이러한 차이를 해결하기 위해 외국어의 유성 파열음은 한국어의 예사소리로, 무성 파열음은 거센소리로 적도록 하였다.

무성 파열음은 거센소리뿐만 아니라 된소리로 적을 수도 있고, 실제로 프랑스어나 일본어 등 몇몇 외국어의 경우는 무성 파열음이 우리의 된소리에 더 가깝게 들리기도 한다(예를 들어 Paris는 [빠리]에, Tokyo는 [도꾜]에 가깝게 들린다). 그러나 실제로는 이들의 무성 파열음이 한국어의 거센소리나 된소리 어느 쪽과도 완전히 일치하지는 않으며, 또한 언어마다 다른 무성 파열음의 발음을 일일이 한국어의 거센소리에 더 가까운지 된소리에 더 가까운지 따져 규정을 달리하는 것도 현실적으로 어렵다. 따라서 규범의 간결성과 일관성을 위해 외래어의 무성 파열음을 적을 때에는 거센소리를 쓰고 된소리를 쓰지 않는 것을 '원칙으로' 하였다.

다만, 된소리(경음)가 거센소리(격음) 혹은 예사소리(평음)와 대립을 보이는 언어의 경우에는 외래어 표기에서 된소리 사용을 허용하고 있다. 예를 들어 타이어에서는 유성 파열음 b과 함께 무성 파열음 p과 ph이 존재하는데, 유성 파열음 b은 ㅂ으로 적고 무성 파열음 p는 ㅃ로, ph는 ㅍ로 적도록 하였다[예: Pimai(삐마이), Phuket(푸껫)]. 이와 마찬가지로 베트남어의 경우도 유성 파열음 g와 무성 파열음 k, kh이 서로 대립하고 있는데 외래어 표기법에서는 이들을 각각 ㄱ, ㄲ, ㅋ로 적도록 하였다. 또한 중국어에서도 'ㅅ, ㅈ'과 구별되는 발음으로 'ㅆ, ㅉ'이 허용된다(예: 양쯔강, 쓰촨성 등).

보충 설명

외국어에서 기원하였으나 한국어 화자들이 그 기원을 알지 못하고 고유어처럼 인식하는 이른바 '귀화어' 중 된소리로 굳어진 것, 혹은 일본어식 외래어로서 된소리로 굳어진 것 등은 관습을 인정하여 된소리로 표기한다. 예를 들어 'gum'에서 기원한 '껌'이나 'pão'에서 기원한 '빵', 일본어식 외래어인 '삐라, 조끼, 짬뽕' 등이 그것이다.

다만 구어에서 외래어의 유성 파열음이나 's'를 된소리로 발음하는 경향, 즉 'goal, game, bag, bus'를 '꼴, 께임, 빽, 뻐스'로 발음하거나 'sale, service'를 '쎄일, 써비스'로 발음하는 것은 외래어 표기에 반영하지 않는다. 이들은 각각 '골, 게임, 백, 버스, 세일, 서비스'로 적어야 한다.

제5항 이미 굳어진 외래어는 관용을 존중하되, 그 범위와 용례는 따로 정한다.

외래어 표기법에서는 한국어의 음운 체계에서 벗어나지 않는 한 원어의 발음에 최대한 가깝게 적도록 하고 있다. 제2장의 표기 일람표나 제3장의 표기 세칙 등은 모두 원어의 발음을 외래어 표기에 정확히, 그리고 일관되게 반영하기 위한 것이다. 그런데 외래어 중에는 원어에서 직접 들어오지 않고 제3국을 통해 들어왔다거나, 실제 발음이 아니라 로마자 표기를 그대로 읽는 식으로 굳어져서 원어와는 다른 발음으로 우리말 속에 자리 잡은 것들이 있다. 예를 들어 '남포'는 영어의 'lamp'가 일본을 거쳐 우리말에 들어오면서 아예 귀화어로 자리 잡은 것으로, 현재 한국어에는 '남포'와 '램프'가 공존하고 있다. 원어 발음에 가까운 '램프'가 존재하지만 역사적으로 '남포'가 오랫동안 쓰였기 때문에 이를 존중하여 그대로 쓰고 있다. 또한 'orange'나 'radio'의 영어 발음은

[ɔrindʒ], [reidiou]로, 실제 발음에 가깝게 적는다면 각각 '오린지', '레이디오'가 될 것이나, 이들은 이미 우리말에서 '오렌지', '라디오'로 굳어져 쓰이고 있으므로 관용을 존중하여 이대로 적고 있다.

보충 설명

'관용을 존중한다'라고 할 때 어디까지를 '관용'으로 인정할 것인지가 문제이다. 국립국어원에서는 지속적으로 외래어에 대한 심의를 하여 그 결과를 정리한 외래어 표기 용례집을 발간하고 있다. 이는 국립국어원 홈페이지(www.korean.go.kr)에서 확인할 수 있다.

더 알아보기

외래어 표기에서는 어떤 소리가 한국어의 음운으로 존재하지 않는 것이 아닌 한, 외래어가 기원한 외국어의 '실제 발음'에 최대한 충실히 표기하는 것이 원칙이라 할 것이다. 그런데 문제는 외국어의 '실제 발음'이 무엇인가 하는 것이다. 사실, 우리 귀에 들린다고 '믿는' 소리가 모두 우리가 '실제로 듣는' 소리는 아니다. 예를 들어, 한국어를 모어로 하는 한국인은 별도의 외국어 학습을 하지 않았다면 'roof'와 'loop'에서 'r'과 'l', 'f'와 'p'의 발음을 구별할 수 없다. 영어에서는 어두에서 r과 l이 구별되고 f와 p가 완전히 다른 소리이지만, 한국어의 음운 체계에서는 그렇지 않기 때문이다.

또한 한국어에 존재하지만 한국어 화자가 구별하지 못하는 소리도 있다. 예를 들어 '고기'나 '다도'의 실제 발음은 각각 [kogi], [tado]로, 첫 음절과 두 번째 음절에서 무성음과 유성음의 차이가 있으나, 한국어의 음운 체계에서는 무성음과 유성음의 대립이 존재하지 않으므로(유성음을 인식하지 못하므로) 우리는 이를 똑같이 발음한다고 생각한다. 그런데 무성음과 유성음의 대립이 있는 언어의 화자들은 우리가 모르는 이 차이를 인식한다. 한국어의 '김치'를 외국인들, 특히 영어 화자들이 'kimchi[킴치]'라 발음하는 이유도 한국어의 'ㄱ'이 무성 파열음이므로 그들의 귀에 유성 파열음 [g]가 아닌 [k]에 가깝게 들리기 때문이다. 반대로 영어 화자들은 예사소리, 거센소리, 된소리의 음운적 대립이 없기 때문에 우리말의 '달, 탈, 딸'을 구별하여 인식하지 못하며, 자신들의 말에 존재하는 격음과 경음의 차이, 즉 'pie[p^hai]'와 'spy[sp'ai]'에서 [p^h]와 [p']의 차이도 구분하여 인식하지 않는다(다만, 'bye[bai]'의 유성음과의 구분만을 인식할 뿐이다).

제2장 표기 일람표

외래어 표기법의 제2장에서는 앞서 제시한 원칙을 전제로, 외래어를 한글로 표기하기 위한 구체적인 지침을 제시하였다. 이론적으로는 [표 1]에 제시한 국제 음성 기호와 한글 대조표에 따라 외래어를 표기하도록 하는 것으로 충분하지만, 중국어나 일본어 등은 국제 음성 기호를 사용하지 않고 각각 한어 병음 자모와 가나를 사용하며, 에스파냐어나 이탈리아어 등은 철자가 곧 음성 기호 역할을 하고, 그 밖의 언어들은 현실적으로 국제 음성 기호를 일일이 확인하기도 쉽지 않다. 따라서 제2장에서는 에스파냐어에서부터 러시아어에 이르기까지 총 19개 언어의 자모에 대한 한글 대조표를 제시하여 외래어 표기에 있어서 기준을 삼도록 하였다(영어와 독일어, 프랑스어의 경우는 [표 1]의 국제 음성 기호에 준하므로 별도의 대조표를 제시하지 않음).

[표 1] 국제 음성 기호와 한글 대조표

자음			반모음		모음	
국제음성기호	한글		국제음성기호	한글	국제음성기호	한글
	모음 앞	자음 앞 또는 어말				
p	ㅍ	ㅂ, 프	j	이*	i	이
b	ㅂ	브	ɥ	위	y	위

t	ㅌ	ㅅ, 트	w	오, 우*	e	에
d	ㄷ	드			φ	외
k	ㅋ	ㄱ, 크			ɛ	에
g	ㄱ	그			ɛ̃	앵
f	ㅍ	프			œ	외
v	ㅂ	브			œ̃	욍
θ	ㅅ	스			æ	애
ð	ㄷ	드			a	아
s	ㅅ	스			ɑ	아
z	ㅈ	즈			ɑ̃	앙
ʃ	시	슈, 시			ʌ	어
ʒ	ㅈ	지			ɔ	오
ts	ㅊ	츠			ɔ̃	옹
dz	ㅈ	즈			o	오
tʃ	ㅊ	치			u	우
ʤ	ㅈ	지			ə**	어
m	ㅁ	ㅁ			ɚ	어
n	ㄴ	ㄴ				
ɲ	니*	뉴				
ŋ	ㅇ	ㅇ				
l	ㄹ, ㄹㄹ	ㄹ				
r	ㄹ	르				
h	ㅎ	흐				
ç	ㅎ	히				
x	ㅎ	흐				

* [j], [w]의 '이'와 '오, 우', 그리고 [ɲ]의 '니'는 모음과 결합할 때 제3장 표기 세칙에 따른다.

** 독일어의 경우에는 '에', 프랑스어의 경우에는 '으'로 적는다.

- [f]는 'ㅍ'로 적는다. 'ㅎ'로 적지 않도록 주의해야 한다. '파일(file)'을 '화일'로 적는다든가 '패밀리(family)'를 '훼밀리, 훼미리'로 적는 등의 오류에 주의해야 한다.

- [θ]는 'ㅅ'로 적는다. 'ㅆ' 또는 'ㄸ'로 적지 않도록 주의해야 한다. 대표적인 표기 오류로 '섬싱(something[sʌmθiŋ])'을 '썸씽'으로 적는다든가 '생큐(thank [θæŋk] you)'를 '땡큐'로 적는 것 등이 있다.
- [ʌ]와 [ə]는 둘 다 '어'로 적는다. 간혹 철자에 이끌려 '아'나 '오'로 적거나 발음이 약화되는 현상에 이끌려 '으'로 적지 않도록 주의해야 한다(괄호 안은 잘못된 표기).

① [ʌ]의 경우

color컬러(칼라×), buzzer버저(부저×), compass컴퍼스(콤파스×), consortium컨소시엄(콘소시움×), ketchup케첩(케찹×), lux럭스(룩스×), remocon(←remote control)리모컨(리모콘×), sponge스펀지(스폰지×), symposium심포지엄(심포지움×)

② [ə]의 경우

digital디지털(디지탈, 디지틀×), Boston보스턴(보스톤×), carol캐럴(캐롤×), collection컬렉션(콜렉션×), control컨트롤(콘트롤×), directory디렉터리(디렉토리×), festival페스티벌(페스티발×), frontier프런티어(프론티어×), Mcdonald맥도널드(맥도날드×), mechanism메커니즘(메카니즘×), mystery미스터리(미스테리×), propose프러포즈(프로포즈×), rheumatism류머티즘(류마티즘×), royalty로열티(로얄티×)

보충 설명

외래어를 표기할 때 원어의 철자를 그대로 읽고 적는 경우가 많은데, 외래어 표기는 원어의 발음을 최대한 반영하여 적는 것이 원칙이다.

accessory액세서리(악세사리×), adapter어댑터(아답타×), barbecue바비큐(바베큐×), business비즈니스(비지니스×), Cambridge케임브리지(캠브리지×), chocolate초콜릿(초콜렛×), comedy코미디(코메디×), message메시지(메세지×), narrator내레이터(나레이터×), sausage소시지(소세지×), target타깃(타겟×), talent탤런트(탈렌트×)

그러나 원어의 발음과 다르게 이미 굳어진 외래어의 경우는 관용을 존중하여 그대로 표기하도록 한 단어도 많다(괄호 안이 원어의 발음에 가깝지만 외래어 표기법에서는 인정하지 않음).

America아메리카(어메리카×), alto알토(앨토×), Catholic가톨릭(카톨릭, 캐톨릭×), cider사이다(사이더×), camera카메라(캐머러×), mania마니아(매니아×), model모델(마들×), orange오렌지(오린지×), orientalism오리엔탈리즘(오리엔털리즘×), paradise파라다이스(패러다이스×), radio라디오(레이디오×), rocket로켓(로킷×)

이처럼 외래어 표기에는 원칙을 따르는 경우와 관습을 따르는 경우가 뒤섞여 있으므로 정확한 외래어 표기를 위해서는 『표준국어대사전』과 국립국어원의 외래어 용례집을 확인하는 습관이 필요하다.

한편, 외래어의 형태(발음) 자체를 잘못 알고 쓰는 경우도 많다(괄호 안은 잘못된 표기).

ambulance앰뷸런스(앰브란스×), barricade바리케이드(바리케이트×), cardigan카디건(가디건×), catalogue카탈로그(카달로그×), chimpanzee침팬지(침팬치×), Cupid큐피드(큐피트×), encoure[프]앙코르(앙콜, 앵콜×), enquête[프]앙케트(앙케이트×), fanfare[프]팡파르(팡파레×), Gips[독]깁스(기브스×), mammoth매머드(맘모스×), rendez-vous[프]랑데부(랑데뷰×), Ringer링거(링겔×), sofa소파(쇼파×), soup수프(스프×), styrofoam스티로폼(스티로폴×), tumbling텀블링(덤블링×)

[표 2] 에스파냐어 자모와 한글 대조표

	자모	한글		보기
		모음 앞	자음 앞 · 어말	
자음	b	ㅂ	브	biz 비스, blandon 블란돈, braceo 브라세오.
	c	ㅋ, ㅅ	ㄱ, 크	colcren 콜크렌, Cecilia 세실리아, coccion 콕시온, bistec 비스텍, dictado 딕타도.
	ch	ㅊ	–	chicharra 치차라.
	d	ㄷ	드	felicidad 펠리시다드.
	f	ㅍ	프	fuga 푸가, fran 프란.
	g	ㄱ, ㅎ	그	ganga 강가, geologia 헤올로히아, yungla 융글라.
	h	–	–	hipo 이포, quehacer 케아세르.
	j	ㅎ	–	jueves 후에베스, reloj 렐로.
	k	ㅋ	크	kapok 카포크.
	l	ㄹ, ㄹㄹ	ㄹ	lacrar 라크라르, Lulio 룰리오, ocal 오칼.
	ll	이*	–	llama 야마, lluvia 유비아.
	m	ㅁ	ㅁ	membrete 멤브레테.
	n	ㄴ	ㄴ	noche 노체, flan 플란.
	ñ	니*	–	ñoñez 뇨녜스, mañana 마냐나.
	p	ㅍ	ㅂ, 프	pepsina 펩시나, plantón 플란톤.
	q	ㅋ	–	quisquilla 키스키야.
	r	ㄹ	르	rascador 라스카도르.
	s	ㅅ	스	sastreria 사스트레리아.
	t	ㅌ	트	tetraetro 테트라에트로.
	v	ㅂ	–	viudedad 비우데다드.
	x	ㅅ, ㄱㅅ	ㄱ스	xenón 세논, laxante 락산테, yuxta 육스타.
	z	ㅅ	스	zagal 사갈, liquidez 리키데스.
반모음	w	오 · 우*	–	walkirias 왈키리아스.
	y	이*	–	yungla 융글라.
모음	a	아		braceo 브라세오.
	e	에		reloj 렐로.
	i	이		Lulio 룰리오.
	o	오		ocal 오칼.
	u	우		viudedad 비우데다드.

* ll, y, ñ, w의 '이, 니, 오, 우'는 다른 모음과 결합할 때 합쳐서 1음절로 적는다.

[표 3] 이탈리아어 자모와 한글 대조표

	자모	한글		보기
		모음 앞	자음 앞 · 어말	
자음	b	ㅂ	브	Bologna 볼로냐, bravo 브라보.
	c	ㅋ, ㅊ	크	Como 코모, Sicilia 시칠리아, credo 크레도.
	ch	ㅋ	−	Pinocchio 피노키오, cherubino 케루비노.
	d	ㄷ	드	Dante 단테, drizza 드리차.
	f	ㅍ	프	Firenze 피렌체, freddo 프레도.
	g	ㄱ, ㅈ	그	Galileo 갈릴레오, Genova 제노바, gloria 글로리아.
	h	−	−	hanno 안노, oh 오.
	l	ㄹ, ㄹㄹ	ㄹ	Milano 밀라노, largo 라르고, palco 팔코.
	m	ㅁ	ㅁ	Macchiavelli 마키아벨리, mamma 맘마, Campanella 캄파넬라.
	n	ㄴ	ㄴ	Nero 네로, Anna 안나, divertimento 디베르티멘토.
	p	ㅍ	프	Pisa 피사, prima 프리마.
	q	ㅋ	−	quando 콴도, queto 퀘토.
	r	ㄹ	르	Roma 로마, Marconi 마르코니.
	s	ㅅ	스	Sorrento 소렌토, asma 아스마, sasso 사소.
	t	ㅌ	트	Torino 토리노, tranne 트란네.
	v	ㅂ	브	Vivace 비바체, manovra 마노브라.
	z	ㅊ	−	nozze 노체, mancanza 만칸차.
모음	a	아		abituro 아비투로, capra 카프라.
	e	에		erta 에르타, padrone 파드로네.
	i	이		infamia 인파미아, manica 마니카.
모음	o	오		oblio 오블리오, poetica 포에티카.
	u	우		uva 우바, spuma 스푸마.

[표 4] 일본어의 가나와 한글 대조표

가나	한글	
	어두	어중· 어말
ア イ ウ エ オ	아 이 우 에 오	아 이 우 에 오
カ キ ク ケ コ	가 기 구 게 고	카 키 쿠 케 코
サ シ ス セ ソ	사 시 스 세 소	사 시 스 세 소
タ チ ツ テ ト	다 지 쓰 데 도	타 치 쓰 테 토
ナ ニ ヌ ネ ノ	나 니 누 네 노	나 니 누 네 노
ハ ヒ フ ヘ ホ	하 히 후 헤 호	하 히 후 헤 호
マ ミ ム メ モ	마 미 무 메 모	마 미 무 메 모
ヤ イ ユ エ ヨ	야 이 유 에 요	야 이 유 에 요
ラ リ ル レ ロ	라 리 루 레 로	라 리 루 레 로
ワ (ヰ) ウ (ヱ) ヲ ン	와 (이) 우 (에) 오	와 (이) 우 (에) 오
ソ		ㄴ
ガ ギ グ ゲ ゴ	가 기 구 게 고	가 기 구 게 고
ザ ジ ズ ゼ ゾ	자 지 즈 제 조	자 지 즈 제 조
ダ ヂ ヅ デ ド	다 지 즈 데 도	다 지 즈 데 도
バ ビ ブ ベ ボ	바 비 부 베 보	바 비 부 베 보
パ ピ プ ペ ポ	파 피 푸 페 포	파 피 푸 페 포
キャ キュ キョ	갸 규 교	캬 큐 쿄
ギャ ギュ ギョ	갸 규 교	갸 규 교
シャ シュ ショ	샤 슈 쇼	샤 슈 쇼
ジャ ジュ ジョ	자 주 조	자 주 조
ニャ ニュ ニョ*	냐 뉴 뇨	냐 뉴 뇨
チャ チュ チョ	자 주 조	차 추 초
ヒャ ヒュ ヒョ	햐 휴 효	햐 휴 효
ビャ ビュ ビョ	뱌 뷰 뵤	뱌 뷰 뵤
ピャ ピュ ピョ	퍄 퓨 표	퍄 퓨 표
ミャ ミュ ミョ	먀 뮤 묘	먀 뮤 묘
リャ リュ リョ	랴 류 료	랴 류 료

* 2014년 12월 5일 발표된 외래어 표기법 일부 개정안에서 일본의 인명과 지명에 사용되는 'ニャ·ニュ·ニョ'와 이에 대응하는 한글 표기 누락 부분을 추가하였다.

[표 5] 중국어의 주음부호(注音符號)와 한글 대조표

성모(聲母)

음의 분류	주음 부호	한어 병음 자모	웨이드 식 로마자	한글
중순성(重脣聲)	ㄅ	b	p	ㅂ
	ㄆ	p	p`	ㅍ
	ㄇ	m	m	ㅁ
순치성*	ㄈ	f	f	ㅍ
설첨성(舌尖聲)	ㄉ	d	t	ㄷ
	ㄊ	t	t`	ㅌ
	ㄋ	n	n	ㄴ
	ㄌ	l	l	ㄹ
설근성(舌根聲)	ㄍ	《	gk	ㄱ
	ㄎ	k	k`	ㅋ
	ㄏ	h	h	ㅎ
설면성(舌面聲)	ㄐ	j	ch	ㅈ
	ㄑ	q	ch`	ㅊ
	ㄒ	x	hs	ㅅ

음의 분류	주음 부호	한어 병음 자모	웨이드 식 로마자	한글
교설첨성(翹舌尖聲)	ㄓ	zh [zhi]	ch [chih]	ㅈ [즈]
	ㄔ	ch [chi]	ch` [ch`ih]	ㅊ [츠]
	ㄕ	sh [shi]	sh [shih]	ㅅ [스]
	ㄖ	r [ri]	j [jih]	ㄹ [르]
설치성(舌齒聲)	ㄗ	z [zi]	ts [tzŭ]	ㅉ [쯔]
	ㄘ	c [ci]	ts` [tz`ŭ]	ㅊ [츠]
	ㄙ	s [si]	s [ssŭ]	ㅆ [쓰]

운모(韻母)

음의 분류	주음 부호	한어 병음 자모	웨이드 식 로마자	한글
단운(單韻)	ㄚ	a	a	아
	ㄛ	o	o	오
	ㄜ	e	ê	어
	ㄝ	ê	e	에
	ㄧ	yi (i)	i	이
	ㄨ	wu (u)	wu (u)	우
	ㄩ	yu (u)	yü (ü)	위

음의 분류	주음 부호	한어 병음 자모	웨이드 식 로마자	한글
단운(單韻)	ㄨ	wu (u)	wu (u)	우
	ㄩ	yu (u)	yü (ü)	위
복운(複韻)	ㄞ	ai	ai	아이
	ㄟ	ei	ei	에이
	ㄠ	ao	ao	아오
	ㄡ	ou	ou	어우

운모(韻母)

음의 분류		주음 부호	한어 병음 자모	웨이드 식 로마자	한글
부성운(附聲韻)		ㄢ	an	an	안
		ㄣ	en	ên	언
		ㄤ	ang	ang	앙
		ㄥ	eng	êng	엉
권설운*		ㄦ	er (r)	êrh	얼
결합 운모(結合韻母)	제치류(齊齒類)	ㄧㄚ	ya (ia)	ya (ia)	야
		ㄧㄛ	yo	yo	요
		ㄧㄝ	ye (ie)	yeh (ieh)	예
		ㄧㄞ	yai	yai	야이
		ㄧㄠ	yao (iao)	yao (iao)	야오
		ㄧㄡ	you (ou, iu)	yu (iu)	유
		ㄧㄢ	yan (ian)	yen (ien)	옌
		ㄧㄣ	yin (in)	yin (in)	인
		ㄧㄤ	yang (iang)	yang (iang)	양
		ㄧㄥ	ying (ing)	ying (ing)	잉

음의 분류		주음 부호	한어 병음 자모	웨이드 식 로마자	한글
결합 운모(結合韻母)	합구류(合口類)	ㄨㄚ	wa (ua)	wa (ua)	와
		ㄨㄛ	wo (uo)	wo (uo)	워
		ㄨㄞ	wai (uai)	wai (uai)	와이
		ㄨㄟ	wei (ui)	wei (uei, ui)	웨이 (우이)
		ㄨㄢ	wan (uan)	wan (uan)	완
		ㄨㄣ	wen (un)	wên (un)	원(운)
		ㄨㄤ	wang (uang)	wang (uang)	왕
		ㄨㄥ	weng (ong)	wêng (ung)	웡(웅)
	촬구류(撮口類)	ㄩㄝ	yue (ue)	yüeh (üeh)	웨
		ㄩㄢ	yuan (uan)	yüan (üan)	위안
		ㄩㄣ	yun (un)	yün (ün)	윈
		ㄩㄥ	yong (iong)	yung (iung)	융

[ ]는 단독 발음될 경우의 표기임.

( )는 자음이 선행할 경우의 표기임.

* 순치성(脣齒聲), 권설운(捲舌韻).

[표 6] 폴란드어 자모와 한글 대조표

	자모	한글		보기
		모음 앞	자음 앞 · 어말	
자음	b	ㅂ	ㅂ, 브, 프	burak 부라크, szybko 십코, dobrze 도브제, chleb 흘레프.
	c	ㅊ	츠	cel 첼, Balicki 발리츠키, noc 노츠.
	ć	—	치	dać 다치.
	d	ㄷ	드, 트	dach 다흐, zdrowy 즈드로비, słodki 스워트키, pod 포트.
	f	ㅍ	프	fasola 파솔라, befsztyk 베프슈티크.
	g	ㄱ	ㄱ, 그, 크	góra 구라, grad 그라트, targ 타르크.
	h	ㅎ	흐	herbata 헤르바타, Hrubieszów 흐루비에슈프.
	k	ㅋ	ㄱ, 크	kino 키노, daktyl 닥틸, król 크룰, bank 반크.
	l	ㄹ, ㄹㄹ	ㄹ	lis 리스, kolano 콜라노, motyl 모틸.
	m	ㅁ	ㅁ, 므	most 모스트, zimno 짐노, sam 삼.
	n	ㄴ	ㄴ	nerka 네르카, dokument 도쿠멘트, dywan 디반.
	ń	—	ㄴ	Gdańsk 그단스크, Poznań 포즈난.
	p	ㅍ	ㅂ, 프	para 파라, Słupsk 스웁스크, chłop 흐워프.
	r	ㄹ	르	rower 로베르, garnek 가르네크, sznur 슈누르.
	s	ㅅ	스	serce 세르체, srebro 스레브로, pas 파스.
	ś	—	시	ślepy 실레피, dziś 지시.
	t	ㅌ	트	tam 탐, matka 마트카, but 부트.
	w	ㅂ	브, 프	Warszawa 바르샤바, piwnica 피브니차, krew 크레프.
	z	ㅈ	즈, 스	zamek 자메크, zbrodnia 즈브로드니아, wywóz 비부스.
	ź	—	지, 시	gwoździk 그보지지크, więź 비엥시.
	ż	ㅈ, 시*	주, 슈, 시	żyto 지토, różny 루주니, łyżka 위슈카, straż 스트라시.
	ch	ㅎ	흐	chory 호리, kuchnia 쿠흐니아, dach 다흐.
	dz	ㅈ	즈, 츠	dziura 지우라, dzwon 즈본, mosiądz 모시옹츠.
	dź	—	치	niedźwiedź 니에치비에치.
	dż, drz	ㅈ	치	drzewo 제보, łodż 워치.
	cz	ㅊ	치	czysty 치스티, beczka 베치카, klucz 클루치.
	sz	시*	슈, 시	szary 샤리, musztarda 무슈타르다, kapelusz 카펠루시.
	rz	ㅈ, 시*	주, 슈, 시	rzeka 제카, Przemyśl 프셰미실, kołnierz 코우니에시.

반모음	j	이*	jasny 야스니, kraj 크라이.
	ł	우	łono 워노, głowa 그워바, bułka 부우카, kanał 카나우.
모음	a	아	trawa 트라바.
	ą	옹	trąba 트롱바, mąka 몽카, kąt 콩트, tą 통
	e	에	zero 제로.
	ę	엥, 에	kępa 켕파, węgorz 벵고시, Częstochowa 쳉스토호바, proszę 프로셰.
	i	이	zima 지마.
	o	오	udo 우도.
	ó	우	próba 프루바.
	u	우	kula 쿨라.
	y	이	daktyl 닥틸.

* ż, sz, rz의 '시'와 j의 '이'는 뒤따르는 모음과 결합할 때 합쳐서 1음절로 적는다.

[표 7] 체코어 자모와 한글 대조표

	자모	한글		보기
		모음 앞	자음 앞 · 어말	
자음	b	ㅂ	ㅂ, 브, 프	barva 바르바, obchod 옵호트, dobrý 도브리, jeřab 예르자프.
	c	ㅊ	츠	cigareta 치가레타, nemocnice 네모츠니체, nemoc 네모츠.
	č	ㅊ	치	čapek 차페크, kulečnik 쿨레치니크, míč 미치.
	d	ㄷ	드, 트	dech 데흐, divadlo 디바들로, led 레트.
	d'	디*	디, 티	d'ábel 댜벨, lod'ka 로티카, hrud' 흐루티.
	f	ㅍ	프	fík 피크, knoflík 크노플리크.
	g	ㄱ	ㄱ, 그, 크	gramofon 그라모폰.
	h	ㅎ	흐	hadr 하드르, hmyz 흐미스, bůh 부흐.
	ch	ㅎ	흐	choditi 호디티, chlapec 흘라페츠, prach 프라흐.
	k	ㅋ	ㄱ, 크	kachna 카흐나, nikdy 니크디, padák 파다크.
	l	ㄹ, ㄹㄹ	ㄹ	lev 레프, šplhati 슈플하티, postel 포스텔.
	m	ㅁ	ㅁ, 므	most 모스트, mrak 므라크, podzim 포드짐.

자음	n	ㄴ	ㄴ	noha 노하, podmínka 포드민카.
	ň	니*	ㄴ	němý 네미, sáňky 산키, Plzeň 플젠.
	p	ㅍ	ㅂ, 프	Praha 프라하, koroptev 코롭테프, strop 스트로프.
	qu	크ㅂ	—	quasi 크바시.
	r	ㄹ	르	ruka 루카, harmonika 하르모니카, mír 미르.
	ř	르ㅈ	르주, 르슈, 르시	řeka 르제카, námořník 나모르주니크, hořký 호르슈키, kouř 코우르시.
	s	ㅅ	스	sedlo 세들로, máslo 마슬로, nos 노스.
자음	š	시*	슈, 시	šaty 샤티, Šternberk 슈테른베르크, koš 코시.
	t	ㅌ	트	tam 탐, matka 마트카, bolest 볼레스트.
	t'	티*	티	tělo 텔로, štěstí 슈테스티, obět' 오베티.
	v	ㅂ	브, 프	vysoký 비소키, knihovna 크니호브나, kov 코프.
	w	ㅂ	브, 프	
	x**	ㄱㅅ, ㅈ	ㄱ스	xerox 제록스, saxofón 삭소폰.
	z	ㅈ	즈, 스	zámek 자메크, pozdní 포즈드니, bez 베스.
	ž	ㅈ	주, 슈, 시	Žižka 지슈카, Žvěřina 주베르지나, Brož 브로시.
반모음	j	이*		jaro 야로, pokoj 포코이.
모음	a, á	아		balík 발리크, komár 코마르.
	e, é	에		dech 데흐, léto 레토.
	ě	예		šest 셰스트, věk 베크.
	i, í	이		kino 키노, míra 미라.
	o, ó	오		obec 오베츠, nervózni 네르보즈니.
	u, ú, ů	우		buben 부벤, úrok 우로크, dům 둠.
	y, ý	이		jazýk 야지크, líný 리니.

* d', ň, š, ť, j의 '디, 니, 시, 티, 이'는 뒤따르는 모음과 결합할 때 합쳐서 1음절로 적는다.

** x는 개별 용례에 따라 한글 표기를 정한다.

[표 8] 세르보크로아트어 자모와 한글 대조표

	자모	한글		보기
		모음 앞	자음 앞 · 어말	
자음	b	ㅂ	브	bog 보그, drobnjak 드로브냐크, pogreb 포그레브.
	c	ㅊ	츠	cigara 치가라, novac 노바츠.
	č	ㅊ	치	čelik 첼리크, točka 토치카, kolač 콜라치.
	ć, tj	ㅊ	치	naći 나치, sestrić 세스트리치.
	d	ㄷ	드	desno 데스노, drvo 드르보, medved 메드베드.
	dž	ㅈ	지	džep 제프, narudžba 나루지바.
	đ,dj	ㅈ	지	Đurađ 주라지.
	f	ㅍ	프	fasada 파사다, kifla 키플라, šaraf 샤라프.
	g	ㄱ	그	gost 고스트, dugme 두그메, krug 크루그.
	h	ㅎ	흐	hitan 히탄, šah 샤흐.
	k	ㅋ	ㄱ, 크	korist 코리스트, krug 크루그, jastuk 야스투크.
	l	ㄹ, ㄹㄹ	ㄹ	levo 레보, balkon 발콘, šal 샬.
	lj	리*, ㄹ리*	ㄹ	ljeto 레토, pasulj 파술.
	m	ㅁ	ㅁ, 므	malo 말로, mnogo 므노고, osam 오삼.
	n	ㄴ	ㄴ	nos 노스, banka 반카, loman 로만.
	nj	니*	ㄴ	Njegoš 네고시, svibanj 스비반.
	p	ㅍ	ㅂ, 프	peta 페타, opština 옵슈티나, lep 레프.
	r	ㄹ	르	riba 리바, torba 토르바, mir 미르.
	s	ㅅ	스	sedam 세담, posle 포슬레, glas 글라스.
	š	시*	슈, 시	šal 샬, vlasništvo 블라스니슈트보, broš 브로시.
	t	ㅌ	트	telo 텔로, ostrvo 오스트르보, put 푸트.
	v	ㅂ	브	vatra 바트라, olovka 올로브카, proliv 프롤리브.
	z	ㅈ	즈	zavoj 자보이, pozno 포즈노, obraz 오브라즈.
	ž	ㅈ	주	žena 제나, izložba 이즐로주바, muž 무주.
반모음	j	이*		pojas 포야스, zavoj 자보이, odjelo 오델로.
모음	a	아		bakar 바카르.
	e	에		cev 체브.
	i	이		dim 딤.
	o	오		molim 몰림.

	u	우		zubar 주바르.

* lj, nj, š, j의 '리, 니, 시, 이'는 뒤따르는 모음과 결합할 때 합쳐서 1음절로 적는다.

[표 9] 루마니아어 자모와 한글 대조표

	자모	한글		보기
		모음 앞	자음 앞 · 어말	
자음	b	ㅂ	브	bibliotecă 비블리오테커, alb 알브.
	c	ㅋ, ㅊ	ㄱ, 크	Cîntec 큰테크, Cine 치네, factură 팍투러.
	d	ㄷ	드	Moldova 몰도바, Brad 브라드.
	f	ㅍ	프	Focşani 폭샤니, Cartof 카르토프.
	g	ㄱ, ㅈ	그	Galaţi 갈라치, Gigel 지젤, hering 헤린그.
	h	ㅎ	흐	haţeg 하체그, duh 두흐.
	j	ㅈ	지	Jiu 지우, Cluj 클루지.
	k	ㅋ	—	kilogram 킬로그람.
	l	ㄹ, ㄹㄹ	ㄹ	bibliotecă 비블리오테커, hotel 호텔.
	m	ㅁ	ㅁ	Maramureş 마라무레슈, Avram 아브람.
	n	ㄴ	ㄴ, 느	Nucet 누체트, Bran 브란, pumn 품느.
	p	ㅍ	ㅂ, 프	pianist 피아니스트, septembrie 셉템브리에, cap 카프.
	r	ㄹ	르	radio 라디오, dor 도르.
	s	ㅅ	스	Sibiu 시비우, pas 파스.
	ş	시*	슈	Şag 샤그, Mureş 무레슈.
	t	ㅌ	트	telefonist 텔레포니스트, bilet 빌레트.
	ţ	ㅊ	츠	ţigară 치가러, braţ 브라츠.
	v	ㅂ	브	Victoria 빅토리아, Braşov 브라쇼브.
	x**	ㄱㅅ, 그ㅈ	크스, ㄱ스	taxi 탁시, examen 에그자멘.
	z	ㅈ	즈	ziar 지아르, autobuz 아우토부즈.
	ch	ㅋ	—	Cheia 케이아.
	gh	ㄱ	—	Gheorghe 게오르게.
모음	a	아		Arad 아라드
	ă	어		Bacău 바커우.
	e	에		Elena 엘레나.
	i	이		pianist 피아니스트.

모음	î, â	으	Cîmpina 큼피나, România 로므니아.
	o	오	Oradea 오라데아.
	u	우	Nucet 누체트.

* ş의 '시'는 뒤따르는 모음과 결합할 때 합쳐서 1음절로 적는다.

** x는 개별 용례에 따라 한글 표기를 정한다.

[표 10] 헝가리어 자모와 한글 대조표

	자모	한글		보기
		모음 앞	자음 앞 · 어말	
자음	b	ㅂ	브	bab 버브, ablak 어블러크.
	c	ㅊ	츠	citrom 치트롬, nyolcvan 뇰츠번, arc 어르츠.
	cs	ㅊ	치	csavar 처버르, kulcs 쿨치.
	d	ㄷ	드	daru 더루, medve 메드베, gond 곤드.
	dzs	ㅈ	지	dzsem 젬.
	f	ㅍ	프	elfog 엘포그.
	g	ㄱ	그	gumi 구미, nyugta 뉴그터, csomag 초머그.
	gy	ㅈ	지	gyár 자르, hagyma 허지머, nagy 너지.
	h	ㅎ	흐	hal 헐, juh 유흐.
	k	ㅋ	ㄱ, 크	béka 베커, keksz 켁스, szék 세크.
	l	ㄹ, ㄹㄹ	ㄹ	len 렌, meleg 멜레그, dél 델.
	m	ㅁ	ㅁ	málna 말너, bomba 봄버, álom 알롬.
	n	ㄴ	ㄴ	néma 네머, bunda 분더, pihen 피헨.
	ny	니*	니	nyak 녀크, hányszor 하니소르, irány 이라니.
	p	ㅍ	ㅂ, 프	árpa 아르퍼, csipke 칩케, hónap 호너프.
	r	ㄹ	르	róka 로커, barna 버르너, ár 아르.
	s	시*	슈, 시	sál 샬, puska 푸슈카, aratás 어러타시.
	sz	ㅅ	스	alszik 얼시크, asztal 어스털, húsz 후스.
	t	ㅌ	트	ajto 어이토, borotva 보로트버, csont 촌트.
	ty	ㅊ	치	atya 어처.
	v	ㅂ	브	vesz 베스, évszázad 에브사저드, enyv 에니브.
	z	ㅈ	즈	zab 저브, kezd 케즈드, blúz 블루즈.
	zs	ㅈ	주	zsák 자크, tőzsde 퇴주데, rozs 로주.

반모음	j	이*	ajak 어여크, fej 페이, január 여누아르.
	ly	이*	lyuk 유크, mélység 메이셰그, király 키라이.
모음	a	어	lakat 러커트.
	á	아	máj 마이.
	e	에	mert 메르트.
	é	에	mész 메스.
	i	이	isten 이슈텐.
	í	이	sí 시.
	o	오	torna 토르너.
	ó	오	róka 로커.
	ö	외	sör 쇠르.
	ő	외	nő 뇌.
	u	우	bunda 분더.
	ú	우	hús 후시.
	ü	위	füst 퓌슈트.
	ű	위	fű 퓌.

* ny, s, j, ly의 '니, 시, 이, 이'는 뒤따르는 모음과 결합할 때 합쳐서 1음절로 적는다.

[표 11] 스웨덴어 자모와 한글 대조표

	자모	한글		보기
		모음 앞	자음 앞 · 어말	
자음	b	ㅂ	ㅂ, 브	bal 발, snabbt 스납트, Jacob 야코브.
	c	ㅋ, ㅅ	ㄱ	Carlsson 칼손, Celsius 셀시우스, Ericson 에릭손.
	ch	시*	크	charm 샤름, och 오크.
	d	ㄷ	드	dag 다그, dricka 드리카, Halmstad 할름스타드.
	dj	이*	—	Djurgården 유르고르덴, adjö 아예.
	ds	—	스	Sundsvall 순스발.
	f	ㅍ	프	Falun 팔룬, luft 루프트.
	g	ㄱ		Gustav 구스타브, helgon 헬곤.
		이*		Göteborg 예테보리, Geijer 예이예르, Gislaved 이슬라베드.
			이 (lg, rg)	älg 엘리, Strindberg 스트린드베리, Borg 보리.

자음			ㅇ (n 앞)	Magnus 망누스, Ragnar 랑나르, Agnes 앙네스.
			ㄱ (무성음 앞)	högst 획스트.
			그	Grönberg 그뢴베리, Ludvig 루드비그.
	gj	이*	—	Gjerstad 예르스타드, Gjörwell 예르벨.
	h	ㅎ	적지 않음.	Hälsingborg 헬싱보리, hyra 휘라, Dahl 달.
	hj	이*	—	Hjälmaren 옐마렌, Hjalmar 얄마르, Hjort 요르트.
	j	이*	—	Jansson 얀손, Jönköping 옌셰핑, Johansson 요한손, börja 뵈리아, fjäril 피에릴, mjuk 미우크, mjöl 미엘.
	k	ㅋ, 시*	ㄱ, 크	Karl 칼, Kock 코크, Kungsholm 쿵스홀름, Kerstin 셰르스틴, Norrköping 노르셰핑, Lysekil 뤼세실, oktober 옥토베르, Fredrik 프레드리크, kniv 크니브.
	ck	ㅋ	ㄱ, 크	vacker 바케르, Stockholm 스톡홀름, bock 보크.
	kj	시*	—	Kjell 셸, Kjula 슐라.
	l	ㄹ, ㄹㄹ	ㄹ	Linköping 린셰핑, tala 탈라, tal 탈.
	lj	이*, ㄹ리	ㄹ리	Ljusnan 유스난, Södertälje 쇠데르텔리에, detalj 데탈리.
	m	ㅁ	ㅁ	Malmö 말뫼, samtal 삼탈, hummer 훔메르.
	n	ㄴ	ㄴ	Norrköping 노르셰핑, Vänern 베네른, land 란드.
			적지 않음. (m 다음)	Karlshamn 칼스함.
	ng	ㅇ	ㅇ	Borlänge 볼렝에, kung 쿵, lång 롱.
	nk	ㅇㅋ	ㅇ, ㅇ크	anka 앙카, Sankt 상트, bank 방크.
	p	ㅍ	ㅂ, 프	Piteå 피테오, knappt 크납트, Uppsala 웁살라, kamp 캄프.
	qv	크ㅂ	—	Malmqvist 말름크비스트, Lindqvist 린드크비스트.
	r	ㄹ	르	röd 뢰드, Wilander 빌란데르, Björk 비에르크.
	rl	ㄹㄹ	ㄹ	Erlander 엘란데르, Karlgren 칼그렌, Jarl 얄.
	s	ㅅ	스	sommar 솜마르, Storvik 스토르비크, dans 단스.
	sch	시*	슈	Schack 샤크, Schein 셰인, revansch 레반슈.
	sj	시*	—	Nässjö 네셰, sjukhem 슈크헴, Sjöberg 셰베리.
	sk	스ㅋ, 시*	—	Skoglund 스코글룬드, Skellefteå 셸레프테오, Skövde 셰브데, Skeppsholmen 솁스홀멘.
	skj	시*	—	Hammarskjöld 함마르셸드, Skjöldebrand 셸데브란드.
	stj	시*	—	Stjärneborg 셰르네보리, Oxenstjerna 옥센셰르나.

자음	t	ㅌ	ㅅ, 트	Göta 예타, Botkyrka 봇쉬르카, Trelleborg 트렐레보리, båt 보트.
	th	ㅌ	트	Luther 루테르, Thunberg 툰베리.
	ti	시*	—	lektion 렉숀, station 스타숀.
	tj	시*	—	tjeck 셰크, Tjåkkå 쇼코, tjäna 셰나, tjugo 슈고.
	v, w	ㅂ	브	Sverige 스베리예, Wasa 바사, Swedenborg 스베덴보리, Eslöv 에슬뢰브.
	x	ㄱㅅ	ㄱ스	Axel 악셀, Alexander 알렉산데르, sex 섹스.
	z	ㅅ	—	Zachris 사크리스, zon 손, Lorenzo 로렌소.
모음	a	아		Mälaren 멜라렌, Vänern 베네른,
	e	에		Trollhättan 트롤헤탄.
	ä	에		Idre 이드레, Kiruna 키루나.
	i	이		Åmål 오몰, Västerås 베스테로스,
	å	오		Småland 스몰란드.
	o	오		Boden 보덴, Stockholm 스톡홀름, Örebro 외레브로.
	ö	외, 에		Östersund 외스테르순드, Björn 비에른, Linköping 린셰핑.
	u	우		Umeå 우메오, Luleå 룰레오, Lund 룬드.
	y	위		Ystad 위스타드, Nynäshamn 뉘네스함, Visby 비스뷔.

* dj, g, gj, hj, j, lj의 '이'와 ch, k, kj, sch, sj, sk, skj, stj, ti, tj의 '시'가 뒤따르는 모음과 결합할 때에는 합쳐서 한 음절로 적는다. 다만, j는 표기 세칙 제4항, 제11항을 따른다.

[표 12] 노르웨이어 자모와 한글 대조표

	자모	한글		보기
		모음 앞	자음 앞·어말	
자음	b	ㅂ	ㅂ, 브	Bodø 보되, Ibsen 입센, dobb 도브.
	c	ㅋ, ㅅ	크	Jacob 야코브, Vincent 빈센트.
	ch	ㅋ	크	Joachim 요아킴, Christian 크리스티안.
	d	ㄷ		Bodø 보되, Norden 노르덴.
		적지 않음.(장모음 뒤)		spade 스파에.
			적지 않음.(ld, nd의 d)	Arnold 아르놀, Harald 하랄, Roald 로알, Aasmund 오스문, Vigeland 비겔란, Svendsen 스벤센.

			적지 않음. (장모음+rd)	fjord 피오르, Sigurd 시구르, gård 고르, nord 노르, Halvard 할바르, Edvard 에드바르.
			드 (단모음+rd)	ferd 페르드, Rikard 리카르드.
			적지 않음. (장모음 뒤)	glad 글라, Sjaastad 쇼스타.
			드	dreng 드렝, bad 바드.
	f	ㅍ	프	Hammerfest 함메르페스트, biff 비프.
	g	ㄱ		gå 고, gave 가베.
		이*		gigla 이글라, gyllen 윌렌.
			적지 않음. (이중 모음 뒤와 ig, lig)	haug 헤우, deig 데이, Solveig 솔베이, farlig 팔리.
			ㅇ (n 앞)	Agnes 앙네스, Magnus 망누스.
			ㄱ (무성음 앞)	sagtang 삭탕.
			그	grov 그로브, berg 베르그, helg 헬그.
	gj	이*	—	Gjeld 옐, gjenta 옌타.
자	h	ㅎ		Johan 요한, Holm 홀름.
			적지 않음.	Hjalmar 얄마르, Hvalter 발테르, Krohg 크로그.
음	j	이*	—	Jonas 요나스, Bjørn 비에른, fjord 피오르, Skodje 스코디에, Evje 에비에, Tjeldstø 티엘스퇴.
	k	ㅋ, 시*	ㄱ, 크	Rikard 리카르드, Kirsten 시르스텐, Kyndig 쉰디, Køyra 셰위라, lukt 룩트, Erik 에리크.
	kj	시*	—	Kjerschow 셰르쇼브, Kjerulf 셰룰프, Mikkjel 미셸.
	l	ㄹ, ㄹㄹ	ㄹ	Larvik 라르비크, Ålesund 올레순, sol 솔.
	m	ㅁ	ㅁ	Moss 모스, Trivandrum 트리반드룸.
	n	ㄴ	ㄴ	Namsos 남소스, konto 콘토.
	ng	ㅇ	ㅇ	Lange 랑에 Elling 엘링, tvang 트방.
	nk	ㅇㅋ	ㅇ, ㅇ크	ankel 앙켈, punkt 풍트, bank 방크.
	p	ㅍ	ㅂ, 프	pels 펠스, september 셉템베르, sopp 소프.
	qu	크ㅂ	—	Quisling 크비슬링.
	r	ㄹ	르	Schæferhund 셰페르훈, Frisch 프리슈.
	rl	ㄹㄹ	ㄹ	Sjaastad 쇼스타, Sjoa 쇼아.
	s	ㅅ	스	skatt 스카트, Skienselv 시엔스엘브,
	sch	시*	슈	skram 스크람, Ekofisk 에코피스크.

자음	sj	시*	—	Skjeggedalsfoss 셰게달스포스, Skjåk 쇼크.
	sk	스ㅋ, 시*	스크	metal 메탈, husets 후셋스, slet 슬레트, lukt 룩트.
				huset 후세, møtet 뫼테, taket 타케.
	skj	시*	—	
	t	ㅌ	ㅅ, 트	Dorthe 도르테, Matthias 마티아스, Hjorth 요르트.
			적지 않음. (어말 관사 et)	tjern 셰른, tjue 슈에. varm 바름, Kjerschow 셰르쇼브.
	th	ㅌ	트	
	tj	시*	—	
	v, w	ㅂ	브	
모음	a	아		Hamar 하마르, Alta 알타.
	aa, å	오		Aall 올, Aasmund 오스문, Kåre 코레, Vesterålen 베스테롤렌, Vestvågøy 베스트보괴위, Ålesund 올레순.
	au	에우		haug 헤우, lauk 레우크, grauk 그레우크.
	æ	에		være 베레, Svolvær 스볼베르.
	e	에		esel 에셀, fare 파레.
	eg	에이, 에그		regn 레인, tegn 테인, negl 네일, deg 데그, egg 에그.
	ø	외, 에		Løken 뢰켄, Gjøvik 예비크, Bjørn 비에른.
	i	이		Larvik 라르비크, Narvik 나르비크.
	ie	이		Grieg 그리그, Nielsen 닐센, Lie 리.
	o	오		Lonin 로닌, bok 보크, bord 보르, fjorten 피오르텐.
	øg	외위		døgn 되윈, løgn 뢰윈.
	øy	외위		høy 회위, røyk 뢰위크, nøytral 뇌위트랄.
	u	우		Ålesund 올레순, Porsgrunn 포르스그룬.
	y	위		Stjernøy 스티에르뇌위, Vestvågøy 베스트보괴위.

* g, gj, j, lj의 '이'와 k, kj, sch, sj, sk, skj, tj의 '시'가 뒤따르는 모음과 결합할 때에는 합쳐서 한 음절로 적는다. 다만, j는 표기 세칙 제5항, 제12항을 따른다.

[표 13] 덴마크어 자모와 한글 대조표

	자모	한글		보기
		모음 앞	자음 앞·어말	
자음	b	ㅂ	ㅂ, 브	Bornholm 보른홀름, Jacobsen 야콥센, Holstebro 홀스테브로.
	c	ㅋ, ㅅ	크	cafeteria 카페테리아, centrum 센트룸, crosset 크로세트.
	ch	시*	크	Charlotte 샤를로테, Brochmand 브로크만, Grønbech 그뢴베크.
	d	ㄷ		Odense 오덴세, dansk 단스크, vendisk 벤디스크.
			적지 않음. (ds, dt, ld, nd, rd)	plads 플라스, Grundtvig 그룬트비, kridt 크리트, Lolland 롤란, Öresund 외레순, hård 호르.
			드 (ndr)	andre 안드레, vandre 반드레.
			드	dreng 드렝.
	f	ㅍ	프	Falster 팔스테르, flod 플로드, ruf 루프.
	g	ㄱ		give 기베, general 게네랄, gevær 게베르, hugge 후게.
			적지 않음. (어미 ig)	herlig 헤를리, Grundtvig 그룬트비.
			(u와 l 사이)	fugl 풀, kugle 쿨레,
			(borg, berg)	Nyborg 뉘보르, Frederiksberg 프레데릭스베르.
			그	magt 마그트, dug 두그.
	h	ㅎ	적지 않음.	Helsingør 헬싱외르, Dahl 달.
	hj	이*	—	hjem 옘, hjort 요르트, Hjøring 예링.
	j	이*	—	Jensen 옌센, Esbjerg 에스비에르그, Skjern 스키에른.
	k	ㅋ	ㄱ, 크	København 쾨벤하운, køre 쾨레, Skære 스케레, Frederikshavn 프레데릭스하운, Holbæk 홀베크.
	l	ㄹ, ㄹㄹ	ㄹ	Lolland 롤란, Falster 팔스테르.
	m	ㅁ	ㅁ	Møn 묀, Bornholm 보른홀름.
	n	ㄴ	ㄴ	Rønne 뢰네, Fyn 퓐.
	ng	ㅇ	ㅇ	Helsingør 헬싱외르, Hjøring 예링.
	nk	ㅇㅋ	ㅇ크	ankel 앙켈, Munk 뭉크.
	p	ㅍ	ㅂ, 프	hoppe 호페, september 셉템베르, spring 스프링, hop 호프.
	qu	크ㅂ	—	Taanquist 톤크비스트.

자음	r	ㄹ	르	Rønne 뢰네, Helsingør 헬싱외르.
	s, sc	ㅅ	스	Sorø 소뢰, Roskilde 로스킬레, Århus 오르후스, scene 세네.
	sch	시*	슈	Schæfer 셰페르.
	sj	시*	—	Sjælland 셸란, sjal 샬, sjus 슈스.
	t	ㅌ	ㅅ, 트	Tønder 퇴네르, stå 스토, vittig 비티, nattkappe 낫카페, træde 트레데, streng 스트렝, hat 하트, krudt 크루트.
	th	ㅌ	트	Thorshavn 토르스하운, Thisted 티스테드.
	v	ㅂ		Vejle 바일레, dvale 드발레, pulver 풀베르, rive 리베, lyve 뤼베, løve 뢰베.
		우 (단모음 뒤)		doven 도우엔, hoven 호우엔, oven 오우엔, sove 소우에.
			적지 않음.(lv)	halv 할, gulv 굴.
			우 (av, æv, øv, ov, ev)	gravsten 그라우스텐, København 쾨벤하운, Thorshavn 토르스하운, jævn 예운, Støvle 스퇴울레, lov 로우, rov 로우, Hjelmslev 옐름슬레우.
			브	arv 아르브.
	x	ㄱㅅ	ㄱ스	Blixen 블릭센, sex 섹스.
	z	ㅅ	—	zebra 세브라.
모음	a	아		Falster 팔스테르, Randers 라네르스.
	æ	에		Næstved 네스트베드, træ 트레, fæ 페, mæt 메트.
	aa, å	오		Kierkegaard 키르케고르, Århus 오르후스, lås 로스.
	e	에		Horsens 호르센스, Brande 브라네.
	eg	아이		negl 나일, segl 사일, regn 라인.
	ej	아이		Vejle 바일레, Sejerø 사이에뢰.
	ø	외		Rønne 뢰네, Ringkøbing 링쾨빙, Sorø 소뢰.
	øg	오이		nøgle 노일레, øgle 오일레, løgn 로인, døgn 도인.
	øj	오이		Højer 호이에르, øje 오이에.
	i	이		Ribe 리베, Viborg 비보르.
	ie	이		Niels 닐스, Nielsen 닐센, Nielson 닐손.
	o	오		Odense 오덴세, Svendborg 스벤보르.
	u	우		Århus 오르후스, Toflund 토플룬.
	y	위		Fyn 퓐, Thy 튀.

* hj, j의 '이'와 sch, sj의 '시'가 뒤따르는 모음과 결합할 때에는 합쳐서 한 음절로 적는다. 다만, j는 표기 세칙 제5항을 따른다.

[표14] 말레이인도네시아어 자모와 한글 대조표

	자모	한글		보기
		모음 앞	자음 앞 · 어말	
자음	b	ㅂ	ㅂ, 브	Bali 발리, Abdul 압둘, Najib 나집, Bromo 브로모.
	c	ㅊ	츠	Ceto 체토, Aceh 아체, Mac 마츠.
	d	ㄷ	ㅅ, 드	Denpasar 덴파사르, Ahmad 아맛, Idris 이드리스.
	f	ㅍ	ㅂ	Fuji 푸지, Arifin 아리핀, Jusuf 유숩.
	g	ㄱ	ㄱ, 그	gamelan 가믈란, gudeg 구득, Nugroho 누그로호.
	h	ㅎ	-	Halmahera 할마헤라, Johor 조호르, Ipoh 이포.
	j	ㅈ	즈	Jambi 잠비, Majapahit 마자파힛, mikraj 미크라즈.
	k	ㅋ	ㄱ, 크	Kalimantan 칼리만탄, batik 바틱, Krakatau 크라카타우.
	kh	ㅎ	ㄱ, 크	khas 하스, akhbar 악바르, Fakhrudin 파크루딘.
	l	ㄹ, ㄹㄹ	ㄹ	Lombok 롬복, Palembang 팔렘방, Bangsal 방살.
	m	ㅁ	ㅁ	Maluku 말루쿠, bemo 베모, Iram 이람.
	n	ㄴ	ㄴ	Nias 니아스, Sukarno 수카르노, Prambanan 프람바난.
				Ngarai 응아라이, bonang 보낭, Bandung 반둥.
	ng	응	ㅇ	Padang 파당, Yap 얍, Suprana 수프라나.
	p	ㅍ	ㅂ, 프	furqan 푸르칸, Taufiq 타우픽.
	q	ㅋ	ㄱ	ringgit 링깃, Rendra 렌드라, asar 아사르.
	r	ㄹ	르	Sabah 사바, Brastagi 브라스타기,
	s	ㅅ	스	Gemas 게마스.
	t	ㅌ	ㅅ, 트	Timor 티모르, Jakarta 자카르타, Rahmat 라맛, Trisno 트리스노.
	v	ㅂ	-	Valina 발리나, Eva 에바, Lovina 로비나.
	x	ㅅ	-	xenon 세논.
	z	ㅈ	즈	zakat 자캇, Azlan 아즐란, Haz 하즈.
반모음	w	오, 우		Wamena 와메나, Badawi 바다위.
	y	이		Yudhoyono 유도요노, Surabaya 수라바야.
모음	a	아		Ambon 암본, sate 사테, Pancasila 판차실라.
	e	에 으		Ende 엔데, Ampenan 암페난, Pane 파네. empat 음팟, besar 브사르, gendang 근당.

모음	i	이	Ibrahim 이브라힘, Biak 비악, trimurti 트리무르티.
	o	오	Odalan 오달란, Barong 바롱, komodo 코모도.
	u	우	Ubud 우붓, kulit 쿨릿, Dampu 담푸.
이중모음	ai	아이	ain 아인, Rais 라이스, Jelai 즐라이.
	au	아우	aula 아울라, Maumere 마우메레, Riau 리아우.
	oi	오이	Amboina 암보이나, boikot 보이콧.

[표 15] 타이어 자모와 한글 대조표

	로마자	타이어 자모	한글		보기
			모음 앞	자음 앞 · 어말	
자음	b	บ	ㅂ	ㅂ	baht 밧, Chonburi 촌부리, Kulab 꿀랍.
	c	จ	ㅉ	-	Caolaw 짜올라우.
	ch	ฉ	ㅊ	ㅅ	Chiang Mai 치앙마이, buach 부앗.
		ช			
		ฌ			
	d	ฎ	ㄷ	ㅅ	Dindaeng 딘댕, Rad Burana 랏부라나, Samed 사멧.
		ด			
	f	ฝ	ㅍ	-	Maefaluang 매팔루앙.
		ฟ			
	h	ห	ㅎ	-	He 헤, Lahu 라후, Mae Hong Son 매홍손.
		ฮ			
	k	ก	ㄲ	ㄱ	Kaew 깨우, malako 말라꼬, Rak Mueang 락므앙, phrik 프릭.
	kh	ข	ㅋ	ㄱ	Khaosan 카오산, lakhon 라콘, Caroenrachphakh 짜른랏팍.
		ฃ			
		ค			
		ฅ			
		ฆ			
	l	ล	ㄹ, ㄹㄹ	ㄴ	lamyai 람야이, Thalang 탈랑, Sichol 시촌.
		ฬ			

	m	ม	ㅁ	ㅁ	Maikhao 마이카오, mamuang 마무앙, khanom 카놈, Silom 실롬.
	n	ณ น	ㄴ	ㄴ	Nan 난, Ranong 라농, Arun 아룬, Huahin 후아힌.
	ng	ง	응	ㅇ	nga 응아, Mongkut 몽꿋, Chang 창.
	p	ป	ㅃ	ㅂ	Pimai 삐마이, Paknam 빡남, Nakhaprathip 나카쁘라팁.
	ph	ผ พ ภ	ㅍ	ㅂ	Phuket 푸껫, Phicit 피찟, Saithiph 사이팁.
	r	ร	ㄹ	ㄴ	ranat 라낫, thurian 투리안.
	s	ซ ศ ษ ส	ㅅ	ㅅ	Siam 시암, Lisu 리수, Saket 사껫.
	t	ฎ ต	ㄸ	ㅅ	Tak 딱, Satun 사뚠, natsin 낫신, Phuket 푸껫.
	th	ฐ ฑ ฒ ถ ท ธ	ㅌ	ㅅ	Tham Boya 탐보야, Thon Buri 톤부리, thurian 투리안, song thaew 송태우, Pathumthani 빠툼타니, Chaiyawath 차이야왓.
반모음	y	ญ ย	이		lamyai 람야이, Ayutthaya 아유타야.
	w	ว	오, 우		Wan Songkran 완송끄란, Malaiwong 말라이웡, song thaew 송태우.
모음	a	-ะ -า	아		Akha 아카, kapi 까삐, lang sad 랑삿, Phanga 팡아.
	e	เ-ะ เ-	에		Erawan 에라완, Akhane 아카네, Panare 빠나레.

	i	–ิ –ี	이	Sire 시레, linci 린찌, Krabi 끄라비, Lumphini 룸피니.
	o	โ–ะ โ– เ–าะ –อ	오	khon 콘, Loi 로이, namdokmai 남독마이, Huaito 후아이또.
	u	–ุ –ู	우	thurian 투리안, Chonburi 촌부리, Satun 사뚠.
	ae	แ–ะ แ–	애	kaeng daeng 깽댕, Maew 매우, Bangsaen 방샌, Kaibae 까이배.
	oe	เ–อะ เ–อ	으	Mai Mueangdoem 마이 므앙듬.
	ue	–ึ –ื	으	kaeng cued 깽쯧, Maeraphueng 매라픙, Buengkum 븡꿈.

[표 16] 베트남어 자모와 한글 대조표

	자 모	한글		보기
		모음 앞	자음 앞 · 어말	
자음	b	ㅂ	-	Bao 바오, bo 보.
	c, k, q	ㄲ	ㄱ	cao 까오, khac 칵, kiêt 끼엣, lăk 락, quan 꽌.
	ch	ㅉ	ㄱ	cha 짜, bach 박.
	d, gi	ㅈ	-	duc 죽, Dương 즈엉, gia 자, giây 저이.
	đ	ㄷ	-	đan 단, Đinh 딘.
	g, gh	ㄱ	-	gai 가이, go 고, ghe 개, ghi 기.
	h	ㅎ	-	hai 하이, hoa 호아.
	kh	ㅋ	-	Khai 카이, khi 키.
	l	ㄹ, ㄹㄹ	-	lâu 러우, long 롱, My Lay 밀라이.
	m	ㅁ	ㅁ	minh 민, măm 맘, tôm 똠.
	n	ㄴ	ㄴ	Nam 남, non 논, bun 분.
	ng, ngh	응	ㅇ	ngo 응오, ang 앙, đông 동, nghi 응이, nghê 응에.
	nh	니	ㄴ	nhât 녓, nho'n 년, minh 민, anh 아인.

자음	p	ㅃ	ㅂ	put 뿟, chap 짭.
	ph	ㅍ	–	Pham 팜, pho’ 퍼.
	r	ㄹ	–	rang 랑, rôi 로이.
	s	ㅅ	–	sang 상, so 소.
	t	ㄸ	ㅅ	tam 땀, têt 뗏, hat 핫.
	th	ㅌ	–	thao 타오, thu 투.
	tr	ㅉ	–	Trân 쩐, tre 째.
	v	ㅂ	–	vai 바이, vu 부.
	x	ㅆ	–	xanh 싸인, xeo 쌔오.
모음	a	아		an 안, nam 남.
	ă	아		ăn 안, Đăng 당, măc 막.
	â	어		ân 언, cân 껀, lâu 러우.
	e	애		em 앰, cheo 째오.
	ê	에		êm 엠, chê 쩨, Huê 후에.
	I	이		in 인, dai 자이.
	y	이		yên 옌, quy 꾸이.
	o	오		ong 옹, bo 보.
	ô	오		ôm 옴, đông 동.
	ơ	어		ơn 언, sơn 선, mơi 머이.
	u	우		um 움, cung 꿍.
	ư	으		ưn 은, tư 뜨.
이중모음	ia	이어		kia 끼어, ria 리어.
	iê	이에		chiêng 찌엥, diêm 지엠.
	ua	우어		lua 투어, mua 무어.
	uô	우오		buôn 부온, quôc 꾸옥.
	ưa	으어		cưa 끄어, mưa 므어, sưa 스어.
	ươ	으어		rươu 르어우, phương 프엉.

[표 17] 포르투갈어 자모와 한글 대조표

	자 모	한글		보기
		모음 앞	자음 앞 · 어말	
자음	b	ㅂ	브	bossa nova 보사노바, Abreu 아브레우.
	c	ㅋ, ㅅ	ㄱ	Cabral 카브랄, Francisco 프란시스쿠, aspecto 아스펙투.
	ç	ㅅ	-	saraça 사라사, Eça 에사.
	ch	시*	-	Chaves 샤베스, Espichel 이스피셸.
	d	ㄷ, ㅈ	드	escudo 이스쿠두, Bernardim 베르나르딩, Dias 지아스(브).
	f	ㅍ	프	fado 파두, Figo 피구.
	g	ㄱ, ㅈ	그	Saramago 사라마구, Jorge 조르즈, Portalegre 포르탈레그르, Guerra 게하.
	h	-	-	Henrique 엔히크, hostia 오스티아.
	j	ㅈ	-	Aljezur 알제주르, panja 판자.
	l	ㄹ, ㄹㄹ	ㄹ, 우	Lisboa 리스보아, Manuel 마누엘, Melo 멜루, Salvador 사우바도르(브).
	lh	ㄹ리*	-	Coelho 코엘류, Batalha 바탈랴.
	m	ㅁ	ㅁ, ㅇ	Moniz 모니스, Humberto 움베르투, Camocim 카모싱.
	n	ㄴ	ㄴ, ㅇ	Natal 나탈, António 안토니우, Angola 앙골라, Rondon 혼동.
	nh	니*	-	Marinha 마리냐, Matosinhos 마토지뉴스.
	p	ㅍ	프	Pedroso 페드로주, Lopes 로페스, Prado 프라두.
	q	ㅋ	-	Aquilino 아킬리누, Junqueiro 중케이루.
	r	ㄹ, ㅎ	르	Freire 프레이르, Rodrigues 호드리게스, Cardoso 카르도주.
	s	ㅅ, ㅈ	스, 즈	Salazar 살라자르, Barroso 바호주, Egas 에가스, mesmo 메즈무.
	t	ㅌ, ㅊ	트	Tavira 타비라, Garrett 가헤트, Aracati 아라카치(브).

자음	v	ㅂ	-	Vicente 빈센트, Oliveira 올리베이라.
	x	시*, ㅈ	스	Xira 시라, exame 이자므, exportar 이스포르타르.
	z	ㅈ	스	fazenda 파젠다, Diaz 디아스.
모음	a	아		Almeida 알메이다, Egas 에가스.
	e	에, 이, 으		Elvas 엘바스, escudo 이스쿠두, Mangualde 망구알드, Belmonte 베우몬치(브).
	i	이		Amalia 아말리아, Vitorino 비토리누.
	o	오, 우		Odemira 오데미라, Melo 멜루, Passos 파수스.
	u	우		Manuel 마누엘, Guterres 구테흐스.
이중모음	ai	아이		Sampaio 삼파이우, Cascais 카스카이스.
	au	아우		Bauru 바우루, São Paulo 상파울루.
	ãe	앙이		Guimarães 기마랑이스, Magalhães 마갈량이스.
	ão	앙		Durão 두랑, Fundão 푼당.
	ei	에이		Ribeiro 히베이루, Oliveira 올리베이라.
	eu	에우		Abreu 아브레우, Eusebio 에우제비우.
	iu	이우		Aeminium 아에미니웅, Ituiutaba 이투이우타바.
	oi	오이		Coimbra 코임브라, Goiás 고이아스.
	ou	오		Lousã 로장, Mogadouro 모가도루.
	õe	옹이		Camões 카몽이스, Pilões 필롱이스.
	ui	우이		Luis 루이스, Cuiabá 쿠이아바.

* ch의 '시', lh의 '리', nh의 '니', x의 '시'가 뒤따르는 모음과 결합할 때에는 합쳐서 한 음절로 적는다.

** k, w, y는 외래어나 외래어에서 파생된 포르투갈식 어휘 또는 국제적으로 통용되는 약자나 기호의 표기에서 사용되는 것으로 포르투갈어 알파벳에 속하지 않으므로 해당 외래어 발음에 가깝게 표기한다.

*** (브)는 브라질 포르투갈어에 적용되는 표기이다.

[표 18] 네덜란드어 자모와 한글 대조표

	자 모	한글		보기
		모음 앞	자음 앞 · 어말	
자음	b	ㅂ	ㅂ, 브, 프	Borst 보르스트, Bram 브람, Jacob 야코프.
	c	ㅋ	ㄱ, 크	Campen 캄펀, Nicolaas 니콜라스, topic 토픽, scrupel 스크뤼펄.
		ㅅ		cyaan 시안, Ceelen 세일런.
	ch	ㅎ	흐	Volcher 폴허르, Utrecht 위트레흐트.
	d	ㄷ	ㅅ, 드, 트	Delft 델프트, Edgar 엣하르, Hendrik 헨드릭, Helmond 헬몬트.
	f	ㅍ	프	Flevoland 플레볼란트, Graaf 흐라프.
	g	ㅎ	흐	Goes 후스, Limburg 림뷔르흐.
	h	ㅎ	-	Heineken 헤이네컨, Hendrik 헨드릭.
	j	이*	-	Jongkind 용킨트, Jan 얀, Jeroen 예룬.
	k	ㅋ	ㄱ, 크	Kok 콕, Alkmaar 알크마르, Zierikzee 지릭제이.
	kw (qu)	크ㅂ	-	kwaliteit 크발리테이트, kwellen 크벨런, kwitantie 크비탄시.
	l	ㄹ, ㄹㄹ	ㄹ	Lasso 라소, Friesland 프리슬란트, sabel 사벌.
	m	ㅁ	ㅁ	Meerssen 메이르선, Zalm 잘름.
	n	ㄴ	ㄴ	Nijmegen 네이메헌, Jansen 얀선.
	ng	ㅇ	ㅇ	Inge 잉어, Groningen 흐로닝언.
	p	ㅍ	ㅂ, 프	Peper 페퍼르, Kapteyn 캅테인, Koopmans 코프만스.
	r	ㄹ	르	Rotterdam 로테르담, Asser 아서르.
	s	ㅅ	스	Spinoza 스피노자, Hals 할스.
	sch	스ㅎ	스	Schiphol 스히폴, Escher 에스허르, typisch 티피스.
	sj	시*	시	sjaal 샬, huisje 하위셔, ramsj 람시, fetisj 페티시.
	t	ㅌ	ㅅ, 트	Tinbergen 틴베르헌, Gerrit 헤릿, Petrus 페트뤼스,
	ts	ㅊ	츠	Aartsen 아르천, Beets 베이츠

자음	v	ㅂ, ㅍ	브	Veltman 펠트만, Einthoven 에인트호번, Weltevree 벨테브레이.
	w	ㅂ	-	Wim 빔.
	y	이	이	cyaan 시안, Lyonnet 리오넷, typisch 티피스, Verwey 페르베이.
	z	ㅈ	-	Zeeman 제이만, Huizinga 하위징아.
모음	a	아		Asser 아서르, Frans 프란스.
	e	에, 어		Egmont 에흐몬트, Frederik 프레데릭, Heineken 헤이네컨, Lubbers 뤼버르스, Campen 캄펀.
	i	이		Nicolaas 니콜라스 , Tobias 토비아스.
	ie	이		Pieter 피터르, Vries 프리스.
	o	오		Onnes 오너스, Vondel 폰덜.
	oe	우		Boer 부르, Boerhaave 부르하버.
	u	위		Utrecht 위트레흐트, Petrus 페트뤼스.
	eu	외		Europort 외로포르트, Deurne 되르너.
	uw	위		ruw 뤼, duwen 뒤언, Euwen 에위언.
이중모음	ou(w), au(w)	아우		Bouts 바우츠, Bouwman 바우만, Paul 파울, Lauwersmeer 라우에르스메이르.
	ei, ij	에이		Heike 헤이커, Bolkestein 볼케스테인, Ijssel 에이설.
	ui(uy)	아위		Huizinga 하위징아, Zuid-Holland 자위트홀란트, Buys 바위스.
	aai	아이		draaien 드라이언, fraai 프라이, zaait 자이트, Maaikes 마이커스.
	ooi	오이		Booisman 보이스만 Hooites 호이터스.
	oei	우이		Boeijinga 부잉아, moeite 무이터.
	eeuw	에이우		Leeuwenhoek 레이우엔훅, Meeuwes 메이우어스.
	ieuw	이우		Lieuwma 리우마, Rieuwers 리우어르스.

* j의 '이', sj의 '시'가 뒤따르는 모음과 결합할 때에는 합쳐서 한 음절로 적는다.

[표 19] 러시아어 자모와 한글 대조표

	로마자	러시아어 자모	한글			보기
			모음 앞	자음 앞	어말	
자음	b	б	ㅂ	ㅂ, 브	프	Bolotov(Болотов) 볼로토프, Bobrov(Бобров) 보브로프, Kurbskii(Курбский) 쿠릅스키, Gleb(Глеб) 글레프.
	ch	ч	ㅊ	치		Goncharov(Гончаров) 곤차로프, Manechka(Манечка) 마네치카, Yakubovich(Якубович) 야쿠보비치.
	d	д	ㄷ	ㅅ, 드	트	Dmitrii(Дмитрий) 드미트리, Benediktov(Бенедиктов) 베네딕토프, Nakhodka(Находка) 나홋카, Voskhod(Восход) 보스호트.
	f	ф	ㅍ	ㅂ, 프	프	Fyodor(Фёдор) 표도르, Yefremov(Ефремов) 예프레모프, Iosif(Иосиф) 이오시프.
	g	г	ㄱ	ㄱ, 그	크	Gogol(Гоголь) 고골, Musorgskii(Мусоргский) 무소륵스키, Bogdan(Богдан) 보그단, Andarbag(Андарбаг) 안다르바크.
	kh	х	ㅎ	흐		Khabarovsk(Хабаровск) 하바롭스크, Akhmatova(Ахматова) 아흐마토바, Oistrakh(Ойстрах) 오이스트라흐.
	k	к	ㅋ	ㄱ, 크	크	Kalmyk(Калмык) 칼미크, Aksakov(Аксаков) 악사코프, Kvas(Квас) 크바스, Vladivostok(Владивосток) 블라디보스토크.
	l	л	ㄹ, ㄹㄹ	ㄹ		Lenin(Ленин) 레닌, Nikolai(Николай) 니콜라이, Krylov(Крылов) 크릴로프, Pavel(Павел) 파벨.
	m	м	ㅁ	ㅁ, 므	ㅁ	Mikhaiil(Михаийл) 미하일, Maksim(Максим) 막심, Mtsensk(Мценск) 므첸스크.
	n	н	ㄴ	ㄴ		Nadya(Надя) 나다, Stefan(Стефан) 스테판.

자음	p	п	ㅍ	ㅂ, 프	프	Pyotr(Пётр) 표트르, Rostopchinya(Ростопчиня) 로스톱치냐, Pskov(Псков) 프스코프, Maikop(Майкоп) 마이코프.
	r	р	ㄹ	르		Rybinsk(Рыбинск) 리빈스크, Lermontov(Лермонтов) 레르몬토프, Artyom(Артём) 아르톰.
	s	с	ㅅ	스		Vasilii(Василий) 바실리, Stefan(Стефан) 스테판, Boris(Борис) 보리스.
	sh	ш	시*	시		Shelgunov(Шелгунов) 셸구노프, Shishkov(Шишков) 시시코프.
	shch	щ	시*	시		Shcherbakov(Щербаков) 셰르바코프, Shchirets (Щирец) 시레츠, borshch(борщ) 보르시.
	t	т	ㅌ	ㅅ, 트	트	Tat'yana(Татьяна) 타티야나, Khvatkov(Хватков) 흐밧코프, Tver'(Тверь) 트베리, Buryat(Бурят) 부랴트.
	tch	тч	ㅊ	-		Gatchina(Гатчина) 가치나, Tyutchev(Тютчев) 튜체프.
	ts	ц, тс	ㅊ	츠		Kapitsa(Капица) 카피차, Tsvetaeva(Цветаева) 츠베타예바, Bryatsk(Брятск) 브랴츠크, Yakutsk(Якутск) 야쿠츠크.
	v	в	ㅂ	ㅂ, 브	프	Verevkin(Веревкин) 베렙킨, Dostoevskii(Достоевский) 도스토옙스키, Vladivostok(Владивосток) 블라디보스토크, Markov(Марков) 마르코프.
	z	з	ㅈ	즈, 스	스	Zaichev(Зайчев) 자이체프, Kuznetsov(Кузнецов) 쿠즈네초프, Agryz(Агрыз) 아그리스.
	zh	ж	ㅈ	즈, 시	시	Zhadovskaya(Жадовская) 자돕스카야, Zhdanov(Жданов) 즈다노프, Luzhkov(Лужков) 루시코프, Kebezh(Кебеж) 케베시.
	j/i	й	이	이		Yurii(Юрий) 유리, Andrei(Андрей) 안드레이, Belyi(Белый) 벨리.

모음	a	а	아	Aksakov(Аксаков) 악사코프, Abakan(Абакан) 아바칸.
	e	е	에, 예	Petrov(Петров) 페트로프, Evgenii(Евгений) 예브게니, Alekseev(Алексеев) 알렉세예프,
		э		Ertel'(Эртель) 예르텔.
	i	и	이	Ivanov(Иванов) 이바노프, Iosif(Иосиф) 이오시프.
	o	о	오	Khomyakov(Хомяков) 호먀코프, Oka(Ока) 오카.
	u	у	우	Ushakov(Ушаков) 우샤코프, Sarapul(Сарапул) 사라풀.
	y	ы	이	Saltykov(Салтыков) 살티코프, Kyra(Кыра) 키라, Belyi(Белый)벨리.
	ya	я	야	Yasinskii(Ясинский) 야신스키, Adygeya(Адыгея) 아디게야.
	yo	ё	요	Solov'yov(Соловьёв) 솔로비요프, Artyom(Артём) 아르툠.
	yu	ю	유	Yurii(Юрий) 유리, Yurga(Юрга) 유르가.

* sh(ш), shch(щ)의 '시'가 뒤따르는 모음과 결합할 때에는 합쳐서 한 음절로 적는다.

제3장 표기 세칙

외래어 표기법에서는 제2장의 표기 일람표에 따른 실제 외래어 표기의 예를 보이는 동시에, 언어에 따른 표기의 차이, 언어의 특수성을 구체적으로 보이기 위해 표기 세칙을 따로 제시하였다. 현재 외래어 표기법에서는 제1절 영어의 표기에서부터 제21절 러시아어의 표기에 이르기까지 총 21개 언어의 표기 세칙을 제시하고 있다.

21개 언어의 표기 세칙을 모두 해설하는 것은 지면의 제약으로 인해 어렵기 때문에 이 책에서는 영어의 표기에 대한 해설만을 제시하기로 한다.

제1절 영어의 표기

[표 1]에 따라 적되, 다음 사항에 유의하여 적는다.

제1항 무성 파열음 ([p], [t], [k])

1. 짧은 모음 다음의 어말 무성 파열음([p], [t], [k])은 받침으로 적는다.

gap[gæp] 갭　　　　　　　cat[kæt] 캣

book[buk] 북

2. 짧은 모음과 유음·비음([l], [r], [m], [n]) 이외의 자음 사이에 오는 무성 파열음([p], [t], [k])은 받침으로 적는다.

apt[æpt] 앱트　　　　　　setback[setbæk] 셋백

act[ækt] 액트

3. 위 경우 이외의 어말과 자음 앞의 [p], [t], [k]는 '으'를 붙여 적는다.

stamp[stæmp] 스탬프　　　cape[keip] 케이프

nest[nest] 네스트　　　　part[pɑːt] 파트

desk[desk] 데스크　　　　make[meik] 메이크

apple[æpl] 애플　　　　　mattress[mætris] 매트리스

chipmunk[tʃipmʌŋk] 치프멍크　sickness[siknis] 시크니스

무성 파열음 [p], [t], [k]가 종성 위치에 올 때의 표기는 두 가지로 나뉜다.

(1) 받침의 'ㅂ, ㅅ, ㄱ'으로 적는 경우

① 어말의 [p], [t], [k]가 짧은 모음 바로 뒤에 올 때

gap[gæp] 갭　　　scrap[skræp] 스크랩　　cat[kæt] 캣

robot[rɔbɔt] 로봇　　limit[limit] 리밋　　book[buk] 북

deck[dek] 덱　　　dock[dɔk] 독

② [p], [t], [k]가 짧은 모음과 [l], [r], [m], [n]을 제외한 자음 사이에 올 때

napkin[næpkin] 냅킨　　　setback[setbæk] 셋백

contact[kɔntækt] 콘택트

(2) '프, 트, 크'로 적는 경우

① 어말의 [p], [t], [k]가 긴 모음 또는 이중 모음 바로 뒤에 올 때

deep[di:p] 디프 flute[flu:t] 플루트 talk[tɔ:k] 토크
tape[teip] 테이프 scout[skaut] 스카우트 cake[keik] 케이크

② [p], [t], [k]가 짧은 모음과 [l], [r], [m], [n] 사이에 올 때

apple[æpl] 애플 mattress[mætris] 매트리스
chipmunk[tʃipmʌŋk] 치프멍크 sickness[siknis] 시크니스

③ [p], [t], [k] 앞에 다른 자음이 발음될 때

stamp[stæmp] 스탬프 test[test] 테스트 desk[desk] 데스크

보충 설명

'생크림 케잌'이나 '팝송 테잎'과 같은 표기를 심심찮게 볼 수 있는데, cake[keik], tape[teip]는 무성 파열음 [k], [p]가 이중 모음 [ei] 뒤에 왔기 때문에 '으'를 붙여 '케이크, 테이프'로 적어야 한다. 게다가 「외래어 표기법」 제1장의 제3항 규정에서 받침으로는 'ㄱ, ㄴ, ㄹ, ㅁ, ㅂ, ㅅ, ㅇ'만 사용하도록 하였으므로 'ㅋ, ㅍ'을 받침으로 사용한 '케잌, 테잎' 같은 표기는 기본 원칙에도 어긋난다.

한편, 위의 규정과는 어긋난 외래어 표기가 '관습'에 따라 인정되는 예외가 많으므로 주의할 필요가 있다. 예를 들어 'net[net]'와 같은 단어는 어말의 [t]가 짧은 모음 뒤에 왔으므로 규정에 따른다면 받침의 'ㅅ'으로 적어 '넷'이라 적어야 하겠으나, 관습에 따라 '네트'로 적도록 하였다(그러나 'internet'은 '인터넷'으로 적는다). 다음과 같은 단어들도 마찬가지이다.

bat[bæt] 배트 hit[hit] 히트 set[set] 세트 nut[nʌt] 너트
Tibet[tibet] 티베트 check[tʃek] 체크 knock[nɔk] 노크 shock[ʃɔk] 쇼크

한편, 의미에 따라 외래어 표기를 달리 하는 경우도 있다. 예를 들어 'cut[kʌt]'은 '한 번의 연속 촬영으로 찍은 장면'이나 '대본이나 촬영한 필름에서 불필요한 부분을 삭제하는 일', '인쇄물에 넣는 삽화' 등의 의미로는 규정대로 '컷'으로 표기하되, '테니스나 탁구에서 깎아서 치는 방식'의 의미일 때는 '커트'로 표기한다. 'type[taip]'는 '타자기'의 의미로는 '타이프'로 표기하지만 '유형'의 의미일 때에는 '타입'으로 표기한다.

제2항 유성 파열음([b], [d], [g])

어말과 모든 자음 앞에 오는 유성 파열음은 '으'를 붙여 적는다.

bulb[bʌlb] 벌브	land[lænd] 랜드
zigzag[zigzæg] 지그재그	lobster[lɔbstə] 로브스터
kidnap[kidnæp] 키드냅	signal[signəl] 시그널

제1항의 무성 파열음의 경우와 달리 유성 파열음 [b], [d], [g]는 어말 위치일 때, 그리고 모든 자음 앞에 올 때 언제나 '으'를 붙여 '브, 드, 그'로 적는다. 예를 들어 'wood[wud]우드'와 같이 짧은 모음 [u] 뒤에 온 [d]나, 'food[fu:d]푸드'와 같이 긴 모음 [u:] 뒤에 온 [d]나 모두 '드'로 적으며, 'land[lænd]랜드'와 같이 다른 자음 뒤에 온 [d]도 '드'로 적는다. 또한 [b], [d], [g]가 다른 자음 앞에 위치할 때에도 '브, 드, 그'로 적어야 한다.

ad lib 애드 리브　　tab 태브　　kidnap 키드냅　　bug 버그
bulldog 불도그

다만, 관습적으로 어말의 [b], [d], [g]를 'ㄱ, ㅅ, ㅂ'로 발음하는 것이 굳어진 경우에는 받침의 'ㄱ, ㅅ, ㅂ'으로 적는 것을 허용하기도 한다

web 웹　　lab 랩　　job 잡　　good 굿　　bag 백

제3항 마찰음([s], [z], [f], [v], [θ], [ð], [ʃ], [ʒ])

1. 어말 또는 자음 앞의 [s], [z], [f], [v], [θ], [ð]는 '으'를 붙여 적는다.

mask[mɑːsk] 마스크	jazz[dʒæz] 재즈
graph[græf] 그래프	olive[ɔliv] 올리브
thrill[θril] 스릴	bathe[beið] 베이드

2. 어말의 [ʃ]는 '시'로 적고, 자음 앞의 [ʃ]는 '슈'로, 모음 앞의 [ʃ]는 뒤따르는 모음에 따라 '샤', '섀', '셔', '셰', '쇼', '슈', '시'로 적는다.

flash[flæʃ] 플래시 | shrub[ʃrʌb] 슈러브
shark[ʃɑːk] 샤크 | shank[ʃæŋk] 섕크
fashion[fæʃən] 패션 | sheriff[ʃerif] 셰리프
shopping[ʃɔpiŋ] 쇼핑 | shoe[ʃuː] 슈
shim[ʃim] 심

3. 어말 또는 자음 앞의 [ʒ]는 '지'로 적고, 모음 앞의 [ʒ]는 'ㅈ'으로 적는다.

mirage[mirɑːʒ] 미라지 | vision[viʒən] 비전

영어의 마찰음 [s], [z], [f], [v], [θ], [ð]는 모음 앞에 올 때에는 각각 'ㅅ, ㅈ, ㅍ, ㅂ, ㅅ, ㄷ'으로 적고, 어말 또는 자음 앞에 올 때에는 여기에 '으'를 붙여 각각 '스, 즈, 프, 브, 스, 드'로 적는다. 예를 들어 'sale[seil]세일'처럼 [s]가 모음 앞에 올 때에는 'ㅅ'으로 적고(이때 '쎄일'처럼 'ㅆ'으로 적지 않도록 주의해야 한다), 'base[beis]베이스'처럼 [s]가 어말에 올 때나 'mask[mɑːsk]마스크'처럼 [s]가 자음 앞에 올 때에는 모두 '스'로 적는다.

마찰음 [ʃ]의 경우는 어말에 올 때 언제나 '시'로 적는다. 따라서 flash[flæʃ], English[iŋgliʃ], cash[kæʃ] 등은 모두 '플래시, 잉글리시, 캐시'로 적어야 하며, '플래쉬, 잉글리쉬, 캐쉬' 등과 같이 '쉬'로 적는 것은 잘못이다. 그리고 [ʃ]가 자음 앞에 올 때에는 'shrub[ʃrʌb]슈러브'처럼 언제나 '슈'로 적는다. [ʃ]가 모음 앞에 올 때에는 뒤따르는 모음에 따라 표기가 달라지는데, 모음이 '아[ɑ]'일 때 [ʃɑ]는 '샤'로, '애[æ]'일 때 [ʃæ]는 '섀', '어[ə]'일 때 [ʃə]는 '셔', '에[e]'일 때 [ʃe]는 '셰', '오[ɔ]'일 때 [ʃɔ]는 '쇼', '우[u]'일 때 [ʃu]는 '슈', '이[i]'일 때 [ʃi]는 '시'로 적는다('leadership[liːdə(r)ʃip]리더십'에서 [ʃi]를 '쉬'로 적지 않도록 주의해야 한다).

마찰음 [ʒ]는 어말이나 자음 앞에서 언제나 '지'로 적는다. 따라서 어말이나 자음 앞의 [ʒ]를 '쥐'로 적지 않도록 주의해야 한다. [ʒ]가 모음 앞에 올 때에는 'genre [ʒaːnr]장르, vision[viʒən]비전, visual[viʒuəl]비주얼' 등과 같이 언제나 'ㅈ'으로 적는다. 외래어 표기에서 'ㅈ, ㅉ, ㅊ' 다음에 'ㅑ, ㅕ, ㅛ, ㅠ, ㅒ, ㅖ'를 쓰는 것은 인정하지 않으므로 이를 '쟝르, 비젼, 비쥬얼' 등과 같이 적는 것은 잘못이다.

제4항 파찰음([ts], [dz], [tʃ], [dʒ])

1. 어말 또는 자음 앞의 [ts], [dz]는 '츠', '즈'로 적고, [tʃ], [dʒ]는 '치', '지'로 적는다.

Keats[kiːts] 키츠	odds[ɔdz] 오즈
switch[switʃ] 스위치	bridge[bridʒ] 브리지
Pittsburgh[pitsbəːg] 피츠버그	hitchhike[hitʃhaik] 히치하이크

2. 모음 앞의 [tʃ], [dʒ]는 'ㅊ', 'ㅈ'으로 적는다.

chart[tʃɑːt] 차트	virgin[vəːdʒin] 버진

영어에서는 어말 또는 자음 앞에서 무성 파찰음 [ts]와 [tʃ], 유성 파찰음 [dz]와 [dʒ]가 각각 서로 구별되어 발음된다. 그러나 한국어의 음운 구조와 음절 구조에서는 이것이 불가능하므로 [ts], [dz]에는 모음 'ㅡ'를 붙여 '츠, 즈'로 적고, [tʃ], [dʒ]에는 모음 'ㅣ'를 붙여 '치, 지'로 적어 서로 구별하도록 하였다. 이에 따라 무성 파찰음 [ts]와 [tʃ]는 어말에 올 때 각각 'Keats[kiːts]키츠, switch[switʃ]스위치'처럼 '츠'와 '치'로 적어 구별하며, 유성 파찰음 [dz]와 [dʒ]도 'odds[ɔdz]오즈, bridge[bridʒ]브리지' 처럼 각각 '즈'와 '지'로 적어 구별한다.

한편 모음 앞의 [tʃ], [dʒ]는 'ㅊ, ㅈ'으로 적는다. 따라서 [tʃɑ], [tʃə], [tʃɔ], [tʃu], [tʃi] 등은 '차, 처, 초, 추, 치', [dʒɑ], [dʒə], [dʒɔ], [dʒu], [dʒi] 등은 '자, 저, 조, 주, 지'로 적는다. 이들을 '챠, 쳐, 쵸, 츄, 취', '쟈, 져, 죠, 쥬, 쥐'로 적는 것은 외래어 표기에서 허용되지 않는다.

chance 찬스　　venture 벤처　　choice 초이스

amature 아마추어   agency 에이전시   schedule 스케줄

한편 bench[bentʃ]를 '벤취'로 적는 등 어말의 [tʃ], [dʒ]를 '취, 쥐'로 표기하는 것을 종종 볼 수 있는데, 이는 잘못이다. 또한 'switch[switʃ]'나 'bridge[bridʒ]'를 '스윗치, 브릿지'로 적는 등 모음과 'ㅊ, ㅈ' 사이에 받침의 'ㅅ'을 적는 것 역시 허용되지 않는다.

보충 설명

위의 규정은 한국어의 표준 발음법과 관련된다. 한국어에서는 경구개음인 'ㅈ, ㅉ, ㅊ' 뒤에서 이중 모음 'ㅑ, ㅕ, ㅛ, ㅠ'가 단모음 'ㅏ, ㅓ, ㅗ, ㅜ'로 발음된다. '가져, 다쳐'를 각각 [가저], [다처]로 발음하는 것이 그 예이다.

제5항 비음([m], [n], [ŋ])

1. 어말 또는 자음 앞의 비음은 모두 받침으로 적는다.

steam[stiːm] 스팀   corn[kɔːn] 콘
ring[riŋ] 링   lamp[læmp] 램프
hint[hint] 힌트   ink[iŋk] 잉크

2. 모음과 모음 사이의 [ŋ]은 앞 음절의 받침 'ㅇ'으로 적는다.

hanging[hæŋiŋ] 행잉   longing[lɔŋiŋ] 롱잉

앞서 살펴본 무성 파열음이나 마찰음, 파찰음의 경우와 달리 비음인 [m], [n], [ŋ]은 어떤 상황에서든 받침의 'ㅁ, ㄴ, ㅇ'으로 적는다. 예를 들어 [ŋ]은 song[sɔŋ]처럼 어말에 오든 ink[iŋk]처럼 다른 자음 앞에 오든 상관없이 '송, 잉크'와 같이 받침의 'ㅇ'으로 적고, 'longing[lɔŋiŋ]롱잉'처럼 모음과 모음 사이에 올 때에는 앞 음절의 받침 'ㅇ'으로 적는다.

제6항 유음([l])

1. 어말 또는 자음 앞의 [l]은 받침으로 적는다.

hotel[houtel] 호텔　　pulp[pʌlp] 펄프

2. 어중의 [l]이 모음 앞에 오거나, 모음이 따르지 않는 비음([m], [n]) 앞에 올 때에는 'ㄹㄹ'로 적는다. 다만, 비음([m], [n]) 뒤의 [l]은 모음 앞에 오더라도 'ㄹ'로 적는다.

slide[slaid] 슬라이드　　film[film] 필름

helm[helm] 헬름　　swoln[swouln] 스월른

Hamlet[hæmlit] 햄릿　　Henley[henli] 헨리

외래어 표기에서 영어의 [l]을 받침으로 적는 때에는 'ㄹ'로 적는 경우와 'ㄹㄹ'로 적는 경우로 나뉜다.

(1) 받침의 'ㄹ'로 적는 경우.

① [l]이 어말에 쓰일 때.

hotel 호텔　　oil 오일

② [l]이 [p], [k] 등 다른 자음 앞에 쓰일 때.

pulp 펄프　　milk 밀크　　cult 컬트

(2) 'ㄹㄹ'로 적는 경우.

① 단어 중간에서 모음 앞에 [l]이 올 때.

calendar 캘린더　　plaza 플라자　　sunglass 선글라스

② 모음이 뒤따르지 않는 [m], [n] 앞에 [l]이 올 때.

film 필름　　swoln 스월른

그러나 모음이 뒤따르는 [m], [n] 앞에 [l]이 올 때에는 'helmet 헬멧'처럼 'ㄹ'로 적는다.

보충 설명

영어 단어의 자음 앞이나 어말에서 발음을 할 수도 있고 하지 않을 수도 있는 [r]은 원칙적으로 적지 않는다. 'center[sentər]'을 '센터'로, 'circuit[sirkit]'을 '서킷'으로 적는 것 등이 그러한 예이다. 그러나 예외적으로 표기를 하는 단어들도 있는데, [l]과 달리 [r]은 어말이나 자음 앞에서 받침의 'ㄹ'로 적지 않고 늘 '르'로 적는다. 문자 R(r)도 '아르'가 원칙적으로 맞는 표기이나, 널리 퍼진 관습적 발음에 따라 '알'로 표기하는 것도 허용한다.(2022년 12월 국립국어원 국어심의회 결정)

cork 코르크　　Sherpa 셰르파　　endorphin 엔도르핀　　mortar 모르타르

제7항 장모음

장모음의 장음은 따로 표기하지 않는다.

team[ti:m] 팀　　route[ru:t] 루트

영어에서 [i:], [u:], [ɑ:], [ɔ:] 등의 긴 모음, 즉 장모음의 경우 이를 '이이, 우우, 아아, 오오'로 표기하지 않고 단모음과 동일하게 각각 '이, 우, 아, 오'로 적는다. 예를 들어 Keats[ki:ts]는 장모음 [i:]를 지녔지만 '키이츠'로 적지 않고 '키츠'로 적으며, flute[flu:t]는 '플루우트'가 아니라 '플루트'로 적는다.

제8항 중모음([ai], [au], [ei], [ɔi], [ou], [auə])

중모음은 각 단모음의 음가를 살려서 적되, [ou]는 '오'로, [auə]는 '아워'로 적는다.

time[taim] 타임　　house[haus] 하우스

skate[skeit] 스케이트　　oil[ɔil] 오일

boat[bout] 보트　　tower[tauə] 타워

중모음(重母音)이란 두 개 이상의 단모음이 결합한 모음으로서 '이중 모음'이라고도 한다. 예를 들어 'time[taim]타임'에서 [ai]는 단모음 [a]와 [i]가 결합한 중모음인데, 단모음의 음가 '아'와 '이'를 살려 '아이'로 적어 준다. 이와 마찬가지로 [au], [ei], [ɔi]도 각각 '아우, 에이, 오이'로 적는다.

그러나 중모음 중에서 유독 [ou]와 [auə]는 각 단모음의 음가를 살린 '오우'나 '아우어'로 적지 않고 각각 '오'와 '아워'로 적도록 하였는데, 이는 [ou]와 [auə]의 [u]가 독자적으로 발음되기보다는 과도음의 성격을 띠기 때문이다. 이 규정에 따라 boat[bout], snow[snou] 등은 '보우트, 스노우'가 아니라 '보트, 스노'로, tower[tauə]는 '타우어'가 아니라 '타워'로 적는다.

window 윈도	yellow 옐로	rainbow 레인보
shadow 섀도	slow video 슬로비디오	soul music 솔 뮤직

제9항 반모음([w], [j])*

1. [w]는 뒤따르는 모음에 따라 [wə], [wɔ], [wou]는 '워', [wɑ]는 '와', [wæ]는 '왜', [we]는 '웨', [wi]는 '위', [wu]는 '우'로 적는다

wag[wæg] 왜그	west[west] 웨스트
witch[witʃ] 위치	wool[wul] 울
word[wəːd] 워드	want[wɔnt] 원트
woe[wou] 워	wander[wɑndə] 완더

2. 자음 뒤에 [w]가 올 때에는 두 음절로 갈라 적되, [gw], [hw], [kw]는 한 음절로 붙여 적는다.

▸ **용어 및 어휘 풀이**

반모음: 모음과 같이 발음하지만 혼자서 음절을 이루지 못하는 소리. 'ㅑ, ㅕ, ㅛ, ㅠ, ㅒ, ㅖ'와 같은 이중 모음에는 반모음 [j]가, 'ㅘ, ㅝ, ㅙ, ㅞ'와 같은 이중 모음에는 반모음 [w]가 결합되어 있다.

swing[swiŋ] 스윙	twist[twist] 트위스트
penguin[peŋgwin] 펭귄	whistle[hwisl] 휘슬
quarter[kwɔːtə] 쿼터	

3. 반모음 [j]는 뒤따르는 모음과 합쳐 '야', '얘', '여', '예', '요', '유', '이'로 적는다. 다만, [d], [l], [n] 다음에 [jə]가 올 때에는 각각 '디어', '리어', '니어'로 적는다.

yard[jɑːd] 야드	yank[jæŋk] 얭크
yearn[jəːn] 연	yellow[jelou] 옐로
yawn[jɔːn] 욘	you[juː] 유
year[jiə] 이어	Indian[indjən] 인디언
battalion[bətæljən] 버탤리언	union[juːnjən] 유니언

영어에는 반모음 [w]와 모음의 결합으로 [wə], [wɔ], [wou], [wɑ], [wæ], [we], [wi], [wu] 등이 존재하지만, 한국어의 경우는 반모음 [w]가 결합된 경우가 '와, 워, 위, 왜, 웨'만 존재한다. 따라서 영어의 [wɑ]는 '와', [wæ]는 '왜', [we]는 '웨', [wi]는 '위'로 적되, [wə], [wɔ], [wou]는 모두 '워'로, [wu]는 '우'로 적는다.

twist[twist]처럼 자음 뒤에 [w]가 올 때에는 자음과 [w]를 두 음절로 나누어 '트/위스트'와 같이 적는다. 다만 [gw], [hw], [kw]의 경우만은 둘로 나누지 않고 한 음절로 붙여 적도록 하였는데, penguin[peŋgwin]을 '펭그윈'이 아니라 '펭귄'으로 적는 것은 이에 따른 것이다.

반모음 [j]는 뒤따르는 모음 '아[ɑ]', '애[æ]', '어[ə]', '에[e]', '오[ɔ]', '우[u]', '이[i]'와 결합하면 각각 '야', '얘', '여', '예', '요', '유', '이'로 적는다. 다만 [jə]는 일반적으로 '여'로 적지만, 'Indian[indjən]인디언', 'alien[eiljən]에일리언', 'union[juːnjən]유니언'과 같이 [d], [l], [n] 다음에 올 때에는 '뎌, 려, 녀'가 아니라 '디어, 리어, 니어'로 적는다.

제10항 복합어

1. 따로 설 수 있는 말의 합성으로 이루어진 복합어는 그것을 구성하고 있는 말이 단독으로 쓰일 때의 표기대로 적는다.

cuplike[kʌplaik] 컵라이크 headlight[hedlait] 헤드라이트

bookend[bukend] 북엔드 touchwood[tʌtʃwud] 터치우드

sit-in[sitin] 싯인 flashgun[flæʃgʌn] 플래시건

topknot[tɔpnɔt] 톱놋 bookmaker[bukmeikə] 북메이커

2. 원어에서 띄어 쓴 말은 띄어 쓴 대로 한글 표기를 하되, 붙여 쓸 수도 있다.

Los Alamos[lɔs æləmous] 로스 앨러모스/로스앨러모스

top class[tɔpklæs] 톱 클래스/톱클래스

기왕에 이미 '따로 설 수 있는 말', 즉 단일어로 존재하는 단어들끼리 합하여 새로운 '복합어'가 되었을 경우에는 단일어를 표기할 때의 표기를 그대로 살려 적는다는 규정이다. 예를 들어 'book'과 'end' 두 단어가 합성된 복합어인 bookend[bukend]를 발음에 따라 표기한다면 '부켄드'로 적는 것이 타당할 것이다. 그러나 '부켄드'란 표기를 통해서는 이 단어가 'book북'과 'end엔드'의 합성으로 이루어진 단어임이 잘 드러나지 않는다. 따라서 외래어인 경우에도 복합어를 구성하는 단어가 각각 따로 설 수 있는 말이라면 이들이 단독으로 쓰일 때의 표기를 밝혀서 적도록 하였다. 이는 한글 맞춤법 제27항에서 "둘 이상의 단어가 어울리거나 접두사가 붙어서 이루어진 말은 각각 그 원형을 밝히어 적는다."라고 한 것과 같은 맥락이다.

한편 영어의 복합어 중에는 띄어쓰기를 한 경우도 있는데, 이러한 단어들은 외래어 표기에서도 원어대로 띄어 쓰되, 붙여 쓰는 것도 허용하였다. 즉 'top class'는 원어대로 '톱 클래스'와 같이 띄어 쓸 수도 있고, '톱클래스'와 같이 붙여 쓸 수도 있다. 영어에서는 복합어를 구성하는 단일어를 의식하여 띄어 쓰고 있더라도, 이것이 우리말에 들어올 때에는 하나의 단어로 유입되었기 때문이다.

제2절 독일어의 표기

[표 1]에 따르고, 제1절(영어의 표기 세칙)을 준용한다. 다만, 독일어의 독특한 것은 그 특징을 살려서 다음과 같이 적는다.

제1항 [r]

1. 자음 앞의 [r]는 '으'를 붙여 적는다.
   Hormon[hɔrmoːn] 호르몬　　Hermes[hɛrmɛs] 헤르메스

2. 어말의 [r]와 '-er[ər]'는 '어'로 적는다.
   Herr[hɛr] 헤어　　Rasur[razuːr] 라주어
   Tür[tyːr] 튀어　　Ohr[oːr] 오어
   Vater[faːtər] 파터　　Schiller[ʃilər] 실러

3. 복합어 및 파생어의 선행 요소가 [r]로 끝나는 경우는 2의 규정을 준용한다.
   verarbeiten[fɛrarbaitən] 페어아르바이텐
   zerknirschen[tsɛrknirʃən] 체어크니르셴
   Fürsorge[fyːrzorgə] 퓌어조르게
   Vorbild[foːrbilt] 포어빌트
   außerhalb[ausərhalp] 아우서할프
   Urkunde[uːrkundə] 우어쿤데
   Vaterland[faːtərlant] 파터란트

제2항 어말의 파열음은 '으'를 붙여 적는 것을 원칙으로 한다.

Rostock[rɔstɔk] 로스토크　　Stadt[ʃtat] 슈타트

제3항 철자 'berg', 'burg'는 '베르크', '부르크'로 통일해서 적는다.

Heidelberg[haidəlbɛrk, -bɛrç] 하이델베르크
Hamburg[hamburk, - burç] 함부르크

제4항 [ʃ]

1. 어말 또는 자음 앞에서는 '슈'로 적는다.

Mensch[menʃ] 멘슈　　Mischling[miʃliŋ] 미슐링

2. [y], [ø] 앞에서는 'ㅅ'으로 적는다.

Schüler[ʃyːlər] 쉴러　　schön[ʃøːn] 쇤

3. 그 밖의 모음 앞에서는 뒤따르는 모음에 따라 '샤, 쇼, 슈' 등으로 적는다.

Schatz[ʃats] 샤츠　　schon[ʃoːn] 숀

Schule[ʃuːlə] 슐레　　Schelle[ʃɛlə] 셸레

제5항 [ɔy]로 발음되는 äu, eu는 '오이'로 적는다.

läuten[lɔytən] 로이텐　　Fräulein[frɔylain] 프로일라인

Europa[ɔyroːpa] 오이로파　　Freundin[frɔyndin] 프로인딘

※ 2014년 12월 5일에 고시된 외래어 표기법 일부 개정안에서 기존에 'Razur'로 되어 있던 용례의 오류를 바로잡아 'Rasur'로 개정하였다.

제3절 프랑스어의 표기

[표 1]에 따르고, 제1절(영어의 표기 세칙)을 준용한다. 다만, 프랑스어의 독특한 것은 그 특징을 살려서 다음과 같이 적는다.

제1항 파열음([p], [t], [k]; [b], [d], [g])

1. 어말에서는 '으'를 붙여서 적는다.

soupe[sup] 수프　　tête[tɛt] 테트
avec[avɛk] 아베크　　baobab[baɔbab] 바오바브
ronde[r:d] 롱드　　bague[bag] 바그

2. 구강 모음과 무성 자음 사이에 오는 무성 파열음('구강 모음+무성 파열음+무성 파열음 또는 무성 마찰음'의 경우)은 받침으로 적는다.

septembre[sɛptã:br] 셉탕브르　　apte[apt] 압트
octobre[ɔktɔbr] 옥토브르　　action[aksj] 악시옹

제2항 마찰음([ʃ], [ʒ])

1. 어말과 자음 앞의 [ʃ], [ʒ]는 '슈', '주'로 적는다.

manche[mã:ʃ] 망슈　　piège[pjɛ:ʒ] 피에주
acheter[aʃte] 아슈테　　dégeler[deʒle] 데줄레

2. [ʃ]가 [ə], [w] 앞에 올 때에는 뒤따르는 모음과 합쳐 '슈'로 적는다.

chemise[ʃəmi:z] 슈미즈　　chevalier[ʃəvalje] 슈발리에
choix[ʃwa] 슈아　　chouette[ʃwɛt] 슈에트

3. [ʃ]가 [y], [œ], [ø] 및 [j], [ɥ] 앞에 올 때에는 'ㅅ'으로 적는다.

chute[ʃyt] 쉬트　　chuchoter[ʃyʃɔte] 쉬쇼테
pêcheur[pɛʃœ:r] 페쇠르　　shunt[ʃ:t] 쇵트
fâcheux[faʃø] 파쇠　　chien[ʃj] 시앵
chuinter[ʃɥte] 쉬앵테

제3항 비자음([ɲ])

1. 어말과 자음 앞의 [ɲ]는 '뉴'로 적는다.

campagne[kãpaɲ] 캉파뉴　　dignement[diɲmã] 디뉴망

2. [ɲ]가 '아, 에, 오, 우' 앞에 올 때에는 뒤따르는 모음과 합쳐 각각 '냐, 녜, 뇨, 뉴'로 적는다.

saignant[sɛɲã] 세냥　　peigner[peɲe] 페녜

agneau[aɲo] 아뇨　　mignon[miɲ] 미뇽

3. [ɲ]가 [ə], [w] 앞에 올 때에는 뒤따르는 소리와 합쳐 '뉴'로 적는다.

lorgnement[lɔrɲəmɑ̃] 로르뉴망　　baignoire[bɛɲwaːr] 베뉴아르

4. 그 밖의 [ɲ]는 'ㄴ'으로 적는다.

magnifique[maɲifik] 마니피크　　guignier[giɲje] 기니에

gagneur[gaɲœːr] 가뇌르　　montagneux[mɔtaɲø] 몽타뇌

peignures[pɛɲyːr] 페뉘르

제4항 반모음([j])

1. 어말에 올 때에는 '유'로 적는다.

Marseille[marsɛj] 마르세유　　taille[tɑːj] 타유

2. 모음 사이의 [j]는 뒤따르는 모음과 합쳐 '예, 얭, 야, 양, 요, 용, 유, 이' 등으로 적는다. 다만, 뒷모음이 [ø], [œ]일 때에는 '이'로 적는다.

payer[peje] 페예　　billet[bijɛ] 비예

moyen[mwaj] 무아얭　　pleiade[plejad] 플레야드

ayant[ɛjɑ̃] 에양　　noyau[nwajo] 누아요

crayon[krɛj] 크레용　　voyou[vwaju] 부아유

cueillir[kœjiːr] 쾨이르　　aïeul[ajœl] 아이욀

aïeux[ajø] 아이외

3. 그 밖의 [j]는 '이'로 적는다.

hier[jɛːr] 이에르　　Montesquieu[mtɛskjø] 몽테스키외

champion[ʃɑ̃pj] 샹피옹　　diable[djɑːbl] 디아블

제5항 반모음([w])

[w]는 '우'로 적는다.

alouette[alwɛt] 알루에트　　douane[dwan] 두안

quoi[kwa] 쿠아　　toi[twa] 투아

제4절 에스파냐어의 표기

[표 2]에 따르고, 다음과 같은 특징을 살려서 적는다.

제1항 gu, qu

gu, qu는 i, e 앞에서는 각각 'ㄱ, ㅋ'으로 적고, o 앞에서는 '구, 쿠'로 적는다. 다만, a 앞에서는 그 a와 합쳐 '과, 콰'로 적는다.

guerra 게라	queso 케소
Guipuzcoa 기푸스코아	quisquilla 키스키야
antiguo 안티구오	Quorem 쿠오렘
Nicaragua 니카라과	Quarai 콰라이

제2항 같은 자음이 겹치는 경우에는 겹치지 않은 경우와 같이 적는다. 다만, -cc-는 'ㄱㅅ'으로 적는다.

carrera 카레라	carreterra 카레테라
accion 악시온	

제3항 c, g

c와 g 다음에 모음 e와 i가 올 때에는 c는 'ㅅ'으로, g는 'ㅎ'으로 적고, 그 외는 'ㅋ'과 'ㄱ'으로 적는다.

Cecilia 세실리아	cifra 시프라
georgico 헤오르히코	giganta 히간타
coquito 코키토	gato 가토

제4항 x

x가 모음 앞에 오되 어두일 때에는 'ㅅ'으로 적고, 어중일 때에는 'ㄱㅅ'으로 적는다.

xilofono 실로포노 laxante 락산테

제5항 l

어말 또는 자음 앞의 l은 받침 'ㄹ'로 적고, 어중의 l이 모음 앞에 올 때에는 'ㄹㄹ'로 적는다.

ocal 오칼 colcren 콜크렌

blandon 블란돈 Cecilia 세실리아

제6항 nc, ng

c와 g 앞에 오는 n은 받침 'ㅇ'으로 적는다.

blanco 블랑코 yungla 융글라

제5절 이탈리아어의 표기

[표 3]에 따르고, 다음과 같은 특징을 살려서 적는다.

제1항 gl

i 앞에서는 'ㄹㄹ'로 적고, 그 밖의 경우에는 '글ㄹ'로 적는다.

paglia 팔리아 egli 엘리

gloria 글로리아 glossa 글로사

제2항 gn

뒤따르는 모음과 합쳐 '냐', '녜', '뇨', '뉴', '니'로 적는다.

montagna 몬타냐 gneiss 녜이스

gnocco 뇨코 gnu 뉴
ogni 오니

제3항 sc

sce는 '셰'로, sci는 '시'로 적고, 그 밖의 경우에는 '스ㅋ'으로 적는다.

crescendo 크레셴도 scivolo 시볼로
Tosca 토스카 scudo 스쿠도

제4항 같은 자음이 겹쳤을 때에는 겹치지 않은 경우와 같이 적는다.
다만, -mm-, -nn-의 경우는 'ㅁㅁ', 'ㄴㄴ'으로 적는다.

Puccini 푸치니 buffa 부파
allegretto 알레그레토 carro 카로
rosso 로소 mezzo 메초
gomma 곰마 bisnonno 비스논노

제5항 c, g

1. c와 g는 e, i 앞에서 각각 'ㅊ', 'ㅈ'으로 적는다.
   cenere 체네레 genere 제네레
   cima 치마 gita 지타

2. c와 g 다음에 ia, io, iu가 올 때에는 각각 '차, 초, 추', '자, 조, 주'로 적는다.
   caccia 카차 micio 미초
   ciuffo 추포 giardino 자르디노
   giorno 조르노 giubba 주바

제6항 qu

qu는 뒤따르는 모음과 합쳐 '콰, 퀘, 퀴' 등으로 적는다. 다만, o 앞에서는

'쿠'로 적는다.

soqquadro 소콰드로 quello 퀠로

quieto 퀴에토 quota 쿠오타

제7항 l, ll

어말 또는 자음 앞의 l, ll은 받침으로 적고, 어중의 l, ll이 모음 앞에 올 때에는 'ㄹㄹ'로 적는다.

sol 솔 polca 폴카

Carlo 카를로 quello 퀠로

제6절 일본어의 표기

[표 4]에 따르고, 다음 사항에 유의하여 적는다.

제1항 촉음(促音) [ッ]는 'ㅅ'으로 통일해서 적는다.

サッポロ 삿포로 トットリ 돗토리

ヨッカイチ 욧카이치

제2항 장모음

장모음은 따로 표기하지 않는다.

キュウシュウ(九州) 규슈 ニイガタ(新潟) 니가타

トウキョウ(東京) 도쿄 オオサカ(大阪) 오사카

제7절 중국어의 표기

[표 5]에 따르고, 다음 사항에 유의하여 적는다.

제1항 성조는 구별하여 적지 아니한다.

제2항 'ㅈ, ㅉ, ㅊ'으로 표기되는 자음(ㄐ, ㄓ, ㄗ, ㄑ, ㄔ, ㄘ) 뒤의 'ㅑ, ㅖ, ㅛ, ㅠ' 음은 'ㅏ, ㅔ, ㅗ, ㅜ'로 적는다.

ㄐㄧㄚ 쟈 → 자　　　ㄐㄧㄝ 졔 → 제

제8절 폴란드어의 표기

[표 6]에 따르고, 다음과 같은 특징을 살려서 적는다.

제1항 k, p

어말과 유성 자음 앞에서는 '으'를 붙여 적고, 무성 자음 앞에서는 받침으로 적는다.

zamek 자메크　　　mokry 모크리　　　Słupsk 스웁스크

제2항 b, d, g

1. 어말에 올 때에는 '프', '트', '크'로 적는다.
   od 오트
2. 유성 자음 앞에서는 '브', '드', '그'로 적는다.
   zbrodnia 즈브로드니아

3. 무성 자음 앞에서 b, g는 받침으로 적고, d는 '트'로 적는다.

Grabski 그랍스키　　odpis 오트피스

제3항 w, z, ź, dz, ż, rz, sz

1. w, z, ź, dz가 무성 자음 앞이나 어말에 올 때에는 '프, 스, 시, 츠'로 적는다.

zabawka 자바프카　　obraz 오브라스

2 ż와 rz는 모음 앞에 올 때에는 'ㅈ'으로 적되, 앞의 자음이 무성 자음일 때에는 '시'로 적는다. 유성 자음 앞에 올 때에는 '주', 무성 자음 앞에 올 때에는 '슈', 어말에 올 때에는 '시'로 적는다.

Rzeszów 제슈프　　Przemyśl 프셰미실

grzmot 그주모트　　łóżko 우슈코　　pęcherz 펭헤시

3. sz는 자음 앞에서는 '슈', 어말에서는 '시'로 적는다.

koszt 코슈트　kosz 코시

제4항 ł

1. ł는 뒤따르는 모음과 결합할 때 합쳐서 적는다. (ło는 '워'로 적는다.) 다만, 자음 뒤에 올 때에는 두 음절로 갈라 적는다.

łono 워노　　głowa 그워바

2. ó ł는 '우'로 적는다.

przjyaciół 프시야치우

제5항 l

어중의 l이 모음 앞에 올 때에는 'ㄹㄹ'로 적는다.

olej 올레이

제6항 m

어두의 m이 l, r 앞에 올 때에는 '으'를 붙여 적는다.
mleko 믈레코　　　mrówka 므루프카

제7항 ę

ę은 '엥'으로 적는다. 다만, 어말의 ę는 '에'로 적는다.
ręka 렝카　　　proszę 프로셰

제8항 'ㅈ', 'ㅊ'으로 표기되는 자음(c, z) 뒤의 이중 모음은 단모음으로 적는다.

stacja 스타차　　　fryzjer 프리제르

제9절 체코어의 표기

[표 7]에 따르고, 다음과 같은 특징을 살려서 적는다.

제1항 k, p

어말과 유성 자음 앞에서는 '으'를 붙여 적고, 무성 자음 앞에서는 받침으로 적는다.
mozek 모제크　　　koroptev 코롭테프

제2항 b, d, d', g

1. 어말에 올 때에는 '프', '트', '티', '크'로 적는다.
   led 레트

2. 유성 자음 앞에서는 '브', '드', '디', '그'로 적는다.

ledvina 레드비나

3. 무성 자음 앞에서 b, g는 받침으로 적고, d, d'는 '트', '티'로 적는다.
obchod 옵호트　　odpadky 오트파트키

제3항 v, w, z, ř, ž, š

1. v, w, z가 무성 자음 앞이나 어말에 올 때에는 '프, 프, 스'로 적는다.
hmyz 흐미스

2. ř, ž가 유성 자음 앞에 올 때에는 '르주', '주', 무성 자음 앞에 올 때에는 '르슈', '슈', 어말에 올 때에는 '르시', '시'로 적는다.
námořník 나모르주니크　　hořký 호르슈키
kouř 코우르시

3. š는 자음 앞에서는 '슈', 어말에서는 '시'로 적는다.
puška 푸슈카　　myš 미시

제4항 l, lj

어중의 l, lj가 모음 앞에 올 때에는 'ㄹㄹ', 'ㄹ리'로 적는다.
kolo 콜로

제5항 m

m이 r 앞에 올 때에는 '으'를 붙여 적는다.
humr 후므르

제6항 자음에 '예'가 결합되는 경우에는 '예' 대신에 '에'로 적는다. 다만, 자음이 'ㅅ'인 경우에는 '셰'로 적는다.
věk 베크　　šest 셰스트

제10절 세르보크로아트어의 표기

[표 8]에 따르고, 다음과 같은 특징을 살려서 적는다.

제1항 k, p

k, p는 어말과 유성 자음 앞에서는 '으'를 붙여 적고, 무성 자음 앞에서는 받침으로 적는다.

jastuk 야스투크 opština 옵슈티나

제2항 l

어중의 l이 모음 앞에 올 때에는 'ㄹㄹ'로 적는다.

kula 쿨라

제3항 m

어두의 m이 l, r, n 앞에 오거나 어중의 m이 r 앞에 올 때에는 '으'를 붙여 적는다.

mlad 믈라드 mnogo 므노고 smrt 스므르트

제4항 š

š는 자음 앞에서는 '슈', 어말에서는 '시'로 적는다.

šljivovica 슐리보비차 Niš 니시

제5항 자음에 '예'가 결합되는 경우에는 '예' 대신에 '에'로 적는다. 다만, 자음이 'ㅅ'인 경우에는 '셰'로 적는다.

bjedro 베드로 sjedlo 셰들로

제11절 루마니아어의 표기

[표 9]에 따르고, 다음과 같은 특징을 살려서 적는다.

제1항 c, p

어말과 유성 자음 앞에서는 '으'를 붙여 적고, 무성 자음 앞에서는 받침으로 적는다.

cap 카프　　　　Cîntec 큰테크
factură 팍투러　　　　septembrie 셉템브리에

제2항 c, g

c, g는 e, i 앞에서는 각각 'ㅊ', 'ㅈ'으로, 그 밖의 모음 앞에서는 'ㅋ', 'ㄱ'으로 적는다.

cap 카프　　　　centru 첸트루
Galaţi 갈라치　　　　Gigel 지젤

제3항 l

어중의 l이 모음 앞에 올 때에는 'ㄹㄹ'로 적는다.

clei 클레이

제4항 n

n이 어말에서 m 뒤에 올 때는 '으'를 붙여 적는다.

lemn 렘느　　　　pumn 품느

제5항 e

e는 '에'로 적되, 인칭 대명사 및 동사 este, era 등의 어두 모음 e는 '예'로 적는다.

Emil 에밀　　eu 에우　　el 엘

este 에스테　　era 에라

제12절 헝가리어의 표기

[표 10]에 따르고, 다음과 같은 특징을 살려서 적는다.

제1항 k, p

어말과 유성 자음 앞에서는 '으'를 붙여 적고, 무성 자음 앞에서는 받침으로 적는다.

ablak 어블러크　　csipke 칩케

제2항 bb, cc, dd, ff, gg, ggy, kk, ll, lly, nn, nny, pp, rr, ss, ssz, tt, tty는 b, c, d, f, g, gy, k, l, ly, n, ny, p, r, s, sz, t, ty와 같이 적는다. 다만, 어중의 nn, nny와 모음 앞의 ll은 'ㄴㄴ', 'ㄴ니', 'ㄹㄹ'로 적는다.

között 쾨죄트　　dinnye 딘네　　nulla 눌러

제3항 l

어중의 l이 모음 앞에 올 때에는 'ㄹㄹ'로 적는다.

olaj 올러이

제4항 s

s는 자음 앞에서는 '슈', 어말에서는 '시'로 적는다.

Pest 페슈트　　lapos 러포시

제5항 자음에 '예'가 결합되는 경우에는 '예' 대신에 '에'로 적는다. 다만, 자음이 'ㅅ'인 경우에는 '셰'로 적는다.

nyer 네르 selyem 셰옘

제13절 스웨덴어의 표기

[표 11]에 따르고, 다음과 같은 특징을 살려서 적는다.

제1항

1. b, g가 무성 자음 앞에 올 때에는 받침 'ㅂ, ㄱ'으로 적는다.
   snabbt 스납트 högst 획스트

2. k, ck, p, t는 무성 자음 앞에서 받침 'ㄱ, ㄱ, ㅂ, ㅅ'으로 적는다.
   oktober 옥토베르 Stockholm 스톡홀름
   Uppsala 웁살라 Botkyrka 봇쉬르카

제2항 c는 'ㅋ'으로 적되, e, i, ä, y, ö 앞에서는 'ㅅ'으로 적는다.

campa 캄파 Celsius 셀시우스

제3항 g

1. 모음 앞의 g는 'ㄱ'으로 적되, e, i, ä, y, ö 앞에서는 '이'로 적고 뒤따르는 모음과 합쳐 적는다.
   Gustav 구스타브 Göteborg 예테보리

2. lg, rg의 g는 '이'로 적는다.

älg 엘리　　　　　　Borg 보리

3. n 앞의 g는 'ㅇ'으로 적는다.

Magnus 망누스

4. 무성 자음 앞의 g는 받침 'ㄱ'으로 적는다.

högst 획스트

5. 그 밖의 자음 앞과 어말에서는 '그'로 적는다.

Ludvig 루드비그　　　　　　Greta 그레타

제4항 j는 자음과 모음 사이에 올 때에 앞의 자음과 합쳐서 적는다.

fjäril 피에릴　　　mjuk 미우크　　　kedja 셰디아　　　Björn 비에른

제5항 k는 'ㅋ'으로 적되, e, i, ä, y, ö 앞에서는 '시'로 적고 뒤따르는 모음과 합쳐 적는다.

Kungsholm 쿵스홀름　　　　　　Norrköping 노르셰핑

제6항 어말 또는 자음 앞의 l은 받침 'ㄹ'로 적고, 어중의 l이 모음 앞에 올 때에는 'ㄹㄹ'로 적는다.

folk 폴크　　　　　tal 탈　　　　　tala 탈라

제7항 어두의 lj는 '이'로 적되 뒤따르는 모음과 합쳐 적고, 어중의 lj는 'ㄹ리'로 적는다.

Ljusnan 유스난　　　　　　Södertälje 쇠데르텔리에

제8항 n은 어말에서 m 다음에 올 때 적지 않는다.

Karlshamn 칼스함　　　　　　namn 남

제9항 nk는 자음 t 앞에서는 'ㅇ'으로, 그 밖의 경우에는 'ㅇ크'로 적는다.

anka 앙카　　Sankt 상트　　punkt 풍트　　bank 방크

제10항 sk는 '스ㅋ'으로 적되 e, i, ä, y, ö 앞에서는 '시'로 적고, 뒤따르는 모음과 합쳐 적는다.

Skoglund 스코글룬드　　skuldra 스쿨드라　　skål 스콜
skörd 셰르드　　skydda 쉬다

제11항 ö는 '외'로 적되 g, j, k, kj, lj, skj 다음에서는 '에'로 적고, 앞의 '이' 또는 '시'와 합쳐서 적는다. 다만, jö 앞에 그 밖의 자음이 올 때에는 j는 앞의 자음과 합쳐 적고, ö는 '에'로 적는다.

Örebro 외레브로　　Göta 예타　　Jönköping 옌셰핑
Björn 비에른　　Björling 비엘링　　mjöl 미엘

제12항 같은 자음이 겹치는 경우에는 겹치지 않은 경우와 같이 적는다.
단, mm, nn은 모음 앞에서 'ㅁㅁ', 'ㄴㄴ'으로 적는다.

Kattegatt 카테가트　　Norrköping 노르셰핑　　Uppsala 웁살라
Bromma 브롬마　　Dannemora 단네모라

제14절 노르웨이어의 표기

[표 12]에 따르고, 다음과 같은 특징을 살려서 적는다.

제1항

1. b, g가 무성 자음 앞에 올 때에는 받침 'ㅂ, ㄱ'으로 적는다.
   Ibsen 입센　　sagtang 삭탕
2. k, p, t는 무성 자음 앞에서 받침 'ㄱ, ㅂ, ㅅ'으로 적는다.
   lukt 룩트　　september 셉템베르　　husets 후셋스

제2항 c는 'ㅋ'으로 적되, e, i, y, æ, ø 앞에서는 'ㅅ'으로 적는다.

Jacob 야코브　　Vincent 빈센트

제3항 d

1. 모음 앞의 d는 'ㄷ'으로 적되, 장모음 뒤에서는 적지 않는다.
   Bodø 보되　　Norden 노르덴
   (장모음 뒤) spade 스파에
2. ld, nd의 d는 적지 않는다.
   Harald 하랄　　Aasmund 오스문
3. 장모음+rd의 d는 적지 않는다.
   fjord 피오르　　nord 노르　　Halvard 할바르
4. 단모음+rd의 d는 어말에서는 '드'로 적는다.
   ferd 페르드　　mord 모르드
5. 장모음+d의 d는 적지 않는다.
   glad 글라　　Sjaastad 쇼스타

6. 그 밖의 경우에는 '드'로 적는다.

dreng 드렝 bad 바드

※ 모음의 장단에 대해서는 노르웨이어의 발음을 보여 주는 사전을 참조하여야 한다.

제4항 g

1. 모음 앞의 g는 'ㄱ'으로 적되 e, i, y, æ, ø 앞에서는 '이'로 적고 뒤따르는 모음과 합쳐 적는다.

   god 고드 gyllen 윌렌

2. g는 이중 모음 뒤와 ig, lig에서는 적지 않는다.

   haug 헤우 deig 데이 Solveig 솔베이

   fattig 파티 farlig 팔리

3. n 앞의 g는 'ㅇ'으로 적는다.

   Agnes 앙네스 Magnus 망누스

4. 무성 자음 앞의 g는 받침 'ㄱ'으로 적는다.

   sagtang 삭탕

5. 그 밖의 자음 앞과 어말에서는 '그'로 적는다.

   berg 베르그 helg 헬그 Grieg 그리그

제5항 j는 자음과 모음 사이에 올 때에 앞의 자음과 합쳐서 적는다.

Bjørn 비에른 fjord 피오르 Skodje 스코디에

Evje 에비에 Tjeldstø 티엘스퇴

제6항 k는 'ㅋ'으로 적되 e, i, y, æ, ø 앞에서는 '시'로 적고, 뒤따르는 모음과 합쳐 적는다.

Rikard 리카르드　　　Kirsten 시르스텐

제7항 어말 또는 자음 앞의 l은 받침 'ㄹ'로 적고, 어중의 l이 모음 앞에 올 때에는 'ㄹㄹ'로 적는다.

sol 솔　　　Quisling 크비슬링

제8항 nk는 자음 t 앞에서는 'ㅇ'으로, 그 밖의 경우에는 'ㅇ크'로 적는다.

punkt 풍트　　　bank 방크

제9항 sk는 '스ㅋ'로 적되, e, i, y, æ, ø 앞에서는 '시'로 적고 뒤따르는 모음과 합쳐 적는다.

skatt 스카트　　　Skienselv 시엔스엘브

제10항 t

1. 어말 관사 et의 t는 적지 않는다.
   huset 후세　　　møtet 뫼테　　　taket 타케

2. 다만, 어말 관사 et에 s가 첨가되면 받침 'ㅅ'으로 적는다.
   husets 후셋스

제11항 eg

1. eg는 n, l 앞에서 '에이'로 적는다.
   regn 레인　　　tegn 테인　　　negl 네일

2. 그 밖의 경우에는 '에그'로 적는다.
   deg 데그　　　egg 에그

제12항 ø는 '외'로 적되, g, j, k, kj, lj, skj 다음에서는 '에'로 적고 앞의 '이' 또는

'시'와 합쳐서 적는다. 다만, jø 앞에 그 밖의 자음이 올 때에는 j는 앞의 자음과 합쳐 적고 ø는 '에'로 적는다.

Bodø 보되 Gjøvik 예비크 Bjørn 비에른

제13항 같은 자음이 겹치는 경우에는 겹치지 않은 경우와 같이 적는다. 단, mm, nn은 모음 앞에서 'ㅁㅁ', 'ㄴㄴ'으로 적는다.

Moss 모스 Mikkjel 미셸 Matthias 마티아스
Hammerfest 함메르페스트

제15절 덴마크어의 표기

[표 13]에 따르고, 다음과 같은 특징을 살려서 적는다.

제1항

1. b는 무성 자음 앞에서 받침 'ㅂ'으로 적는다.
   Jacobsen 야콥센 Jakobsen 야콥센
2. k, p, t는 무성 자음 앞에서 받침 'ㄱ, ㅂ, ㅅ'으로 적는다.
   insekt 인섹트 september 셉템베르 nattkappe 낫카페

제2항 c는 'ㅋ'으로 적되, e, i, y, æ, ø 앞에서는 'ㅅ'으로 적는다.

campere 캄페레 centrum 센트룸

제3항 d

1. ds, dt, ld, nd, rd의 d는 적지 않는다.

plads 플라스　kridt 크리트　fødte 푀테
vold 볼　Kolding 콜링　Öresund 외레순
Jylland 윌란　hård 호르　bord 보르
nord 노르

2. 다만, ndr의 d는 '드'로 적는다.

andre 안드레　vandre 반드레

3. 그 밖의 경우에는 '드'로 적는다.

dreng 드렝

제4항 g

1. 어미 ig의 g는 적지 않는다.

vældig 벨디　mandig 만디　herlig 헤를리
lykkelig 뤼켈리　Grundtvig 그룬트비

2. u와 l 사이의 g는 적지 않는다.

fugl 풀　kugle 쿨레

3. borg, berg의 g는 적지 않는다.

Nyborg 뉘보르　Esberg 에스베르
Frederiksberg 프레데릭스베르

4. 그 밖의 자음 앞과 어말에서는 '그'로 적는다.

magt 마그트　dug 두그

제5항 j는 자음과 모음 사이에 올 때에 앞의 자음과 합쳐서 적는다.

Esbjerg 에스비에르그　Skjern 스키에른
Kjellerup 키엘레루프　Fjellerup 피엘레루프

제6항 어말 또는 자음 앞의 l은 받침 'ㄹ'로 적고, 어중의 l이 모음 앞에 올 때에는 'ㄹㄹ'로 적는다.

Holstebro 홀스테브로 Lolland 롤란

제7항 v

1. 모음 앞의 v는 'ㅂ'으로 적되, 단모음 뒤에서는 '우'로 적는다.

   Vejle 바일레 dvale 드발레 pulver 풀베르
   rive 리베 lyve 뤼베 løve 뢰베
   doven 도우엔 hoven 호우엔 oven 오우엔
   sove 소우에

2. lv의 v는 묵음일 때 적지 않는다.

   halv 할 gulv 굴

3. av, æv, øv, ov, ev에서는 '우'로 적는다.

   gravsten 그라우스텐 havn 하운 København 쾨벤하운
   Thorshavn 토르스하운 jævn 예운 Støvle 스퇴울레
   lov 로우 rov 로우 Hjelmslev 옐름슬레우

4. 그 밖의 경우에는 '브'로 적는다.

   arv 아르브

※ 묵음과 모음의 장단에 대해서는 덴마크어의 발음을 보여 주는 사전을 참조하여야 한다.

제8항 같은 자음이 겹치는 경우에는 겹치지 않은 경우와 같이 적는다.

lykkelig 뤼켈리 hoppe 호페 Hjørring 예링
blomme 블로메 Rønne 뢰네

제16절 말레이인도네시아어의 표기

[표 14]에 따르고, 다음과 같은 특징을 살려서 적는다.

제1항 유음이나 비음 앞에 오는 파열음은 '으'를 붙여 적는다.

Prambanan 프람바난　　Trisno 트리스노
Ibrahim 이브라힘　　Fakhrudin 파크루딘
Tasikmalaya 타시크말라야　　Supratman 수프라트만

제2항 sy는 뒤따르는 모음과 합쳐서 '샤, 셰, 시, 쇼, 슈' 등으로 적는다. 구철자 sh는 sy와 마찬가지로 적는다.

Syarwan 샤르완　　Syed 셋
Paramesywara 파라메시와라　　Shah 샤

제3항 인도네시아 어의 구철자 dj와 tj는 신철자 j, c와 마찬가지로 적는다.

Djakarta 자카르타　　Banda Atjeh 반다아체
Jakarta 자카르타　　Banda Aceh 반다아체

제4항 인도네시아 어의 구철자 j와 sj는 신철자 y, sy와 마찬가지로 적는다.

Jusuf 유숩　　Sjarifuddin 샤리푸딘
Yusuf 유숩　　Syarifuddin 샤리푸딘

제5항 인도네시아 어의 구철자 bh와 dh는 신철자 b, d와 마찬가지로 적는다.

Bhinneka 비네카　　Yudhoyono 유도요노
Binneka 비네카　　Yudoyono 유도요노

제6항 인도네시아 어의 구철자 ch는 신철자 kh와 마찬가지로 적는다.

Chairil 하이릴	Bacharuddin 바하루딘
Khairil 하이릴	Bakharuddin 바하루딘

제7항 말레이시아 어의 구철자 ch는 신철자 c와 마찬가지로 적는다.

Changi 창이	Kuching 쿠칭
Cangi 창이	Kucing 쿠칭

제8항 말레이시아 어 철자법에 따라 표기한 gh, th는 각각 g, t와 마찬가지로 적는다.

Ghazali 가잘리 (말레이시아어 철자법)	baligh 발릭	Mahathir 마하티르
Gazali 가잘리 (인도네시아어 철자법)	balig 발릭	Mahatir 마하티르

제9항 어중의 l이 모음 앞에 올 때에는 'ㄹㄹ'로 적는다.

Palembang 팔렘방	Malik 말릭

제10항 같은 자음이 겹쳐 나올 때에는 한 번만 적는다.

Hasanuddin 하사누딘	Mohammad 모하맛
Mappanre 마판레	Bukittinggi 부키팅기

제11항 반모음 w는 뒤의 모음과 합쳐 '와', '웨' 등으로 적는다. 자음 뒤에 w가 올 때에는 두 음절로 갈라 적되, 앞에 자음 k가 있으면 '콰', '퀘' 등으로 한 음절로 붙여 적는다.

Megawati 메가와티	Anwar 안와르
kwartir 콰르티르	kweni 퀘니

제12항 반모음 y는 뒤의 모음과 합쳐 '야', '예' 등으로 적으며 앞에 자음이 있을 경우에는 그 자음까지 합쳐 적는다. 다만, g나 k가 y 앞에 올 때에는 합쳐 적지 않고 뒤 모음과만 합쳐 적는다.

Yadnya 야드냐	tanya 타냐
satya 사탸	Yogyakarta 욕야카르타

제13항 e는 [e]와 [ə] 두 가지로 소리 나므로 발음을 확인하여 [e]는 '에'로 [ə]는 '으'로 적는다. 다만, ye의 e가 [ə]일 때에는 ye를 '여'로 적는다.

Ampenan 암페난	sate 사테	Cirebon 치르본
kecapi 크차피	Yeh Sani 예사니	Nyepi 녀피

제14항 같은 모음이 겹쳐 나올 때에는 한 번만 적는다.

Pandaan 판단	saat 삿

제15항 인도네시아 어의 구철자 중모음 표기 oe, ie는 신철자 u, i와 마찬가지로 '우, 이'로 적는다.

Bandoeng 반둥	Habibie 하비비
Bandung 반둥	Habibi 하비비

제17절 타이어의 표기

[표 15]에 따르고, 다음과 같은 특징을 살려서 적는다.

제1항 유음 앞에 오는 파열음은 '으'를 붙여 적는다.

Nakhaprathip 나카쁘라팁　　Krungthep 끄룽텝
Phraya 프라야　　Songkhram 송크람

제2항 모음 사이에서 l은 'ㄹㄹ'로, ll은 'ㄴㄹ'로 적는다.

thale 탈레　　malako 말라꼬
Sillapaacha 신라빠차　　Kallasin 깐라신

제3항 같은 자음이 겹쳐 있을 때에는 겹치지 않은 경우와 같이 적는다. -pph-, -tth- 등 같은 계열의 자음이 겹쳐 나올 때에도 겹치지 않은 경우와 같이 적는다. 다만, -mm-, -nn-의 경우에는 'ㅁㅁ', 'ㄴㄴ'으로 적는다.

Suwit Khunkitti 수윗 쿤끼띠　　Pattani 빠따니
Ayutthaya 아유타야　　Thappharangsi 타파랑시
Thammamongkhon 탐마몽콘　　Lanna Thai 란나타이

제4항 관용적 로마자 표기에서 c 대신 쓰이는 j는 c와 마찬가지로 적는다.

Janthaphimpha 짠타핌파　　Jit Phumisak 찟 푸미삭

제5항 sr와 thr는 모음 앞에서 s와 마찬가지로 'ㅅ'으로 적는다.

Intharasuksri 인타라숙시　　Sri Chang 시창
Bangthrai 방사이

제6항 반모음 y는 모음 사이, 또는 어두에 있을 때에는 뒤의 모음과 합쳐 '야,

예' 등으로 적으며, 자음과 모음 사이에 있을 때에는 앞의 자음과는 갈라 적고 뒤의 모음과는 합쳐 적는다.

khaoniyao 카오니야오　　yai 야이
Adunyadet 아둔야뎃　　lamyai 람야이

제7항 반모음 w는 뒤의 모음과 합쳐 '와', '웨' 등으로 적는다. 자음 뒤에 w가 올 때에는 두 음절로 갈라 적되, 앞에 자음 k, kh가 있으면 '꽈', '콰', '꿰', '퀘' 등으로 한 음절로 붙여 적는다.

Suebwongli 습웡리　　Sukhumwit 수쿰윗
Huaikhwang 후아이쾅　　Maenamkhwe 매남퀘

제8항 관용적 로마자 표기에서 사용되는 or은 '오'로 적고, oo는 '우'로, ee는 '이'로 적는다.

Korn 꼰　　Somboon 솜분　　Meechai 미차이

제18절 베트남어의 표기

[표 16]에 따르고, 다음과 같은 특징을 살려서 적는다.

제1항 nh는 이어지는 모음과 합쳐서 한 음절로 적는다. 어말이나 자음 앞에서는 받침 'ㄴ' 으로 적되, 그 앞의 모음이 a인 경우에는 a와 합쳐 '아인'으로 적는다.

Nha Trang 냐짱　　Hô Chi Minh 호찌민
Thanh Hoa 타인호아　　Đông Khanh 동카인

제2항 qu는 이어지는 모음이 a일 경우에는 합쳐서 '꽈'로 적는다.

Quang 꽝　　hat quan ho 핫꽌호　　Quôc 꾸옥　　Quyên 꾸옌

제3항 y는 뒤따르는 모음과 합쳐서 한 음절로 적는다.

yên 옌　　Nguyên 응우옌

제4항 어중의 l이 모음 앞에 올 때에는 'ㄹㄹ'로 적는다.

klông put 끌롱뿟　　Pleiku 쁠래이꾸
Ha Long 할롱　　My Lay 밀라이

다만, 인명의 성과 이름은 별개의 단어로 보아 이 규칙을 적용하지 않는다.

Thê Lư 테르　　Chê Lan Viên 쩨란비엔

제19절 포르투갈어의 표기

[표 17]에 따르고, 다음과 같은 특징을 살려서 적는다. 다만, '브라질 포르투갈어에서'라는 단서가 붙은 조항은 브라질 지명·인명의 표기에만 적용한다.

제1항 c, g

c, g는 a, o, u 앞에서는 각각 'ㅋ, ㄱ'으로 적고, e, i 앞에서는 'ㅅ, ㅈ'으로 적는다.

Cabral 카브랄　　Camocim 카모싱
Egas 에가스　　Gil 질

제2항 gu, qu

gu, qu는 a, o, u 앞에서는 각각 '구, 쿠'로 적고, e, i 앞에서는 'ㄱ, ㅋ'으로 적는다.

Iguaçú 이구아수　　Araquari 아라쿠아리
Guerra 게하　　Aquilino 아킬리누

제3항 d, t

d, t는 ㄷ, ㅌ으로 적는다. 다만, 브라질 포르투갈어에서 i 앞이나 어말 e 및 어말 -es 앞에서는 'ㅈ, ㅊ'으로 적는다.

Amado 아마두　　Costa 코스타
Diamantina 디아만티나　　Diamantina 지아만치나 (브)
Alegrete 알레그레트　　Alegrete 알레그레치 (브)
Montes 몬트스　　Montes 몬치스 (브)

제4항 어말의 -che는 '시'로 적는다.

Angoche 앙고시　　Peniche 페니시

제5항 l

1. 어중의 l이 모음 앞에 오거나 모음이 따르지 않는 비음 앞에 오는 경우에는 'ㄹㄹ'로 적는다. 다만, 비음 뒤의 l은 모음 앞에 오더라도 'ㄹ'로 적는다.

   Carlos 카를루스　　Amalia 아말리아

2. 어말 또는 자음 앞의 l은 받침 'ㄹ'로 적는다. 다만, 브라질 포르투갈어에서 자음 앞이나 어말에 오는 경우에는 '우'로 적되, 어말에 -ul이 오는 경우에는 '울'로 적는다.

   Sul 술　　Azul 아줄
   Gilberto 질베르투　　Gilberto 지우베르투 (브)

Caracol 카라콜	Caracol 카라코우 (브)

제6항 m, n은 각각 ㅁ, ㄴ으로 적고, 어말에서는 모두 받침 'ㅇ'으로 적는다. 어말 -ns의 n도 받침 'ㅇ'으로 적는다.

Manuel 마누엘	Moniz 모니스	Campos 캄푸스
Vincente 빈센트	Santarem 산타렝	Rondon 혼동
Lins 링스	Rubens 후벵스	

제7항 ng, nc, nq 연쇄에서 'g, c, q'가 'ㄱ'이나 'ㅋ'으로 표기되면 'n'은 받침 'ㅇ'으로 적는다.

Angola 앙골라	Angelo 안젤루
Branco 브랑쿠	Francisco 프란시스쿠
Conquista 콩키스타	Junqueiro 중케이루

제8항 r는 어두나 n, l, s 뒤에 오는 경우에는 'ㅎ'으로 적고, 그 밖의 경우에는 'ㄹ, 르'로 적는다.

Ribeiro 히베이루	Henrique 엔히크
Bandeira 반데이라	Salazar 살라자르

제9항 s

1. 어두나 모음 앞에서는 'ㅅ'으로 적고, 모음 사이에서는 'ㅈ'으로 적는다.

Salazar 살라자르	Afonso 아폰수
Barroso 바호주	Gervasio 제르바지우

2. 무성 자음 앞이나 어말에서는 '스'로 적고, 유성 자음 앞에서는 '즈'로 적는다.

Fresco 프레스쿠	Soares 소아르스
mesmo 메즈무	comunismo 코무니즈무

제10항 sc, sç, xc

sc와 xc는 e, i 앞에서 'ㅅ'으로 적는다. sç는 항상 'ㅅ'으로 적는다.

Nascimento 나시멘투	piscina 피시나
excelente 이셀렌트	cresça 크레사

제11항 x는 '시'로 적되, 어두 e와 모음 사이에 오는 경우에는 'ㅈ'으로 적는다.

Teixeira 테이셰이라	lixo 리슈
exame 이자므	exemplo 이젬플루

제12항 같은 자음이 겹치는 경우에는 겹치지 않은 경우와 같이 적는다. 다만, rr는 'ㅎ, 흐'로, ss는 'ㅅ, 스'로 적는다.

Garrett 가헤트	Barroso 바호주
Mattoso 마토주	Toress 토레스

제13항 o는 '오'로 적되, 어말이나 -os의 o는 '우'로 적는다.

Nobre 노브르	António 안토니우
Melo 멜루	Saramago 사라마구
Passos 파수스	Lagos 라구스

제14항 e는 '에'로 적되, 어두 무강세 음절에서는 '이'로 적는다. 어말에서는 '으'로 적되, 브라질 포르투갈어에서는 '이'로 적는다.

Montemayor 몬테마요르	Estremoz 이스트레모스
Chifre 시프르	Chifre 시프리 (브)
de 드	de 지 (브)

제15항 -es

1. p, b, m, f, v 다음에 오는 어말 -es는 '-에스'로 적는다.

Lopes 로페스 Gomes 고메스
Neves 네베스 Chaves 샤베스

2. 그 밖의 어말 -es는 '-으스'로 적는다. 다만, 브라질 포르투갈어에서는 '-이스'로 적는다.

Soares 소아르스 Pires 피르스
Dorneles 도르넬리스 (브) Correntes 코헨치스 (브)

※ 포르투갈어 강세 규칙은 다음과 같다.

① 자음 l, r, z, 모음 i, u, 비음 im, um, ã, ão, ões 로 끝나는 단어는 마지막 음절에 강세가 온다.

② á, é, ê, ó, ô, í, ú 등과 같이 단어에 강세 표시가 있는 경우는 그곳에 강세가 온다.

③ 그 밖의 경우에는 끝에서 두 번째 음절에 강세가 온다.

제20절 네덜란드어의 표기

[표 18]에 따르고, 다음과 같은 특징을 살려서 적는다.

제1항 무성 파열음 p, t, k는 자음 앞이나 어말에 올 경우에는 각각 받침 'ㅂ, ㅅ, ㄱ'으로 적는다. 다만, 앞 모음이 이중 모음이거나 장모음(같은 모음을 겹쳐 적는 경우)인 경우와 앞이나 뒤의 자음이 유음이나 비음인 경우에는 '프, 트, 크'로 적는다.

Wit 빗 Gennip 헤닙 Kapteyn 캅테인
september 셉템버르 Petrus 페트뤼스 Arcadelt 아르카덜트
Hoop 호프 Eijkman 에이크만

제2항 유성 파열음 b, d가 어말에 올 경우에는 각각 '프, 트'로 적고, 어중에 올 경우에는 앞이나 뒤의 자음이 유음이나 비음인 경우와 앞 모음이 이중 모음이거나 장모음(같은 모음을 겹쳐 적는 경우)인 경우에는 '브, 드'로 적는다. 그 외에는 모두 받침 'ㅂ, ㅅ'으로 적는다.

ram 브람	Hendrik 헨드릭	Jakob 야코프
Edgar 엣하르	Zeeland 제일란트	Koenraad 쿤라트

제3항 v가 어두에 올 경우에는 'ㅍ, 프'로 적고, 그 외에는 모두 'ㅂ, 브'로 적는다.

Veltman 펠트만	Vries 프리스
Grave 흐라버	Weltevree 벨테브레이

제4항 c는 차용어에 쓰이므로 해당 언어의 발음에 따라 'ㅋ'이나 'ㅅ'으로 적는다.

Nicolaas 니콜라스	Hendricus 헨드리퀴스
cyaan 시안	Franciscus 프란시스퀴스

제5항 g, ch는 'ㅎ'으로 적되, 차용어의 경우에는 해당 언어의 발음에 따라 적는다.

gulden 휠던	Haag 하흐
Hooch 호흐	Volcher 폴허르
Eugene 외젠	Michael 미카엘

제6항 -tie는 '시'로 적는다.

natie 나시	politie 폴리시

제7항 어중의 l이 모음 앞에 오거나 모음이 따르지 않는 비음 앞에 올 때에는 'ㄹㄹ'로 적는다. 다만, 비음 뒤의 l은 모음 앞에 오더라도 'ㄹ'로 적는다.

Tiele 틸러 / Zalm 잘름
Berlage 베를라허 / Venlo 펜로

제8항 nk

k 앞에 오는 n은 받침 'ㅇ'으로 적는다.

Frank 프랑크 / Hiddink 히딩크
Benk 벵크 / Wolfswinkel 볼프스빙컬

제9항 같은 자음이 겹치는 경우에는 겹치지 않은 경우와 같이 적는다.

Hobbema 호베마 / Ballot 발롯
Emmen 에먼 / Gennip 헤닙

제10항 e는 '에'로 적는다. 다만, 2 음절 이상에서 마지막 음절에 오는 e와 어말의 e는 모두 '어'로 적는다.

Dennis 데니스 / Breda 브레다
Stevin 스테빈 / Peter 페터르
Heineken 헤이네컨 / Campen 캄펀

제11항 같은 모음이 겹치는 경우에는 겹치지 않은 경우와 같이 적는다. 다만, ee는 '에이'로 적는다.

Hooch 호흐 / Mondriaan 몬드리안
Kees 케이스 / Meerssen 메이르선

제12항 -ig는 '어흐'로 적는다.

tachtig 타흐터흐 / hartig 하르터흐

제13항 -berg는 '베르흐'로 적는다.

Duisenberg 다위센베르흐　　Mengelberg 멩엘베르흐

제14항 over-는 '오버르'로 적는다.

Overijssel 오버레이설　　overkomst 오버르콤스트

제15항 모음 è, é, ê, ë는 '에'로 적고, ï는 '이'로 적는다.

carré 카레　　casuïst 카수이스트
drieëntwintig 드리엔트빈터흐

제21절 러시아어의 표기

[표 19]에 따르고, 다음과 같은 특징을 살려서 적는다.

제1항 p(п), t(т), k(к), b(б), d(д), g(г), f(ф), v(в)

파열음과 마찰음 f(ф)·v(в)는 무성 자음 앞에서는 앞 음절의 받침으로 적고, 유성 자음 앞에서는 '으'를 붙여 적는다.
Sadko(Садко) 삿코
Agryz(Агрыз) 아그리스
Akbaur(Акбаур) 아크바우르
Rostopchinya(Ростопчиня) 로스톱치냐
Akmeizm(Акмеизм) 아크메이즘
Rubtsovsk(Рубцовск) 룹촙스크
Bryatsk(Брятск) 브랴츠크
Lopatka(Лопатка) 로팟카

Yefremov(Ефремов) 예프레모프
Dostoevskii(Достоевский) 도스토옙스키

제2항 z(з), zh(ж)

z(з)와 zh(ж)는 유성 자음 앞에서는 'ㅈ'로 적고 무성 자음 앞에서는 각각 'ㅅ, 시'로 적는다.

Nazran'(Назрань) 나즈란
Nizhnii Tagil(Нижний Тагил) 니즈니타길
Ostrogozhsk(Острогожск) 오스트로고시스크
Luzhkov(Лужков) 루시코프

제3항 지명의 -grad(град)와 -gorod(город)는 관용을 살려 각각 '-그라드', '-고로드'로 표기한다.

Volgograd(Волгоград) 볼고그라드
Kaliningrad(Калининград) 칼리닌그라드
Slavgorod(Славгород) 슬라브고로드

제4항 자음 앞의 -ds(дс)-는 'ㅊ'로 적는다.

Petrozabodsk(Петрозаводск) 페트로자보츠크
Vernadskii(Вернадский) 베르나츠키

제5항 어말 또는 자음 앞의 l(л)은 받침 'ㄹ'로 적고, 어중의 l이 모음 앞에 올 때에는 'ㄹㄹ'로 적는다.

Pavel(Павел) 파벨
Nikolaevich(Николаевич) 니콜라예비치
Zemlya(Земля) 제믈랴
Tsimlyansk(Цимлянск) 치믈랸스크

제6항 l'(ль), m(м)이 어두 자음 앞에 오는 경우에는 각각 '리', '므'로 적는다.

L'bovna(**Льбовна**) 리보브나　　Mtsensk(**Мценск**) 므첸스크

제7항 같은 자음이 겹치는 경우에는 겹치지 않은 경우와 같이 적는다.
다만, mm(мм), nn(нн)은 모음 앞에서 'ㅁㅁ', 'ㄴㄴ'으로 적는다.

Gippius(**Гиппиус**) 기피우스　　Avvakum(**Аввакум**) 아바쿰
Odessa(**Одесса**) 오데사　　Akkol'(**Акколь**) 아콜
Sollogub(**Соллогуб**) 솔로구프　　Anna(**Анна**) 안나
Gamma(**Гамма**) 감마

제8항 e(е, э)는 자음 뒤에서는 '에'로 적고, 그 외의 경우에는 '예'로 적는다.

Aleksei(**Алексей**) 알렉세이
Egvekinot(**Егвекинот**) 예그베키노트

제9항 연음 부호 '(ь)
연음 부호 '(ь)은 '이'로 적는다. 다만, l', m', n'(ль, мь, нь)이 자음 앞이나 어말에 오는 경우에는 적지 않는다.

L'bovna(**Льбовна**) 리보브나　　Igor'(**Игорь**) 이고리
Il'ya(**Илья**) 일리야　　D'yakovo(**Дьяково**) 디야코보
Ol'ga(**Ольга**) 올가　　Perm'(**Пермь**) 페름
Ryazan'(**Рязань**) 랴잔　　Gogol'(**Гоголь**) 고골

제10항 dz(дз), dzh(дж)는 각각 z, zh와 같이 적는다.

Dzerzhinskii(**Дзержинский**) 제르진스키
Tadzhikistan(**Таджикистан**) 타지키스탄

제4장 인명, 지명 표기의 원칙

제1절 표기 원칙

제1항 외국의 인명, 지명의 표기는 제1장, 제2장, 제3장의 규정을 따르는 것을 원칙으로 한다.

제2항 제3장에 포함되어 있지 않은 언어권의 인명, 지명은 원지음을 따르는 것을 원칙으로 한다.

Ankara 앙카라　　　　Gandhi 간디

현재 외래어 표기법 제3장에는 영어부터 러시아어까지 총 21개 언어가 제시되어 있을 뿐이어서 여기에 포함되지 않은 수많은 언어권의 인명과 지명에 대해서는 특별한 규정이 없다. 원칙적으로는 해당 언어에 대한 특별한 규정이 없다 하더라도 그 지역에서 발음되는 대로 인명과 지명을 표기하여야 한다. 예를 들어 터키어에 대한 규정은 따로 없지만 터키의 수도 Ankara는 현지 발음에 의거하여 '앙카라'로 적는다. 이를 영어권에서 통용되는 발음인 '앵커러'나 '앙커러'로 표기하지 않는다.

제3항 원지음이 아닌 제3국의 발음으로 통용되고 있는 것은 관용을 따른다.

Hague 헤이그 Caesar 시저

외국의 인명이나 지명이 원래의 발음으로 우리말에 유입되지 않고 제3국의 발음으로 유입되어 더 널리 쓰이는 경우도 있다. 네덜란드의 도시 Hague는 원지음이 Den Hagg(덴 하그)이지만 우리에게는 영어식 이름인 '헤이그'가 더 익숙하고, 고대 이탈리아 인물인 Caesar도 원래 라틴어로는 '카이사르'로 발음되지만 한국어에서는 영어식 발음인 '시저'가 더 널리 쓰이고 있다. 따라서 관용을 존중하여 원지음과는 다른 '헤이그', '시저' 등을 사용하도록 하였다. 다만, 'Caesar'는 원어 발음에 따라 '카이사르'로도 적을 수 있다.

제4항 고유 명사의 번역명이 통용되는 경우 관용을 따른다.

Pacific Ocean 태평양 Black Sea 흑해

외국의 지명 중 '태평양, 대서양, 흑해, 홍해, 북해, 목요섬' 등과 같이 해당 지역의 발음이 아니라 이를 한자로 번역한 이름이 더 널리 쓰이는 경우가 있다. 이러한 경우는 관습을 존중하여 그대로 표기한다.

제2절 동양의 인명, 지명 표기

제1항 중국 인명은 과거인과 현대인을 구분하여 과거인은 종전의 한자음대로 표기하고, 현대인은 원칙적으로 중국어 표기법에 따라 표기하되, 필요한 경우 한자를 병기한다.

중국의 '과거인'과 '현대인'을 구분하는 기준이 되는 것은 1911년 '신해혁명(辛亥革命)'이다. 중국 역사상 최초로 민주 공화정이 선포된 이 사건을 기준으로 하여 그 이전의 인물은 '과거인'으로 보아 우리 한자음으로 인명을 표기하고, 이후의 인물은 '현대인'으로 보아 중국어 표기법에 따라 표기한다. 다만, 1911년 이후에 생존한 인물 중 우리 한자음 인명으로 널리 알려진 경우에는 한자음 표기와 중국어 표기를 둘 다 사용할 수 있다(예: 蔣介石을 '장개석' 또는 '장제스'로 표기).

제2항 중국의 역사 지명으로서 현재 쓰이지 않는 것은 우리 한자음대로 하고, 현재 지명과 동일한 것은 중국어 표기법에 따라 표기하되, 필요한 경우 한자를 병기한다.

외국의 지명은 해당 언어의 외래어 표기법에 따라 표기하는 것이 원칙이다. 그러나 중국 역사에 등장하는 옛 지명은 우리 한자음대로 읽는 것이 통용되고 있으므로 표기에도 이를 반영하도록 하였다. 예를 들어, 중국 산시성 '시안(西安)'의 옛 이름인 '長安'은 중국의 역사를 언급할 때 자주 사용되는 지명이지만 현재 중국에서는 사용되지 않는 지명이다. 따라서 이는 우리 한자음에 따라 '장안'으로 표기한다. 그에 비해 '장안'과 마찬가지로 유명한 역사적 지명인 '洛陽'은 현재도 중국에서 그대로 쓰이고 있으므로 우리 한자음인 '낙양'으로 쓰지 않고 중국어 표기법에 따라 '뤄양'으로 적는다.

제3항 일본의 인명과 지명은 과거와 현대의 구분 없이 일본어 표기법에 따라 표기하는 것을 원칙으로 하되, 필요한 경우 한자를 병기한다.

중국의 인명과 지명은 과거와 현대를 나누어 표기하도록 하였지만, 일본의 인명과 지명은 과거와 현대의 구분 없이 현지 발음대로 표기하는 것이 원칙이다. 따라서 '德川家康', '江戶' 같은 과거의 인명과 지명을 '덕천가강', '강호'와 같이 우리 한자음대로 쓰지 않고 '도쿠가와 이에야스', '에도'로 적는다.

제4항 중국 및 일본의 지명 가운데 한국 한자음으로 읽는 관용이 있는 것은 이를 허용한다.

東京 도쿄, 동경　　京都 교토, 경도　　上海 상하이, 상해
臺灣 타이완, 대만　　黃河 황허, 황하

제2항과 제3항의 규정에 따라 중국 및 일본의 현재 지명은 각각 중국어 표기법과 일본어 표기법에 따라 표기하여야 하지만, 몇몇 지명은 한국 한자음 이름이 널리 쓰이는 경우도 있다. 예를 들어, 일본의 '東京'이나 중국의 '上海' 등은 '도쿄', '상하이'라는 현지음 외에 '동경', '상해'라는 한국 한자음도 널리 쓰이고 있다. 이들 지명이 포함된 고유 명사의 경우도 마찬가지여서 '東京大學校', '上海交通大學' 등은 각각 '동경대학교', '상해교통대학'으로 읽는 것이 일반적이다. 이처럼 한국 한자음으로 읽는 것이 널리 쓰이는 경우는 원지음과 함께 이것도 허용한다('관용'의 허용 범위는 국립국어원의 외래어 표기 용례집을 참조).

제3절 바다, 섬, 강, 산 등의 표기 세칙

제1항 바다는 '해(海)'로 통일한다.

홍해 발트해 아라비아해

제2항 우리나라를 제외하고 섬은 모두 '섬'으로 통일한다.

타이완섬 코르시카섬 (우리나라: 제주도, 울릉도)

우리나라 지명에서 섬의 경우는 '제주도, 울릉도, 강화도, 흑산도' 등과 같이 한자 '도(島)'가 결합되는 것이 일반적이고 '뚝섬, 밤섬' 등과 같이 '섬'이 결합하기도 하는데, 외국 지명의 경우는 '섬'을 붙이는 것을 원칙으로 한다. '타이완섬', '코르시카섬'과 같이 외래어 지명은 물론이고 '목요섬'과 같이 우리말로 번역된 외국 지명에도 '섬'을 붙인다.

제3항 한자 사용 지역(일본, 중국)의 지명이 하나의 한자로 되어 있을 경우, '강', '산', '호', '섬' 등은 겹쳐 적는다.

온타케산(御岳) 주장강(珠江) 도시마섬(利島)
하야카와강(早川) 위산산(玉山)

일본이나 중국의 지명에 강이나 산, 호수, 섬을 의미하는 한자가 포함된 경우가 있는데, 예를 들어 일본의 '御岳(온타케)'나 중국의 '玉山(위산)'에 포함된 '岳'과 '山'은 모두 산을 의미하며, 중국의 '珠江(주장), 黃河(황허)', 일본의 '早川(하야카와)'에 포함된 '江, 河, 川'은 강을 의미한다. 그러나 우리말 화자들은 외래어인 '온타케', '위산', '주장'과 '하야카와'에서 각각 산이나 강의 의미를 파악할 수 없으므로 외래어 표기를 할 때에는 '온타케산, 위산산', '주장강, 하야카와강' 등과 같이 원지음 뒤에 '산', '강', '호', '섬' 등을 겹쳐 적는다.

한편 일본의 '對馬島'와 같은 경우는 원지음에 '섬'을 붙여 '쓰시마섬'이라 하는 것이 원칙이다. 그러나 한국 한자음인 '대마도'도 널리 쓰이고 있으므로 관용에 따라 이것도 허용한다.

제4항 지명이 산맥, 산, 강 등의 뜻이 들어 있는 것은 '산맥', '산', '강' 등을 겹쳐 적는다.

Rio Grande 리오그란데강	Monte Rosa 몬테로사산
Mont Blanc 몽블랑산	Sierra Madre 시에라마드레산맥

제3항의 규정과 유사하게, 한자 사용 지역을 제외한 외국의 지명 중 산맥, 산, 강 등을 뜻하는 단어가 포함된 경우에 '산맥', '산', '강' 등을 겹쳐 적도록 하였다. 예를 들어 'Rio Grande(리오그란데)'의 'Rio'는 '강'을 뜻하는 에스파냐어이며 'Monte Rosa(몬테로사)'의 'Mont'나 'Mont Blanc(몽블랑)'의 'Mont'은 에스파냐어와 프랑스어로 모두 '산'을 뜻한다. 그러나 한국어 화자로서는 이러한 의미를 분리하여 인식할 수 없으므로 '리오그란데강', '몬테로사산', '몽블랑산'과 같이 '강'이나 '산' 등을 겹쳐 적는다.

더 알아보기

외래어 표기법의 개정

문화체육관광부에서는 2017년 3월 28일에 외래어 표기법 일부 개정안(문화체육관광부 고시 2017-14호)을 발표하였는데, 이 개정안을 통해 기존 외래어 표기법의 제4장 제3절 제1항 "우리나라 지명과 외국 지명을 '해', '섬', '강', '산' 등이 외래어에 붙을 때에는 띄어 쓰고, 우리말에 붙을 때에는 붙여 쓴다."라는 띄어쓰기 규정이 삭제되었다. 이전에는 이 띄어쓰기 규정에 따라 우리나라 지명에 '동해', '뚝섬', '한강', '북한산' 등과 같이 '해', '섬', '강', '산' 등이 포함될 때에는 붙여 쓰되, 외국 지명의 경우에는 '카리브 해, 타이완 섬, 온타케 산, 주장 강, 도시마 섬, 리오그란데 강, 몽블랑 산' 등과 같이 띄어 써야 했다(단, 외국 지명 중 '북해, 홍해, 흑해, 지중해', '목요섬' 등과 같이 우리말로 번역된 경우에는 우리나라 지명과 마찬가지로 붙여 썼다). 그러나 2017년 6월 1일부터 시행된 새 규정에서는 이러한 띄어쓰기 규정이 사라져서, 앞에 어떤 언어가 오든 상관없이 모두 붙여 쓸 수 있게 되었다. 다만 예외적으로 '대한 해협, 도버 해협' 등과 같이 이전부터 앞에 오는 말의 어종(語種)과 상관없이 일정하게 띄어쓰기를 해 온 경우에는 개정 이후에도 띄어쓰기가 달라지지 않는다.

한편 외래어 표기법 일부 개정안(문화체육관광부 고시 2017-14호)에 따라 띄어쓰기가 달라진 경우로는 위에서 보인 '해(海), 섬, 강(江), 산(山)' 외에도 '성(城), 어(語), 인(人), 족(族)' 등이 포함되어 총 26항목에 이른다. 그 목록은 다음과 같다.

> 가(街), 강(江), 고원(高原), 곶(串), 관(關), 궁(宮), 만(灣), 반도(半島), 부(府), 사(寺), 산(山), 산맥(山脈), 섬, 성(城), 성(省), 어(語), 왕(王), 요(窯), 인(人), 족(族), 주(州), 주(洲), 평야(平野), 해(海), 현(縣), 호(湖) (총 26항목)

전에는 이들 역시 앞에 오는 말의 어종에 따라 우리말 뒤에서는 붙여 쓰고('수원성, 한국어, 한국인, 만주족' 등) 외래어 뒤에서는 띄어 썼다('윈저 성, 그리스 어, 그리스 인, 게르만 족' 등). 그러나 개정 후에는 후자의 경우도 '윈저성, 그리스어, 그리스인, 게르만족' 등과 같이 붙여 쓰게 되었다.

01 외래어 표기의 기본 원칙에서 다음 밑줄 친 부분에 알맞은 말을 써 넣으시오.

(1) 받침에는 ㉠____________________________ 만을 쓴다

(2) 파열음 표기에는 ㉡__________ 을/를 쓰지 않는 것을 원칙으로 한다.

02 다음의 단어들을 외래어 표기법에 따라 바르게 고치고, 그 이유를 규정에 근거하여 설명해 보시오.

① 컨셉(concept) ② 카세트 테입(cassette tape) ③ 맛사지(massage)
④ 리더쉽(leadership) ⑤ 후라이팬(fry pan) ⑥ 웨딩 케익(wedding cake)
⑦ 워크샵(workshop) ⑧ 팀웍(teamwork) ⑨ 아이섀도우(eye shadow)
⑩ 랍스터(lobster) ⑪ 부페(buffet) ⑫ 리미트(limit)

03 다음 영어의 발음을 참고하여 외래어 표기법 원칙에 따라 올바르게 표기해 보시오.

(1) sash[sæʃ]

(2) something [sʌmθiŋ]

(3) top[tɔp]

(4) scout[scaut]

(5) towel[tauəl]

(6) target[tɑːrgit]

04 다음은 학생과 교사 간의 대화이다. 괄호 안의 ㉠, ㉡에 해당하는 말을 순서대로 쓰시오.

> 학생: 선생님, 왜 '쥬스'가 아니라 '주스'로 써야 하나요? 영어 발음이 [dʒuː s]이니 '쥬스'로 표기하는 것이 맞지 않나요?
>
> 교사: 아, 그건 국어의 제약과 관련이 있어요. 표준 발음법 제5항에 따르면, 'ㅑ ㅒ ㅕ ㅖ ㅘ ㅙ ㅛ ㅝ ㅞ ㅠ ㅢ'는 이중 모음으로 발음하는데, 다만 '가져'와 같은 말에서 알 수 있듯이 용언의 ㉠ ______ 에 나타나는 '져, 쪄, 쳐'는 [저, 쩌, 처]로 발음하도록 되어 있어요. 이 규정은 'ㅈ, ㅉ, ㅊ'과 같은 경구개음 뒤에 ㉡ ______ 이/가 연이어 발음될 수 없다는 국어의 제약을 반영한 것이지요. 외래어 표기법도 이러한 국어의 제약을 받아들여 '쟈, 져, 죠, 쥬'나 '챠, 쳐, 쵸, 츄' 대신 '자, 저, 조, 주', '차, 처, 초, 추'로 적는 것이에요.

〈 작 성 방 법 〉

○ ㉡에는 음운을 쓸 것.

㉠ ______________

㉡ ______________

05 외래어 표기 세칙을 참고하여 다음의 인명을 국가별로 어떻게 표기해야 하는지 설명해 보시오.

(1) 독일 작가인 Patrick Suskind는 『좀머 씨 이야기』, 『향수』 등의 소설을 썼다.

(2) 2014년도 노벨 문학상은 프랑스 작가인 Patrick Modiano가 수상하였다.

(3) 영화 「아이 오브 더 스톰」은 노벨 문학상 수상자인 오스트레일리아의 작가 Patrick White의 동명 소설을 영화화한 것이다.

06 프랑스의 Paris나 일본의 大坂는 '빠리', '오사까'에 가깝게 들리지만 '파리', '오사카'로 표기하는 반면 베트남의 '호찌민'이나 태국의 '푸껫'은 된소리를 반영하여 표기하도록 한 이유는 무엇인지 설명해 보시오.

07 〈보기〉의 외래어 표기법 제3항과 관련한 선생님의 설명을 참고하여 〈작성 방법〉에 따라 ㉠, ㉡, ㉢에 알맞은 말을 써 넣으시오.

〈 보 기 〉

외래어 표기법 제3항 받침에는 'ㄱ, ㄴ, ㄹ, ㅁ, ㅂ, ㅅ, ㅇ'만을 적는다.

선생님: 'coffee shop[kʌfi ʃɔp]'을 '커피숖'이라고 잘못 쓴 경우를 흔히 보죠? 외래어 표기법 제3항에서 받침의 [p]와 [k]를 각각 'ㅍ'과 'ㅋ'으로 적지 않고 'ㅂ'과 'ㄱ'으로 적게 한 이유를 누가 말해 볼까요?

학생: 우리말의 음절의 끝소리 규칙에 따르면 받침에는 ㉠ ____________ 의 7가지 자음만이 발음될 수 있기 때문입니다.

선생님: 네, 우리말의 음운 변동 규칙과 관련해서 잘 말했어요. 그런데 'internet[intənet]'은 음절의 끝소리 규칙을 적용한다면 '인터넫'이 되어야 하는데 '인터넷'으로 적잖아요. 그건 왜 그럴까요?

학생: 아, 선생님. 다시 생각해 보니 외래어 표기법 제3항에서 'ㄷ' 대신 'ㅅ'을 쓰게 하는 이유는 ㉡ ________________________________.

선생님: 맞아요. 그래서 음절의 끝소리 규칙에 따른 표기를 일관되게 적용할 수 없는 거예요. 이것은 'ㅂ'과 'ㄱ'도 마찬가지니까 결국 외래어 표기법 제3항은 음절의 끝소리 규칙을 따른 것이 아니라 ㉢ ________ 을/를 고려한 것이지요.

〈 작 성 방 법 〉

○ ㉠에는 음운들을 한글 자모로 열거할 것.
○ ㉡에는 'internet'을 예로 이용하여, 다른 말과의 결합으로 인해 음절의 끝소리 규칙에 따른 표기를 지킬 수 없는 이유를 서술할 것.
○ ㉢에는 발음할 때 발생하는 현상의 이름을 쓸 것.

08 다음 외래어는 어떠한 외국어에서 기원한 것인지 국어사전에서 찾아보시오.

(1) 게릴라
(2) 미라
(3) 알레르기
(4) 요오드
(5) 첼로
(6) 쿠데타

VI

로마자 표기법

제1장 표기의 기본 원칙

로마자 표기법은 한글을 모르는 외국인을 위한 것으로, 여권 등의 성명 표기나 도로 표지판의 지명이나 역 이름 표기, 회사나 학교와 같은 단체명 표기 등에 이용된다. 흔히 이를 '영문 표기'라 부르는 데서도 알 수 있듯이 로마자 표기법이 곧 '한국어를 영어로 적는 것'이라 오해하는 경우가 있다. 예를 들어 '박선영'이란 이름을 'Park Sunyoung'과 같이 적는 것은 각 음절을 영어 단어 'park', 'sun', 'young'에 대응시킨 결과이다. 그러나 이처럼 한국어와 발음이 비슷한 영어 단어를 찾아 표기하는 방식은 당연히 문제가 있는데, 일단 영어 철자법 자체가 일관성이 없고('a'가 [ɑ], [ɛ], [ə], [ʌ] 등으로 발음됨을 떠올려 보면 쉽게 이해할 수 있다), 한국어에는 영어에 없는 음운들이 존재하기 때문이다. 따라서 '로마자 표기법'은 세계 여러 나라의 언어를 표기하는 수단인 '로마자'를 이용하여 한국어를 적는 우리만의 체계적인 방식이며, 한국어의 음운과 로마자의 대응은 영어식 표기와는 다르다.

보충 설명

로마자를 사용하는 언어의 경우, 로마자의 모양이나 읽는 방식은 각자 차이가 있다. 예를 들어 j를 영어에서는 [ʤ]로 읽지만 에스파냐 어에서는 Juan후안, Jose호세 등과 같이 [h]로 읽는다.

제1항 국어의 로마자 표기는 국어의 표준 발음법에 따라 적는 것을 원칙으로 한다.

"한국어의 표준 발음법에 따라" 적는다는 것은 곧 한국어의 현실 발음을 표기에 반영하는 '전사법(轉寫法)'에 따른다는 말이다. 이는 같은 글자를 언제나 동일한 로마자로 대응되게 하는 '전자법(轉字法)'과는 대립되는 것이다. 예를 들어 '신라'를 'Sinla'로 적는 것은 전자법에 따른 표기이고, [실라]라는 실제 발음대로 'Silla'로 적는 것은 전사법에 따른 표기이다. 한글을 사용하는 우리의 경우에는 전자법이 더 편리할 수 있으나, 로마자 표기법은 일반적으로 '한글을 모르는 외국인이 읽을 것'을 전제로 하므로 한글 철자 정보를 반영하는 전자법보다는 실제 발음대로 적는 전사법이 더 합리적이다.

제2항 로마자 이외의 부호는 되도록 사용하지 않는다.

한국어의 음운 중에는 로마자로 표기하기 어려운 것들이 존재하는데, 이러한 음운을 표기하기 위해 별도의 부호를 사용하자는 의견도 있다. 예를 들어 된소리를 표기할 때 부호(′)를 사용하여 'ㄲ'를 'k′'로 표기한다거나, 모음 'ㅡ'를 표기할 때 부호(˘)를 사용하여 'ŭ'로 표기하는 등의 방안이 그것이다. 그런데 이러한 부호를 사용하는 것은 음성 기호를 알지 못하는 대다수의 외국인들에게는 오히려 혼란을 줄 뿐, 로마자 표기를 통해 실제 발음을 이해하는 데 도움이 되지 않는다. 따라서 현행 로마자 표기법에서는 비록 한국어 음운과 로마자의 대응이 어려운 경우라도 로마자 이외의 부호는 되도록 사용하지 않는 것을 원칙으로 하였다.

제2장 표기 일람

제1항 모음은 다음 각 호와 같이 적는다.

단모음:

ㅏ	ㅓ	ㅗ	ㅜ	ㅡ
a	eo	o	u	eu
ㅣ	ㅐ	ㅔ	ㅚ	ㅟ
i	ae	e	oe	wi

이중 모음:

ㅑ	ㅕ	ㅛ	ㅠ	ㅒ	ㅖ
ya	yeo	yo	yu	yae	ye
ㅘ	ㅙ	ㅝ	ㅞ	ㅢ	
wa	wae	wo	we	ui	

[붙임 1] 'ㅢ'는 'ㅣ'로 소리 나더라도 'ui'로 적는다.

광희문 Gwanghuimun

[붙임 2] 장모음의 표기는 따로 하지 않는다.

한국어의 단모음 'ㅏ, ㅗ, ㅜ, ㅣ, ㅔ'는 로마자 'a, o, u, i, e'로 대응시킬 수 있지만, 단모음 'ㅓ, ㅡ, ㅐ, ㅚ, ㅟ'는 하나의 로마자로 대응시킬 수 없어서 각각 'eo, eu, ae, oe, wi'를 사용하여 표기한다. 'ㅓ'나 'ㅡ' 등을 발음 그대로 정확히 표기하려면 국제 음성 기호 'ə'와 'ɨ'를 사용할 수 있지만 제2항에서 밝혔듯이 로마자 이외의 부호를 되도록 사용하지 않는 것이 원칙이므로 전통적으로 이들 모음을 표기하는 데 이용되었던 방식을 받아들여 'eo', 'eu'로 표기한다.

한국어의 이중 모음은 반모음 ㅣ를 지닌 'ㅑ, ㅕ, ㅛ, ㅠ, ㅒ, ㅖ'의 경우는 'y'를 앞세워 표기하고, 반모음 w를 포함한 'ㅘ, ㅝ, ㅙ, ㅞ'는 'w'를 앞세워 표기한다. 그런데 한국어에서 이중 모음 'ㅢ'는 두 번째 음절 이하에서, 그리고 자음 뒤에서 'ㅣ'로 발음되므로 제1항의 규정에 따르자면 'ㅢ'가 'ㅣ'로 소리 나는 경우에는 로마자로는 'i'로 적어야 할 것이나, [붙임 1]의 규정을 두어 'ㅢ'는 항상 'ui'로 적도록 하였다. 따라서 '광희문'은 표준 발음이 [광히문]이지만 'Gwang**hi**mun'으로 적지 않고 'Gwang**hui**mun'으로 적는다.

제2항 자음은 다음 각 호와 같이 적는다.

1. 파열음

ㄱ	ㄲ	ㅋ	ㄷ	ㄸ	ㅌ	ㅂ	ㅃ	ㅍ
g, k	kk	k	d, t	tt	t	b, p	pp	p

2. 파찰음

ㅈ	ㅉ	ㅊ
j	jj	ch

3. 마찰음

ㅅ	ㅆ	ㅎ
s	ss	h

4. 비음

ㄴ	ㅁ	ㅇ
n	m	ng

5. 유음

ㄹ
r, l

[붙임 1] 'ㄱ, ㄷ, ㅂ'은 모음 앞에서는 'g, d, b'로, 자음 앞이나 어말에서는 'k, t, p'로 적는다.([ ] 안의 발음에 따라 표기함.)

구미 Gumi　영동 Yeongdong　백암 Baegam
옥천 Okcheon　합덕 Hapdeok　호법 Hobeop
월곶[월곧] Wolgot　벚꽃[벋꼳] beotkkot　한밭[한받] Hanbat

[붙임 2] 'ㄹ'은 모음 앞에서는 'r'로, 자음 앞이나 어말에서는 'l'로 적는다. 단, 'ㄹㄹ'은 'll'로 적는다.

구리 Guri　설악 Seorak　칠곡 Chilgok
임실 Imsil　울릉 Ulleung　대관령[대괄령] Daegwallyeong

로마자를 사용하여 표기하는 언어들은 대개 무성음과 유성음의 구분이 있어서 파열음의 경우 무성음 'k, t, p'와 유성음 'g, d, b'가 구분된다. 그러나 한국어에서는 무성음과 유성음의 구분이 없고, 다만 무성음 내에서 예사소리, 된소리, 거센소리를 구분한다. 이러한 음운 체계의 차이 때문에 외국인들은 한국어의 예사소리와 된소리, 거센소리를 구분하지 못하여 'ㄱ, ㄲ, ㅋ'을 모두 같은 무성음 [k]로 듣는 경향이 있다. 한국어의 예사소리와 된소리, 거센소리가 모두 무성음이기는 하지만 로마자 표기법에서는 이들을 구별하여야 하므로 예사소리 'ㄱ, ㄷ, ㅂ'을 표기할 때에는 로마자의 유성 자음 'g, d, b'를, 거센소리 'ㅋ, ㅌ, ㅍ'을 표기할 때에는 무성 자음 'k, t, p'를 사용하도록 하였다. 한국어 화자들은 대개 영어의 유성 자음 'g, d, b'는 예사소리로 듣고 무성 자음 'k, t, p'

는 거센소리로 듣는 경향이 있어서 이를 로마자 표기에 반영한 것이다.

단, 자음 앞이나 어말 위치의 'ㄱ, ㄷ, ㅂ'는 'k, t, p'로 적도록 하였는데, 이는 모음 앞의 'ㄱ, ㄷ, ㅂ'은 파열음인 데 비해 자음 앞이나 어말 위치의 'ㄱ, ㄷ, ㅂ'은 폐쇄음으로 그 소리에 차이가 있기 때문이다. 따라서 '구미 Gumi'와 같이 모음 앞의 'ㄱ'은 'g'로 적지만 '옥천 Okcheon'이나 '합덕 Hapdeok'과 같이 자음 앞이나 어말의 'ㄱ'은 'k'로 적는다('백암 Baegam'의 경우는 발음이 [배감]으로 나서 'ㄱ'이 모음 앞에 위치하므로 'g'로 적는다).

된소리 'ㄲ, ㄸ, ㅃ, ㅆ, ㅉ'를 로마자로 표기할 때에는 같은 글자 두 개를 겹쳐 쓰는 방식을 취하여 'kk, tt, pp, ss, jj'로 적는다. 사실 모음 앞에서 'k'를 겹쳐 발음하는 것이 가능하지도 않고 혹 가능하다 해도 그것이 된소리가 되는 것은 아니다. 그러나 한국어의 된소리를 로마자로 표기할 마땅한 방법이 달리 없기 때문에 과거 서양 선교사들이 쓰던 방식을 차용한 것이다. 'ㄱ, ㄷ, ㅂ' 등을 'g, d, b'로 표기했던 것을 고려하면 된소리를 'gg, dd, bb'로 표기하는 것이 맞겠지만, 그러면 외국인들이 이를 유성음으로 인식하여 발음이 된소리와는 너무 멀어지게 되므로 무성음인 'k, t, p'를 겹쳐 쓰도록 하였다.

한글 맞춤법에서는 형태음소적 표기를 하도록 되어 있어서 받침 표기에 특별한 제약이 없지만 로마자 표기법은 한국어의 철자가 아니라 실제 발음에 따라 적도록 되어 있으므로 자음 앞이나 어말에서 발음 가능한 자음인 'ㄱ, ㄴ, ㄷ, ㄹ, ㅁ, ㅂ, ㅇ'만을 반영한다. '월곶[월곧]'이나 '벚꽃[벋꼳]', '한밭[한반]'에서 어말의 'ㅈ, ㅊ, ㅌ'은 실제 발음은 모두 [ㄷ]으로 동일하다. 따라서 로마자 표기법에서는 이들을 모두 't'로 표기한다.

영어 등에서는 'r'과 'l'을 별개의 음운으로 인식하지만 한국어에서는 'ㄹ'을 하나의 음운으로 인식하여 구분하지 않는다. 그러나 음성학적으로는 한국어에서도 모음 앞의 'ㄹ'은 탄설음 [r]로 발음하는 반면, 자음 앞에나 음절 말의 'ㄹ', 그리고 'ㄹㄹ'은 설측음 [l]로 발음된다. 로마자 표기법에서는 이러한 실제 발음을 반영하여 '구리 Guri'와 같이 모음 앞의 'ㄹ'은 'r'로 표기하되 '칠곡 Chilgok'이나 '임실 Imsil'처럼 자음 앞이나 음절 말의 'ㄹ', '울릉 Ulleung'처럼 'ㄹㄹ'의 연속은 'l'로 표기하도록 하였다. '대관령'의 경우도 자음 동화 현상에 따라 [대괄령]으로 발음되므로 'Daeg**wanr**yeong'이 아니라 'Daeg**wall**yeong'으로 적는다.

제3장 표기상의 유의점

제1항 음운 변화가 일어날 때에는 변화의 결과에 따라 다음 각 호와 같이 적는다.

1. 자음 사이에서 동화 작용이 일어나는 경우
   백마[뱅마] Baengma　　신문로[신문노] Sinmunno
   종로[종노] Jongno　　왕십리[왕심니] Wangsimni
   별내[별래] Byeollae　　신라[실라] Silla

2. 'ㄴ, ㄹ'이 덧나는 경우
   학여울[항녀울] Hangnyeoul　　알약[알략] allyak

3. 구개음화가 되는 경우
   해돋이[해도지] haedoji　　같이[가치] gachi
   굳히다[구치다] guchida

4. 'ㄱ, ㄷ, ㅂ, ㅈ'이 'ㅎ'과 합하여 거센소리로 소리 나는 경우
   좋고[조코] joko　　놓다[노타] nota
   잡혀[자펴] japyeo　　낳지[나치] nachi

다만, 체언에서 'ㄱ, ㄷ, ㅂ' 뒤에 'ㅎ'이 따를 때에는 'ㅎ'을 밝혀 적는다.

묵호(Mukho)　　집현전(Jiphyeonjeon)

[붙임] 된소리되기는 표기에 반영하지 않는다.

압구정 Apgujeong　　낙동강 Nakdonggang　　죽변 Jukbyeon
낙성대 Nakseongdae　　합정 Hapjeong　　팔당 Paldang
샛별 saetbyeol　　울산 Ulsan

한글 맞춤법은 형태음소적 표기를 원칙으로 하기 때문에 음운 변화가 일어나도 이를 표기에 반영하지 않는 것을 원칙으로 한다. 즉 '국'과 '물'이 결합하여 [궁물]로 발음되더라도 표기는 '국물'로 하는 것이다. 그러나 로마자 표기는 제1항에서 규정하였듯이 "국어의 표준 발음법에 따라 적는 것"을 원칙으로 하기 때문에 음운 변화가 일어날 경우에는 이를 표기에 반영한다. 로마자 표기법에 반영되는 음운 변화는 크게 네 가지이다.

첫째로는 자음 동화가 있다. 어떤 자음이 인접한 다른 자음의 영향을 받아 그와 비슷하거나 같은 소리로 바뀌는 것을 자음 동화라 한다. '백마[뱅마]'와 같이 파열음인 [ㄱ]이 뒤에 오는 비음 [ㅁ]의 영향을 받아 비음인 [ㅇ]으로 바뀌는 '비음화' 현상이라든가, '별내[별래]', '신라[실라]'와 같이 'ㄴ'과 'ㄹ'이 만날 때 'ㄴ'이 'ㄹ'이 되는 '유음화' 현상 등이 자음 동화의 예이다. 로마자 표기법에서는 '백마[뱅마]'를 'Baegma', '별내[별래]'를 'Byeollae', '신라[실라]'는 'Silla'와 같이 소리 나는 대로 적는다. 자음 동화를 표기에 반영하지 않는 한글 맞춤법의 경우를 감안하면 로마자 표기법에서도 '백마'를 'Baekma'로 적는 것이 일관성 있는 처리 방안일 듯하다. 그러나 로마자 표기법은 한글을 모르는 외국인이 읽는 것을 전제로 하므로 이들이 [뱅마]라는 지명을 듣고 이를 표기상으로 확인할 수 있도록 하려면 'Baengma'와 같이 소리 나는 대로 표기하는 것이 효율적이다.

둘째, 단어 경계에서 'ㄴ, ㄹ'이 덧나는 경우다. 두 단어가 결합할 때 앞 단어가 자음으로 끝나고 뒤의 단어가 '야, 여, 요, 유, 이'로 시작하면 'ㄴ, ㄹ'이 덧나는 현상이 있다. '알약[알략]', '학여울[항녀울]', '담요[담뇨]', '식용유[식용뉴]' 등이 그러한 예이다. 로마자 표기에서는 이러한 현상을 반영하여 '알약[알략]'은 'allyak', '학여울[항녀울]'은 'Hangnyeoul'로 적는다.

셋째는 구개음화 현상이다. 구개음화란 형태소 경계에서 ㅣ 모음 앞의 'ㄷ, ㅌ, ㄸ'이 'ㅈ, ㅊ, ㅉ'으로 바뀌는 것으로 '해돋이[해도지]', '같이[가치]' 등이 그 예이다. 로마자 표기에서는 구개음화를 표기에 반영하여 '해돋이[해도지]'를 'haedoji'로, '같이[가치]'를 'gachi'로 적는다.

마지막으로 'ㄱ, ㄷ, ㅂ, ㅈ'이 'ㅎ'과 합하여 거센소리인 'ㅋ, ㅌ, ㅍ, ㅊ'로 소리 나는 것이 있다. 로마자 표기법에서는 용언의 경우에 '좋고[조코]'를 소리대로 'joko'로 표기한다. 다만 체언의 경우에는 '묵호[무코]'를 소리대로 'Muko'로 적는 것에 거부감을 가지는 경우가 많아 'ㅎ'을 밝혀 'Mukho'로 적는다.

한편 한국어의 된소리 변화는 로마자 표기에 반영하지 않는데, 된소리 현상은 예측 불가능한 경우가 많기 때문이다. 예를 들어 '물고기'와 '불고기'의 경우를 보면, '물'과 '고기', '불'과 '고기'의 결합인데 전자는 [물꼬기]로 된소리가 되는 반면 후자는 [불고기]로 된소리가 되지 않는다. 이처럼 된소리 현상은 예측하기 어려우므로 로마자 표기법에서 반영하지 않도록 하였다. 따라서 '압구정'이나 '낙동강'은 각각 [압꾸정], [낙똥강]으로 소리 나지만 로마자로 표기할 때 된소리 발음은 무시하고 'Apgujeong', 'Nakdonggang'으로 적는다.

제2항 발음상 혼동의 우려가 있을 때에는 음절 사이에 붙임표(-)를 쓸 수 있다.

중앙 Jung-ang　　반구대 Ban-gudae
세운 Se-un　　해운대 Hae-undae

한글 표기와 달리 로마자로 표기하는 경우에는 음절 경계가 불분명해져서 발음상의 혼동이 일어날 가능성이 존재한다. 예를 들어 'Jungang'은 'Jun/gang 준강'으로 읽힐 수도 있고 'Jung/ang 중앙'으로 읽힐 수도 있다. 이처럼 동일한 표기가 음절 경계에 따라 발음이 달라질 수 있는 경우에는 음절 사이에 붙임표를 사용하여 혼동을 피하도록 하였다.

제3항 고유 명사는 첫 글자를 대문자로 적는다.

부산 Busan 세종 Sejong

제4항 인명은 성과 이름의 순서로 띄어 쓴다. 이름은 붙여 쓰는 것을 원칙으로 하되 음절 사이에 붙임표(-)를 쓰는 것을 허용한다.(( ) 안의 표기를 허용함.)

민용하 Min Yongha (Min Yong-ha)
송나리 Song Nari (Song Na-ri)

(1) 이름에서 일어나는 음운 변화는 표기에 반영하지 않는다.
한복남 Han Boknam (Han Bok-nam)
홍빛나 Hong Bitna (Hong Bit-na)

(2) 성의 표기는 따로 정한다.

인명을 로마자로 표기할 때에는 우리말 순서에 따라 성을 앞에, 이름을 뒤에 적는다. 이때 성과 이름 사이에 쉼표(,)을 찍지 않고 띄어 쓴다. 이름은 음절과 음절 사이를 붙여 쓰는 것을 원칙으로 하되, 음절을 구분하고자 할 경우에는 그 사이에 붙임표(-)를 쓸 수 있다. 예를 들어 '홍길동'이란 이름은 'Hong Gildong'으로 쓰는 것이 원칙이며 'Hong Gil-dong'으로 쓸 수도 있다. 그러나 서양식으로 성을 이름 뒤에 쓰는 'Gildong Hong'과 같은 표기나 이름의 각 음절 사이를 띄어 쓴 'Hong Gil dong', 그리고 이름의 두 번째 음절 첫 자를 대문자로 쓴 'Hong Gil Dong'과 같은 표기는 모두 잘못된 것이다.

또한 이름에서 일어난 음운 변화는 표기에 반영하지 않는다. 예를 들어 '복남'이란 이름은 자음 동화를 겪어 [봉남]으로 발음하게 되는데, 이를 로마자로 표기할 때 발음대로 'Bongnam' 또는 'Bong-nam'으로 적게 되면 '봉남'이란 이름과 구별할 수 없게 된다. 따라서 '복남'은 한글 철자에 따라 'Boknam' 또는 'Bok-nam'으로 적는다.

제5항 '도, 시, 군, 구, 읍, 면, 리, 동'의 행정 구역 단위와 '가'는 각각 'do, si, gun, gu, eup, myeon, ri, dong, ga'로 적고, 그 앞에는 붙임표(-)를 넣는다. 붙임표(-) 앞뒤에서 일어나는 음운 변화는 표기에 반영하지 않는다.

충청북도 Chungcheongbuk-do　　제주도 Jeju-do
의정부시 Uijeongbu-si　　양주군 Yangju-gun
도봉구 Dobong-gu　　신창읍 Sinchang-eup
삼죽면 Samjuk-myeon　　인왕리 Inwang-ri
당산동 Dangsan-dong　　봉천 1동 Bongcheon 1(il)-dong
종로 2가 Jongno 2(i)-ga　　퇴계로 3가 Toegyero 3(sam)-ga

[붙임] '시, 군, 읍'의 행정 구역 단위는 생략할 수 있다.
청주시 Cheongju　　함평군 Hampyeong
순창읍 Sunchang

행정 구역 단위를 나타내는 '도, 시, 군, 구, 읍, 면, 리, 동'과 '길, 가(街)' 앞에 붙임표(-)를 넣고, 붙임표 앞뒤에서 일어나는 음운 변화는 표기에 반영하지 않는다. 예를 들어 '현북면'은 [현붕면]으로 발음되지만 이를 발음대로 'Hyeonbungmyeon'으로 적지 않고 'Hyeonbuk-myeon'으로 적는다.

한편 '세종로, 을지로' 등 '로(路)'가 결합한 지명의 경우는 붙임표를 넣지 않고 소리 나는 대로 적어 'Sejongno, Euljiro'와 같이 표기한다.

길 이름에 숫자가 들어 있는 경우는 숫자 앞에서 띄어 쓰고 숫자 뒤의 ( ) 안에 숫자의 우리말 발음을 로마자로 적는다. 예를 들어 '종로 1가, 종로 2가'는 각각 'Jongno 1(il)-ga, Jongno 2(i)-ga'로 적는다.

제6항 자연 지물명, 문화재명, 인공 축조물명은 붙임표(-) 없이 붙여 쓴다.

남산 Namsan	속리산 Songnisan
금강 Geumgang	독도 Dokdo
경복궁 Gyeongbokgung	무량수전 Muryangsujeon
연화교 Yeonhwagyo	극락전 Geungnakjeon
안압지 Anapji	남한산성 Namhansanseong
화랑대 Hwarangdae	불국사 Bulguksa
현충사 Hyeonchungsa	독립문 Dongnimmun
오죽헌 Ojukheon	촉석루 Chokseongnu
종묘 Jongmyo	다보탑 Dabotap

지명에 '산', '강' 등이 결합하거나 건축물에 '궁(宮)', '사(寺)' 등이 결합하였을 때에는 전체를 한 단어로 보아 로마자로 표기하며 붙임표를 사용하지 않는다. 예를 들어 '속리산', '한강', '경복궁', '불국사' 등은 'Songni Mountain', 'Han River', 'Bulguk temple', 'Gyeonbok Palace'로 적지 않고 'Songnisan', 'Hangang', 'Bulguksa', 'Gyeonbokgung'으로 적으며, 이때 'san, gang, do, sa, gung' 앞에 붙임표를 넣지 않는다.

제7항 인명, 회사명, 단체명 등은 그동안 써 온 표기를 쓸 수 있다.

현행 로마자 표기법은 2000년에 개정된 것인데, 그 이전에 이미 쓰던 고유 명사의 경우 규정에 따라 바꾸려면 혼란이 불가피하고, 적지 않은 비용이 들기 때문에 이러한 경우를 고려하여 예외를 인정하고 있다. 이에 따라 '연세'는 'Yonsei', '서강'은 'Sogang', '현대'는 'Hyundai', '삼성'은 'Samsung' 등으로 쓸 수 있다.

그러나 지명이 포함되어 있는 '부산 대학교', '제주 대학교' 등은 지명에 맞추어 로마자 표기를 바꾸어야 하므로 이전에 'Pusan', 'Cheju'로 적던 것을 현행 로마자 표기법에 따라 'Busan', 'Jeju'로 적어야 한다.

보충 설명

'김치'와 '태권도'는 『Oxford English Dictionary』 등 일부 영어 사전에 'kimchi, taekwondo'로 등재되어 있는데, 현행 로마자 표기법에 맞지는 않지만 이를 예외로 인정하여 그대로 쓰자는 의견도 있다. 그러나 영어권에서 'kimchi, taekwondo'로 쓰는 것은 '외래어'로서 영어에 자리 잡은 단어를 표기하는 그들의 방식이므로 우리가 쓰는 '로마자 표기법'과는 별개라 할 수 있다. 따라서 우리가 필요에 의해 이들 단어를 로마자로 표기할 때에는 원칙에 맞게 'gimchi, taegwondo'로 적어야 한다. 단, 회사명이나 상표 이름 등으로 그동안 써 온 경우라면 'kimchi, taekwondo'를 계속 사용할 수 있다.

제8항 학술 연구 논문 등 특수 분야에서 한글 복원을 전제로 표기할 경우에는 한글 표기를 대상으로 적는다. 이때 글자 대응은 제2장을 따르되 'ㄱ, ㄷ, ㅂ, ㄹ'은 'g, d, b, l'로만 적는다. 음가 없는 'ㅇ'은 붙임표(-)로 표기하되 어두에서는 생략하는 것을 원칙으로 한다. 기타 분절의 필요가 있을 때에도 붙임표(-)를 쓴다.

집 jib	짚 jip	밖 bakk
값 gabs	붓꽃 buskkoch	먹는 meogneun
독립 doglib	문리 munli	물엿 mul-yeos
굳이 gud-i	좋다 johda	가곡 gagog
조랑말 jolangmal	없었습니다. eobs-eoss-seubnida	

로마자 표기법은 일반적으로 '한글을 모르는 외국인이 읽을 것'을 전제로 하므로 실제 발음대로 적는 전사법을 택하였다. 그러나 학술 논문 등에서 한글로 복원할 것을 전제하고 로마자 표기를 해야 할 경우에는 한글의 글자와 로마자를 일대일로 대응시키는 전자법에 따라 쓰도록 규정하였다. 예를 들어 '집'과 '짚'은 둘 다 [집]으로 발음되므

로 현행 로마자 표기법에 따른다면 둘 다 'jip'으로 표기되어, 이를 다시 한글로 복원할 때 '집'인지 '짚'인지 구별할 수 없다. 따라서 이러한 경우에 '집'은 'jib'으로, '짚'은 'jip'으로 적어 구분하도록 하였다. 전자법에서 글자의 배당은 표음법에 따른 표기를 그대로 사용하되 'ㄱ, ㄷ, ㅂ, ㄹ'은 표음법에서 이미 각각 두 글자를 배당하고 있으므로 그중에서 'g, d, b, l'을 사용한다.

로마자 표기법 연습 문제

01 로마자 표기의 기본 원칙에서 다음 밑줄 친 부분에 알맞은 말을 써 넣으시오.

(1) 국어의 로마자 표기는 국어의 ㉠________에 따라 적는다.

(2) ㉡________ 이외의 ㉢________은/는 되도록 사용하지 않는다.

02 한국어를 로마자로 표기할 때, 전자법(轉字法)을 따를 수도 있고 전사법(轉寫法)을 따를 수도 있다.

(1) 전자법과 전사법의 차이를 '문래'의 예를 들어 설명해 보라.

(2) 현재의 로마자 표기법은 전자법과 전사법 중 어느 쪽을 선택하고 있으며, 그 이유는 무엇인지 설명해 보라.

03 국어의 일반적(전사법) 로마자 표기법 규정에 따라 다음의 이름을 써 보시오.
(주의: 이름의 글자가 혼동되지 않도록 쓸 것)

(1) 신현수 (2) 윤신애 (3) 최혜림

(4) 진희영 (5) 문은정 (6) 위범규

04 국어의 용언 '잡히다'는 로마자로 적으면 ㉠________이다. 그런데 체언에서는 음운 축약 현상을 표기에 반영하지 않아서 '집현전'은 ㉡________과 같이 적는다. '국어의 로마자 표기법'의 일반적 원리에 비추어 볼 때 체언의 표기가 예외적인 것이라 할 수 있다.

05 한국어를 로마자로 표기할 때, 전자법(轉字法)을 따를 수도 있고 전사법(轉寫法)을 따를 수도 있다. 다음과 같은 로마자 표기에서 잘못된 점이 무엇인지 관련된 규정을 찾아 설명해 보고, 바르게 표기해 보라.

(1) 봉은사(Bongeun Temple)
(2) 영산강(Youngsan River)
(3) 정읍시(Cheongeup-si)
(4) 선릉(Seonreung)

06 다음의 작품명을 '한글 복원을 전제로' 하여 로마자로 표기해 보고, 이를 현행 로마자 표기법 규정에 따른 표기와 비교해 보시오.

(1) 꽃 한 송이
(2) 목마와 숙녀
(3) 입 속의 검은 잎
(4) 나룻배와 행인

07 다음에 보이는 예시를 일반화하여 현행 국어의 로마자 표기법에서 평음과 경음의 표기를 어떻게 규정하고 있는지 〈작성 방법〉에 따라 설명하시오.

표준 발음	로마자 표기	한글 표기
[도둑]	doduk	도둑
[각빵]	gakbang	각방
[빨:다]	ppalda	빨다

〈 작 성 방 법 〉

○ 평음에 대해서는 평음이 나타나는 음운적 환경과 관련지어 설명할 것.
○ 경음에 대해서는 음운 변동 유무와 관련지어 설명할 것.

Ⅶ

부록

1. 표준 발음법
2. 흔히 틀리는 말과 표기

1. 표준 발음법

제1장 총칙

제1항 표준 발음법은 표준어의 실제 발음을 따르되, 국어의 전통성과 합리성을 고려하여 정함을 원칙으로 한다.

제2장 자음과 모음

제2항 표준어의 자음은 다음 19개로 한다.

ㄱ ㄲ ㄴ ㄷ ㄸ ㄹ ㅁ ㅂ ㅃ ㅅ ㅆ ㅇ ㅈ ㅉ ㅊ ㅋ ㅌ ㅍ ㅎ

제3항 표준어의 모음은 다음 21개로 한다.

ㅏ ㅐ ㅑ ㅒ ㅓ ㅔ ㅕ ㅖ ㅗ ㅘ ㅙ ㅚ ㅛ ㅜ ㅝ ㅞ ㅟ ㅠ ㅡ ㅢ ㅣ

제4항 'ㅏ ㅐ ㅓ ㅔ ㅗ ㅚ ㅜ ㅟ ㅡ ㅣ'는 단모음(單母音)으로 발음한다.

[붙임] 'ㅚ, ㅟ'는 이중 모음으로 발음할 수 있다.

제5항 'ㅑ ㅒ ㅕ ㅖ ㅘ ㅙ ㅛ ㅝ ㅞ ㅠ ㅢ'는 이중 모음으로 발음한다.

다만 1. 용언의 활용형에 나타나는 '져, 쪄, 쳐'는 [저, 쩌, 처]로 발음한다.

가지어→가져[가저]　　찌어→쪄[쩌]　　다치어→다쳐[다처]

다만 2. '예, 례' 이외의 'ㅖ'는 [ㅔ]로도 발음한다.

계집[계ː집/게ː집]　　계시다[계ː시다/게ː시다]
시계[시계/시게](時計)　　연계[연계/연게](連繫)
몌별[몌별/메별](袂別)　　개폐[개폐/개페](開閉)
혜택[혜택/헤택](惠澤)　　지혜[지혜/지헤](智慧)

다만 3. 자음을 첫소리로 가지고 있는 음절의 'ㅢ'는 [ㅣ]로 발음한다.

늴리리　닁큼　무늬　띄어쓰기　씌어
틔어　희어　희떱다　희망　유희

다만 4. 단어의 첫음절 이외의 '의'는 [ㅣ]로, 조사 '의'는 [ㅔ]로 발음함도 허용한다.

주의[주의/주이]　　협의[혀븨/혀비]
우리의[우리의/우리에]　　강의의[강ː의의/강ː이에]

제3장 음의 길이

제6항 모음의 장단을 구별하여 발음하되, 단어의 첫음절에서만 긴소리가 나타나는 것을 원칙으로 한다.

(1) 눈보라[눈ː보라]　말씨[말ː씨]　밤나무[밤ː나무]
많다[만ː타]　멀리[멀ː리]　벌리다[벌ː리다]
(2) 첫눈[천눈]　참말[참말]　쌍동밤[쌍동밤]
수많이[수ː마니]　눈멀다[눈멀다]　떠벌리다[떠벌리다]

다만, 합성어의 경우에는 둘째 음절 이하에서도 분명한 긴소리를 인정한다.

반신반의[반ː신바ː늬/반ː신바ː니]　　재삼재사[재ː삼재ː사]

[붙임] 용언의 단음절 어간에 어미 '-아/-어'가 결합되어 한 음절로 축약되는 경우에도 긴소리로 발음한다.

보아→봐[봐ː]　　기어→겨[겨ː]　　되어→돼[돼ː]
두어→둬[둬ː]　　하여→해[해ː]

다만, '오아→와, 지어→져, 찌어→쪄, 치어→쳐' 등은 긴소리로 발음하지 않는다.

제7항 긴소리를 가진 음절이라도, 다음과 같은 경우에는 짧게 발음한다.

1. 단음절인 용언 어간에 모음으로 시작된 어미가 결합되는 경우

감다[감ː따]-감으니[가므니]　　밟다[밥ː따]-밟으면[발브면]
신다[신ː따]-신어[시너]　　알다[알ː다]-알아[아라]

다만, 다음과 같은 경우에는 예외적이다.

끌다[끌ː다]-끌어[끄ː러]　　떫다[떨ː따]-떫은[떨ː븐]
벌다[벌ː다]-벌어[버ː러]　　썰다[썰ː다]-썰어[써ː러]
없다[업ː따]-없으니[업ː쓰니]

2. 용언 어간에 피동, 사동의 접미사가 결합되는 경우

감다[감ː따]-감기다[감기다]　　꼬다[꼬ː다]-꼬이다[꼬이다]
밟다[밥ː따]-밟히다[발피다]

다만, 다음과 같은 경우에는 예외적이다.

끌리다[끌ː리다]　　벌리다[벌ː리다]　　없애다[업ː쌔다]

[붙임] 다음과 같은 복합어에서는 본디의 길이에 관계없이 짧게 발음한다.

밀-물　　썰-물　　쏜-살-같이　　작은-아버지

제4장　받침의 발음

제8항 받침소리로는 'ㄱ, ㄴ, ㄷ, ㄹ, ㅁ, ㅂ, ㅇ'의 7개 자음만 발음한다.

제9항 받침 'ㄲ, ㅋ', 'ㅅ, ㅆ, ㅈ, ㅊ, ㅌ', 'ㅍ'은 어말 또는 자음 앞에서 각각 대표음 [ㄱ, ㄷ, ㅂ]으로 발음한다.

닦다[닥따]　　키읔[키윽]　　키읔과[키윽꽈]　　옷[옫]
웃다[욷ː따]　　있다[읻따]　　젖[젇]　　빚다[빋따]
꽃[꼳]　　쫓다[쫃따]　　솥[솓]　　뱉다[밷ː따]
앞[압]　　덮다[덥따]

제10항 겹받침 'ㄳ', 'ㄵ', 'ㄼ, ㄽ, ㄾ', 'ㅄ'은 어말 또는 자음 앞에서 각각 [ㄱ, ㄴ, ㄹ, ㅂ]으로 발음한다.

넋[넉]　　넋과[넉꽈]　　앉다[안따]　　여덟[여덜]
넓다[널따]　　외곬[외골]　　핥다[할따]　　값[갑]
없다[업ː따]

다만, '밟-'은 자음 앞에서 [밥]으로 발음하고, '넓-'은 다음과 같은 경우에 [넙]으로 발음한다.

(1) 밟다[밥ː따]　　밟소[밥ː쏘]　　밟지[밥ː찌]
밟는[밥ː는→밤ː는]　　밟게[밥ː께]　　밟고[밥ː꼬]

(2) 넓-죽하다[넙쭈카다] 넓-둥글다[넙뚱글다]

제11항 겹받침 'ㄺ, ㄻ, ㄿ'은 어말 또는 자음 앞에서 각각 [ㄱ, ㅁ, ㅂ]으로 발음한다.

닭[닥] 흙과[흑꽈] 맑다[막따] 늙지[늑찌]
삶[삼:] 젊다[점:따] 읊고[읍꼬] 읊다[읍따]

다만, 용언의 어간 말음 'ㄺ'은 'ㄱ' 앞에서 [ㄹ]로 발음한다.

맑게[말께] 묽고[물꼬] 얽거나[얼꺼나]

제12항 받침 'ㅎ'의 발음은 다음과 같다.

1. 'ㅎ(ㄶ, ㅀ)' 뒤에 'ㄱ, ㄷ, ㅈ'이 결합되는 경우에는, 뒤 음절 첫소리와 합쳐서 [ㅋ, ㅌ, ㅊ]으로 발음한다.

놓고[노코] 좋던[조:턴] 쌓지[싸치]
많고[만:코] 않던[안턴] 닳지[달치]

[붙임 1] 받침 'ㄱ(ㄺ), ㄷ, ㅂ(ㄼ), ㅈ(ㄵ)'이 뒤 음절 첫소리 'ㅎ'과 결합되는 경우에도, 역시 두 음을 합쳐서 [ㅋ, ㅌ, ㅍ, ㅊ]으로 발음한다.

각하[가카] 먹히다[머키다] 밝히다[발키다] 맏형[마텽]
좁히다[조피다] 넓히다[널피다] 꽂히다[꼬치다] 앉히다[안치다]

[붙임 2] 규정에 따라 'ㄷ'으로 발음되는 'ㅅ, ㅈ, ㅊ, ㅌ'의 경우에도 이에 준한다.

옷 한 벌[오탄벌] 낮 한때[나탄때]
꽃 한 송이[꼬탄송이] 숱하다[수타다]

2. 'ㅎ(ㄶ, ㅀ)' 뒤에 'ㅅ'이 결합되는 경우에는, 'ㅅ'을 [ㅆ]으로 발음한다.

닿소[다:쏘] 많소[만:쏘] 싫소[실쏘]

3. 'ㅎ' 뒤에 'ㄴ'이 결합되는 경우에는, [ㄴ]으로 발음한다.

놓는[논는]　　쌓네[싼네]

[붙임] 'ㄶ, ㅀ' 뒤에 'ㄴ'이 결합되는 경우에는, 'ㅎ'을 발음하지 않는다.

않네[안네]　않는[안는]　뚫네*[뚤네→뚤레]　뚫는[뚤는→뚤른]

※ '뚫네[뚤네→뚤레], 뚫는[뚤는→뚤른]'에 대해서는 제20항 참조.

4. 'ㅎ(ㄶ, ㅀ)' 뒤에 모음으로 시작된 어미나 접미사가 결합되는 경우에는, 'ㅎ'을 발음하지 않는다.

낳은[나은]　놓아[노아]　쌓이다[싸이다]　많아[마:나]
않은[아는]　닳아[다라]　싫어도[시러도]

제13항 홑받침이나 쌍받침이 모음으로 시작된 조사나 어미, 접미사와 결합되는 경우에는, 제 음가대로 뒤 음절 첫소리로 옮겨 발음한다.

깎아[까까]　옷이[오시]　있어[이써]　낮이[나지]
꽂아[꼬자]　꽃을[꼬츨]　쫓아[쪼차]　밭에[바테]
앞으로[아프로]　덮이다[더피다]

제14항 겹받침이 모음으로 시작된 조사나 어미, 접미사와 결합되는 경우에는, 뒤엣것만을 뒤 음절 첫소리로 옮겨 발음한다. (이 경우, 'ㅅ'은 된소리로 발음함.)

넋이[넉씨]　앉아[안자]　닭을[달글]　젊어[절머]
곬이[골씨]　핥아[할타]　읊어[을퍼]　값을[갑쓸]
없어[업:써]

제15항 받침 뒤에 모음 'ㅏ, ㅓ, ㅗ, ㅜ, ㅟ' 들로 시작되는 실질 형태소가 연결되는 경우에는, 대표음으로 바꾸어서 뒤 음절 첫소리로 옮겨 발음한다.

밭 아래[바다래]　늪 앞[느밥]　젖어미[저더미]　맛없다[마덥따]
겉옷[거돋]　헛웃음[허두슴]　꽃 위[꼬뒤]

다만, '맛있다, 멋있다'는 [마신따], [머신따]로도 발음할 수 있다.

[붙임] 겹받침의 경우에는, 그중 하나만을 옮겨 발음한다.

넋 없다[너겁따]　닭 앞에[다가페]　값어치[가버치]　값있는[가빈는]

제16항 한글 자모의 이름은 그 받침소리를 연음하되, 'ㄷ, ㅈ, ㅊ, ㅋ, ㅌ, ㅍ, ㅎ'의 경우에는 특별히 다음과 같이 발음한다.

디귿이[디그시]　디귿을[디그슬]　디귿에[디그세]
지읒이[지으시]　지읒을[지으슬]　지읒에[지으세]
치읓이[치으시]　치읓을[치으슬]　치읓에[치으세]
키읔이[키으기]　키읔을[키으글]　키읔에[키으게]
티읕이[티으시]　티읕을[티으슬]　티읕에[티으세]
피읖이[피으비]　피읖을[피으블]　피읖에[피으베]
히읗이[히으시]　히읗을[히으슬]　히읗에[히으세]

제5장　음의 동화

제17항 받침 'ㄷ, ㅌ(ㄾ)'이 조사나 접미사의 모음 'ㅣ'와 결합되는 경우에는, [ㅈ, ㅊ]으로 바꾸어서 뒤 음절 첫소리로 옮겨 발음한다.

곧이듣다[고지듣따]　굳이[구지]　미닫이[미:다지]
땀받이[땀바지]　밭이[바치]　벼훑이[벼훌치]

[붙임] 'ㄷ' 뒤에 접미사 '히'가 결합되어 '티'를 이루는 것은 [치]로 발음한다.

굳히다[구치다]　　닫히다[다치다]　　묻히다[무치다]

제18항 받침 'ㄱ(ㄲ, ㅋ, ㄳ, ㄺ), ㄷ(ㅅ, ㅆ, ㅈ, ㅊ, ㅌ, ㅎ), ㅂ(ㅍ, ㄼ, ㄿ, ㅄ)'은 'ㄴ, ㅁ' 앞에서 [ㅇ, ㄴ, ㅁ]으로 발음한다.

먹는[멍는]	국물[궁물]	깎는[깡는]	키읔만[키응만]
몫몫이[몽목씨]	긁는[긍는]	흙만[흥만]	닫는[단는]
짓는[진:는]	옷맵시[온맵씨]	있는[인는]	맞는[만는]
젖멍울[전멍울]	쫓는[쫀는]	꽃망울[꼰망울]	붙는[분는]
놓는[논는]	잡는[잠는]	밥물[밤물]	앞마당[암마당]
밟는[밤:는]	읊는[음는]	없는[엄:는]	

[붙임] 두 단어를 이어서 한 마디로 발음하는 경우에도 이와 같다.

책 넣는다[챙넌는다]　　흙 말리다[흥말리다]　　옷 맞추다[온맏추다]
밥 먹는다[밤멍는다]　　값 매기다[감매기다]

제19항 받침 'ㅁ, ㅇ' 뒤에 연결되는 'ㄹ'은 [ㄴ]으로 발음한다.

담력[담:녁]　　침략[침:냑]　　강릉[강능]　　항로[항:노]
대통령[대:통녕]

[붙임] 받침 'ㄱ, ㅂ' 뒤에 연결되는 'ㄹ'도 [ㄴ]으로 발음한다.

막론[막논→망논]　　석류[석뉴→성뉴]　　협력[협녁→혐녁]
법리[법니→범니]

제20항 'ㄴ'은 'ㄹ'의 앞이나 뒤에서 [ㄹ]로 발음한다.

(1) 난로[날:로]　　신라[실라]　　천리[철리]
광한루[광:할루]　　대관령[대:괄령]

(2) 칼날[칼랄]　　물난리[물랄리]　　줄넘기[줄럼끼]
할는지[할른지]

[붙임] 첫소리 'ㄴ'이 'ㅀ, ㄾ' 뒤에 연결되는 경우에도 이에 준한다.

닳는[달른]　　뚫는[뚤른]　　핥네[할레]

다만, 다음과 같은 단어들은 'ㄹ'을 [ㄴ]으로 발음한다.

의견란[의:견난]　　임진란[임:진난]　　생산량[생산냥]
결단력[결딴녁]　　공권력[공꿘녁]　　동원령[동:원녕]
상견례[상견녜]　　횡단로[횡단노]　　이원론[이:원논]
입원료[이붠뇨]　　구근류[구근뉴]

제21항 위에서 지적한 이외의 자음 동화는 인정하지 않는다.

감기[감:기](×[강:기])　　옷감[옫깜](×[옥깜])
있고[읻꼬](×[익꼬])　　꽃길[꼳낄](×[꼭낄])
젖먹이[전머기](×[점머기])　　문법[문뻡](×[뭄뻡])
꽃밭[꼳빧](×[꼽빧])

제22항 다음과 같은 용언의 어미는 [어]로 발음함을 원칙으로 하되, [여]로 발음함도 허용한다.

피어[피어/피여]　　되어[되어/되여]

[붙임] '이오, 아니오'도 이에 준하여 [이요, 아니요]로 발음함을 허용한다.

제6장 경음화

제23항 받침 'ㄱ(ㄲ, ㅋ, ㄳ, ㄺ), ㄷ(ㅅ, ㅆ, ㅈ, ㅊ, ㅌ), ㅂ(ㅍ, ㄼ, ㄿ, ㅄ)' 뒤에 연결되는 'ㄱ, ㄷ, ㅂ, ㅅ, ㅈ'은 된소리로 발음한다.

국밥[국빱] 깎다[깍따] 넋받이[넉빠지] 삯돈[삭똔]
닭장[닥짱] 칡범[칙뻠] 뻗대다[뻗때다] 옷고름[옫꼬름]
있던[읻떤] 꽂고[꼳꼬] 꽃다발[꼳따발] 낯설다[낟썰다]
밭갈이[받까리] 솥전[솓쩐] 곱돌[곱똘] 덮개[덥깨]
옆집[엽찝] 넓죽하다[넙쭈카다] 읊조리다[읍쪼리다]
값지다[갑찌다]

제24항 어간 받침 'ㄴ(ㄵ), ㅁ(ㄻ)' 뒤에 결합되는 어미의 첫소리 'ㄱ, ㄷ, ㅅ, ㅈ'은 된소리로 발음한다.

신고[신:꼬] 껴안다[껴안따] 앉고[안꼬] 얹다[언따]
삼고[삼:꼬] 더듬지[더듬찌] 닮고[담:꼬] 젊지[점:찌]

다만, 피동, 사동의 접미사 '-기-'는 된소리로 발음하지 않는다.

안기다 감기다 굶기다 옮기다

제25항 어간 받침 'ㄼ, ㄾ' 뒤에 결합되는 어미의 첫소리 'ㄱ, ㄷ, ㅅ, ㅈ'은 된소리로 발음한다.

넓게[널께] 핥다[할따] 훑소[훌쏘] 떫지[떨:찌]

제26항 한자어에서, 'ㄹ' 받침 뒤에 연결되는 'ㄷ, ㅅ, ㅈ'은 된소리로 발음한다.

갈등[갈뜽] 발동[발똥] 절도[절또] 말살[말쌀]
불소[불쏘](弗素) 일시[일씨] 갈증[갈쯩] 물질[물찔]
발전[발쩐] 몰상식[몰쌍식] 불세출[불쎄출]

다만, 같은 한자가 겹쳐진 단어의 경우에는 된소리로 발음하지 않는다.

허허실실[허허실실](虛虛實實) 절절-하다[절절하다](切切-)

제27항 관형사형 '-(으)ㄹ' 뒤에 연결되는 'ㄱ, ㄷ, ㅂ, ㅅ, ㅈ'은 된소리로 발음한다.

할 것을[할꺼슬]　　갈 데가[갈떼가]　　할 바를[할빠를]
할 수는[할쑤는]　　할 적에[할쩌게]　　갈 곳[갈꼳]
할 도리[할또리]　　만날 사람[만날싸람]

다만, 끊어서 말할 적에는 예사소리로 발음한다.

[붙임] '-(으)ㄹ'로 시작되는 어미의 경우에도 이에 준한다.

할걸[할껄]　　할밖에[할빠께]　　할세라[할쎄라]
할수록[할쑤록]　　할지라도[할찌라도]　　할지언정[할찌언정]
할진대[할찐대]

제28항 표기상으로는 사이시옷이 없더라도, 관형격 기능을 지니는 사이시옷이 있어야 할(휴지가 성립되는) 합성어의 경우에는, 뒤 단어의 첫소리 'ㄱ, ㄷ, ㅂ, ㅅ, ㅈ'을 된소리로 발음한다.

문-고리[문꼬리]　　눈-동자[눈똥자]　　신-바람[신빠람]
산-새[산쌔]　　손-재주[손째주]　　길-가[길까]
물-동이[물똥이]　　발-바닥[발빠닥]　　굴-속[굴:쏙]
술-잔[술짠]　　바람-결[바람껼]　　그믐-달[그믐딸]
아침-밥[아침빱]　　잠-자리[잠짜리]　　강가[강까]
초승-달[초승딸]　　등-불[등뿔]　　창-살[창쌀]
강-줄기[강쭐기]

제7장 음의 첨가

제29항 합성어 및 파생어에서, 앞 단어나 접두사의 끝이 자음이고 뒤 단어나

접미사의 첫음절이 '이, 야, 여, 요, 유'인 경우에는, 'ㄴ' 음을 첨가하여 [니, 냐, 녀, 뇨, 뉴]로 발음한다.

솜-이불[솜:니불]　　홑-이불[혼니불]　　막-일[망닐]
삯-일[상닐]　　맨-입[맨닙]　　꽃-잎[꼰닙]
내복-약[내:봉냑]　　색-연필[생년필]　　직행-열차[지캥녈차]
늑막-염[능망념]　　콩-엿[콩녇]　　담-요[담:뇨]
눈-요기[눈뇨기]　　영업-용[영엄뇽]　　식용-유[시공뉴]
백분-율[백뿐뉼]　　밤-윷[밤:뉻]

다만, 다음과 같은 말들은 'ㄴ' 음을 첨가하여 발음하되, 표기대로 발음할 수 있다.

이죽-이죽[이중니죽/이주기죽]　　야금-야금[야금냐금/야그먀금]
검열[검:녈/거:멸]　　욜랑-욜랑[욜랑뇰랑/욜랑욜랑]
금융[금늉/그뮹]

[붙임 1] 'ㄹ' 받침 뒤에 첨가되는 'ㄴ' 음은 [ㄹ]로 발음한다.

들-일[들:릴]　　솔-잎[솔립]　　설-익다[설릭따]
물-약[물략]　　불-여우[불려우]　　서울-역[서울력]
물-엿[물렫]　　휘발-유[휘발류]　　유들-유들[유들류들]

[붙임 2] 두 단어를 이어서 한 마디로 발음하는 경우에도 이에 준한다.

한 일[한닐]　　옷 입다[온닙따]　　서른여섯[서른녀섣]
3 연대[삼년대]　　먹은 엿[머근녇]　　할 일[할릴]
잘 입다[잘립따]　　스물여섯[스물려섣]　　1 연대[일련대]
먹을 엿[머글렫]

다만, 다음과 같은 단어에서는 'ㄴ(ㄹ)' 음을 첨가하여 발음하지 않는다.

6·25[유기오]　　3·1절[사밀쩔]　　송별-연[송:벼련]

등-용문[등용문]

제30항 사이시옷이 붙는 단어는 다음과 같이 발음한다.

1. 'ㄱ, ㄷ, ㅂ, ㅅ, ㅈ'으로 시작되는 단어 앞에 사이시옷이 올 때는 이들 자음만을 된소리로 발음하는 것을 원칙으로 하되, 사이시옷을 [ㄷ]으로 발음하는 것도 허용한다.

냇가[내:까/낻:까] 샛길[새:낄/샏:낄] 빨랫돌[빨래똘/빨랟똘]
콧등[코뜽/콛뜽] 깃발[기빨/긷빨] 대팻밥[대:패빱/대:팯빱]
햇살[해쌀/핻쌀] 뱃속[배쏙/밷쏙] 뱃전[배쩐/밷쩐]
고갯짓[고개찓/고갣찓]

2. 사이시옷 뒤에 'ㄴ, ㅁ'이 결합되는 경우에는 [ㄴ]으로 발음한다.

콧날[콘날→콘날] 아랫니[아랟니→아랜니]
툇마루[퇻:마루→퇸:마루] 뱃머리[밷머리→밴머리]

3. 사이시옷 뒤에 '이' 음이 결합되는 경우에는 [ㄴㄴ]으로 발음한다.

베갯잇[베갣닏→베갠닏] 깻잎[깯입→깬닙]
나뭇잎[나묻닙→나문닙] 도리깻열[도리깯녈→도리깬녈]
뒷윷[뒫:뉻→뒨:뉻]

2. 흔히 틀리는 말과 표기

틀린 말	맞는 말
가까히	가까이
가르키다(가르켜)	가르치다(가르쳐) / 가리키다(가리켜)
가리마	가르마
가리우다	가리다
가만이	가만히
가슴 조이다	가슴 졸이다
가열차게	가열하게
가증스런	가증스러운
가치	개비(담배 한 개비, cf. 가치담배)
가팔르다	가파르다(가파르고, 가팔라)
간질르다/간지르다	간질이다 / 간지럽히다
갈구리	갈고리
갈비집	갈빗집
강강수월래	강강술래
개나리봇짐	괴나리봇짐
개발쇠발	괴발개발 / 개발새발
개이다	개다
개피	개비
객적다	객쩍다
갤갤	골골(-하다, -대다, -거리다)
갯수	개수
거무틱틱하다	거무튀튀하다
거스리다	거스르다(아버지의 뜻을 ~)
거짓말시키다	거짓말하다
거칠은	거친
건너방	건넌방
건넌마을	건넛마을
건느다	건너다

틀린 말	맞는 말
건데기/건덕지	건더기
-건데	-건대
건들어	건드려
검정색	검정/검은색
겨땀	곁땀
격로	격노
결단나다	결딴나다
겹지르다(겹질러서)	겹질리다(겹질려서)
계시판	게시판
계양	게양
고개짓	고갯짓
고냉지	고랭지
고생줄	고생길
고으다	고다
-고저	-고자
고히	고이
곡간	곳간
곤난	곤란
곤두박히다	곤두박이다(머리가 땅에 닿도록 거꾸로 넘어지다)
골르다	고르다(고르고, 골라)
곪기다	곰기다(상처가 ~, cf. 곪다)
곱배기	곱빼기
곱상스럽다	곱살스럽다/곱살하다/곱상하다
곳깔	고깔
과남하다	과람하다(분수에 지나치다.)
곽	갑(분필 한 갑)
괜시리	괜스레
괴이다	고이다/괴다
괴씸하다	괘씸하다
구데기	구더기
구렛나루	구레나룻

틀린 말	맞는 말
-구만	-구먼
구스르다(구슬러서)	구슬리다(구슬려서)
굴르다	구르다(구르고, 굴러)
궁시렁거리다	구시렁거리다
권커니자커니	권커니잣커니
귀동이	귀둥이
귀뜸	귀띔
귀쑤시개/귀후비개	귀이개
귓구녕	귓구멍
귓대기	귀때기
그리고 나서	그러고 나서
그스르다	그슬리다
그제서야	그제야
금새	금세
기름끼	기름기
기여히	기어이/기어코
기우다	깁다(깁고, 기워)
길다랗다	기다랗다
깅가밍가	기연가미연가/긴가민가
까망	깜장
까발기다	까발리다
까실까실	까슬까슬
깐에는	딴에는(제 ~ 하노라고 했다.)
깜박이	깜빡이
깜쪽같다	감쪽같다
깡술	강술
(내) 꺼	(내) 거
꺼꾸로	거꾸로
꺼림직하다/께림직하다/깨름직하다	꺼림칙하다/께름칙하다
꺼멍	껌정
꺼병이	꺼병이(cf. 꺼벙하다)

틀린 말	맞는 말
꼬깔	고깔
꼬라지	꼬락서니
꽂감	곶감
꾀임	꾐/꼬임
나무래다(나무랬다, 나무래)	나무라다(나무랐다, 나무라)
나으리	나리
나즈막하다	나지막하다
날개짓	날갯짓
날으는	나는(하늘을 ~)
낭떨어지	낭떠러지
낳다(병이 낳았다)	낫다(병이 나았다)
내노라하다	내로라하다
낼름	날름
넌즈시	넌지시
널부러지다	널브러지다
널판대기	널판때기
널판지	널빤지
넓다랗다	널따랗다
넓죽	넙죽
넓직하다	널찍하다
넙적다리	넓적다리
넙적하다	넓적하다
네째	넷째
녹쓸다	녹슬다
놀, 논	놓을, 놓은
농군	농군(農軍)(cf. 농사꾼)
높히다	높이다
눈꼽	눈곱
눈쌀	눈살
느즈막하다	느지막하다
늘상	늘

틀린 말	맞는 말
널리리	늴리리
다리몽댕이	다리몽둥이
닥달	닦달
단촐하다	단출하다
달달하다	달다/달콤하다
달디달다	다디달다
닭계장	닭개장
담궈, 담궜다	담가, 담갔다(김치를 ~)
담배값	담뱃값
담벽	담벼락
당기다	댕기다(불을 ~)
대노	대로(大怒)
대중 요법	대증 요법(對症療法)
댓가	대가(代價)
덜은	던(작은 그릇에 ~ 밥)
덤테기	덤터기
덥썩	덥석
덩그라니	덩그러니
덮히다	덮이다
도매급	도매금(~으로 비난하다)
도찐개찐	도긴개긴
돋구다	돋우다(식욕을 ~, 흥미를 ~, 화를~)
돌맹이	돌멩이
돌뿌리	돌부리
돌하루방	돌하르방
돗떼기시장/도깨비시장	도떼기시장
동거동락	동고동락
되뇌이다	되뇌다
되도록이면	되도록
되려	되레
두루말이	두루마리

틀린 말	맞는 말
두루뭉실하다	두루뭉술하다, 두리뭉실하다
두째	둘째
둘르다	두르다(두르고, 둘러)
둘쳐업다/들쳐업다	둘러업다
뒤치닥거리	뒤치다꺼리
뒷힘	뒷심
드립다	들입다
들리다(집에 들렸다)	들르다(집에 들렀다)
들어다보다	들여다보다
들이키다	들이켜다
들치다	들추다(지난 일을 ~)
등룡문	등용문
등안시하다	등한시하다
디룩디룩	뒤룩뒤룩
딱다구리	딱따구리
딱다기/딱딱이	딱따기
딸리다	달리다(힘이 ~, 물건이 ~, 일손이 ~)
땍대그르르	땍대구루루
땡기다	당기다(입맛이 ~)
땡초	땡추
떠벌이	떠버리
떡볶기	떡볶이
떫떠름하다	떨떠름하다
떼그르르	떼구루루
똥그랑땡	동그랑땡(cf. 돈저냐)
뜨아하다	뜨악하다
-ㄹ래야(할래야)	-려야(하려야)
-ㄹ런지	-ㄹ는지
-ㄹ려고	-려고(가려고)
-ㄹ른지/-ㄹ런지	-ㄹ는지(할는지)
-ㅁ	-면(그 말이 {사실이면, *사실임} 얼마나 좋을까.)

틀린 말	맞는 말
-라구	-라고
마굿간	마구간(馬廏間)
마악	막
막나이	막내둥이
막내동생	막냇동생
만지적거리다	만지작거리다
말은	만(물에 ~ 밥)
맛깔지다	맛깔스럽다
맛뵈기	맛보기
맛지다	맛있다
망서리다	망설이다
매시껍다	매스껍다
머리속	머릿속
머릿말	머리말
머물르다	머무르다(머무르고, 머물러)
머시냐	머시(어제 놀러 왔던 거 ~ 김 아무개라는 친구 있잖아.)
멀지 않아	머지않아(시간 표현)
멋장이	멋쟁이
메이다	메다(목이 ~)
메주알고주알	미주알고주알
며칠날	며칟날
몇일/몇 일	며칠
모듬	모둠
모밀	메밀
몸뚱아리	몸뚱어리
몹씨	몹시
몽우리	멍울
무뇌한	문외한
무릎쓰다	무릅쓰다
무릎팍	무르팍
무리를 일으키다	물의를 일으키다

틀린 말	맞는 말
무의도식	무위도식
묵은지	묵은 김치
무찔르다	무찌르다(무찌르고, 무찔러)
물리다	무르다(한 수만 물러 주게)
뭉턱뭉턱	뭉텅뭉텅
밀다	미루다(일을 미뤘다)
밀어부치다	밀어붙이다
밑둥	밑동
바꼈다	바뀌었다
바라	발라(예의가 ~)
바랬다, 바램, 바래(요)	바랐다, 바람, 바라(요)
반짓고리	반짇고리
발가송이	발가숭이
발뒷꿈치	발뒤꿈치
발뿌리	발부리
발자욱	발자국
방방곶곶	방방곡곡
밭때기 / 밭떼기	밭뙈기
배냇옷	배내옷(cf. 배냇저고리)
배은망득	배은망덕
백짓장	백지장(白紙張)
버즘	버짐
번짓수	번지수
법썩	법석
벗겨지다	벗어지다(머리가 ~, cf. 신발이 안 벗겨진다.)
벗어붙이다	벗어부치다
벼개	베개
벼라별 / 별에별	별의별
벼슬	볏(닭의 ~)
복걸복	복불복(福不福)
복새통	북새통

틀린 말	맞는 말
복실복실	복슬복슬
본따다	본뜨다(본뜨고, 본떠)
볼쌍사납다	볼썽사납다
부비다	비비다
부숴뜨리다	부서뜨리다
부숴지다	부서지다
부시다	부수다
부시시	부스스
불그락푸르락	붉으락푸르락
불다	붇다(라면이 붇고, 불어)
불르다	부르다(부르고, 불러)
불리우다	불리다
붓기	부기(浮氣)
비뚜루	비뚜로
비러먹다	빌어먹다/배라먹다
비로서	비로소
빗겨가다	비껴가다
빈털털이	빈털터리
뺀장다리	뺀정다리
뽀개지다	빠개지다
뽄새	본새
뾰죽	뾰족
삐까번쩍하다	번쩍번쩍하다
사겨, 사겼다	사귀어, 사귀었다
사그러들다	사그라들다/수그러들다/사그라지다
사단(事端)	사달(~이 나다)
사랑스런	사랑스러운
사주단지	사주단자
사흘날	사흗날
삭월세(朔月貰)	사글세
산수갑산	삼수갑산(三水甲山)

틀린 말	맞는 말
살고기	살코기
살모시	살며시
삼가하다	삼가다
상치	상추
상판때기	상판대기
새아이	새아기
생각컨대	생각건대
생노병사	생로병사(生老病死)
생떼같다	생때같다
설겆이	설거지
설레이다	설레다
성대묘사	성대모사(聲帶模寫)
세째	셋째
소근거리다	소곤거리다
소꼽장난	소꿉장난
소꼽질	소꿉질
소배기	소박이(오이소박이)
손목아지	손모가지
손톱깍기	손톱깎이
쇠파리 끓듯	쉬파리 끓듯
수개	수캐
수근거리다	수군거리다
수랏간	수라간
숫놈	수놈(암놈와 ~)
숫소	수소(암소과 ~)
쉽상	십상
승락	승낙(承諾)
시끌법썩	시끌벅적
시덥잖다	시답잖다
시셋말	시쳇말
실강이/실갱이	실랑이/승강이

틀린 말	맞는 말
실날같다	실낱같다
실락원	실낙원
실쭝	싫증
-십시요	-십시오(오십시오)
싹독	싹둑
쌍용	쌍룡(雙龍)
쑥맥	숙맥(菽麥)
아니예요	아니에요
아니오	아니요(예/아니요)
아연질색	아연실색
아람드리	아름드리(~나무)
-아오니	-사오니(있사오니)
아이구	아이고
아이구머니	아이고머니
아이쿠	아이코
안스럽다	안쓰럽다
알맞는다, 알맞는	알맞다, 알맞은
알아맞추다	알아맞히다
알아채리다	알아차리다
애구	애고
애기	아기
애닯다	애달프다
애처럽다	애처롭다
야밤도주	야반도주(夜半逃走)
얄쌍하다	얄팍하다
얇다랗다	얄따랗다
양수겹장	양수겸장
얕으막하다	야트막하다
어두캄캄하다	어두컴컴하다
어따	얻다(~대고)
어떻해	어떡해

틀린 말	맞는 말
어렵쇼	어렵쇼
어리버리	어리바리
어의없다	어이없다
어줍잖다	어쭙잖다
얼룩이	얼루기
얼만큼	얼마큼(←얼마만큼)
얽히고 섥히다	얽히고설키다
엄한	애먼(~ 사람을 잡다.)
엇그제	엊그제
엇다	얻다
에그머니	에구머니
에이다	에다(살을 에는 추위)
여드래	여드레
여지껏	여태껏
여짭다	여쭙다/여쭈다
역활	역할
연거펴	연거푸
예사일	예삿일
예컨데	예컨대
옛부터	예(로)부터
옛스럽다	예스럽다
오곡백화	오곡백과
오도방정	오두방정
오똑	오뚝
오뚜기	오뚝이
오랜동안	오랫동안
오랫만	오랜만
오막집	오두막집
오무리다	오므리다
오지랍	오지랖
옴싹달싹	옴짝달싹

틀린 말	맞는 말
웬일	웬일
외골수	외곬(~으로)
외소하다	왜소하다
요녕성	요령성
요상하다	이상하다
요컨데	요컨대
우뢰	우레
우윳병	우유병(牛乳甁)
웅큼	움큼(한 움큼)
움추리다	움츠리다
웬간하다	웬만하다
웬지	왠지
유래 없다	유례 없다
육계장	육개장
으례	으레
으시대다	으스대다
을씨년하다	을씨년스럽다
응큼하다	엉큼하다
이슥하다	이슥하다
이틀날	이튿날
인삿말	인사말
인용귀	인용구(引用句)
일깨다	일깨우다
임마	인마
있슴	있음
잎파리	이파리
자랑스런	자랑스러운
자욱	자국
잘룩하다	잘록하다
잠궈, 잠궜다	잠가, 잠갔다
장농	장롱(欌籠)

틀린 말	맞는 말
장마비	장맛비
재털이	재떨이
잼잼	죔죔
저으기	적이
절대절명	절체절명
절은	전(← 절다, 땀에 ~ 옷)
접지르다	접질리다
제끼다	제치다
제사날	제삿날
제삿상	제사상
제치다 / 젲히다	젖히다(고개를 ~, 코트 자락을 뒤로 ~)
조그만하다	조그마하다
존대말	존댓말
졸립다	졸리다
좀체로	좀처럼
좋지 않느냐	좋지 않으냐('좋다'가 형용사이므로 '않-'도 보조 형용사임.)
쬐그맣다	조그맣다
죄여들다	죄어들다
주루룩	주르륵
줄창	줄곧
즈려밟다	지르밟다
지개	지게
지끈	질끈(허리띠를 ~ 매다)
지리하다	지루하다
진무르다	짓무르다
진정코	진정
질력나다(내다)	진력나다(내다)
집개	집게
짖궂다	짓궂다
짜집기	짜깁기
짝때기	작대기

틀린 말	맞는 말
짤다랗다	짤따랗다
쪼무래기	조무래기
찌게	찌개
착찹하다	착잡하다
채이다	차이다
천상	천생
철썩같다	철석같다
첫물	맏물(그해 처음 난 과일, 해산물, 나물 등)
청천벼락	청천벽력
초생달	초승달
초죽음	초주검
촛점	초점
총뿌리	총부리
치루다	치르다(값을 ~, 시험을 ~)
칠흙	칠흑
켠	편(의자 한 편에는 소녀들이 앉아 있다.)
켸켸묵다	케케묵다
콧배기	코빼기
태다	태우다(담배를 ~)
택도 없다	턱도 없다
터주대감	터줏대감
털이개	먼지떨이
통채로	통째로
통털어	통틀어
트기	튀기
티각태각	티격태격
티격거리다	티격태격하다
판대기/판떼기	판때기
펴래지다	펴레지다
포복졸도	포복절도
폭팔	폭발

틀린 말	맞는 말
푸드득	푸드덕(새가 힘차게 날개를 치는 소리 혹은 모양)
풀소	푿소
풍지박산/풍지박살/풍비박살	풍비박산(風飛雹散)
피다	피우다(담배를 ~)
핑게	핑계
하느라고	하노라고(나는 ~ 했다.)
하마트면	하마터면
할일없다	하릴없다
해꼬지	해코지
햇쌀	햅쌀
행길	한길
허구헌	허구한(~날)
허위대	허우대
허위적	허우적
헤매이다	헤매다
헹가레	헹가래
호도	호두
호로자식	호래자식
혼구멍나다	혼꾸멍나다
홀몸	홑몸〔아이를 배지 않은 몸, cf. 홀몸(배우자나 형제가 없는 사람)〕
홀홀단신	혈혈단신
홈빡	함빡
홑것	홑옷
황당무개	황당무계
회손	훼손
후두둑	후드득
휴계실	휴게실
흐리멍텅하다	흐리멍덩하다
희안하다	희한하다
희희덕거리다/히히덕거리다	시시덕거리다